Peter Jay
Das Streben nach Wohlstand

Peter Jay

DAS STREBEN
NACH WOHLSTAND

Die Wirtschaftsgeschichte des Menschen

Aus dem Englischen übertragen von
Udo Rennert und Friedrich Mader

ALBATROS

Originaltitel: *The Wealth of Man*
Published 2000 by Weidenfeld & Nicolson, London
Copyright © 2000 by Peter Jay

Deutsche Ausgabe:
Copyright © 2000 by Ullstein Buchverlage GmbH, Berlin.
Erschienen im Propyläen Verlag

Bibliographische Information der Deutschen Bibliothek

Die Deutsche Bibliothek verzeichnet diese Publikation
in der Deutschen Nationalbibliographie;
detaillierte bibliographische Daten sind im Internet
über http://dnb.ddb.de abrufbar.

Ausgabe 2006 Patmos Verlag GmbH & Co. KG
Albatros Verlag, Düsseldorf
Umschlaggestaltung: butenschoendesign.de
Umschlagmotiv: Riva Degli Schiavoni,
Venedig von Leandro da Ponte Bassano; Foto: Bridgeman
Printed in Germany
ISBN 3-491-96166-1
www.patmos.de

Für Emma, Tamsin, Alice, Patrick, Nicky,
Tommy, Sammy, Jamie und Lara

INHALT

Einleitung

Die jüngsten Ereignisse der Weltwirtschaft und die Jahrtausendwende haben dazu beigetragen, der Erforschung der Mechanismen und des Verlaufs der menschlichen Wirtschaftsgeschichte eine besondere Würze zu verleihen. Es ist die Geschichte von Aufstieg und Fall ganzer Wirtschaftssysteme und Nationen, des von häufigen Unterbrechungen und periodischen Rückschlägen gekennzeichneten Aufstiegs des Menschen als dem einzigen wirtschaftenden Wesen, das produziert, konsumiert und Reichtum anhäuft. Es ist die Geschichte vom Streben des Menschen nach Wohlstand.

Obwohl uns der größte Teil der Geschichte seit langem bekannt ist, möchten wir doch wissen, warum sie sich so und nicht anders ereignet hat. Die Vorstellungen, die wir uns von diesem Prozess machen, sind einem ständigen Wandel unterworfen. Und da die Weltwirtschaft einschließlich der in jüngster Zeit alle Rekorde brechenden US-Wirtschaft anscheinend vor ihrer bislang spektakulärsten Rezession steht, wollen wir vor allem auch wissen, wie weit die Hebel des Gesamtmechanismus für uns erreichbar sind und in welchem Maß die zukünftige Entwicklung der globalen Wirtschaft von uns gesteuert werden kann. Die einzigen Anhaltspunkte für die Lösung des Puzzles können wir in ihrer Geschichte finden. Ab und an müssen wir wieder ganz von vorn anfangen, weil die Wissenschaftler neue Fakten entdecken und neue Theorien entwickeln. In den neunziger Jahren waren die Wirtschaftswissenschaftler auf den Gebieten der Wirtschaftsgeschichte und der

Weltgeschichte besonders aktiv. Die Antworten ändern sich ebenso wie die Fragen drängender werden.

Worum geht es?

Nach der Befriedigung des Sexualtriebs ist Geld das wichtigste Objekt der menschlichen Begierde. An dritter Stelle kommt die Erkenntnis. In diesen schlichten Wahrheiten liegt der Grund für diese Untersuchung und ihr Wesen. Jeder, der diese Worte liest, gehört zur menschlichen Spezies. Unser Interesse gilt uns selbst, als Individuum und als Kollektiv. Wir sind der Gegenstand der Untersuchung, es ist unsere Geschichte.

Die Geschichte kann auf vielerlei Weise und aus verschiedenen Perspektiven erzählt werden, und nichts ist faszinierender als der Blick auf die Evolution des Menschen, auf seinen Kampf ums Überleben in der Konkurrenz mit anderen Arten und in der Auseinandersetzung mit seiner Umwelt. Der Bericht vom immer während und allgegenwärtigen Drang der Menschheit, sich fortzupflanzen, dem egoistischen Gen zu gehorchen und jeder Bedrohung des eigenen Überlebens entgegenzutreten, ist überaus spannend.

Doch ebenso aufregend sind die Bemühungen des Menschen um die Befriedigung seiner zweiten Begierde, seines individuellen und kollektiven Strebens nach einer Verbesserung seiner materiellen Lage, was wir verkürzt als Reichtum oder Wohlergehen bezeichnen können. Es ist tatsächlich ein Bestandteil derselben Geschichte, wobei der Erfolg des Menschen im Verlauf der Evolution (in einem umfassenden Sinn, der auch die biologische und soziale Evolution mit einschließt,[1] da es in den letzten vierzigtausend Jahren in der rein genetischen Evolution des Menschen so gut wie keine Veränderungen gegeben hat)[2] mit seinem Erfolg als wirtschaftlicher Akteur verknüpft war.

Dieses Streben nach wirtschaftlichen Gütern ist eine eigene Geschichte innerhalb der gesamten Erzählung. Sie ist etwas Besonderes, weil ihr Gegenstand – der einzelne Mensch in seinem individuellen oder kollektiven Handeln und nicht die Art oder das Genom, durch das er definiert ist – in wesentlicher Hinsicht anders ist.[3] Der Genetiker achtet wie die Natur, die er untersucht, auf den Typus, nicht auf das einzelne Leben. Für den Historiker sind bestimmte Männer und Frauen und nicht »der Mensch« die Helden der Geschichte. Doch für den Ökonomen ist es der einzelne Mensch, der sowohl der alleinige Nutznießer – oder das Opfer – des ganzen Prozesses als auch die treibende Kraft ist.

Die Wirtschaftsgeschichte ist auch deshalb ein eigenständiges Forschungsgebiet, weil ihre charakteristischen akademischen Disziplinen andere sind – Geschichte und Ökonomie statt Biologie, Genetik und Psychologie, auch wenn, wie wir sehen werden, diese Ansätze sich überschneiden, voneinander profitieren und möglicherweise gegenwärtig konvergieren. Das bedeutet im Wesentlichen, dass Ereignisse durch unterschiedliche oder unterschiedlich fokussierte Brillen betrachtet werden, durch die man nicht die Gene sehen kann, die wir beim Kampf um die Auswahl der Tüchtigsten oder ums Überleben in uns tragen. Vielmehr sehen wir den Menschen, wie er arbeitet, produziert, akkumuliert, spart, Geld anlegt, Handel treibt, Eigentum erwirbt und Erfindungen macht und, auf einer grundlegenderen Ebene, organisiert, ordnet, herrscht, sich politisch betätigt, Gesetze erlässt, Recht spricht, moralische und weltanschauliche Betrachtungen anstellt und Theorien entwirft. Wir sehen aber auch, wie er ums Überleben kämpft und feststellt, dass sich bestimmte Innovationen erfolgreicher im Kampf ums Dasein durchsetzen als andere.

Die Geschichte des menschlichen Strebens nach Wohlstand begann vor zehn- bis fünfzehntausend Jahren. Die damals lebenden Menschen[4] – aufrecht gehende, sprechende Lebewesen mit einem großen Gehirn – bevölkerten die Erde bereits seit etwa hundert- bis hundertfünfunddreißigtausend Jahren.[5] Hier interessiert nun die Frage, wie diese eine, nicht besonders bedeutsame Art, die sich mit zahllosen anderen, größeren, stärkeren, unendlich älteren und weitaus zahlreicheren Arten um die Früchte und Räume der Erde streiten musste, in die Position hineingewachsen ist, in der wir uns am Anfang des dritten nachchristlichen Jahrtausends befinden.

Nach heutigem Wissen betrug die Erdbevölkerung zu der Zeit, als in Mitteleuropa um das Jahr 8000 v.Chr. die Mittelsteinzeit begann (das Mesolithikum),[6] etwa sechs Millionen,[7] die bereits auf sämtlichen Kontinenten, einschließlich Amerika und Australien, aber noch nicht in der Antarktis siedelten. Sie befriedigten ihre Grundbedürfnisse – Nahrung, Kleidung, Obdach und Wärme – unmittelbar aus der Natur. Ihre Lebenserwartung lag bei rund dreißig Jahren, betrug jedoch für diejenigen, die das dreißigste Jahr überlebt hatten, etwa sechzig Jahre.[8]

Abgesehen von einigen wenigen groben Werkzeugen, von ihnen geschätzten Steinen und Kleidung besaßen sie kein Eigentum, hatten keine Ersparnisse, hinterließen ihren Nachkommen kein Erbe, benutzten kein Geld und hatten außerhalb der eigenen Gruppe wenig regelmäßigen Kontakt mit ihresgleichen. Ihr Lebensstandard befand sich, wie wir heute sagen würden, buchstäblich auf dem Existenzminimum.[9] Leften Stavrianos hat dagegen von einem eher idyllischen Leben im Gleichgewicht mit der Natur gesprochen, dem die für das moderne Leben typischen Übel und Beschwernisse gefehlt haben.[10] Dieser Auffassung widerspricht ein vor kurzem erschienener Bericht über die Funde des Höhlenarchäologen Dr. Larry Barham von der Universität Bristol.[11] Dieser untersuchte die in den achtziger Jahren in einer Höhle der Cheddar-Schlucht ausgegrabenen Überreste einer Gruppe von Erwachsenen und Kindern aus der Zeit um 10 000 v.Chr. und gelangte zu dem Schluss: »Alle Leichen waren säuberlich zerlegt worden – der erste handfeste Beweis in England für Kannibalismus.«

Heute leben wir anders. Über sechs Milliarden Menschen bevölkern die Erde, mehr als tausendmal soviel wie vor zehntausend Jahren, obwohl wir nach wie vor weitgehend denselben geographischen Raum bewohnen, und die durchschnittliche Lebenserwartung liegt bei fünfundsechzig Jahren.[12] Knapp die Hälfte der Menschheit lebt in Städten, komplexen Lebensräumen also, und befriedigt ihre Bedürfnisse – nicht nur die lebensnotwendigen – durch Produkte, die in einem langen Prozess aus Bodenkultivierung, Rohstoffgewinnung, Produktion und Distribution entstanden sind, und bezahlen mit Geld, das die meisten von uns durch spezialisierte Arbeit verdienen. Der Lebensstandard einer großen Zahl von Menschen in den hoch entwickelten »Überflussgesellschaften« und selbst der einer beträchtlichen Minderheit in den weniger entwickelten Ländern wäre für unsere Vorfahren der Mittelsteinzeit unvorstellbar gewesen. Er rührt zu einem großen Teil daher, dass die Menschen in diesen entwickelten Gesellschaften das, was sie für ihren Unterhalt benötigen, sozusagen bereits am ersten Tag der Woche produziert haben, während alles andere einen Überschuss darstellt, der über das Existenzminimum hinausgeht.

Mit anderen Worten, die menschliche Produktivität – die Produktion pro Person pro Woche oder pro Stunde – ist wesentlich schneller gewachsen als die Bevölkerung. Und in Dimensionen, die sich nicht auf schlichte Zahlen reduzieren lassen, haben wir uns in unserem Selbstverständnis von unseren Artgenossen vor zehntausend Jahren in extremer Weise und unwiderruflich abgesetzt. Das gilt im Hinblick auf unsere Kenntnisse, das Wissen über uns selbst, die Kunst, Wissenschaft, Medizin, Beherrschung der Natur, politische Herrschaft, gesellschaftliche Entwicklung, unsere Begriffe von Recht und Unrecht, überhaupt alles, was zumindest bis vor kurzem das ausgemacht hat, was wir selbstbewusst als »Zivilisation« bezeichnen. Wir betrachten uns als die zur Herrschaft berufene Spezies, die über das eigene Schicksal und das aller übrigen Arten bestimmt; wir entscheiden über die Verteilung des Überflusses und die Behebung von Mangel und herrschen unangefochten über das von uns eroberte Reich.

Trotzdem ist dies keine einfache oder ununterbrochene Geschichte des Fortschritts, nicht einmal des wirtschaftlichen Fortschritts, auch wenn es im Nordamerika des vergangenen halben Jahrtausends gelegentlich den Anschein gehabt haben mag. Es kann sein, dass der gegenwärtige Stand der Geschichte lediglich das Ende des ersten Kapitels in einer wesentlich längeren und anders verlaufenden Geschichte ist. Der wirtschaftliche Fortschritt des Menschen ist in Schüben erfolgt, zwischen denen oft lange Perioden der Stagnation lagen, und zuweilen musste er sogar Rückschläge hinnehmen oder fand sich in einer Sackgasse wieder.

Die Triebfedern bei diesem Prozess waren die natürliche Auslese[13] der Innovationen und die »unsichtbare Hand«,[14] die unter den richtigen Bedingungen die Bestrebungen der einzelnen so kanalisiert, dass sie in der Summe zu einer Verwirklichung gesellschaftlicher Ziele oder zumindest zu einem von vielen geteilten Vorteil führen. Beide Mechanismen sind ethisch blind, ebenso gleichgültig gegenüber dem individuellen Glück wie der sozialen Gerechtigkeit. Die Verteilung der Früchte des erzielten Fortschritts ist äußerst ungleich erfolgt, und die dabei auftretenden Unterschiede haben sich im Lauf der Zeit noch vergrößert.

Aus all diesen Gründen ist es eine fesselnde Geschichte von Triumphen und Katastrophen, von Wohltaten und Ungerechtigkeiten, in der genialen Taten immer wieder krasseste Torheit gegenübersteht; und immer wieder stehen wir vor der großen Frage: Wie und warum hat es sich so abgespielt? Welches waren die entscheidenden Augenblicke und Verbesserungen? Warum erfolgte der Fortschritt so ungleichmäßig? Gab es nur ein einziges Rezept für den Fortschritt? Was war entscheidend: Wissenschaft oder Gesellschaft, das Wissen oder die innere Einstellung, Zufall oder zielgerichtete Politik, Klima, Rasse, Kultur oder Sozialstruktur? Ist die Antwort in Ökonomie, Politik, Soziologie oder Demographie zu finden? Oder etwa in Philosophie, Kunst oder gar Religion? Welche moralischen und praktischen Grenzen sind uns bei der Verwendung dieses Erbes gezogen? Sind wir die Tauglichsten im Kampf ums Dasein, und müssen wir es bleiben, um zu überleben?

Diese Fragen haben die Historiker und unter ihnen die Wirtschaftshistoriker beschäftigt, fast seit der Mensch angefangen hat, über sich und die Welt nachzudenken.

Die Lage vor hundert Jahren

Als Alfred Marshall (1842–1924), der Vater der von ihm so bezeichneten »Wirtschaftswissenschaft«[15], sein klassisches Buch *Handbuch der Volkswirtschaftslehre* (1890) schrieb, gab er in der ersten Ausgabe unmittelbar im Anschluss an das einleitende Kapitel »zwei kurze Abrisse: der eine bezog sich auf die Ausdehnung des freien Unternehmertums und der wirtschaftlichen Freiheit überhaupt, der andere auf die Ausdehnung der Wirtschaftswissenschaft. Sie nehmen nicht für sich in Anspruch, systematische historische Darstellungen in welch komprimierter Form auch immer zu sein; ihr Zweck besteht allein darin, einige Wegmarken entlang der Strecken zu sein, auf denen das wirtschaftliche Gefüge und das ökonomische Denken sich dorthin bewegt haben, wo sie sich heute befinden.«[16]

Zwar wurden diese Abschnitte in späteren Auflagen in den Anhang verbannt, aber sie ermöglichen noch immer einen faszinierenden Einblick in die Vorstellungen, die sich einer der größten und zudem menschlichsten und kultiviertesten Wirtschaftswissenschaftler von den Ursachen des wirtschaftlichen Wandels und der wirtschaftlichen Entwicklung gemacht hat. Die Ausführungen zu der Frage, wie das Wirtschaftsgefüge seinen Status quo am Ende des 19. Jahrhunderts erhalten hat, ist eine atemberaubend kühne und mitreißende Darstellung der gesamten menschlichen Wirtschaftsgeschichte von der Zeit, da »wir unzivilisierte Menschen unter der Herrschaft ihrer Sitten und Launen finden, die kaum nach neuen Wegen für sich suchen; sich niemals Gedanken über die fernere Zukunft machen und nur selten Vorkehrungen für die nähere Zukunft treffen; unstet bei allem Gehorsam gegenüber ihren Bräuchen, beherrscht von den Launen des Augenblicks, jederzeit bereit, die härtesten Strapazen auf sich zu nehmen, jedoch unfähig, für längere Zeit bei einer festen Arbeit zu bleiben«.[17]

Hier hören wir den Erfinder der trockensten Mikroökonomie, den Erfinder der Grenznutzenlehre und der Angebots- und Nachfrageelastizität, den Mann, der die Differentialrechnung zum wichtigsten Werkzeug im Arsenal der Sozialwissenschaftler gemacht hat, in der Sprache des klassischen Historikers, ja fast des Journalisten sprechen. Sein Bild des Frühmenschen scheint eher den im England des ausgehenden 19. Jahrhunderts herrschenden Vorstellungen entnommen zu sein, die auch Kiplings *Dschungelbuch* beeinflusst haben,[18] als der Archäologie oder Anthropologie. Und seine Auffassung, dass der Rasse in Verbindung mit Klima und überkommenen Institutionen[19] die Schlüsselrolle in der Geschichte zukomme, hätte heute seiner akademischen Karriere ein schnelles Ende bereitet.

Marshall bezieht sich in der Tat ausdrücklich auf die Darwinsche Vorstellung von der Auslese der Tauglichsten, und indem er sie auf die Wirtschaftsgeschichte anwendet, weist er den Rassen in der Wirtschaft dieselbe Rolle zu, wie sie die Arten in der Biologie spielen.[20] Im Zusammenhang mit den »beiderseitigen Anleihen der Biologie und der Wirtschaftswissenschaft« bemerkt er, dass Darwin seinen zentralen Begriff des »Kampfs ums Dasein« (Darwin übernahm später Herbert Spencers Formulierung vom »Überleben der Tauglichsten«)[21] aus den historischen Studien von Malthus bezogen habe, und fügte hinzu, seitdem habe »die Biologie ihre Schulden reichlich bezahlt«, so dass die Analogien zwischen den Disziplinen »schließlich doch zum Beweis einer zugrundeliegenden einheitlichen Wirksamkeit der Naturgesetze in der physikalischen und in der moralischen Welt«* gedient hätten. Dies äußere sich in der Wirtschaftswissenschaft in dem Gesetz, dass »der Existenzkampf diejenigen Organismen sich fortpflanzen lässt, welche am besten ausgerüstet sind, aus ihrer Umgebung Nutzen zu ziehen«.[22] In diesem Zusammenhang schreibt Marshall:

> »Der Kampf ums Dasein lässt also im Laufe der Zeit diejenigen Menschenrassen die andern überleben, bei denen der einzelne am aufopferungsfähigsten im Interesse der Allgemeinheit ist und welche infolgedessen im ganzen am anpassungsfähigsten an die umgebende Außenwelt sind ... Mit Berücksichtigung [wichtiger] Ausnahmen kann man doch sagen, dass im Ganzen genommen diejenigen Rassen überleben und vorherrschen, bei denen die besten Eigenschaften am stärksten entwickelt sind.«[23]

Marshalls Rassenbegriff ist offensichtlich kein genetischer, da er den Ursprung von Rasseneigenschaften »hauptsächlich im Handeln von Individuen und in physikalischen Ursachen aus mehr oder weniger weit zurückliegenden Zeiten« vermutet und »die Bräuche, die eine Rasse in Frieden und Krieg stark machen«, der »Klugheit einiger großer Denker, von denen sie interpretiert und entwickelt wurden«, anrechnet.[24] Wie wir im vorliegenden Buch noch erörtern werden, könnte es mehr als eine bloße Überschneidung zwischen Marshalls Begriff der »Rasse« als Hauptakteur im Drama der menschlichen Wirtschaftsgeschichte und dem Konzept der »Kultur« geben, das David Landes in seiner jüngsten Untersuchung als Schlüsselkategorie zur Erklärung der Frage, warum einige Nationen besonders reich und andere besonders arm sind, benannt hat.[25]

---

* Marshall hat stets betont, dass die Wirtschaftswissenschaft eine moralische Wissenschaft sei.

In einer weiteren gewagten Verallgemeinerung führt Marshall aus, keine Rasseneigenschaft sei »von dauerhaftem Nutzen, wenn das Klima der körperlichen Stärke unzuträglich ist: die Gaben der Natur, ihr Boden, ihre Gewässer und ihre Himmel entscheiden über den Charakter der Arbeit der Rasse«.[26] Auch in dieser Hinsicht werden seine Ideen, wie wir noch sehen werden, bis zu einem gewissen Grad von Landes verteidigt, der zu dem Schluss kommt: »Das Leben in schlechten Klimaten ist mithin gefährlich, bedrängt und grausam. Menschliche Fehler, mögen sie auch besten Absichten entspringen, verstärken noch die von der Natur verursachten Leiden. Selbst gute Einfälle bleiben nicht ungestraft. Kein Wunder, dass diese Regionen in Armut verharren, dass viele von ihnen nur immer ärmer werden...«, auch wenn Landes warnt, dass es »falsch [wäre], die Geographie als etwas Schicksalhaftes zu betrachten«.[27]

Die Aufgabe der Geschichtsschreibung: zu erklären

Dieser Exkurs zu Marshall gehört aus mehreren Gründen zum Thema. Zunächst einmal kann niemand das zwanzigseitige Einführungskapitel seines *Handbuchs der Volkswirtschaftslehre* lesen, ohne über dessen Horizont, Kühnheit, Klarheit und Anspruch zu staunen.

Der Reiz jeder historischen Darstellung liegt darin, dass der Leser im Lauf der Lektüre ein besseres Verständnis des Gegenstandes gewinnt. Verstehen heißt, Ereignisse als Manifestationen von Kräften, Gesetzmäßigkeiten, Ursachen, allgemeinen Wahrheiten zu sehen, die wir als übermächtig erkennen und die unserem geschulten Verstand überzeugend erscheinen. Erklären heißt zu zeigen, dass die Ereignisse tatsächlich in all dem begründet sind. Doch das Benennen und Erläutern solcher Kräfte und allgemeiner Wahrheiten macht den Historiker stets aufs Neue angreifbar: gegenüber Kollegen, die womöglich eine Ausnahme entdecken, und gegenüber den Forschern, die allein schon die Idee allgemeiner Wahrheiten zurückweisen, von historischen Gesetzen ganz zu schweigen. Deshalb nehmen manche Historiker ihre Zuflucht zur reinen, angeblich theoriefreien Erhebung von Fakten. Andere scheuen zwar nicht davor zurück, ihr Material zu erklären, geben jedoch in dieser oder jener Form vor, die Erklärungen stützten sich nicht auf Verallgemeinerungen.

Marshall geht keiner dieser Herausforderungen aus dem Weg. Er tritt an die Öffentlichkeit und spricht aus, wie die Dinge seiner Meinung nach liegen. Seine Theorien und seine Erklärungen können nicht unsere sein. Doch sein Bemühen, die Dinge zu erklären, dem Leser ein Verständnis der dargestellten Geschichte zu vermitteln, das große Bild mit kühnem Pinselstrich zu malen und sich gedanklich durch das Gewirr der Ereignisse hindurchzuarbeiten, um die tieferen und dauerhaften Kräfte zu entdecken, welche die Bühne darstellen, auf der wir spielen, ist heute so vorbildhaft wie damals.

Vor über hundert Jahren schrieb Marshall: »Auch wenn die unmittelbaren Ursachen der Hauptereignisse in der Geschichte in den Handlungen von Einzelnen gefunden werden können, sind die meisten der Bedingungen, welche diese Ereignisse möglich gemacht haben, auf den Einfluss überkommener Institutionen und Rasseneigenschaften sowie der physischen Natur zurückzuführen.«[28] Heute lehnen wir seine spezifischen Antworten ab, aber seiner Intention müssen wir immer noch nacheifern: die Wirtschaftsgeschichte zu erklären, um zu verstehen, woher wir kommen und warum und wie wir dorthin gekommen sind, wo wir heute stehen, und dies anhand von Themen und in einer Sprache zu tun, die überzeugend und klar sind.

Die Aufgabe der Wirtschaftsgeschichte: Wachstum zu erklären

Die von Marshall begründete Wirtschaftsgeschichte blickt inzwischen selbst auf eine hundertjährige Geschichte zurück, die vor allem in Nordamerika durch zunehmende Beschäftigung und Auseinandersetzung mit ihr sowie durch ein radikales Umdenken gekennzeichnet ist. Damit hat sie sich immer weiter von einer reinen Wirtschaftswissenschaft entfernt, insbesondere von der neoklassischen Theorie des Wirtschaftswachstums. Ironischerweise hat diese Theorie ihre Wurzeln zum Teil in den Passagen von Marshalls *Handbuch der Volkswirtschaftslehre*, die sich nicht mit Wirtschaftsgeschichte und den immer neuen wirtschaftlichen Errungenschaften des Menschen beschäftigen, sondern mit der Benennung verschiedener Formen statischer Gleichgewichte unter bestimmten Bedingungen von Knappheit, Wirtschaftsfreiheit, Wettbewerb und vollkommener Information.

Im neoklassischen Modell wird unterstellt, dass die einzelnen Wirtschaftsindividuen bestrebt sind, ihren »Nutzen« – oder ihren Wohlstand – zu maximieren, indem sie jene Kombination ihrer verschiedenen Bedürfnisse, einschließlich des Bedürfnisses nach Freizeit, wählen, die für sie zum besten Ergebnis führen. Bedürfnisse können befriedigt werden, wenn mehr Güter und Dienstleistungen produziert und angeboten werden, was nur möglich ist, wenn zusätzliches Kapital investiert wird. Der Kapitalbestand umfasst Humankapital (menschliche Arbeit), physisches Kapital (Maschinen und andere vom Menschen hergestellte Produktionsmittel) und natürliche Ressourcen. Diese hängen wiederum vom Stand der Technik – als dem Mittel der menschlichen Naturbeherrschung – ab, da diese die Arbeitsqualifikationen sowie die Eigenschaften und Fähigkeiten der Maschinen bestimmt und festlegt, was als natürliche Ressource gilt. Die Technik oder zumindest der technische

Fortschritt entsteht diesem Modell zufolge aus Erfindungen und Innovationen, die ihrerseits vom menschlichen Wissen über die Natur abhängen und dieses reflektieren.

Nach den Annahmen dieses Modells verzichtet der den Nutzen maximierende Mensch auf einen Teil des laufenden Konsums, um jenen zusätzlichen Betrag zum Kapitalbestand zu erwirtschaften, mit dem er seine zukünftigen Bedürfnisse befriedigen kann. Wenn die größten Gewinne zu erwarten sind, wenn in neuartige Maschinen und Qualifikationen investiert wird, statt in weitere Maschinen und Fähigkeiten herkömmlicher Art, dann werden neue Erfindungen genutzt. Wenn die Zahl der Arbeitskräfte im Verhältnis zum übrigen Kapitalbestand steigt, dann verschiebt sich das optimale Verhältnis zwischen Kapital und Arbeitskräften in Richtung auf eine Verringerung des Kapitals pro Person. Entsprechendes gilt für die natürlichen Ressourcen.

In einer solchen Welt wird die Frage, wie viel absolut und wie viel pro Kopf der Bevölkerung produziert wird (die Indikatoren für die wirtschaftliche Leistung), letztlich durch die Rate des Bevölkerungswachstums und die Menge des Konsumverzichts (gleichbedeutend mit der Sparquote einer Gesellschaft) beantwortet. Ist die Sparquote höher als das Bevölkerungswachstum, steigt die Produktion pro Kopf der Bevölkerung (was gleichbedeutend ist mit einer Steigerung des Pro-Kopf-Einkommens und des Lebensstandards); ist sie niedriger, sinken die Pro-Kopf-Produktion und das Pro-Kopf-Einkommen.

Der amerikanische Nobelpreisträger Douglass North, von dem ich diese Kurzfassung des neoklassischen Modells des Wirtschaftswachstums übernommen habe, hat dazu bemerkt: »Vom Standpunkt des Wirtschaftshistorikers aus sieht es so aus, als ob diese neoklassische Formulierung sämtlichen interessanten Fragen aus dem Weg ginge.«[29] Niemand wird vermutlich behaupten wollen, dass Investitionen keine überragende Rolle für die Höhe des künftigen Produktionsniveaus spielen oder dass sie auch dann möglich sind, wenn keine Ersparnisse im Sinn von nicht unmittelbar verbrauchter laufender Produktion gemacht werden, das heißt wenn es, um mit Marshall zu sprechen, keinen »Überschuss … über die Lebensnotwendigkeiten hinaus« gibt.[30] Erst recht wird niemand behaupten wollen, dass die Bevölkerung – oder, allgemeiner gesagt, demographische Veränderungen – keinen Einfluss auf Wirtschaftsleistung und Lebensstandard haben.

Schwer zu verstehen ist allerdings, wie die neoklassischen Theoretiker so lange übersehen konnten, dass Bevölkerungsentwicklungen und Sparquote (der nicht verbrauchte Teil der laufenden Produktion) keinerlei befriedigende Erklärung für viele der wesentlichen Fragen der Wirtschaftsgeschichte liefern. Warum haben zum Beispiel manche Völker und Regionen zu bestimmten Zeiten rasche wirtschaftliche Fortschritte gemacht und andere nicht? Man kann sich des Verdachts kaum erwehren, dass die Gültigkeit des neoklassischen Modells ähnlich wie bei anderen akademischen Konstrukten mehr seinem Potential zu verdanken war, den Einfluss seiner Verfechter zu bewahren. Es besaß schließlich die erforderlichen Merkmale der Unverständlichkeit und Schwierigkeit und war zudem in der Sprache der Mathematik formuliert, auch wenn es keine erhellenden Einblicke in die Wirtschaftsgeschichte versprach.

Ein alternatives Modell

Am anderen Ende des intellektuellen Spektrums finden wir als Medium der Wirtschaftsgeschichte die Erzählung, das lebendige und anregende Geschichtenerzählen. Seinen höchsten Ausdruck – und vermutlich das beste, tiefschürfendste und vergnüglichste Lehrbuch über das Wesen des Wirtschaftswachstums – hat sie nicht einmal in einem wirtschaftswissenschaftlichen Buch gefunden, sondern in einer Familiengeschichte. *Wilde Schwäne* von Jung Chang erzählt die Geschichte Chinas im 20. Jahrhundert als Hin und Her zwischen dem unbezähmbaren Unternehmergeist, Erfindungsreichtum und Fleiß des chinesischen Volkes einerseits und unvernünftigen Angriffen auf dessen Wohlergehen und Leistungen durch degenerierte, verzweifelte und/oder in die Irre geführte kaiserliche, nationalistische und schließlich kommunistische Herrscher andererseits.

Nichts illustriert dies besser als Jung Changs Schilderung von Mao Tse-tungs »Großem Sprung nach vorn«. China befand sich 1956, zumindest im Vergleich zu den Kriegsjahren, den Entbehrungen und Traumata des letzten halben Jahrhunderts, in einer kurzen Phase der Stabilität und war nicht von Hungersnöten, Banditen, Inflation und Krieg bedroht. In einem Augenblick der Hellsichtigkeit war sogar Mao zu dem Schluss gelangt, dass die Industrialisierung auf die Unterstützung durch die gebildeten Schichten des Landes angewiesen war. Deshalb hatte er die Politik der »Hundert Blumen« verkündet – »Lasst hundert Blumen blühen!« –, in deren Folge das Land »ein Jahr relativer Ruhe und Entspannung« genoss. Für kurze Zeit erlebte die Wirtschaft eine Blüte, als die Menschen alle ihre Fertigkeiten, ihre Energie und die Vermögenswerte, die sie durch die schlechten Zeiten hatten retten können, daran setzten, ihr Los zu verbessern. Dann, im Jahr 1958, erfolgte der nächste Angriff aus dem Zentrum:

»Um mich herum [Jung Chang war zu dieser Zeit sechs Jahre alt] dröhnte es aus allen Lautsprechern, und Wandzeitungen verkündeten mit großen Lettern: ›Es lebe der Große Sprung nach vorn!‹ und ›Alle machen mit bei der Stahlproduktion!‹ Ich verstand zwar nicht recht, was das sollte, aber ich wusste, dass der Vorsitzende Mao die ganze Nation zur Stahlproduktion aufgerufen hatte ... [Er] ordnete an, die Stahlproduktion innerhalb eines Jahres zu verdoppeln ...

Nach offiziellen Schätzungen konnten etwa hundert Millionen Bauern nicht mehr ihre Felder bestellen, weil sie Stahl kochen mussten. Sie hatten für die Ernährung der Bevölkerung gesorgt. Ganze Hänge wurden abgeholzt, weil man die Bäume zum Befeuern der Hochöfen brauchte. Die Stahlkampagne war ein gigantischer Fehlschlag, es kam nur Ausschuss dabei heraus …

Maos Obsessionen – beispielsweise die Stahlproduktion – wurden ebenso fraglos und widerspruchslos hingenommen wie seine sonstigen Einfälle. Er erklärte Spatzen zu Feinden, weil sie Getreidekörner aufpicken. Die Bevölkerung wurde zum Kampf gegen die Spatzen mobilisiert. Wir saßen im Freien und schlugen wie wild auf Metallgegenstände aller Art ein – von Becken bis zu Bratpfannen –, um die Spatzen von den Bäumen zu verscheuchen. Wir sollten die Spatzen so ermüden, dass sie schließlich vor Erschöpfung tot umfielen …

[Im Sommer 1958] fiel die Entscheidung, die Kooperativen zu größeren Einheiten zusammenzulegen, den sogenannten ›Volkskommunen‹. Zu einer Volkskommune gehörten zweitausend bis zwanzigtausend Haushalte …

Seit 1958 war es von Staats wegen verboten, zu Hause zu kochen, alle Bauern mussten in der Kantine der Volkskommune essen … Täglich standen die Bauern nach der Arbeit vor den Kantinen Schlange und aßen nach Herzenslust … Sie verbrauchten und verschwendeten die gesamten Nahrungsmittelvorräte auf dem Land … Die Bauern deuteten den Kommunismus nun so, dass sie auf jeden Fall versorgt würden, ganz gleich wie viel sie arbeiteten, also zogen sie auf die Felder und machten ein Nickerchen.

Außerdem wurde die Landwirtschaft zugunsten der Stahlproduktion vernachlässigt. Viele Bauern waren erschöpft, sie mussten pausenlos Stahl kochen, Brennstoff und Alteisen sammeln, Eisenerz schürfen und die Brennöfen heizen. Die Felder wurden häufig den Frauen und den Kindern überlassen, die alle Arbeit von Hand verrichten mussten, da die Tiere für die Stahlproduktion benötigt wurden. Um die Erntezeit 1958 sah man nur wenige Menschen auf den Feldern. Dass es 1958 nicht gelang, die Ernte einzubringen, hätte ein alarmierender Hinweis auf eine bevorstehende Lebensmittelknappheit sein müssen ...

Anfang der sechziger Jahre breitete sich ... eine schreckliche Hungersnot in ganz China aus ... Eine realistische Schätzung für das gesamte Land besagt, dass etwa dreißig Millionen Menschen verhungert sind ... Anfang 1961 führten Millionen von Toten Mao schließlich vor Augen, dass seine absurde Wirtschaftspolitik gescheitert war. Widerwillig gestand er seinem pragmatischen Staatspräsidenten Liu Schao-tschi und Deng Xiaoping, dem Generalsekretär der Partei, mehr Kontrolle über das Land zu ... Die Lage wurde ganz allmählich besser.

Die Pragmatiker setzten eine Reihe von Reformen durch. In dieser Situation tat Deng Xiaoping den berühmt gewordenen Ausspruch: ›Es ist gleichgültig, ob eine Katze schwarz oder weiß ist, solange sie nur Mäuse fängt.‹ Wir brauchten keinen Stahl mehr zu produzieren, ... ein realistischer Kurs in der Wirtschaftspolitik wurde eingeschlagen. Die öffentlichen Kantinen schlossen, die Bauern durften ihr Land wieder zum eigenen Nutzen bestellen. Sie bekamen die Haushaltsgegenstände zurück, die in den Besitz der Volkskommunen übergegangen waren, ebenso alle Arbeitsgeräte und die Haustiere wie Hühner, Enten und Schweine. Außerdem erhielt jeder Bauer ein kleines Stück Land zur selbständigen Bewirtschaftung, in manchen Regionen konnten die Bauern auch eigenes Land pachten. Marktwirtschaftliche Elemente wurden in Industrie und Handel offiziell gebilligt, die strenge Kontrolle der Wirtschaft wurde gelockert. Innerhalb weniger Jahre erholte sich die Wirtschaft und florierte sogar.«[31]

Dieselbe schnelle Erholung des Wirtschaftslebens nach Jahren der Destruktivität und Trostlosigkeit wird von Jung Chang am

Ende der Kulturrevolution Anfang der siebziger Jahre geschildert, als

> »Mao keine andere Wahl [blieb] – er musste wieder auf die in Ungnade gefallenen Funktionäre zurückgreifen … Tschou En-lai … kümmerte sich unverzüglich darum, die Wirtschaft in Gang zu bringen. Der alte Verwaltungsapparat wurde wiederhergestellt, Produktivität und Ordnung zählten wieder mehr als revolutionäre Aktivität. Es gab wieder Leistungsanreize. Die Bauern erhielten die Erlaubnis, nebenher Geld zu verdienen, nach sechs Jahren Unterbrechung wurde an den Schulen wieder unterrichtet, Pläne für wissenschaftliche Forschung entstanden … In den Fabriken wurden neue Arbeiter eingestellt, ein Zeichen dafür, dass die Wirtschaft sich erholte.«[32]

In diesen Berichten stecken dieselbe Theorie und Weltanschauung, die auch im vorliegenden Buch enthalten sind. Es ist kein simples Plädoyer für eine freie Marktwirtschaft ohne staatliche Eingriffe. Die wirtschaftliche Stabilität in China in der Mitte der fünfziger Jahre beruhte vor allem darauf, dass es der Regierung – auch wenn es die Regierung von Mao Tse-tung war –, gelang, das Chaos, den Bürgerkrieg und das Banditenunwesen zu beenden, unter denen China während des größten Teils der ersten Jahrhunderthälfte gelitten hatte (nicht zuletzt natürlich in Folge Maos eigener Aktivitäten als Führer der Kommunisten). Man kann die Verhältnisse jener Zeit also nicht mit einer Chaostheorie des wirtschaftlichen Fortschritts erklären.

Jung Chang beschreibt in *Wilde Schwäne* meiner Meinung nach nicht nur das China des 20. Jahrhunderts, sondern auch allgemeine Erfahrungen, welche die Menschheit im Lauf von über hundert Jahrhunderten gemacht hat. Das Buch bestätigt den Grundsatz, dass Menschen, wenn sie eine Chance haben, ihr eigenes Los und das ihrer Familie zu verbessern, ihre ganze geistige und körperliche Kraft und Beharrlichkeit einsetzen werden, um sie zu nutzen. Darüber hinaus bestätigt es einen zweiten Grundsatz, den nämlich, dass die politischen Fehlschläge die jeweiligen Gesellschaften der Gefahr – und gelegentlich der Realität – aussetzen, dass die Wirtschaft zurückgeworfen und der Wohlstand vernichtet wird. Im gesamten Verlauf der Geschichte bestehen diese Fehlschläge aus der Unfähigkeit des Menschen, aus dem rätselhaften Kreislauf auszubrechen, dass dem wirtschaftlichen Erfolg unter einer guten Regierung irgendwann eine schlechte Regierung und mit ihr die Misswirtschaft folgt.

Der Walzerschritt

Aus diesem Bild ergibt sich der Dreierschritt des Walzers, der unsere Geschichte akzentuiert. Manche werden darin vielleicht die Spur Hegels wiedererkennen, eine Wiederauferstehung der gefürchteten Dialektik aus These, Antithese und Synthese. Hier ist jedoch nichts dergleichen beabsichtigt. Der Walzertakt betont lediglich eine häufig anzutreffende Regelmäßigkeit, wenn auch kein ehernes Gesetz:

1. Von Zeit zu Zeit kommt es aufgrund günstiger Umstände oder einer Weiterentwicklung des Wissens oder der Technik zu einem wirtschaftlichen Fortschritt (zum Beispiel der Entwicklung des Ackerbaus), der es ermöglicht, mehr Mäuler als bisher zu ernähren oder die vorhandenen Mäuler besser zu ernähren oder den Lebensstandard in einer anderen Weise zu erhöhen.

2. Dieser Fortschritt weckt räuberische Gelüste, die zu einer Bedrohung zum Beispiel durch Angreifer von außen oder innen (»Schmarotzer«) führen, die darauf hoffen, die Früchte des Fortschritts für sich nutzen zu kön-

nen, ohne sich an den Kosten der Aufrechterhaltung des Fortschritts zu beteiligen.

3. Diese Bedrohungen verlangen nach einer gesellschaftlichen beziehungsweise politischen Lösung (etwa in Form von formellen Vereinbarungen mit Herrschern), die aber nicht zwangsläufig erfolgt, um die Früchte des Fortschritts vor Raub zu schützen, indem man entweder Regeln vereinbart, die eine Aneignung der Früchte verbieten oder erschweren, und/oder direkte politische und militärische Verteidigungsmaßnahmen ergreift.

Die Stabilität oder Instabilität der gesellschaftlichen beziehungsweise politischen Lösungen des dritten Schritts entscheidet häufig darüber, in welchem Umfang, wo und wie lange die Früchte des ursprünglich rein ökonomischen Fortschritts genossen werden. Da der erste Schritt den zweiten auslöst und der dritte jederzeit fehlschlagen kann, erleben ganze Zivilisationen ebenso wie kleinere Wirtschaftseinheiten häufig einen wirtschaftlichen Rückschlag und manchmal einen völligen Zusammenbruch. Natürlich können auch Naturkatastrophen zum selben Ergebnis führen, ohne dass politische Inkompetenz oder militärische Unterlegenheit im Spiel sind.

Aus diesem Grund wird sich ein Wirtschaftshistoriker, der das wirtschaftliche Fortkommen des Menschen und seine häufigen Unterbrechungen und Fehlschläge erklären will, zwangsläufig intensiv mit den sozialen, kulturellen und politischen Strukturen und Werten beschäftigen müssen, die der Mensch ersonnen hat, um seinen wirtschaftlichen Fortschritt zu erleichtern und zu schützen. Wirtschaftlicher Fortschritt allein reicht nicht aus und muss über kurz oder lang scheitern. So sehr der Wirtschaftshistoriker auch bestrebt sein mag, seine Arbeit auf ökonomische Ereignisse und deren Erklärung zu beschränken, wird er sich doch sehr bald genötigt sehen, sich mit der gesamten Organisation und dem Regierungssystem von Gesellschaften zu befassen, nicht um ihrer selbst willen, sondern als notwendige Bestandteile für das Verständnis der ökonomischen Vorgänge.

Adam Smith (1723–1790) ist uns in diesem wie in so vielem anderen vorausgegangen. Auch er hat bei der Untersuchung des Wohlstands des Einzelnen und der Nationen sowie des Wirtschaftswachstums, das er als den »natürlichen Anstieg des Wohlstands«[33] bezeichnete, eine Version des Walzerschritts entdeckt. Ausgangspunkt für alles andere ist laut Smith die Natur des Menschen,[34] seine angeborene Neugierde, sein Konkurrenzverhalten und sein ständiges Bemühen um eine Verbesserung seiner materiellen Lage, mit anderen Worten sein Streben nach Reichtum. Dies habe zur Arbeitsteilung und zur Zunahme des Wissens geführt, was in groben Zügen dem ersten Schritt unseres Walzermodells entspricht.

Dieser These folgte nach Smith alsbald ihre Antithese in Gestalt praktischer Hindernisse des Wachstums, vor allem Raub durch die Mächtigen in einer Gesellschaft und Eindringlinge von außen, durch monopolistische Bestrebungen von Kaufleuten und Produzenten sowie durch Sklaverei. Danach kam es zu einer Synthese und einem erfolgreichen Wachstum mit sozialen und politischen Entwicklungen wie der Entstehung von Städten und Märkten, der Bildung einer Mittelschicht als dem politischen Fundament von Staatsbürgerschaft, staatlicher Macht, Pachtzinsen und Steuern und der Legitimierung dieser Strukturen durch Wertsysteme, die auf Verwandtschaft, Status, Staat und Religion beruhten.

Die Aufgabe

Sowohl bei Adam Smith als auch bei so unterschiedlichen Beobachtern wie Alfred Marshall und Jung Chang findet sich die Überzeugung, dass die Erklärung für das Auf und Ab der

Wohlstandsentwicklung und die Art und Weise, wie sie verlaufen ist, nur gefunden werden kann, wenn man den sozialen, politischen, psychologischen und ethischen sowie ökonomischen Kontext betrachtet. In jüngster Zeit sind die Wirtschaftshistoriker zu dieser Sichtweise zurückgekehrt, nachdem sie früher versucht hatten, die Wirtschaftsgeschichte in übertrieben mechanistischen und ökonomistischen neoklassischen Kategorien zu erklären.

Dieser Rückgriff auf die relevanteren Kategorien entspricht Marshalls konkreten Beobachtungen weitaus mehr als seinen formalen Theorien von Angebot, Nachfrage und Grenznutzen. Allerdings läuft man Gefahr, die methodische Strenge einer willkürlichen anekdotischen Darstellung zu opfern. Die Sparneigung mag zwar für diese Art von Erklärungen irrelevant sein, aber sie ist zumindest messbar. »Kulturelle Faktoren« mögen ausschlaggebend sein, aber das lässt sich schwer beweisen. Und in ihrem Unterholz lauern möglicherweise hässliche Vorurteile, die sich hinter einer gediegenen Sprache verbergen.

All dies verweist darauf, dass unsere Untersuchung hohen Anforderungen gerecht werden muss: Sie muss Erklärungen durch explizite und prinzipiell widerlegbare Thesen liefern und gleichzeitig alle oberflächlichen Erklärungsmuster vermeiden. Der Historiker wird nie zu einem reinen Sozialwissenschaftler werden, weil die Notwendigkeit einer erzählenden Darstellung, die Komplexität des Gegenstands, den er untersucht, und die Unmöglichkeit wiederholbarer Experimente verhindern, dass die Geschichte des Menschen sich auf eine endliche Zahl von Gesetzen reduzieren lässt. Aber er kann – und das ist seine Aufgabe – diese Geschichte auf eine Weise erzählen, die den Leser das Geschehen verstehen lässt, indem er ihm hilft, Muster von Ursache und Wirkung zu erkennen, die sich beständig wiederholen, und zwar nicht nur dann, wenn es dem Autor gerade ins Konzept passt. An diese Regel wollen wir uns halten.

Die Entdeckung des Werts

Überblick

Das vorliegende Buch handelt von der wirtschaftlichen Evolution des Menschen, also davon, wie aus den ersten Vertretern unserer Spezies die Herrscher des Planeten geworden sind. Gegenstand des ersten Kapitels ist die Geschichte bis etwa zum Jahr 1000 v. Chr., der Schwelle zu dem Jahrtausend, in dem erstmals Münzen geprägt und Griechenland und Rom zu Hochkulturen wurden.

Um 10000 v. Chr., vielleicht auch ein oder zwei Jahrtausende früher, lebten auf der Erde wenige Millionen Menschen.[1] Sie gehörten zur Spezies des *Homo sapiens sapiens* und waren verstreut über fast alle bewohnbaren Gegenden der Erde, mit Ausnahme der damals vollständig zugefrorenen Gebiete der Antarktis, des größten Teils des heutigen Kanada und Nordeuropas sowie abgelegener Inseln wie Madagaskar und Neuseeland.

Sie lebten hauptsächlich in kleinen Horden aus vielleicht einem halben Dutzend Familien in natürlichen Schutzräumen wie Höhlen und Abris (Wohnstätten unter Felsvorsprüngen), vermutlich auch in Zelten und Hütten. Sobald die Nahrungsmittelressourcen in der Nähe erschöpft waren, wechselten sie ihren Standort. Sie kannten das Inzesttabu und versuchten Inzucht durch arrangierte Hochzeiten zu vermeiden.[2] Ihre Ernährung bestand aus dem, was die Erde ihnen bot, hauptsächlich also aus Wildtieren, Wildgemüse und natürlich vorkommenden Mineralien. Die Männer gingen auf die Jagd, und die Frauen und Kinder sammelten Beeren und Pilze, weshalb man diese Menschen als »Jäger und Sammler« oder »Wildbeuter« bezeichnet.[3] Einfacher Tausch und gelegentlicher Handel über größere Entfernungen hinweg sind anscheinend so alt wie die Menschheit selbst; um 12000 v. Chr., am Ende der Altsteinzeit (Paläolithikum), war ein regelmäßiger Tauschhandel mit Gegenständen wie Steinäxten und Waffen ein Bestandteil des Wildbeuterlebens und wurde möglicherweise von umherziehenden Jägern als Nebenerwerb betrieben.[4]

Die vorgeschichtlichen Menschen jener Zeit gebrauchten Werkzeuge – in der Hauptsache grob bearbeitete Stöcke, Bögen und Steine, aber wahrscheinlich auch Knochen, Häute und Fasern –, die ihnen die Zubereitung der Nahrung und die Herstellung der Kleidung sowie das Jagen, Graben und Fischen erleichterten. Und seit fünfzigtausend Jahren wussten sie, wie sie mit Flößen und/oder Booten größere Gewässer überwinden konnten, nicht zuletzt die acht Meerengen von bis zu achtzig Kilometern Breite zwischen dem südostasiatischen Festland und Australien beziehungsweise Neuguinea, die zu der Zeit, als die ersten Menschen dort eintrafen, noch miteinander verbunden waren.[5]

Sie verständigten sich untereinander in Sprachen, die aus Wörtern mit spezifischen Bedeutungen bestanden und grammatikalische Regeln besaßen und mit deren Hilfe es möglich war, Informationen zu erinnern und mitzuteilen.[6] Sie waren fraglos auch zu gewissen künstlerischen Schöpfungen im Stande, deren älteste Belege die Höhlenmalereien in Südfrankreich und Nordspanien (30000–10000 v. Chr.) sind.[7] Zwar verfügen wir kaum über gesicherte Informationen über Anlass und Zweck dieser erstaunlichen Malereien, doch wir wissen, dass in der an Kunstwerken reichen Kultur des Magdalénien, die den Höhepunkt der eiszeitlichen Kulturentwicklung bildete, viele verschiedene Werkzeuge aus Knochen und Holz und selbst eingeritztes Elfenbein entstanden sind. Felszeichnungen von Aborigines in Nordaustralien werden vorsichtig auf etwa 50000 bis 40000 v. Chr. datiert.[8]

32

Der Mensch der Frühzeit hatte auch die Vorstellung von einer Geisterwelt, die parallel zur menschlichen Welt existierte und diese erklären half (Leben und Tod, Glücks- und Unglücksfälle). An diese übernatürlichen Kräfte wandte man sich, um die Ereignisse der wirklichen Welt zu beeinflussen (etwa das Wetter oder den Verlauf von Kriegen), die der menschlichen Kontrolle entzogen waren.

Dieses Kapitel wird uns bis ins Jahr 1000 v. Chr. führen, als die Erdbevölkerung auf über vierzig Millionen Menschen,[9] möglicherweise auch weit mehr[10] angewachsen war und nunmehr auch die inzwischen eisfreien Gebiete des heutigen Kanada und Nordeuropas bewohnten. Das nomadische Jagen und Sammeln blieb die wirtschaftliche Lebensgrundlage in weiten Teilen Nord- und Südamerikas, in Nordasien, Nordskandinavien, Japan, Australien sowie Süd- und Zentralafrika.

In den übrigen Regionen hatten sich tief greifende Änderungen vollzogen. In Nordafrika und Arabien hatten die Menschen begonnen, Haustiere zu halten, auch wenn sie weiterhin als Nomaden von einem Weidegrund zum nächsten wanderten. In ganz Süd-, Südost- und Ostasien, in einem Gebietsstreifen quer durch Afrika und in den beiden Amerikas hatte eine einfache Landwirtschaft auf der Grundlage des Anbaus kultivierter Wildpflanzen (Reis, Getreide, Wurzelgemüse) und der Zucht und Haltung von Herdenvieh und Haustieren (Ziegen, Schafe, Rinder, Schweine, Esel und Pferde) das Jagen und Sammeln als Hauptnahrungsquelle verdrängt. Diese Menschen lebten sesshaft, überwiegend in dörflichen Ansiedlungen, die bald zur Siedlungsform für eine Mehrheit der Menschen wurden – und dies für achtzig bis fünfundneunzig Prozent unserer Vorfahren bis weit ins 20. Jahrhundert bleiben sollten. Noch heute wohnt eine knappe Mehrheit der Weltbevölkerung in Dörfern und anderen ländlichen Siedlungsformen.[11]

Komplexere bäuerliche Gesellschaften, die ebenfalls in Dörfern lebten, hatten sich im unteren Jangtsebecken, in der Gangesebene in Indien und quer durch Zentralasien und in fast ganz Europa herausgebildet. Sie kannten rudimentäre politische Strukturen und wurden in der Regel von Stammeshäuptlingen regiert; in Europa wurde zudem Bronze produziert und überall verwendet.[12]

Es gab bereits Hochkulturen in Nordchina, Ägypten, Mesopotamien und an den Südküsten des Schwarzen und des Kaspischen Meeres.[13] Städte und sogar Großstädte konnten sich auf die hohe Nahrungsmittelproduktion ihres agrarischen Umlands stützen. Zu jener Zeit gab es im Fernen Osten bereits mehrere Städte mit über 20000 Einwohnern, darunter Sian, die größte, mit 55000 Einwohnern, und im Zweistromland sowie im östlichen Mittelmeerraum gab es fünf Städte mit über 25000 Einwohnern. Die größte von ihnen war Theben in Ägypten, in der 60000 Menschen lebten.[14]

In dieser Welt hatten sich in den großen Stadtkulturen Tausch, Handel und sogar eine Frühform des Geldes (bestimmte Gewichtseinheiten von Edel- und anderen wertvollen Metallen oder auch von Getreide, aber noch keine Münzen) entwickelt. Handel wurde auch über größere Entfernungen hinweg betrieben: als Schiffshandel im östlichen Mittelmeer und im Persischen Golf sowie als Fluss- und Überlandhandel in Mesopotamien, der bis in die Gebirgsregionen im Norden und über Persien sogar bis ins Industal reichte.[15] In Mexiko wurden Handelsgüter in einiger Entfernung vom Ursprungsort feilgeboten. Man darf annehmen, dass der Tausch von Werkzeugen, Waffen, wertvollen Gegenständen und Waren in der einen oder anderen Form in allen Gegenden betrieben wurde, in denen inzwischen sowohl sesshafte Ackerbauern als auch nomadisierende Jäger und Sammler lebten.

In Sumer sind schriftliche Aufzeichnungen aus der Zeit um 3400 v. Chr. belegt, und bis zum Jahr 1000 v. Chr. wurde die Schrift (sumerisch-akkadische Keilschrift, chinesische Bilderschrift, ägyptische und hethitische Hieroglyphen, mykenische und minoische Silbenschrift/Linearschrift) für juristische, buchhalterische, religiöse und administrative Zwecke im Mittelmeerraum, in Mesopotamien, Ägypten und China verwendet. In Kanaan wurde eine Buchstabenschrift entwickelt, vermutlich um 1300 v. Chr. wurden die Zehn Gebote in Steintäfelchen geritzt.[16]

Die technischen Errungenschaften des Menschen waren bis zum Jahr 1000 v. Chr. um folgende Erfindungen bereichert worden: Töpferscheibe, Brennofen zum Brennen von Tongeschirr, Bewässerungsanlagen, Pflug, Segel, Wagen auf Rädern, Kupfergewinnung, Seidenherstellung, Großbauwerke (Zikkurate, Tempel, Pyramiden, Paläste), Ziegelbrennen, Eisenschmelzen und Eisenverarbeitung.[17] Zu den Handwerksberufen, die in der Linear-B-Schrift auf Täfelchen der mykenischen Hochkultur (1650–1200 v. Chr.) verzeichnet waren, gehörten Töpfer, Metallarbeiter, Weber, Maurer, Zimmerleute, Schiffsbauer, Bronze- und Goldschmiede. Künstlerische und intellektuelle Errungenschaften der Menschen waren in dieser Zeit die Tempel, Paläste und Religionen der sumerischen (3500–2350 v. Chr.), akkadischen (2300–200 v. Chr.), babylonischen (1900–1600 v. Chr.), assyrischen (1400–500 v. Chr.), minoischen (2000–1500 v. Chr.) und mykenischen Hochkultur (1650–1200 v. Chr.) sowie eine zweitausendjährige Zivilisation in Ägypten (seit 3000 v. Chr.) einschließlich der Pyramiden (etwa 2500 v. Chr.) und der staunenswerten Gegenstände im Grab Tut ench Amuns (ca. 1350 v. Chr.) sowie die Anfänge des »Goldenen Zeitalters« der Chou-Dynastie in China (1100–500 v. Chr.), in der Konfuzius lebte (551–479 v. Chr.).[18] Architektur, Medizin und Ingenieurwesen entstanden als berufliche Disziplinen in Sumer, wo erstmals Maße und Gewichte vereinheitlicht wurden und die Mathematik und die Anfänge der Naturwissenschaften ihren Ursprung hatten.[19]

Die Geschichte

Im Folgenden soll erzählt werden, wie die Menschheit, ausgehend von wenigen Millionen Individuen um 8000 v.Chr. – als sie sich mit anderen biologischen Arten, von denen viele damals mindestens dieselbe Aussicht hatten, die Erde zu beherrschen oder den Menschen zu überleben, um die Früchte der Erde streiten musste –, begann, die Herrschaft über die Erde anzutreten. Gegenstand dieses ersten Kapitels ist die Entwicklung des Menschen von einem Stadium, in dem er kaum mehr war als ein vielseitiges, Nahrung suchendes Säugetier, bis auf eine Stufe, auf der er als ein mit Verstand begabter, wirtschaftender Akteur auftrat, der den ökonomischen Wert von Dingen erkannt hatte und diesen auf mehrere Arten messen konnte.

Der Schlüssel zum Erfolg des Menschen liegt in der Periode unmittelbar vor dem Beginn unserer Reise, wobei »unmittelbar vorher«, dem Zeithorizont der Erforscher der frühen Evolution des Menschen entsprechend, eine Periode meint, die wahrscheinlich vierzigtausend Jahre, viermal weiter als der Anfang unserer Geschichte, zurückliegt. Vor dem Hintergrund der gesamten Evolution oder auch nur der des Menschen ist das nur knapp vor dem Jahr 8000 v.Chr., um das herum sich unser Held auf seine ökonomische Odyssee begab. Die Erde selbst ist vor 4,6 Milliarden Jahre alt. Das erste Leben entstand vor etwa 600 bis 400 Millionen Jahren,[20] und die ersten Säugetiere erschienen vor etwa 170 Millionen Jahren. Vor 70 Millionen Jahren starben die Dinosaurier plötzlich aus, und vor 10 Millionen Jahren (gegen Ende des Miozäns) begann die Erde sich abzukühlen, so dass sich an den Polen Eiskappen bilden konnten. Die ersten Menschen erschienen vor weniger als 10 Millionen Jahren.

Die ersten Hominiden (die Vorfahren des Menschen, die sich zunächst aus den Menschenaffen entwickelten) stiegen von den Bäumen und gingen aufrecht auf dem trockenen Grasland Afrikas, das aus den Wäldern entstanden war, nachdem die Niederschläge infolge einer Klimaänderung zurückgegangen waren;[21] das war vor rund vier, möglicherweise aber auch vor sieben bis neun Millionen Jahren. Zu den Hominiden gehören *Australopithecus ramidus*, *Australopithecus afarensis* (die berühmte »Lucy«), *Australopithecus africanus*, *Homo habilis* und *Homo erectus*, die sich in dieser Reihenfolge auseinander entwickelt haben.[22] Die ersten Steinwerkzeuge wurden vor etwa 2,4 Millionen Jahren in Äthiopien benutzt.[23] Vor etwa 1,8 Millionen Jahren setzte die erste von insgesamt elf Eiszeiten ein, und in den nördlichen Breiten bildeten sich Eisdecken.[24] Die frühesten Hinweise auf den Gebrauch des Feuers durch Menschen (im heutigen Kenia und in Südafrika) sind 1,6 Millionen Jahren alt.[25] Der erste Mensch *(Homo erectus)*, der außerhalb Afrikas erschien, war der Java-Mensch vor etwa einer Million (möglicherweise 1,8 Millionen) Jahren.[26] Europa wurde spätestens vor 500 000 Jahren von den ersten Menschen bevölkert. Zu dieser Zeit erschien *Homo sapiens* (kenntlich an einem größeren, runderen Schädel) in Afrika und Europa. Der europäische Zweig dieser »Familie« entwickelte sich vor etwa 230 000 Jahren zum Neandertaler *(Homo sapiens neandertalensis)*, der spätestens vor 40 000 bis 30 000 Jahren Europa und Westasien bevölkerte. Der Neandertaler hatte sogar ein größeres Gehirn als der heutige Mensch und war gut an die Bedingungen im eiszeitlichen Eurasien angepasst.[27]

Inzwischen entwickelte sich in Afrika vor 135 000 Jahren der jetztzeitliche Mensch, genannt *Homo sapiens sapiens*. Etwa vor 100 000 Jahren begannen diese unsere Altvorderen aus Afrika abzuwandern und hatten 10 000 Jahre später den Nahen Osten erreicht. Diese Wanderung wurde möglicherweise durch das Einsetzen der vorletzten Eiszeit (vor etwa 70 000–60 000 Jahren) nach Osten abgelenkt; in diesem Zeitraum dürften die ersten jetztzeitlichen Menschen China und Südostasien erreicht haben.[28]

Danach, irgendwann vor 60 000 bis 30 000 Jahren,[29] kam es offenbar zu einem außergewöhnlichen Ereignis, das bis heute das letzte bedeutende Vorkommnis in der langen genetischen Evolution des jetztzeitlichen Menschen und vermutlich die Grundlage von allem war, was sich danach in der Wirtschaftsgeschichte des Menschen ereignet hat. Irgendetwas führte zu einer tiefgreifenden Veränderung des menschlichen Gehirns, durch die die Intelligenz des Menschen in einer Weise erhöht wurde, die nicht nur seine Fähigkeiten, sondern auch, was mindestens ebenso wichtig war, seine Neigungen veränderte. Natürlich vollzog sich diese Transformation nicht über Nacht in einer einzigen wunderbaren Mutation, auch wenn sie im Maßstab der Evolution relativ schnell erfolgte, und wir können sie auf Grund der plötzlich auftretenden bemerkenswerten Leistungen unserer Spezies seit jener Zeit datieren.

Vor etwa 40 000 Jahren begannen sich die Arten der vom Menschen verwendeten Werkzeuge schnell zu vermehren, und der Mensch selbst breitete sich rasch über die Welt aus. Wie William McNeill feststellt, »hatte es bis dahin keine vergleichbar weiträumige Ausdehnung von Lebensformen mit großem Körperbau gegeben, die sowohl klimatische als auch Wasserbarrieren überwanden«.[30] Vor rund 50 000 Jahren hatte *Homo sapiens sapiens* das heutige Japan und Java (damals beide noch mit dem asiatischen Festland verbunden) erreicht. Vor 40 000 Jahren war er nach Europa, Borneo, Australien und Neuguinea gelangt. Abermals 10 000 Jahre später besiedelte er Südwestaustralien, Tasmanien, Okinawa, Zentralasien (Kasachstan) und Sibirien; und wieder einige tausend Jahre später, als die Neandertaler in Europa ausstarben, überquerte er das Meer zu den Salomon-Inseln östlich von Neuguinea. In den folgenden 10 000 Jahren gelangte er über die Landbrücke der heutigen Beringstraße nach Alaska (vor etwa 15 000 Jahren), passierte den Korridor zwischen den Eisflächen der kanadischen Westküste und dem Hauptteil Kanadas, breitete sich über das übrige Nordamerika von Neuschottland bis nach

Mexiko aus und stieß bis zum Amazonasbecken und entlang der gesamten Westküste Südamerikas bis nach Patagonien vor. Auch in Cresswell Crags in England hatte er seine Spuren hinterlassen.[31]

Die Fähigkeit, sich an unterschiedliche klimatische Verhältnisse anzupassen und stark variierende Nahrung zu vertragen, hatte dem Menschen der Vorzeit während der vorangegangenen knapp zwei Millionen Jahre mit den dazwischen liegenden Eiszeiten einen evolutionären Vorteil verschafft. Seine aufrechte Körperhaltung und sein Gang auf zwei Beinen ließen ihm die Hände frei, mit denen er Werkzeuge und Waffen, in der Hauptsache Stöcke und Steine, handhaben konnte; und die Stöcke und Steine, mit denen er seine Beute erlegen und zerteilen konnte, ermöglichten in seiner anatomischen Evolution kleinere Zähne und Kiefer und schließlich eine besonders wichtige Veränderung der Lage von Kehlkopf und Pharynx. Schon sehr früh hatte der Mensch der Vorzeit gelernt, das Feuer zum Heizen, Beleuchten, Kochen, Abschrecken großer Raubtiere – die er mit dem Feuer auch in Fallen treiben konnte – und zum Niederbrennen von trockenen Gras- und Buschflächen zu benutzen, um ein erneutes Wachstum zu beschleunigen. Und mit der Entwicklung von *Homo erectus* und später der verschiedenen Unterarten von *Homo sapiens* hatte sich sein Gehirn weiter vergrößert.[32]

Doch das alles kann etwas nicht erklären, was man als den »Urknall der menschlichen Kultur«[33] und »unseren großen Sprung nach vorn«[34] vor rund 50 000 Jahren bezeichnet hat. Die Historiker sind sich uneins darüber, was damals eigentlich genau passiert ist. In der *Cambridge Ancient History* lesen wir:

»Inzwischen mehren sich die Anzeichen, dass gesprochene Sprachen bereits vor mindestens 100 000 Jahren weit entwickelt waren, möglicherweise so früh wie die funktionell hervorragenden Steinwerkzeuge, die von den Handwer-

kern des unteren Paläolithikums (Abbévillien etc.) in Westeuropa hergestellt wurden. Schließlich sind Sprachen ebenso Mittel der Kommunikation wie Werkzeuge Mittel zur
Herstellung von Gegenständen aus Holz, Knochen und
Steinen sind, die vom Urmenschen für viele Zwecke benutzt wurden. Selbst ohne diese offensichtliche Parallele
sollte uns die Tatsache, dass so unterschiedliche Tiere wie
Bienen und Delphine, wie wir heute wissen, über höchst
komplexe Mittel der Kommunikation verfügen, zu denken
geben.«[35]

William McNeill ist überzeugt, dass die rasche Ausbreitung
des Menschen in den bewohnbaren Erdregionen vor 40000
Jahren »am plausibelsten mit der Annahme erklärt werden
kann, dass es deutliche Verbesserungen in der Kommunikation und Kooperation waren, die den umherstreifenden Horden von *Homo sapiens sapiens* die Möglichkeit gaben, den bewohnbaren Teil des Globus zu besiedeln und sich überall als
dominante Spezies zu etablieren. Die entscheidende Innovation bestand vermutlich in einer umfassenden Entfaltung der
Sprache zur Erzeugung symbolischer Bedeutungen.«[36] Jared
Diamond kommt zu einem ähnlichen Schluss, wenn er als Ursache des großen Sprungs der Menschheitsentwicklung »die
Vervollkommnung des Kehlkopfs und damit der anatomischen Basis der modernen Sprache, von der die praktische
Umsetzung der menschlichen Kreativität entscheidend abhängt, in den Vordergrund« stellt.[37]

Der englische Archäologe Steven Mithen ist der Meinung,
dass eine Art soziale Sprache, die einen inneren Zusammenhalt der Gemeinschaften des Frühmenschen bewirkt hat, wesentlich weiter zurückreicht, möglicherweise in eine Zeit vor
250000 Jahren. Er glaubt, dass die wirklich entscheidende Änderung aus der Zeit vor rund 60000 Jahren vielmehr die Funktionsweise des Gehirns betroffen hat. Insbesondere behauptet
er, das Gehirn des *Homo sapiens sapiens* sei nicht größer gewor-

den, sondern habe die Fähigkeit zu abstraktem Denken dazugewonnen, die auf einer Form der Synthese der bereits existierenden einfacheren Denkprozesse beruhte. Das ermöglichte ein elementares Verständnis der physikalischen Welt um uns herum, die Fähigkeit, soziale Beziehungen einzugehen, und die Fähigkeit, Werkzeuge und Waffen herzustellen und zu gebrauchen sowie andere in ihrer Herstellung und ihrem Gebrauch zu unterweisen. Auf diese Weise verbanden sich nach Mithen eine naturkundliche und eine soziale und technische Intelligenz zu einer höheren Intelligenz mit der Fähigkeit, von Menschen erzeugte Bilder und Gegenstände mit symbolischen Bedeutungen dazu zu benutzen, durch Kunst, Religion und in anderer Weise mit anderen Menschen zu kommunizieren.[38] Das kommt dem, was McNeill mit der »umfassenden Entfaltung der Sprache« gemeint hat, möglicherweise näher, als es zunächst den Anschein hat.

Diesem Entwicklungsschub der menschlichen Intelligenz, den wir einmal voraussetzen, folgten einschneidende Verhaltensänderungen. Bisher fast ausschließlich aus Stein angefertigte Werkzeuge wurden nun aus den verschiedensten Materialien wie Knochen und Elfenbein hergestellt. Die ersten Steinklingen kamen in Gebrauch. Wohnstätten und Behausungen wurden gebaut, und die Menschen verschönerten sowohl die Wohnräume als auch sich selbst zunehmend mit Farben und Ornamenten.[39]

Noch wichtiger als jede einzelne dieser Manifestationen der neuen geistigen Beweglichkeit des Menschen, ausgenommen vielleicht seine zerstreute Existenz auf der ganzen Erde, sollte auf die Dauer die neue Beweglichkeit selbst werden. Stellen wir uns ein Wesen vor, das abstrakt denken, nützliche Kenntnisse in einer Sprache mit bestimmten symbolischen Bedeutungen zum Ausdruck bringen, vermitteln und vielleicht sogar aufzeichnen kann. Stellen wir uns weiter vor, dass dieses Wesen sich allein aufgrund seiner Einbildungskraft und unterstützt von verbalen Überlegungen eine Vorstellung von Situationen machen kann, die über seine eigene unmittelbare Erfahrung hinausgehen – und diese anschließend in ähnlicher Weise vermitteln und mitteilen kann. Ein Mensch, der zu alldem im Stande ist, kann nicht nur von großem Reichtum träumen (ein Traum, der vermutlich von keinem anderen Lebewesen geträumt werden kann), er kann sich auch daran machen, die Mittel zur Verwirklichung dieses Traums zu ersinnen (Mittel, die sich kein anderes Lebewesen ausdenken kann). Und auf diese Weise ist unsere Bühne plötzlich mit dem Protagonisten bevölkert, dessen Gier und Schlauheit – oder, wenn man so will, dessen Einbildungskraft und Intelligenz – ihn zum Helden oder Schurken in unserer Geschichte machen.

Die letzte Eiszeit setzte vor 24 000 Jahren ein und endete, knapp bevor unsere Geschichte anfängt, vor ca. 13 000 Jahren.[40] Das Ende dieser Eiszeit lag kurz vor dem Beginn des Neolithikums, zumindest in Eurasien (8500 v. Chr.), und vor dem ersten großen wirtschaftlichen Sprung des Menschen nach vorn. Das Leben der Jäger und Sammler ist verschiedentlich als »arm, kümmerlich, roh und kurz« (Hobbes) beschrieben worden, wenn auch nicht als wirklich »einsam«,[41] und als fast idyllisch, mit einer ausgewogenen Speisekarte, einer Zwanzig-Stunden-Arbeitswoche und einem hohen Lebensstandard. L. S. Stavrianos schreibt unter Berufung auf Sahlins, dass jedes einzelne der von Hobbes gewählten Adjektive durch sein Gegenteil ersetzt wurde und dass die »Wildbeutergesellschaft« heute als »die ursprüngliche Überflussgesellschaft« angesehen werde, deren Angehörige einen »Halbtagsjob« gehabt und sich einer »gesunden Ernährung, wirtschaftlicher Sicherheit und eines freundlichen sozialen Lebens« erfreut hätten.[42]

Wir haben kaum unmittelbare Anhaltspunkte dafür, wie diese Menschen wirklich gelebt haben, und die Ansicht von Stavrianos beruht weitgehend auf modernen Forschungen über die Lebensweise heutiger Wildbeuter in Südafrika, der Arktis, dem Amazonasbecken und den australischen Wüsten. Doch an den heutigen Wildbeuter sollte man sich nicht orientieren, da sie sich mit wenig ergiebigem Land begnügen müssen, woraus man schließen könnte, dass es frühen Jägern und Sammlern besser ging. Die bislang vorliegenden Befunde lassen vermuten, dass ihre Körpergröße ähnlich variabel war wie unsere eigene heute. Ihr Körpergewicht war im Durchschnitt niedriger als das von Menschen, deren Hauptnahrungsmittel aus kohlehydrathaltigem Getreide besteht, also geringer als das der Angehörigen der meisten heutigen westlichen Gesellschaften, aber höher als das von unterernährten Afrikanern. Man vermutet, dass sie aufgrund ihres Eiweißkonsums eine große Knochen- und Muskelmasse besaßen.

Die Lebenserwartung war niedriger als heute, aber höher als vielfach angenommen. Wenn wir uns der herkömmlichen Auffassung anschließen, dass der menschliche Stoffwechsel für Lebewesen mit unserer Körpergröße und unserem Gehirnumfang eine potentielle Lebenserwartung von neunzig Jahren ermöglicht, dann ist das einzige, was sich in den letzten 10 000 Jahren geändert hat – und die meisten Änderungen fallen ohnedies erst in die letzten hundert Jahre –, die Zahl der Menschen, die dieses Alter tatsächlich erreichen.

Die meisten Wildbeuter waren Nomaden, die ihre Jagd- und Fanggründe wechselten, sobald sich der Bestand an jagdbaren Tieren und essbaren Wildfrüchten erschöpft hatte, wobei dieser Wechsel periodisch erfolgen konnte, so dass jeder temporäre Standort Zeit hatte, sich wieder zu erholen. Möglicherweise praktizierten diese Menschen gelegentlich auch Kannibalismus.[43] Die Jagd, die wegen ihrer größeren Körperkraft hauptsächlich den Männern oblag, wurde mit Stöcken, Steinen, Speeren, Fischspeeren, Wurfspießen, Schlingen, Pfeil und Bogen (seit 13 000 v. Chr.), Steinklingen, Fallen und Feuer ausgeübt. Die Fähigkeit des Menschen, an neuen Orten Nahrung und Obdach zu finden, war eine Vorbedingung für seine explosionsartige Ausbreitung über die ganze Erde in der Zeit von 60 000 bis 8000 v. Chr. Großtiere stellten nicht nur wegen ihrer Fleischmenge ein attraktives Ziel dar, sondern auch, weil sie nicht unbedingt schwieriger zu erlegen waren als kleinere Tiere. Die Großtierjagd war vermutlich in Nord- und Südamerika besonders verbreitet, weil der Mensch dort erst einwanderte, als er bereits über ausgereifte Jagdfertigkeiten und entwickelte Jagdwaffen verfügte. Da die Großtiere mit dieser Bedrohung noch keine Erfahrungen gemacht hatten, erlagen sie ihr möglicherweise leichter und schneller als ihre Artgenossen in Eurasien, die gelernt hatten, den Menschen zu meiden, je mehr dieser seine Fertigkeiten vervollkommnete. Großtiere wie Elefanten, Pferde, Löwen, Geparde, Kamele, Riesenbisons, Riesenfaultiere, Riesenhirsche, Moschusochsen, Mastodons und drei Formen des Mammuts[44] starben etwa zu der Zeit, als der Mensch in Amerika erschien, plötzlich aus, und in Australien verschwanden praktisch alle dort lebenden Großtiere (Riesenkänguru, das nilpferdähnliche Riesenbeuteltier, Beutelleoparden, straußenartige flugunfähige Riesenvögel und große Reptilien wie Rieseneidechsen, Riesenpythons und Landkrokodile). In den Hauptregionen Eurasiens verlief dieser Prozess weniger extrem und betraf vor allem das Mammut und das Wollnashorn, doch auch die überlebenden Arten wurden dezimiert und waren schwerer zu jagen.[45]

Dieser (offenbar mit Ausnahme Afrikas) weltweit zu beobachtende Rückgang der Zahl der Großtiere fiel mit gravierenden Klimaveränderungen zusammen (besonders deutlich in Afrika), die für das Aussterben ursächlich sein könnten. Doch der relativ intakte Großtierbestand Afrikas, wo die Tiere die längste Erfahrung mit menschlichen Räubern und somit die meiste Zeit für die Entwicklung von Abwehrstrategien hatten und wo der Mensch infolge seiner Anfälligkeit für Krankheiten den geringsten Schaden unter den Tieren anrichten konnte,[46] lässt vermuten, dass die Vernichtung der Großtiere in erster Linie vom Menschen ausging. Dafür spricht, dass im heutigen Arizona zahlreiche Mammutskelette mit Speerspitzen zwischen den Rippen gefunden wurden und dass mehrere Tierarten in einem Zeitraum von hundert Jahren nach der Ankunft der Clovis-Jäger* in diesem Gebiet ausstarben.[47] Wenn die frühen »Amerikaner« tatsächlich die dort lebenden Pferde des Fleisches wegen bis zur Ausrottung bejagten, so zahlten ihre Nachfahren 12 500 Jahre später einen furchtbaren Preis dafür, als die Europäer auf ihren gut ausgebildeten Streitrössern eintrafen, mit denen sie zu einer Einheit verschmolzen zu sein schienen.[48]

Der Mensch der Vorzeit war ein geübter Fischer, und der Fischfang ist jene Form der Wildbeuterwirtschaft, die heute am weitesten verbreitet ist, denn auch der moderne Fischfang beruht noch immer überwiegend auf wilden Beständen. Wanderfische und Meerestiere wie Lachse und Wale wurden in den nächsten Jahrtausenden zur wirtschaftlichen Grundlage von sesshaften Gemeinschaften an der Pazifikküste Nordamerikas. Im Lauf der Zeit waren die Menschen in der Lage, mit Hilfe von Reusen, Netzen, Harpunen, Angelhaken aus Knochen und Fischgräten sowie anderen Geräten während der Hochsaison genügend Nahrungsmittel zu beschaffen, um alle ihre Mitglieder das ganze Jahr hindurch zu versorgen.[49] Andere sesshafte oder halbsesshafte Gemeinschaften während der Zeit der Jäger und Sammler hatten ihre wirtschaftliche Basis in den Wanderrouten großer Herden von Tieren wie Rentier, Pferd und Mammut (so möglicherweise die Magdalénien- und Cro-Magnon-Gesellschaften, die die Höhlenzeichnungen in Südfrankreich und Nordspanien hervorbrachten);[50] in der Ernte von Wildgetreide (zum Beispiel die Natufien-Gesellschaft im Nahen Osten) an außergewöhnlich günstigen Standorten, hauptsächlich im westlichen Teil des Fruchtbaren Halbmonds,[51] und in festen Handelswegen, wiederum vor allem im Nahen Osten, beispielsweise bei Jericho.[52]

---

* Clovis-Jäger, so benannt, weil ihre großen Speerspitzen aus Stein erstmals an einer Fundstätte in der Nähe von Clovis, New Mexico, gefunden wurden, gelten als die ersten »Amerikaner«. Die frühesten bislang entdeckten Fundstätten sind auf die Zeit zwischen 12 000 und 11 000 v. Chr. datiert worden. Nach den bisher gefundenen Anhaltspunkten deutet alles darauf hin, dass sie damals das gesamte Nord- und Südamerika durchstreift haben.

Während die Männer der Jagd und dem Fischfang nachgingen, war das Sammeln von Wildfrüchten und Wurzeln vermutlich die Aufgabe der Frauen, die von ihren Kindern begleitet wurden. Das Sammeln erforderte hoch entwickelte Kenntnisse darüber, was gesammelt werden musste, wo es zu finden war und welchen Nutzen die einzelnen Pflanzen als Nahrungsmittel und Medikament hatten. Diese Arbeitsteilung bei der Nahrungsgewinnung verfestigte die gegenseitige Abhängigkeit der Familienmitglieder, da alle Nahrung, wer auch immer sie beschafft hatte, geteilt werden musste, und sie hat möglicherweise die Männer mehr zur Erziehung und Unterweisung der Kinder verpflichtet, wodurch der Mensch erneut einen Evolutionsvorteil erhielt, da der Nachwuchs besser vorbereitet in die Welt entlassen wurde.

Es ist gut möglich, dass Frauen wenigstens eine der beiden epochalen Entdeckungen gemacht haben, mit denen die vollständige Umwandlung der Wirtschaft des Menschen etwa zu dieser Zeit (8000 v. Chr.) einsetzte, nämlich die Entdeckung des Ackerbaus, der eine bewusste Aussaat, Säuberung von Unkraut sowie Schutz und Ernte bestimmter Wildpflanzen, die auf diese Weise zu Kulturpflanzen wurden, erforderte. Die Historiker sind sich noch nicht völlig einig, auf welche Weise oder gar mit welcher Motivation der Mensch diesen Evolutionssprung geschafft hat. Klimatische Änderungen, die auf das Ende der Kaltzeiten folgten, führten zumindest im Nahen Osten zu wärmeren und feuchteren Bedingungen. Doch von 9000 bis 8000 v. Chr. sorgte ein wesentlich trockeneres Wetter dafür, dass der Ackerbau Ernteerträge erbrachte, die in der Wildnis nicht möglich waren. Gleichzeitig nötigte das knapper werdende Großwild in anderen Teilen Eurasiens den Menschen, nach Ersatznahrungsmitteln zu suchen.[53] Höchstwahrscheinlich entwickelte sich der Ackerbau durch Naturbeobachtung und Experimente mit Naturpflanzen durch die Sammler von Wildfrüchten, was unter Umständen durch eine wachsende Abhängigkeit der Familiengruppe von neuen Nahrungsquellen verstärkt wurde. Dieser Wandel hing eng mit dem Übergang zu sesshafter Lebensweise und Bevölkerungswachstum zusammen, der etwa zu jener Zeit erfolgte.

Eine plausible Rekonstruktion, in welcher Weise sich feste Ansiedlungen, Ackerbau und Bevölkerungswachstum in dieser Zeit gegenseitig bedingt haben, könnte etwa so aussehen: Wildbeutergesellschaften waren auf ein sehr niedriges, möglicherweise sogar auf ein Nullwachstum der Bevölkerung eingestellt, doch die Spezies insgesamt konnte wachsen (um 10 000 v. Chr. um jährlich knapp 0,01 Prozent),[54] indem sie neue Horden und Gemeinschaften bildete und in neue bewohnbare Territorien vordrang. Einige Gemeinschaften ließen sich an sehr günstig gelegenen Standorten nieder, die von frühen Handelswegen durchkreuzt wurden, mit reichen Fischgründen gesegnet waren und wo die Klima- und Bodenbedingungen einen solchen Überfluss an pflanzlichen Nahrungsmitteln hervorbrachten, dass das Angebot nie erschöpft wurde und ein Weiterziehen nicht notwendig war, und genossen die Vorzüge eines sesshaften Lebens in Großfamilien und festen Behausungen. Einige von ihnen beobachteten die natürlichen Zyklen bestimmter Pflanzen, vor allem von Weizen, und entdeckten, wie sie deren Wachstum durch Aussaat, Bewässerung und Auswahl des Saatguts steuern konnten. Als das Klima im Nahen Osten kälter und trockener wurde, waren diese Gemeinschaften gezwungen, für ein größeres Nahrungsangebot zu sorgen, um ihre inzwischen sesshaften Angehörigen zu ernähren, die für eine Rückkehr zum Nomadenleben schlecht gerüstet waren. Auf diese Weise wurde die Kultivierung des Bodens lebensnotwendig und war nicht mehr nur eine Ergänzung des Nahrungsmittelangebots der Natur. Der Ackerbau war in dreifacher Hinsicht erfolgreich: Er erhöhte die Nahrungsmittelmenge, ermöglichte es den sesshaften Gemeinschaften, ihre bevorzugte Lebensweise beizubehalten, und förderte das Bevölkerungswachstum. Dadurch wurde er auch für die wesentlich größeren Gruppen von Jägern und

Sammlern, die noch nicht zu dieser Wirtschaftsweise übergegangen waren, interessant und verbreitete sich durch eine rein darwinsche Selektion – diejenigen, die zu einer sesshaften Lebensweise mit Ackerbau übergingen, hatten bessere Überlebenschancen und einen größeren wirtschaftlichen Erfolg als die Übrigen.

Der Anbau von Nahrungsmitteln war nur eine der beiden Entwicklungen, die zu der so genannten neolithischen Revolution (Gordon Childe) ab ca. 8000 v. Chr. führten. Die zweite, die vermutlich ein Jahrtausend später einsetzte und bei der möglicherweise die Arbeitsteilung zwischen den Geschlechtern nicht so streng gehandhabt wurde, war die Domestizierung von Tieren sowohl als unmittelbare Lieferanten von Fleisch, Milch und Material (Häute etc.) als auch zum Ziehen von Pflügen, als Reit- und Lasttiere, zum Hüten der Herden, als Wächter, für die Jagd und als Gefährten. Es sollte sich erweisen, dass es nur eine begrenzte Anzahl von größeren Tieren (mit einem Körpergewicht von über fünfundvierzig Kilogramm) gab, die sich für die Zähmung eigneten, weil nur wenige Arten die hierfür erforderlichen Voraussetzungen mitbrachten, denn sie mussten: Pflanzenfresser sein (Fleischfresser verbrauchen zuviel Futter für das Fleisch, das sie liefern); schnell genug wachsen, um dem Bauern innerhalb einer bestimmten Zeit einen rentablen Ertrag zu bringen; sich auch in Gefangenschaft vermehren; für ihre Halter ungefährlich sein (sonst hätten die Weibchen der Flusspferde eine ergiebige Milchquelle sein können); die Gefangenschaft ertragen, ohne sich bei Fluchtversuchen selbst umzubringen; und eine Sozialstruktur wie die einer Herde besitzen, so dass sie vom Menschen leicht geführt und gehalten werden konnten.

Da bei den meisten Arten eines oder mehrerer dieser Merkmale fehlten, kamen 134 von 148 möglicherweise geeigneten großen Säugetieren nicht in Frage, so dass am Schluss nur die »großen fünf« (Schaf, Ziege, Rind, Schwein und Pferd) und die »kleinen neun« übrig blieben (Dromedar und Kamel, Esel,

Guanako/Lama, Rentier, Wasserbüffel, Yak, Balirind und Gaur/Gayal*). Sie alle wurden in der Zeit zwischen 8000 und 4500 v. Chr. domestiziert; seitdem ist keine neue Art hinzugekommen. Wölfe wurden schon etwas früher, um 11000 v. Chr., zu Hunden domestiziert.[55]

Diese Doppelrevolution – die Kultivierung des Bodens und die Haltung von Fleisch- und Nutzvieh – veränderte die Primärsysteme des Menschen im Bereich der Ernährung und der Deckung seiner sonstigen Bedürfnisse. Sie hatte zur Folge, dass die Energie, die der Mensch aus seiner physikalischen Umwelt beziehen konnte – Nahrung, Getränke, Brennstoff und tierische Muskelkraft –, um ein Vielfaches vermehrt und damit das Fundament für zwei Konsequenzen von großer Tragweite gelegt wurde, denn es war jetzt zum einen möglich, eine enorm angewachsene und schnell weiter wachsende Weltbevölkerung zu ernähren, und zum anderen konnten Überschüsse erzeugt werden, das heißt mehr Nahrungsmittel und sonstige Energie, als erforderlich war, um diese Bevölkerung zu erhalten. Daher konnte Energie für andere menschliche Aktivitäten sowie Nahrung für die Menschen bereitgestellt werden, die sich auf sie spezialisierten. Diese Aktivitäten waren die ersten Regungen dessen, was wir heute als Zivilisation oder Hochkultur bezeichnen.

Die neolithische oder agrarische Revolution begann, soweit bekannt, im Fruchtbaren Halbmond, der sich in einem Bogen von der Spitze des Persischen Golfs nordwestlich über die höher gelegenen Gebiete nördlich des Tigris, danach in westlicher und südwestlicher Richtung durch die Südtürkei und Westsyrien und weiter über den Libanon und Israel erstreckt und an der Spitze des Golfs von Akaba endet. Das war freilich nicht die einzige Region, wo der Ackerbau erfunden wurde. Anscheinend hat sich die neue Wirtschaftsweise völlig eigen-

---

* Balirinder und Gaurs sind Verwandte des Auerochs und werden in Indien und Südasien bis heute als domestizierte Nutztiere gehalten.

ständig in den verschiedensten Regionen herausgebildet: in China (um 7000 v.Chr.), Mittelamerika (um 3000 v.Chr.), Südamerika (Anden und Amazonasbecken, um 3000 v.Chr.), in der Sahelzone (um 2000 v.Chr.) und Südostasien (Datierung unsicher, irgendwann zwischen 7000 und 1000 v.Chr.).[56] Diese voneinander unabhängigen, aber ähnlichen Entwicklungen sind das Werk des modernen Menschen, der die letzte Eiszeit überlebt hatte und – mit einem leistungsfähigen Gehirn, einer entwickelten Sprache und einer hervorragenden Anpassungsfähigkeit ausgestattet – daranging, sich die Erde untertan zu machen, ob durch die Vermehrung seiner Art oder durch die Vergrößerung seines Herrschaftsbereichs, Lebensstandards und Reichtums.

Wir müssen uns allerdings davor hüten, bei der Beantwortung der Frage, wie und warum das alles so gekommen ist, zu einer teleologischen Erklärung zu greifen: dass alles so kam, weil einzelne Menschen bewusst die Gelegenheit erkannt und genutzt hätten. Denn so entsteht gesamtgesellschaftlicher Fortschritt im Allgemeinen nicht. Darauf haben Adam Smith und später Charles Darwin mit der »unsichtbaren Hand« beziehungsweise der natürlichen Auslese immer wieder hingewiesen. Veränderungen auf der Makroebene werden nicht durch bewusste Pläne und Intentionen herbeigeführt, jedenfalls nicht, solange die menschliche Intelligenz und die relevante Sozialwissenschaft nicht so weit entwickelt sind, dass der Mensch sich solche Dinge bewusst machen und zumindest davon träumen kann, sie zu beeinflussen. Doch auch dann ist der Erfolg nicht garantiert. Die agrarischen Revolutionen der nach der letzten Kaltzeit beginnenden Jungsteinzeit und ihre Äquivalente in Regionen außerhalb des Fruchtbaren Halbmonds führten nicht zu einer Verbesserung des Lebensstandards. Für viele Menschen bedeuteten die neuen Methoden der Lebensmittelerzeugung eine Verschlechterung ihrer Ernährung. Die neolithische Revolution hat der Zwanzig-Stunden-Woche der Steinzeit[57] ein Ende gemacht; stattdessen hatten die Menschen eine drückende Arbeitsbelastung zu tragen, die für den Rest der Vorgeschichte und der Geschichte das Schicksal der meisten von ihnen bestimmt hat.

Wie bereits erörtert, gingen die Bestände an Wildpflanzen und vor allem an jagdbarem Wild zurück. Es gibt zahlreiche Belege aus jüngerer Zeit von den pazifischen Inseln, dass sich der Mensch erst dann, wenn er die jagd- und fischbaren Tiere im Meer, auf dem Land und in der Luft dezimiert hatte, intensiveren Methoden der Nahrungsbeschaffung zuwandte und Hühner domestizierte sowie Feldfrüchte anbaute. Außerdem förderten Klimaveränderungen das Wachstum des ursprünglich wilden Getreides, das jetzt in großen Mengen geerntet werden konnte, und diese Getreidearten, zum Beispiel Weizen und Hafer, boten sich im Fruchtbaren Halbmond für die Kultivierung an. Diese natürlichen Güter regten technische Entwicklungen an – Methoden des Erntens, Enthülsens und der Lagerung von Getreide –, die wiederum die Kultivierung dieser Pflanzen förderten. Ferner erhöhte das Bevölkerungswachstum die Nachfrage nach Nahrung, während es gleichzeitig durch das steigende Nahrungsmittelangebot beschleunigt wurde. Und schließlich bewog das Leben als Ackerbauern die Menschen, in größeren Ansiedlungen zusammenzuleben, so dass sie allein schon aufgrund ihrer großen Zahl die kleineren Gruppen von Wildbeutern, mit denen sie in Konflikt gerieten, überwältigen konnten.[58]

Während sich die neolithische Revolution seit 8000 v.Chr. über mehrere Jahrtausende hinweg vollzog, begann der nächste große Aufbruch in der menschlichen Wirtschaftsgeschichte, das Anwachsen der Siedlungen, zunächst in Form von Dörfern. Zwar hatte es auch in den Jäger- und Sammlergesellschaften Dörfer an Standorten gegeben, wo bestimmte Formen der Jagd (zum Beispiel mit Fallen auf vorbeiziehende Rentiere) oder der Fischfang und/oder eine besonders fruchtbare Vegetation oder seit langem bestehende Handelswege es ermöglichten, das Nomadenleben aufzugeben. Aber erst die Ausbreitung des Ackerbaus machte das Dorf für die weitere Geschichte zum Urtyp des menschlichen Wohnorts. Eine einzige Jäger- und Sammlerfamilie benötigte für ihren Lebensunterhalt ein Territorium von etwa fünfundzwanzig Quadratkilometern, während der Ackerbau selbst in seinen frühesten Anfängen auf einem einzigen Quadratkilometer zwanzig Menschen ernähren konnte, was einer Verbesserung im Verhältnis von fünfhundert zu eins entsprach. Die Konzentration und beständige Verfügbarkeit des Nahrungsangebots führte zu dauerhaften Ansiedlungen und einer größeren Siedlungsdichte – mit anderen Worten zur Bildung von Dörfern. Während die typische Wildbeutergemeinschaft aus umherziehenden Gruppen von dreißig bis fünfzig Personen bestand, konnten mit einfachem Ackerbau Dörfer mit Hunderten von Einwohnern ernährt werden; im Lauf der Zeit war es dank der Erfindung des Pflugs und der Bewässerung möglich, sogar Gemeinden von mehreren tausend Einwohnern zu ernähren.[59]

Diese Entwicklung ermöglichte eine rudimentäre berufliche Spezialisierung und wurde durch diese wiederum verstärkt. Zweifellos hatte es die ersten Spezialisten schon lange vor der Entstehung von Dörfern gegeben. Manche Mitglieder der Horde galten als Autorität in Fragen der Geisterwelt und ihrer Besänftigung oder im medizinischen Gebrauch von Kräutern und anderen natürlichen Substanzen. Doch ein Dorf, insbesondere wenn die Felder einen Ertrag liefern, der über den Bedarf der sie bearbeitenden Familien hinausgeht, ist ein geeigneter Ort für jemanden, der eine andere Dienstleistung als die Beschaffung von Nahrungsmitteln anbietet, denn dort findet er genügend Abnehmer, um von dem Verdienst zumindest teilweise seinen Lebensunterhalt bestreiten zu können.

Wenn jeder Bauer in einem Dorf von hundert Bauern einen Teil der von ihm geernteten Erzeugnisse zur Ernährung der Familie desjenigen beisteuert, der die Geisterwelt beschwichtigt, die Kranken erfolgreich behandelt, die besten Behausungen errichtet oder die besten Kleider näht, dann ist das der Beginn der Arbeitsteilung. Ermöglicht wurde sie durch die relativ große Einwohnerzahl und den festen Standort der Dörfer. Tempel und Priester, die in ihnen Dienst taten, waren offenbar ein wichtiges Element einer Welt, in der die Menschen überwältigenden unpersönlichen Mächten ohnmächtig gegenüberstanden, von denen ihr Leben fast gänzlich bestimmt wurde. Tempel zogen Menschenscharen an, und diese wirkten wiederum als Magneten auf Händler, die mit ihnen Geschäfte machen wollten, und bald lockten sie auch Politiker auf den Plan – aber so weit sind wir noch nicht.[60]

Im westlichen Teil des Fruchtbaren Halbmonds entstanden dauerhafte Ansiedlungen an geeigneten Standorten seit etwa 7000 v. Chr. unmittelbar nach den Anfängen des Ackerbaus. Knapp tausend Jahre später begannen die Menschen im mittleren Teil des Fruchtbaren Halbmonds bei Hassuna in der Nähe des Tigris sowie weiter im Osten in trockenen Ackerbaugebieten Siedlungen anzulegen, während sich gleichzeitig der Fernhandel ausdehnte und erstmals keramische Gegenstände hergestellt wurden. Daraus ging im nordwestlichen Teil des Fruchtbaren Halbmonds die Tell-Hassuna-Kultur (6500–6000 v. Chr.) hervor, deren Angehörige hauptsächlich Hafer anbauten, Schafe, Ziegen, Schweine und Rinder züchteten und in speziell gebauten Brennöfen Töpferwaren und bemalte Buntkeramik herstellten. Diese Kultur wurde um 6000 v. Chr. durch die Tell-Halaf-Kultur (6000–5400 v. Chr.) verdrängt, die den gesamten nördlichen Abschnitt des Fruchtbaren Halbmonds umfasste und von Häuptlingen regiert wurde, die einen beträchtlichen Reichtum in Form von Keramikgegenständen, Schmuck, Skulpturen und Werkzeugen aus Feuerstein und Obsidian anhäuften. Als Folge der neolithischen Revolution wuchs die Bevölkerung im Gebiet des heutigen Iraks »von unter 10000 auf über 100000 an, doch da sich dieser Zuwachs auf die gesamte Periode zwischen dem 7. und 5. Jahrtausend v. Chr. erstreckte, wird [dieser Prozess] zutreffender als evolutionär statt als revolutionär bezeichnet«.[61] Man darf jedoch nicht die Bedeutung der weiterhin bestehenden Gemeinschaften von Jägern und Sammlern aus den Augen verlieren, die mit den neuen Ansiedlungen in Austausch traten und vor allem im Fruchtbaren Halbmond Rohstoffe und Ideen lieferten:

»Die regelmäßigen Wanderungszyklen mit ihren Herden brachten sie mit unterschiedlichen Menschengruppen in unterschiedlichen ökologischen Nischen in Verbindung und stellten offenbar eine wichtige Verbindung dar, über die Güter und Ideen übermittelt wurden und die isoliertere Menschengruppen über beträchtliche Entfernungen hinweg miteinander verband. Später, mit der Entwicklung komplexerer Gesellschaften und der Schrift, wurde diese Rolle weitgehend von städtischen Spezialisten – Kaufleuten, Schreibern und Boten – übernommen.«[62]

Die Samarra-Kultur (6000–5500 v. Chr.) unmittelbar südlich von Hassuna baute als erste großflächige Bewässerungssysteme mit Kanälen, welche die trockenen Ebenen Zentralmesopotamiens für die Besiedlung erschlossen. Die Tell-Obeid-Kultur (5900–4300 v. Chr.), die das Überschwemmungsgebiet von Euphrat und Tigris vom späteren Ur im Osten bis zur Mittelmeerküste im Westen urbar machte,[63] verdrängte ab 5400 v. Chr. die Tell-Halaf-Kultur. Ihre Bevölkerung lebte allerdings nicht ausschließlich vom Bewässerungsfeldbau, da sie zu einem beträchtlichen Teil aus halbnomadischen Stämmen bestand.[64]

Ortschaften wie Eridu in der Nähe des späteren Ur waren religiöse Zentren für die umliegenden Dörfer. Vermutlich übten die dortigen Priester die Herrschaft aus, oder aber diejenigen, die Handel und/oder Bewässerung kontrollierten. Diese Siedlungen wurden zu den ersten Städten (etwa ab 5000 v. Chr.). Nach 5000 v. Chr. entstanden lokale Zentren im Nahen Osten, und bis 4500 v. Chr. hatten sich am östlichen Rand des Fruchtbaren Halbmonds regionale Zentren herausgebildet.

Zu dieser Zeit führte die Erfindung des Pflugs zu einer Steigerung der Produktivität.[65] Auch das Segel und die Töpferscheibe existierten schon seit geraumer Zeit. Der Ackerbau wurde intensiver betrieben, die Dörfer vermehrten sich, und ihre Bewohner errichteten immer größere Tempel. Ebenso wichtig wie die Erfindung des Pflugs, in mancher Hinsicht sogar noch wichtiger war die Entwicklung einer Art Buchhaltung auf Tontäfelchen (vor 4300 v. Chr.), die mit einiger Berechtigung als der Ursprung der Schrift angesehen werden kann. Das beschleunigte Tempo des Wandels und seine Bedeutung für die gesamte Entwicklung der menschlichen Wirtschaft wird von Crawford hervorgehoben, der über die Uruk-Periode (4300–3200 v. Chr.) schreibt, sie sei »vermutlich die innovativste und wichtigste Zeit in der Geschichte Mesopotamiens« gewesen, deren Einfluss sich bis zur Mittelmeerregion und der anatolischen Hochebene bemerkbar gemacht habe.[66]

In Südmesopotamien bereitete sich der nächste Entwicklungssprung vor. Um das Jahr 3500 v. Chr. entstand nordwestlich von Eridu im Süden des heutigen Irak in Gestalt von Uruk die erste Stadt der Erde. Ihre Bevölkerung wuchs bis 2900 v. Chr. von zehn- auf etwa fünfzigtausend Einwohner an. Als größte einer ganzen Reihe von Städten bildete sie die Grundlage des ersten Reichs: Sumer.[67] »Um die Mitte des dritten Jahrtausends (um 2500 v. Chr.) wuchs die Bevölkerung von Sumer auf etwa eine halbe Million, seine Dörfer wurden zu Städten, und die Städte wurden zu den politischen Mächten der Region.«[68] Klimaveränderungen trugen möglicherweise entscheidend zu dieser raschen Entwicklung bei:

»Die auf diese Weise nachgewiesene Klimaveränderung um die Mitte des 4. vorchristlichen Jahrtausends scheint innerhalb von zweihundert bis dreihundert Jahren so große Teile des Landes vom Wasser befreit und die Überschwemmungen der Flüsse, denen das übrige Land wohl regelmäßig ausgesetzt war, so eingedämmt zu haben, dass relativ kurzfristig weite Teile Babyloniens, insbesondere der ganze Süden, zur Anlage von Dauersiedlungen einluden …

Das Ergebnis war, dass nun Babylonien sehr viel dichter besiedelt war als irgendein anderes Gebiet des Vorderen Orients in der davor liegenden Zeit. Wie bereits ausgeführt, war dies dadurch möglich, dass hier eine Organisationsform der Landwirtschaft eingesetzt werden musste, deren Grundtechnik zwar schon lange vorher bekannt gewesen war, die künstliche Bewässerung, die aber niemals vorher so konsequent angewendet werden musste. Es war allerdings schon darauf hingewiesen worden, dass künstliche Bewässerung in der Frühzeit anders aussieht, als wir es uns normalerweise für Babylonien vorstellen. Denn zwar war das Wasser in dieser Frühzeit so weit zurückgegangen, dass das Land in größerem Maße besiedelbar geworden war, doch gab es wahrscheinlich noch für längere Zeit so viel Wasser im Lande, dass fast jede anbaufähige Fläche relativ mühelos und direkt bewässert werden konnte. Dies zusammen mit dem äußerst fruchtbaren Boden Babyloniens muss wahrhaft paradiesische Zustände geschaffen haben mit mehrmaligen Ernten im Jahr und hohen Erträgen.«[69]

Für Crawford gibt es keinen Zweifel, dass die Nähe von Flüssen für die Wahl der Standorte der neuen dauerhaften Siedlungen ausschlaggebend war: »Aufgrund der Erfordernisse des Bewässerungsfeldbaus konzentrierten sich die ersten Ansiedlungen in der Regel in Form von schmalen Streifen entlang der Flüsse, manchmal drei bis vier Städte nahe beieinander, gelegentlich eine einzige große Stadt wie Uruk, umgeben von einer Kette kleinerer Trabantenstädte oder -dörfer.«[70]

Auch in anderen Regionen der Erde entstanden große Städte, beispielsweise ab 3100 v. Chr. im Niltal;[71] im Jahr 2575 v. Chr. gründete die vierte Dynastie Snofrus das Alte Reich

Ägypten mit Memphis als Hauptstadt. Dörfer entstanden ab 6000 v. Chr. in Belutschistan, westlich des Indusbeckens. Ab 2600 v. Chr. entstanden Städte im Industal, und wenig später (2300 v. Chr.) fand, wie aus sumerischen Aufzeichnungen hervorgeht, zwischen Indus und Euphrat ein reger Handelsaustausch statt. In China breiteten sich zwischen 6500 und 4000 v. Chr. Dörfer aus, deren Bewohner Nassreisanbau betrieben. Städte und komplexe Befestigungen entwickelten sich etwa ab 3000 v. Chr. Städtische Monumentalbauten sind erst für die mit König Tang (1766 v. Chr.) beginnende Shang-Dynastie nachgewiesen, obwohl die chinesische Tradition die »Zivilisation« Chinas mit dem ersten Kaiser Hungdi (2700 v. Chr.) einsetzen lässt, wofür bislang jedoch keine archäologischen Belege gefunden wurden.[72] In Nord- und Südamerika gab es ab 3500 v. Chr. in Peru Fischerdörfer und in Mexiko ab 2300 v. Chr. Bauerndörfer. Tempel und zeremonielle Zentren wurden ab etwa 2600 v. Chr. im peruanischen Aspero bereits bestehenden Dörfern hinzugefügt, auch wenn Städte im eigentlichen Sinn vor der Hochkultur der Olmeken (1250–400 v. Chr.) in Mexiko unbekannt gewesen sein dürften.

Während der folgenden zweieinhalb Jahrtausende (3500 bis 1000 v. Chr.) wurde die Geschichte der Wiege der frühen menschlichen Entwicklung (Fruchtbarer Halbmond, Niltal und Ostanatolien) von einem neuen Phänomen beherrscht: von einer Politik im Sinne eines Machtkampfs innerhalb und zwischen einzelnen Gemeinschaften. So etwas wie Politik muss es in jeder menschlichen Gemeinschaft, die über die Familie hinausging, und sogar innerhalb von Familien gegeben haben, seit der Mensch im Sinne des jetztzeitigen Menschen mit vergrößerter Gehirnkapazität, Sprachfähigkeit und abstraktem Denkvermögen existierte. Doch ebenso selbstverständlich ist, dass sich die Beziehungen zwischen Menschen hinsichtlich der Machtverhältnisse (Politik) und des Besitzes (Wirtschaft) radikal ändern, sobald zum einen die Anzahl der zusammenwohnenden und -arbeitenden Menschen von zehn auf hundert, dann auf tausend, zehntausend und mehrere zehntausend ansteigt und zum anderen das Produktionssystem einen nennenswerten Überschuss erzeugt. Plötzlich vervielfacht sich gleichsam die Zahl derer, mit denen man in Streit geraten kann. Ebenso plötzlich (die Rede ist von Jahrtausenden) gibt es einen überschüssigen Reichtum, um den man sich streiten kann, und das auch bewaffnet. Damit treten die ersten Menschen auf den Plan, die sich auf das noch in den Kinderschuhen steckende Geschäft von Politik, Regierung und Krieg spezialisieren, kurzum Herrscher, Politiker und Generäle. Crawford hat es so beschrieben:

> »Eine Spezialisierung dieser Art führte ihrerseits zu einer stärker geschichteten Gesellschaft mit einer ungleichen Verteilung von Reichtum und Status, was sich sowohl an der Architektur als auch an den Grabstätten ablesen lässt. Daneben stieg offenbar das Ausmaß der Kriege, da die Konzentration der Ressourcen dazu führte, dass manche Gemeinschaften deutlich reicher wurden als ihre Nachbarn ...«[73]

Gewalttätige Auseinandersetzungen, Überfälle und sogar kleinere Schlachten gehörten zweifellos während der Zeit der Jäger und Sammler zur Normalität, mochte ihr Lebensstil im Übrigen noch so idyllisch gewesen sein. Doch ein Krieg ist etwas anderes. Ein Krieg setzt eine Organisation voraus, beträchtliche militärische Kräfte, massive Konflikte, ein kontinuierliches Kommando und, in der heutigen Sprache ausgedrückt, Geld, das heißt die Verfügung über mehr Männer und Material, als ein Dorfältester zusammenrufen konnte. Ein Krieg ist politisch, sowohl was seine Ziele und Ursachen angeht als auch hinsichtlich der Führung und Finanzierung sowie der Konsequenzen.

Wir stehen jetzt vor der ersten Manifestation des Walzerschritts in der Wirtschaftsgeschichte. Mit der neolithischen Revolution hatte der Mensch in seinen wirtschaftlichen Fähigkeiten den ersten Schritt nach vorn getan. Aus dem dadurch hervorgebrachten überschüssigen Reichtum und der dank der konzentrierten dörflichen und städtischen Ansiedlungen gegebenen Möglichkeit einer organisierten militärischen Unternehmung folgte der zweite Schritt, der Krieg. Als Mittel, die wirtschaftlichen Ziele schneller verwirklichen zu können, ohne auf den nächsten produktionstechnischen Durchbruch zu warten, verhieß der Krieg schnelle und reiche Erträge.

Die Gelegenheit war da und wurde ergriffen. Zwischen der frühen Uruk-Zeit (4000–3500 v.Chr.), als Sumer zum ersten Mal zeigte, wozu städtische Hochkulturen fähig sind, und 1000 v.Chr., dem Zeitpunkt, mit dem die schriftlich überlieferte Geschichte beginnt und dieses Kapitel endet, entstand in der Levante, in Anatolien und Mesopotamien eine Vielzahl von Reichen, und es wurden zahllose Feldzüge geführt. Wie Douglass North schreibt, wurde Mesopotamien »wiederholt besetzt beziehungsweise überrannt, und zwar von Indo-Europäern (den Hethitern) und von Semiten (den Amoritern). Infolgedessen gab es hier eine verwirrende Fülle von Herrschern und Reichen verschiedenster Größe.«[74] Die wichtigsten Großreiche waren: Sumer (4300–2350 v.Chr.) im südöstlichen Irak; das Reich von Akkad (4334–4004 v.Chr.), gegründet von Sargon dem Großen, als Ur, die größte Stadt seines Reichs, geplündert wurde; die Reiche altbabylonischer und altassyrischer Herrscher (1900–1700/1600 v.Chr.) im südlichen und nördlichen Mesopotamien; und das mittelassyrische Reich (1400–1000 v.Chr.), als Aramäer und Chaldäer aus den Wüstengebieten im Bogen des Fruchtbaren Halbmonds in Mesopotamien einfielen, das assyrische Reich stürzten und Ur eroberten.

Bevor im nächsten Jahrtausend neuassyrische und neubabylonische Reiche entstanden, kam es im vorangegangenen Jahrtausend zu unzähligen Feldzügen. Zu erwähnen sind unter anderem die Feldzüge des Hammurapi, der zwischen 1787 und 1757 v. Chr. seine Krieger von Babylon aus in alle Richtungen ausschickte; der Hethiter um 1595 v. Chr. gegen Babylon sowie unter Suppiluliuma in die Westtürkei, nach Nordmesopotamien und in die Levante (1334–1323 v. Chr.); der Assyrer unter Adad-nerari im heutigen Irak (1305–1274 v. Chr.), unter Salmanassar I. nach Norden gegen den Kaukasus (1273–1244 v. Chr.), unter Tukulti-ninurta I. nach Osten und Südosten gegen Babylon (1243–1207 v. Chr.) und unter Tiglatpileser I. nach Nordwesten bis zur heutigen türkischen Grenze, nach Westen bis an die Mittelmeerküste im heutigen Libanon und nach Südosten gegen Babylon (1115–1076 v. Chr.).[75]

Der dritte Walzerschritt war die politische Einigung, die für die nächste Zeit den Konflikt zwischen dem ersten Schritt nach vorn und dem Seiten- oder Rückwärtsschritt des Tänzers löste oder ihm auswich. Wohlstand wird geschaffen. Dieser zieht Räuber und Gewalt an, und die Gesellschaft versucht durch Regeln gegenzusteuern. Diese Bewegung aus drei Schritten führte zur Errichtung von Großreichen, die Jahrhunderte überdauerten.

Staunen erregend ist, dass es bereits um 3750 v. Chr. eine große Stadt gegeben hat. Sie befand sich in der Nähe des Persischen Golfs an einem Knotenpunkt des See- und Landhandels. Tausende von Stadtbewohnern, die nicht unmittelbar in der Landwirtschaft arbeiteten, wurden von einem intensiv bewirtschafteten Hinterland ernährt. Die agrarischen Erzeugnisse wurden täglich in die Stadt gebracht und gegen Dienstleistungen getauscht oder als eine Art Tribut an Priesterherrscher oder andere Fürsten entrichtet. Spätestens ab 3000 v. Chr. haben wir Belege für Märkte und schwankende Preise in Mesopotamien, möglicherweise neben anderen Formen des Tauschs. Geregelt wurde diese wirtschaftliche Tätigkeit von einem Tempel aus, der Tribute entgegennahm und diese an jene weiterleitete, die sie in seinen Augen verdienten.[76]

Preise setzen die Existenz von Geld voraus, und obwohl

Münzen erst ab 650 v. Chr. nachgewiesen sind, steht außer Frage, dass wertvolle Metalle, deren Gewicht gemessen wurde, etwa seit 2300 v. Chr. als Zahlungsmittel sowie als Schatz und Wertmaßstab in Gebrauch waren.[77] Crawford formuliert es präziser, und in seinen Ausführungen wird deutlich, dass Wörter wie »Geld« und »Preis«, wenn sie auf diese weit zurückliegenden Zeiten angewandt werden, bestenfalls eine metaphorische Bedeutung haben:

> »Eine Geldwirtschaft hatte sich im vierten und dritten vorchristlichen Jahrtausend noch nicht entwickelt, aber es gab ein gut geregeltes Tauschsystem. Der Wert einer Ware wurde in einer gewissen Menge eines Standardartikels, beispielsweise Kupfer ausgedrückt. Zu Beginn der frühdynastischen Zeit [3000 v. Chr.] wurde der ›Preis‹ von Waren in Kupfer angegeben, später im dritten Jahrtausend wurde Silber zum Tauschmittel, und wir wissen aus archäologischen Funden, dass Silber gehortet wurde.«[78]

Zu Beginn des zweiten vorchristlichen Jahrtausends finden wir Silber als Zahlungsmittel in Mesopotamien, wo lokale Gesetze Geldbußen, Richtpreise für Güter des täglichen Bedarfs und Zinsen (zwanzig Prozent jährlich) festlegen. Um ihren Gebrauch als Zahlungsmittel zu erleichtern, wurden Silber und andere Metalle zu großen Barren gegossen, in kleine Stückchen geschnitten oder zu dünnem Draht gezogen und zu Ringen mit festem Gewicht gebogen, so dass sie zur Bezahlung der gekauften Waren leicht gemessen werden konnten.[79]

Monumentalbauten, vor allem Tempel und Plätze, existierten bereits um 3200 v. Chr. in Uruk, wo die Eanna-Tempelanlage innerhalb einer Umfassungsmauer drei Tempel, einen Palast, eine Säulenhalle, einen großen Innenhof und andere Gebäude aufwies. Tempel in Eridu und Uqair wurden auf massiven Terrassen errichtet und reich mit geometrischen Mustern und Mosaiken verziert. Diesen gewaltigen Bauten wurde offenbar ein enormer Wert beigemessen, und es war ein großer landwirtschaftlicher Überschuss erforderlich, um die Ressourcen für ihren Bau bereitzustellen. Das bezeugt, welche Bedeutung der Bau immer größerer Zikkurate für diese Gemeinschaften und insbesondere ihre Herrscher besessen haben muss.

Tatsächlich waren die Tempel der Schlüssel zum wirtschaftlichen Leben der sumerischen Hochkultur, jedenfalls zu einem Großteil davon. In manchen Städten waren Priester die Herrscher. Doch selbst dort, wo in einem benachbarten Palast ein weltlicher Herrscher residierte und der Tempel lediglich dem Gott der Stadt und seinen Priestern als Wohnsitz diente, ging der wirtschaftliche Hauptimpuls offenbar vom Tempel aus, das heißt, er regte den Anbau von Getreide, Gemüse und Obst, eine organisierte Bewässerung, die Schaf-, Ziegen- und Fischzucht sowie die Weiterverarbeitung und den Handel mit den Produkten an. So hat vermutlich die früheste Entwicklung der Stadt- und Regionalstaaten begonnen, wobei politische Autorität sich aus der Macht ableitete, die der Gott und sein Tempel auf das Denken der einfachen Bevölkerung ausübte. Daneben dürften auch weniger spirituelle Faktoren mitgewirkt haben. So schreibt etwa McNeill:

»Mattigkeit und chronisches Kränkeln, wie sie durch Infektionen durch Blutegel und ähnliche Parasiten ausgelöst werden, begünstigen den erfolgreichen Überfall der einzigen Art von räuberischen Großtieren, die der Mensch zu fürchten hat: seiner eigenen Spezies, bewaffnet und organisiert für Krieg und Eroberung ... Welche Bedeutung ein Parasitenbefall von Landarbeitern für die Errichtung der sozialen Hierarchien der frühen Stromkulturen hatte, lässt sich nicht mit Bestimmtheit abschätzen. Aber es erscheint plausibel, dass die despotischen Regierungen dieser auf einer Landwirtschaft mit künstlicher Bewässerung beruhenden Gesellschaften den kraftraubenden Krankheiten, von denen

Landarbeiter befallen werden, die während eines Großteils ihrer Zeit mit den Füßen im Wasser stehen, einiges zu verdanken hatten, ebenso wie den technischen Erfordernissen der Wasserhaltung und -verteilung, mit denen das Phänomen bisher erklärt wurde.«[80]

Der Weiße Tempel in Uruk im Westen des Eanna-Bezirks war sicherlich ein Zentrum der damals größten Ansiedlung auf der Erde.[81] Ihre Bewohner unterschieden sich wirtschaftlich, kulturell und politisch völlig von den einfachen Jägern und Sammlern, die nur fünf Jahrtausende zuvor begonnen hatten, Tiere und Pflanzen zu domestizieren. Sie hatten einen Reichtum angehäuft, der vormals undenkbar gewesen wäre. Obwohl dieser ursprünglich nicht einzelnen Individuen, sondern der Gemeinschaft, deren Herrschern oder Familien gehörte, gab es seit dem 3. Jahrtausend v. Chr. Privateigentum, und am Ende dieses Jahrtausends hatten Privatunternehmer einen Großteil des Handels an sich gezogen, der bisher dem Staat vorbehalten gewesen war.[82]

Darüber hinaus waren in Uruk die Arbeitsteilung und die Investition von Überschüssen in Gegenstände von künftigem Nutzen, in der Hauptsache Werkzeuge und Gebäude, bekannt. Gütertausch und Handel waren weit entwickelt. Märkte, Geld und Preise hatten die Effizienz des Handels enorm gesteigert, indem die Kosten der Transaktionen, die durch die Suche nach einem Abnehmer oder Anbieter, die Beurteilung des Werts der Güter und die Abrechnung entstanden, radikal gesenkt wurden. Mittlere und große Städte besaßen neben dem agrarischen Hinterland, das sie ernährte, entfernte Ressourcen, wie etwa Steinbrüche, aus denen das Baumaterial für ihre Tempel und Paläste kam. Exotische Materialien wie Alabaster, Karneol, Chlorit, Perlmutt, Lapislazuli, Marmor, Obsidian, Türkis und Kupfer wurden über Hunderte von Kilometern aus dem Kaukasus, dem heutigen Iran und Afghanistan nach Mesopotamien importiert.[83] Das ästhetische Empfinden hatte sich seit den Höhlenmalereien stetig weiter entwickelt. Zu den künstlerischen Ausdrucksformen und Techniken der Menschen gehörten inzwischen Architektur, Skulptur, Mosaike, Schmuck, Steinzeichnungen sowie Bronze- und andere Metallarbeiten.[84]

Die Menschen hatten die Landwirtschaft durch Bewässerung verbessert; sie beherrschten die nötigen Techniken und verfügten über die politische Organisation, die Voraussetzungen für den Bau und den Unterhalt eines Systems waren, das nicht nur enorme Investitionen, sondern auch eine großräumige Koordinierung von mehreren tausend Gemeinden erforderte. Douglass North bemerkt dazu: »Das Kapital, das für ein Bewässerungssystem nötig ist, muss beschafft werden; es müssen etwa Kanäle gegraben und instand gehalten werden, für systematische Entwässerung muss Sorge getragen werden, Schleusen und Flutgatter müssen so angeordnet werden, dass das Wasser über die ganze zu bewässernde Fläche verteilt wird.«[85] McNeill betrachtet die Entwicklung global:

»Soweit der frühe Ackerbau auf Bewässerung beruhte, wie in Mesopotamien und Ägypten, im Industal und in der peruanischen Küstenregion, war er zwangsläufig mit komplexeren sozialen Kontrollen verbunden, als in einem einfachen, mehr oder weniger isolierten Dorf notwendig waren. Die Planung von Kanälen und Deichen, die Zusammenarbeit bei deren Unterhalt und vor allem die Verteilung des Wassers unter rivalisierende Nutzer: all das begünstigte oder erforderte eine mit Machtbefugnissen ausgestattete Führung. Daraus entstanden große Städte und Hochkulturen, die durch eine weitaus umfassendere Koordination und eine Spezialisierung der Fertigkeiten gekennzeichnet waren, als es in einem Dorf möglich gewesen wäre.«[86]

Nach 3000 v.Chr. wurde das Klima in Mesopotamien trockener und kühler. Das änderte die wirtschaftliche Geographie der Region auf eine Weise, die zur Entwicklung der ersten Stadtstaaten beitrug:

»Der durch die leichte Klimaverschiebung angestoßene Rückgang [des Wassers] … musste [auf die Dauer] große Auswirkungen auf die ausschließlich auf künstliche Bewässerung angelegte Landwirtschaft haben. Es war ja bereits die Rede davon, dass während der Frühdynastisch I-Zeit erste Auswirkungen sich darin zeigten, dass die Siedlungen nun nicht mehr flächig über das ganze Land verstreut waren, sondern sich nur noch an wenigen Wasserläufen aufreihten. Zusätzlich lässt sich noch beobachten, dass nicht nur die Flussläufe begradigt zu verlaufen scheinen, sondern dass vereinzelt von ihnen auch so geradlinige Wasserwege abzweigen, dass man sie zum ersten Mal als Kanäle bezeichnen könnte.«[87]

Von 2800 bis 2250 v. Chr. sank der Meeresspiegel im Persischen Golf. Die Flüsse schnitten sich tiefer in die Ebene ein, und der Aufwand für die Bewässerung des Bodens erhöhte sich, was schließlich zum Ausbau des riesigen mesopotamischen Kanalsystems führte. Crawford beschreibt die Auswirkungen dieser Entwicklung auf Mesopotamien. Danach wird die frühdynastische Zeit (3000–2350 v. Chr.)

»für gewöhnlich als die Periode betrachtet, in der die politische Idee von Stadtstaaten erstmals Gestalt angenommen hat. Die Geschichte jener Zeit, soweit wir in der Lage sind, sie zu rekonstruieren, ist gekennzeichnet durch die Verlagerung der politischen Macht zwischen den großen Städten in der sumerischen Ebene. Diese wurden anscheinend von Gouverneuren oder Fürsten regiert, möglicherweise unter Beteiligung einer Art Bürgerversammlung. Der Herrscher hatte militärische, richterliche und religiöse Pflichten. Die Macht des Tempels ist anscheinend geringer, als sie es in der

Uruk-Zeit [4000–3200 v. Chr.] gewesen war, auch wenn der Tempel nach wie vor über bedeutenden Besitz an Ackerland verfügte und ein wichtiger Wirtschaftsfaktor war. Die weltlichen und religiösen Aspekte des Staates befanden sich anscheinend in einer Art Gleichgewicht. In der Akkad-Zeit [2350–2150 v. Chr.] war es dann zum ersten Mal die weltliche Macht, die den beherrschenden Einfluss ausübte; in dieser Zeit wurde auch zum ersten Mal die gesamte sumerische Ebene unter einem einzigen Eroberer, dem großen Sargon von Akkad, vereinigt.«[88]

Nach dem Ende der Uruk-Zeit traten anscheinend weltlichere Herrscher unabhängig von den Tempeln auf den Plan, obwohl die Belege hierfür keineswegs eindeutig sind. Zu nennen ist hier vor allem der erwähnte König Sargon, der Gründer des Reichs von Akkad (2334–2193 v. Chr.), das in der Nähe des späteren Babylon lag. Doch wie auch immer die politische Macht zwischen Tempel und Palast geteilt war, zusammen dominierten sie das Wirtschaftsleben der Gesellschaft, bis nach 2000 v. Chr. Amoriten aus dem Süden nach Mesopotamien eindrangen, was manche Historiker als Folge der allmählichen Abnahme der Fruchtbarkeit Südmesopotamiens aufgrund eines steigenden Meeresspiegels und einer damit verbundenen Versalzung der Böden sehen. Jedenfalls schwand die Dominanz der sumerischen Gesellschaften, und ihre Sprache wurde mehr und mehr durch die der semitischen Einwanderer verdrängt, bis sie um 1800 v. Chr. zu einer toten Sprache wurde.

Die Amoriter errichteten in Babylon eine Dynastie, mit der die altbabylonische Zeit begann, und setzten mit Hamurapi, der von 1792 bis 1750 regierte, ihren sechsten König auf den Thron, dem der Gesetzeskodex zugeschrieben wird, dessen zweihundertzweiundachtzig Artikel in eine Dioritstele in Babylon eingemeißelt wurden. Unter dieser Ordnung schrumpfte die wirtschaftliche Bedeutung des Staates, und die Tempel waren nicht mehr die wichtigste Quelle von Investitionsmitteln.

Hauptakteure in Handel, Geldverleih und sonstigen unternehmerischen Aktivitäten wurden selbständige Kaufleute. Auch wenn die jeweilige Regierung Steuern erhob und noch immer mit Nahrungsmitteln Handel trieb, wurde der Löwenanteil des Handels jetzt von Kaufleuten abgewickelt, deren Geschäfte möglicherweise den ersten privatwirtschaftlichen Sektor in der Geschichte bildeten.[89] Runciman hat einen kühnen und verblüffenden Vergleich zwischen dem Babylon jener Zeit und dem England des zehnten nachchristlichen Jahrhunderts gezogen. In beiden Agrargesellschaften waren staatliche und private Rollen eng miteinander verflochten:

»Ein angelsächsischer König, Bischof, Grundeigentümer, Kaufmann, Bauer, Handwerker, Soldat, Priester, Schreiber, Steuereinnehmer, Schullehrer, Diener oder Knecht hätte sich im Babylon Hammurapis sogleich heimisch gefühlt, und umgekehrt. In beiden Gesellschaften gab es königliche und geistliche Landgüter neben privatem Grundbesitz, Steuern, die dem König geleistet, und Abgaben, die an die Kirche oder den Tempel entrichtet wurden, private Kapitalisten, die Fernhandel trieben, um einen Gewinn zu erzielen, einen lebhaften Grundstücksmarkt, Pacht und Leibeigenschaft sowie Sklaverei und die Möglichkeit der Freilassung für Schuldsklaven, Gesetzbücher, lokale Vertreter der königlichen Macht, die für militärische oder Hilfsdienste zur Verfügung stehen mussten, eine Rechtsprechung in den Dörfern und für die Frauen trotz ihrer in der Regel untergeordneten Stellung das Recht, eine Mitgift zu erhalten und diese zur gegebenen Zeit an ein oder mehrere Kinder zu vererben.«[90]

Aber es waren nicht die Amoriten im alten Babylon, sondern die Assyrer im etwa dreihundertfünfzig Kilometer nordwestlich gelegenen Assur, die den nächsten Schritt auf diesem Weg taten und die Kaufleute als mächtigen gesetzgebenden Stand institutionalisierten. Es gibt schriftliche Aufzeichnungen eines assyrischen Herrschers nach 2000 v. Chr., der seine Macht mit drei Gruppen teilte: den Ältesten, der »Stadt« und dem *karum* oder Kai. Offensichtlich waren mit dem letzteren die Kaufleute gemeint, die gleichsam auf dem lokalen Rialto zusammenkamen; in ihren Händen lag der Handel der Stadt, sie erhoben Steuern auf den lokalen Kupferhandel, verliehen Geld an Einzelpersonen und vermieteten Lagerplatz in ihren Stapelhäusern. Darin können wir, wenn wir wollen, die erste Depositenbank erkennen, das erste »Welthandelszentrum«, die erste Verrechnungsstelle und Handelskammer sowie eine Gilde, die halbamtliche Funktionen erfüllte und die Privatinteressen ihrer Mitglieder wahrnahm. Vielleicht war es sogar die erste unabhängige Regierungsstelle, wobei die moderne Unterscheidung zwischen der Sphäre des Staates und der des privaten Handelns verwischt war.[91]

Das assyrische *karum* war das Zentrum eines Handelsnetzes, das in Form von Handelssiedlungen, die ihrerseits Knotenpunkte lokaler Netze aus bis zu zwanzig weiteren Siedlungen in ihren Regionen waren, bis nach Kanesch im anatolischen Kapadokien reichte. Gold, Silber und Kupfer lockten die assyrischen Kaufleute in die anatolische Hochebene, während das zur Bronzeherstellung benötigte Zinn aus dem heutigen Iran kam und Stoffe aus Babylon bezogen wurden. In der Beziehung zwischen diesen im Wesentlichen staatlich sanktionierten Privatunternehmen und dem Staat kam eine fundamentale ökonomische Logik zum Ausdruck, dass nämlich der Palast für den offiziellen Schutz, den er dem Handelsverkehr gewährte, bezahlt wurde. Ebenso wie heute beaufsichtigte der Staat die Straßen, trug dazu bei, dass Schuldner ihre Schulden bezahlten, lieh sich Geld von reichen Bürgern (und trat gelegentlich selbst als Geldverleiher auf) und bestand darauf, zu den günstigsten Konditionen beliefert zu werden. Gleichzeitig waren sich die staatlichen Akteure darüber im Klaren, dass sie dem lokalen Handel genügend Spielraum lassen mussten, um zu verhindern, dass dieser abwanderte. Das ist vielleicht das früheste Beispiel für das, was heute als »gelenkter Wettbewerb« bezeichnet wird.[92]

Kurzum, Angebot und Nachfrage wurden durch die Signale hochempfindlicher Preise geregelt, während die politische Macht bemüht war, ihren Teil vom wirtschaftlichen Überfluss abzuschöpfen, ohne dabei wesentlich über das hinauszugehen, was dem Marktwert des von ihm gewährten Schutzes entsprach. Ein Großteil der späteren Geschichte der politischen Ökonomie und der Beziehung zwischen dem öffentlichen und dem privaten Sektor der jüngeren Ökonomien war in dieser altassyrischen Zeit in Nordmesopotamien bereits in Grundzügen ablesbar. In die spätere Geschichte dieser Region bis 1000 v. Chr. fällt die Eroberung Babylons durch die Hethiter (1595 v. Chr.), mit der ein dunkles Zeitalter begann, gefolgt vom mittelassyrischen Reich, das bis 1076 v. Chr. währte und keine wesentlichen wirtschaftlichen Neuerungen hervorbrachte.

Bislang ist noch nichts gesagt worden über den Beitrag Ägyptens zum wirtschaftlichen Fortschritt des Menschen in den zwei Jahrtausenden von der Gründung der 1. Dynastie zu Beginn der Frühdynastischen Zeit (3100 v. Chr.)[93] bis zum Sturz der 20. Dynastie am Ende des Neuen Reiches im Jahr 1069 v. Chr. Auch die Ereignisse in China während dieser Zeit wurden noch nicht behandelt, ebenso wenig wie die Entwicklung in der Hochkultur im Industal zwischen 2600 und 1800 v. Chr. Doch zunächst zu Ägypten.

Das alte Ägypten lebte ausschließlich von dem Landstreifen im Niltal. Das Überschwemmungsgebiet des Nils, das an keiner Stelle breiter als einige Kilometer ist, war vermutlich die geeignetste Region für den Ackerbau in der gesamten antiken Welt. Die jährlichen Nilschwellen gingen bis zum Spätsommer zurück und ermöglichten den Anbau von Feldfrüchten in der fruchtbaren Erde während der warmen Wintermonate und deren Ernte im Frühling, bevor die nächste Schwelle einsetzte.

Zudem war der Fluss die Hauptverkehrsader Ägyptens, während die Wüste auf beiden Seiten das Land vor Eindringlingen schützte. Tatsächlich existierte die ägyptische Hochkultur 1300 Jahre, bevor sie von der ersten Invasion heimgesucht wurde.[94] Die relative Isolation Ägyptens erklärt auch, warum Mesopotamien, das von Anfang an weit mehr Kontakte mit anderen Völkern unterhielt, einen größeren Einfluss auf die frühe wirtschaftliche Entwicklung der Menschheit ausgeübt hat.

Die ersten Bauern siedelten vor 6000 v.Chr. im Niltal, während die ersten Städte um 3300 v.Chr. entstanden. Zum Staat entwickelte sich Ägypten zwischen 3100 und 2686 v.Chr., als Desertifikation und zunehmende Konzentration der Bevölkerung entlang dem Nil die Notwendigkeit von Bewässerungsmaßnahmen verstärkte. Dies begünstigte den Aufstieg lokaler Machthaber, aus deren Territorien schließlich zwei Bündnisse oder Reiche gebildet wurden, eines in Unter- und eines in Oberägypten. Um 3000 v.Chr. wurde Unterägypten von Narmer, dem Herrscher über Oberägypten, erobert. Die Gründung der Hauptstadt Menfe (Memphis) in Oberägypten konsolidierte die Einigung Ägyptens.[95]

Was wir heute als Kennzeichen der ägyptischen Hochkultur ansehen – Hieroglyphenschrift und monumentale Pyramidengräber – datiert aus der ersten Phase der ägyptischen Einheit im Alten Reich, das fünfhundert Jahre Bestand hatte (2686–2181 v.Chr.). Die Errichtung der hundertsechsundvierzig Meter hohen Großen Pyramide für den Pharao Khofu (Cheops) markierte den Höhepunkt des Pyramidenbaus. Die Pyramiden waren nicht nur ein weithin sichtbares Zeugnis für die Macht der Pharaonen und die Effizienz ihres Verwaltungsapparats, sie stellten auch eine enorme Belastung für die Ressourcen einer Agrarwirtschaft dar. Zwar wurden die späteren Pyramiden kleiner gebaut, doch in der zweiten Hälfte des Alten Reichs flossen enorme Mittel in die Errichtung von Tempeln, die der Verehrung des Sonnengottes Re dienten.[96]

Bis heute ist nicht genau geklärt, warum das Alte Reich zerfiel, auch wenn eine Periode schwacher Nilschwellen um das Jahr 2150 v. Chr. zu Hungersnöten mit vielen Toten und einer weiteren Schwächung der ohnedies angeschlagenen Autorität der Monarchie führte. Ägypten hatte unter einem etwa hundertjährigen Bürgerkrieg zu leiden, bevor im Jahr 2060 v. Chr. unter Mentuhotep II. die Einheit wiederhergestellt wurde. Während der folgenden dreihundert Jahre (die Zeit des Mittleren Reichs) dehnte Ägypten seine wirtschaftlichen und politischen Aktivitäten sowie seine Handelsbeziehungen mit der Levante weiter aus und entsandte Militärexpeditionen nilaufwärts. Doch 1730 v. Chr. verfiel die zentrale Herrschaft erneut, und von 1648 bis 1552 v. Chr. fiel der größte Teil Ägypten bis auf ein kleines unabhängiges Königtum in Theben an die einfallenden Hyksos, die Könige eines semitischen Volks aus der Levante. Die von ihnen nach Ägypten gebrachten fremden Einflüsse kamen seiner weiteren wirtschaftlichen Entwicklung zugute. Bronzearbeiten und zweirädrige Wagen wurden wahrscheinlich in dieser Zeit eingeführt, ebenso neue Waffen (der zusammengesetzte Bogen und der Schuppenpanzer), neue Moden, Musikinstrumente, Haustiere und Getreidearten.[97]

Der Untergang der Hyksos 1552 v. Chr. und die Rückkehr zur ägyptischen Herrschaft läuteten das Neue Reich ein, das fast fünfhundert Jahre währte. In dieser Zeit erreichte Altägypten seinen politischen und wirtschaftlichen Höhepunkt. Der Militärführer Thutmosis I., der 1507 bis 1494 v. Chr. regierte, eroberte die Levante, machte den Euphrat zur östlichen Reichsgrenze und schuf damit eine breite Pufferzone gegen Invasionen aus dem Osten. Die Gründe für seine Expansion im Süden waren dagegen wirtschaftlicher Art. Die reichen Goldlager Nubiens (Kusch) veranlassten Thutmosis, das Land bis zum vierten Katarakt zurückzuerobern. Ein Vierteljahrhundert später schickte Königin Hatschepsut eine Handelsexpedition nach Ostafrika.[98] Heute vermitteln uns die Schätze Tut-ench-Amuns (regierte 1345–1335 v. Chr.) einen überwältigenden Eindruck vom materiellen und künstlerischen Reichtum des Neuen Reiches.

Doch trotz des nubischen Reichtums hatten die Ägypter Mühe, ihre Herrschaft über die Levante aufrechtzuerhalten. Zehn Jahre nach dem Ende der Regierungszeit Tut-ench-Amuns wurden sie durch die Hethiter von dort verdrängt.[99] Selbst Ramses II., »der Große«, unter dessen Regierung (1290–1224 v. Chr.) Altägypten vermutlich seinen größten Reichtum und Einfluss erlangte, musste mit den Hethitern Frieden schließen, nachdem sein Vormarsch auf die Levante bei Kadesch zum Stillstand gekommen war. Höchstens zwanzig Jahre nach dem Ende der Regierungszeit Ramses' II. wurde der gesamte Nahe Osten von einer gewaltigen Völkerwanderung erschüttert. Um 1180 v. Chr. war Ägypten das Ziel einer Invasion von Seefahrervölkern aus der Ägäis, Anatolien und der Levante, die sich schließlich in Gaza niederließen, nachdem Ramses III. sie vor dem Nildelta besiegt hatte. Innere Zwistigkeiten schwächten das Neue Reich weiter, bis es um 1000 v. Chr. unterging. Nach der in diesem Kapitel behandelten Periode folgten über dreihundert Jahre der Uneinigkeit und Fremdherrschaft.[100]

Alles in allem müssen die sumerische und alle späteren Hochkulturen des Vorderen Orients zu den größten Leistungen der Menschheit gezählt werden. Die Menschen hatten mit ihnen ein Fundament errichtet, auf dem die späteren Entwicklungen im Osten (Persien und Indien) und im Westen (Europa) aufbauen konnten.

Bürgerschaft und Bürgerrecht

Überblick

Dieses Kapitel umfasst den Zeitraum von 1000 v. Chr. bis 700 n. Chr. und behandelt vor allem Aufstieg, Blüte und Untergang der Hochkulturen der Griechen und Römer im klassischen Altertum. Gleichzeitige Entwicklungen in anderen Teilen der Welt werden im nächsten Kapitel dargestellt.

Um 1000 v. Chr. hatte die Weltbevölkerung einen Stand von etwa 40 Millionen[1] Menschen erreicht, die in allen bewohnbaren Regionen der Erde (mit Ausnahme Madagaskars und Neuseelands) verstreut lebten.[2] In Europa lebten damals schätzungsweise rund 10 Millionen Menschen, ein Viertel der gesamten Weltbevölkerung. Um 400 v. Chr. betrug die Bevölkerung Europas vermutlich knapp 20 Millionen.[3] Vierhundert Jahre später war diese Zahl auf etwa 25 Millionen angestiegen, während die Weltbevölkerung insgesamt im selben Zeitraum auf 250 Millionen angewachsen war.[4]

Im nächsten Jahrtausend gab es erhebliche Schwankungen. Um 1000 n. Chr. war die Weltbevölkerung nicht größer als ein Jahrtausend zuvor. Im Jahr 600 n. Chr. war sie auf 200 Millionen zurückgegangen. In Europa wuchs die Bevölkerung bis 200 n. Chr. auf 36 Millionen an, schrumpfte anschließend bis 600 n. Chr. um ein Viertel und erreichte erst 1000 n. Chr. wieder die Zahl von 36 Millionen. Im selben Zeitraum erlebte Asien einen Rückgang seiner Bevölkerung von 170 auf 134 Millionen im Jahr 600 n. Chr. und anschließend bis 1000 n. Chr. einen Anstieg auf 152 Millionen.

Kurzum, das im ersten Kapitel beschriebene starke Anwachsen der Weltbevölkerung hielt während der folgenden zehn bis zwölf Jahrhunderte an, worauf es für die nächsten acht Jahrhunderte offenbar unterbrochen wurde. Dabei ist allerdings zu beachten, dass unsere Perspektive sich ändert. Im ersten Kapitel haben wir Zeiträume von mehreren tausend oder gar zehntausend Jahren untersucht. In diesem Kapitel geht es dagegen um Jahrzehnte und Jahrhunderte, und je genauer wir die einzelnen Ereignisse betrachten, desto wahrscheinlicher wird es, dass wir Schwankungen entdecken, die wir aus größerer Entfernung nicht wahrgenommen hätten.

Somit beweisen Schwankungen von geschätzten Bevölkerungszahlen nicht unbedingt, dass die Entwicklung unserer Spezies nicht mehr linear verlief. Vielmehr spiegeln sie die Geschichte Europas wider, die in diesem Kapitel erzählt wird. Das Anwachsen der Bevölkerung bis 200 n. Chr. kehrte sich unvermittelt um, als um 180 n. Chr., dem Todesjahr von Mark Aurel, dem letzten von fünf Kaisern, die Rom achtzig Jahre lang so erfolgreich regiert hatten, der langsame, in Schüben erfolgende Niedergang des Römischen Reiches einsetzte.

Während dieser Zeit und in der Region, mit der wir uns jetzt beschäftigen, hat es keine Umwälzung in der landwirtschaftlichen Produktion mehr gegeben. Die neolithische Revolution war der erste grundlegende Wandel in der Gewinnung von wirtschaftlichem Wert aus der Natur; den zweiten wird die Menschheit erst mit der industriellen Revolution erleben. Bis 1000 v. Chr. war das Dorf die vorherrschende Siedlungsform des Menschen geworden, nicht nur in den meisten Teilen Europas, sondern auch in anderen Teilen der Welt, ausgenommen die nördlichen Ränder Europas und Asiens, Nord- und Südamerika (aber nicht Mittelamerika), Zentral- und Südafrika und Australien. Bis heute sind das Dorf und andere ländliche Siedlungsformen die Heimat der meisten Menschen auf der Erde geblieben.

Die wesentlichen wirtschaftlichen Entwicklungen, die im Folgenden behandelt werden, sind subtilerer Art. Es geht hauptsächlich um die Weiterentwicklung der Stadt und der städtischen Lebensformen, einschließlich ihrer Verwaltung und der Regierung von Stadtstaaten und später der Reiche, deren Zentren sie bildeten. Der Begriff »Stadt« bezeichnet in unserem Kontext nicht einfach ein konkretes städtisches Zentrum – in manchen Fällen konnte davon kaum die Rede sein –, sondern ein gemeinschaftliches Gebilde, dessen politische und gesellschaftliche Organisation den Bezugsrahmen seiner Bewohner bildete, der für sie identitätsstiftend war. Dieses Zugehörigkeitsgefühl war wesentlich für die Erfindung der Münzprägung, eines der wichtigsten Ereignisse in unserer Geschichte.

Die sumerische und später die mesopotamische Hochkultur hatten die Stadt bereits »erfunden«. In den drei Jahrtausenden der ägyptischen Hochkultur hatte es große Städte wie Memphis und Theben gegeben. Doch keine von ihnen konnte sich an Größe mit Rom zur Zeit des Imperiums vergleichen, und in keiner bisherigen Hochkultur waren Entstehung und Wachstum großer Städte ein so wesentlicher wirtschaftlicher und politischer Faktor wie im klassischen Altertum.

Seit 750 v. Chr. entstanden an den Küsten Süditaliens und Siziliens, des östlichen Mittelmeers und des Schwarzen Meers Hunderte griechischer Städte, die politisch voneinander unabhängig waren.[5] Zur Zeit der Römer lag die Einwohnerzahl der Städte rund um das Mittelmeer zumeist zwischen 5000 und 100000. Einige wenige wie Alexandria waren größer, doch keine konnte sich mit Rom vergleichen, wo vom ersten vorchristlichen bis zum frühen 3. Jahrhundert n. Chr. zwischen 750000 und einer Million Menschen lebten.[6] Erst im 19. Jahrhundert sollte die Welt wieder einen solchen Grad der Urbanisierung erleben. Die Beziehungen zwischen diesen Städten haben die wirtschaftliche und politische Geschichte jener Zeit im östlichen Mittelmeerraum und seiner Umgebung wesentlich mitgeprägt.

Das Römische Reich war seit Jahrhunderten weltweit das größte, mächtigste und wirtschaftlich bestversorgte Gebiet unter einer einheitlichen Herrschaft, und in den kommenden zehn bis fünfzehn Jahrhunderten sollte nichts Vergleichbares entstehen, mit Ausnahme vielleicht des Mongolenreichs unter Dschingis Khan. Auf dem Höhepunkt seiner Macht, beim Tod Trajans 117 n. Chr., erstreckte sich das Römische Reich über eine Entfernung von viertausend Kilometern in ost-westlicher und fast ebensoviel in nord-südlicher Richtung[7] und bedeckte eine Fläche von 4,5 Millionen Quadratkilometern, das Mittelmeer nicht eingerechnet, das praktisch ein römisches Binnenmeer war und von den Römern stolz als »mare nostrum« (»unser Meer«) bezeichnet wurde. Das war knapp die Hälfte des Territoriums der Vereinigten Staaten, einschließlich Alaskas und ohne Hawaii.

Der Erfolg des Römischen Imperiums hatte eher politische und mehr noch militärische als wirtschaftliche Gründe, aber es prägte auch das Wirtschaftsleben. Die Zentralherrschaft und das Militär sorgten für einen Zusammenhalt, der allein durch die Seeverbindungen über das Mittelmeer und die Mobilität einer Seefahrernation nicht gewährleistet werden konnte. Es gab eine offizielle gemeinsame Sprache – de facto waren es zwei –, eine einheitliche Münzwährung, ein gemeinsames Rechtssystem und ein gut ausgebautes Straßennetz, was zusammengenommen dem Handel einen weitaus günstigeren Rahmen als bisher bot.

Man darf allerdings nicht den modernen Begriff eines einzigen Markts auf die Antike übertragen oder glauben, dass der Handel im Römischen Reich mit den integrierten Märkten des 20. Jahrhunderts vergleichbar gewesen wäre. Die meisten Waren, mit Ausnahme der ägyptischen und afrikanischen Getreidelieferungen an die Metropole, wurden mehr oder weniger dort abgesetzt, wo sie produziert wurden. Durch die hohen Kosten, die vor allem der Transport verursachte, wurde die Welt der Antike in viele separate Regionalwirtschaften und Märkte unterteilt, auch wenn diese untereinander mit leicht zu transportierenden Waren, wie Wein, Olivenöl, Töpferwaren, Seide, Holz, Bernstein, Zinn, Metallwaren, Marmor, Pferden und Sklaven, Handel trieben.

Sklaverei hatte es bereits vor dem klassischen Altertum gegeben. Sie war ein wesentlicher Bestandteil der Wirtschaft. Über kaum ein anderes Merkmal der Antike sind wir so unzuverlässig unterrichtet wie über dieses; wir wissen nicht einmal annähernd, wie groß die Zahl der Sklaven in Griechenland oder Rom war.[8] Auf jeden Fall waren dies, in den Worten von Moses Finley, »Sklavenhaltergesellschaften im selben generellen Sinn wie der amerikanische Süden«, und zwar als erste ihrer Art.

In der Blütezeit Griechenlands (nach dem 3. Jahrhundert v. Chr.) und Roms (vom 3. Jahrhundert v. Chr. bis zum 3. Jahrhundert n. Chr.) entwickelte sich die Sklaverei von einer Randerscheinung zu einem Faktor von enormer wirtschaftlicher Bedeutung, bis sie im 3. und 4. Jahrhundert n. Chr. einen Niedergang erlebte, weil freie Lohnarbeiter in den Städten und schollengebundene Bauern auf dem Land die Sklaven verdrängten. In der Antike waren Sklaven eine typische Kriegsbeute. Nach Plutarch hatte Cäsar im siebenjährigen Gallischen Krieg eine Million Menschen zu Sklaven gemacht, was sicher nicht übertrieben war.[9] In Mittelitalien und dem damaligen Gallia cisalpina (Norditalien) lebten in der späten Republik und dem frühen Imperium Romanum schätzungsweise drei Millionen Sklaven, während die übrige Bevölkerung nicht mehr als viereinhalb Millionen betrug.[10] Dem Weltbild der Antike zufolge hatte die Sklaverei offensichtlich ihren festen Platz in der natürlichen Ordnung der Dinge.

Ob die niedrigen Arbeitskosten dafür ursächlich waren oder nicht, jedenfalls war zu jener Zeit der Anreiz, in arbeitsparende technische Neuerungen zu investieren, offenbar gering, und dies trotz offenkundiger Fortschritte, die auf anderen Gebieten, wie Philosophie, Rechtswissenschaft, Naturwissenschaft, Bautechnik und bildende Kunst, erzielt wurden. Die Entwicklung von Wasser- und Windmühlen und der Bau von Straßen, Dämmen, Aquädukten und Monumentalbauten bezeugten das damalige technische Können. Das bescheidene Wirtschaftswachstum zwischen 1000 v. Chr. und 500 n. Chr. im Mittelmeerraum war nur in geringem Maß auf Privatinvestitionen in technische Entwicklungen wie Werkzeuge, Messer und Schraubenpressen aus Metall zurückzuführen. Von größerer Bedeutung war staatliches Handeln in Form von öffentlichen Bauprojekten, Investitionen aus wachsenden Steuereinnahmen und der Schaffung förderlicher Rahmenbedingungen: Gesetze, Geld, Schriftsprache und offene Handelswege ohne Zollschranken.[11]

Der tatsächliche Zuwachs des Überschusses im Mittelmeerraum, der in den zwölf Jahrhunderten bis 200 n. Chr. erwirtschaftet wurde, war undramatisch und zeitweilig kaum wahrnehmbar. Danach war die Entwicklung rückläufig. Die Bedeutung dieser Ära in der Geschichte der Weltwirtschaft liegt weniger im materiellen Fortschritt der Spezies, der nicht so spektakulär war wie der im Fruchtbaren Halbmond zuvor. Sie beruht vielmehr auf den sozialen und politischen Ideen, die damals entwickelt wurden, und auf den Lehren, die man aus ihrer Umsetzung zog.

Die wenigen Privilegierten, zu denen im Rom des 1. Jahrhunderts n. Chr. auch die freien Handwerker gehörten, führten ein Leben, das ebenso komfortabel und angenehm war wie das der wohlhabenden Schichten überall in Europa bis ins 19. Jahrhundert; doch die Wirtschaft Griechenlands und später die des Römischen Reichs blieb im Wesentlichen agrarisch geprägt, und für die meisten Bewohner war das Leben sehr hart.

Die Geschichte

In diesem Kapitel geht es vor allem um zwei Städte, Athen und Rom, und um die wirtschaftliche Bedeutung der Zivilisationen, die von ihnen ausgingen. Zu der Zeit, mit der dieses Kapitel beginnt, war Rom allerdings noch nicht gegründet worden, und Athen war eine unbedeutende Stadt. Damals befand sich Griechenland in einem dunklen Zeitalter zwischen den früheren Hochkulturen von Knossos auf Kreta und Mykene auf der Peloponnes und den späteren Hochkulturen der Stadtstaaten, einschließlich Athens.

Die wirtschaftliche Führung in der zentraleurasischen Region ging von Mesopotamien und Ägypten, die sie im 2. Jahrtausend v. Chr. verloren hatten, eine Zeit lang an die Phöniker über. Der Überlieferung zufolge hatten phönikische Seefahrer durch den Persischen Golf, den Indischen Ozean und das Rote Meer eine Verbindung zwischen Sumer und Oberägypten hergestellt, Afrika umsegelt und Cornwall angesteuert, um dort Zinn zu laden.

Die Phöniker waren bereits seit dem 3. Jahrtausend v. Chr. als überaus fähige Kaufleute bekannt, und ab 1000 v. Chr. begannen sie von ihren Stützpunkten Tyros und Sidon aus mit der Kolonisation der Küsten des mittleren und westlichen Mittelmeers. Um 1400 v. Chr. hatten sie das Alphabet erfunden, das eine Verbesserung gegenüber den bislang benutzten Hieroglyphen- und Keilschriften zur Informationsübermittlung beim Handel darstellte und über Griechenland und Rom der modernen Welt überliefert wurde. Die Phöniker erlitten mehrere verheerende Niederlagen, zuerst durch das neubabylonische Reich unter König Nebukadnezar im 6., dann durch Alexander den Großen im 4. Jahrhundert v. Chr. und schließlich in ihrer neuen Hauptstadt Karthago durch die Römer 146 v. Chr.[12]

Griechenland erlebte inzwischen eine starke Einwanderung aus dem Norden. Die dorischen Einwanderer, die aus dem heutigen Epirus und Nordgriechenland kamen, waren auf der Suche nach Beute und fruchtbarem Land und nutzten das durch den Niedergang des mykenischen Reichs entstandene Machtvakuum aus. Da sie sich mit ihren Familien in den Gebieten, in die sie kamen, niederließen, verdrängten sie die kleineren griechischen Stämme. Möglicherweise war ihre Wanderung eine Reaktion auf die Übervölkerung in ihrer Heimatregion und auf die Bedrohung durch noch weiter im Norden lebende Balkanvölker.[13] Jedenfalls zerstörten sie schließlich die mykenische Hochkultur.[14] Bis 1000 v. Chr. hatten sich die Dorer auf der Peloponnes, auf Kreta, im südwestlichen Kleinasien und auf dessen vorgelagerten Inseln niedergelassen; die Ionier bewohnten Attika, Euböa, den größten Teil der ägäischen Inseln und die Zentralküste Kleinasiens, während ein ebenfalls griechisches Völkergemisch, das im allgemeinen unter dem Namen Äolier bekannt war, den Norden, die Insel Lesbos und das nordwestliche Kleinasien besiedelte.[15] Thukydides, der große Athener Historiker aus dem 5. Jahrhundert, beschrieb später diese Einwanderungswellen:

»Es ergibt sich nämlich, dass, was heute Hellas heißt, nicht von alters her fest besiedelt gewesen ist, sondern dass es Völkerwanderungen gab früher und die einzelnen Stämme leicht ihre Sitze verließen unter dem Druck der jeweiligen Übermacht. Denn da noch kein Handel war und kein gefahrloser Verkehr weder übers Meer noch auf dem Land, da alle ihr Gebiet nur nutzten, um grade davon zu leben, und keinen Überschuss hatten, auch keine Bäume pflanzten bei der Ungewissheit, wann vielleicht ein Feind, zumal auch nichts befestigt war, kommen und ihnen alles wegnehmen würde, und da sie die nötige Nahrung für den Tag überall zu gewinnen glaubten, so fiel es ihnen nicht schwer, auszuwandern.«[16]

Aus diesen bescheidenen Anfängen entstand im Lauf der Jahrhunderte die griechische Hochkultur. Eine wesentliche Voraussetzung dafür waren die geographischen Bedingungen. Die Topographie Griechenlands trennt die Siedlungen im Innern des Landes durch kaum passierbare Bergrücken voneinander, während die Siedlungen an der Küste alle über das Meer erreichbar sind. Jedes Volk, das aus dem Norden nach Griechenland einwanderte, war gezwungen, sich im Flachland niederzulassen und wegen der begrenzten landwirtschaftlichen Möglichkeiten auf die Hafenstädte und Inseln auszuweichen, um dort Fischerei oder Handel zu betreiben.

Das stimmt mit dem überein, was wir bis zum 8. Jahrhundert v. Chr. beobachten können: Als direkte Folge der durch die Einwanderung hervorgerufenen Umwälzungen entstehen in den Tälern und an den Küsten zahlreiche weitgehend selbständige Siedlungen, die hellenische Identität und Sprache miteinander gemeinsam hatten.[17] Diese Kombination aus großer Unabhängigkeit der einzelnen Siedlungen und lockerem Verbund mehrerer Gemeinden hat anfangs offenbar eine Volkswirtschaft begünstigt, die im Grunde vor sich hin experimentierte, wobei sich die erfolgreichen Ansätze herauskristallisierten.

Wir sind auf Spekulationen angewiesen, weil wir nicht genau wissen, wie sich zumindest einige Gemeinden im Griechenland der archaischen Zeit in eine neue Richtung bewegten und vom mesopotamischen Modell, das heißt von der Aufteilung der Gesellschaft in eine grundbesitzende Oberschicht und eine arme und Steuern zahlende Bauernschaft, Abschied nahmen. Immerhin steht fest, dass etwa seit 800 v. Chr. eine neue Idee immer mehr Anhänger fand, der zufolge Herrschaft zwar in jeder Gemeinde unverzichtbar ist, um für Gerechtigkeit zu sorgen und die Verteidigung zu organisieren, ihre Legitimität und Macht aber auf dem Gesetz beruht, auf als unveränderlich geltenden Regeln, die vom Menschen entdeckt werden konnten und Teil der natürlichen Ordnung der Dinge waren. Diese Gesetze wurden von Gesetzgebern wie Solon in eine schriftliche Form gebracht und von Bürgerversammlungen gebilligt. Mit anderen Worten, die ausführende Gewalt agierte in zunehmendem Maße auf demokratischer Grundlage. Das war ein deutlicher Unterschied zu früheren Gesellschaften, in denen die Regierungsgewalt von jenen ausgeübt wurde, die für sich in Anspruch nahmen, im Namen Gottes zu handeln, und demonstrierten, dass sie über die größte Macht verfügten.

Für die Regierungsarbeit wurden Verwaltungsbeamte mit Leitungsbefugnissen gewählt. Diese waren gegenüber ihren Mitbürgern rechenschaftspflichtig; ihre Amtszeit war im allgemeinen auf ein Jahr begrenzt, und es wurde öffentlich darüber debattiert, wie sorgfältig sie ihre Amtspflichten erfüllten.[18] Das alles war noch weit entfernt von einer wirklichen Demokratie oder einer egalitären Gesellschaft. Es bestanden ausgeprägte Unterschiede im Hinblick auf Besitz und wirtschaftlichen Status, und die Räte, die zunehmend die Angelegenheiten der immer größer werdenden Gemeinden regelten, standen nicht allen im gleichen Maß offen. Es gab Eliten und Oberschichten, deren Macht weit über die Einflussmöglichkeiten der einfachen Bevölkerung hinausreichte.

Dennoch war in Theorie und Praxis die Tür aufgestoßen für die Bürgerschaft, auch wenn noch lange nicht jeder das Bürgerrecht erhielt. Sklaven, Frauen und Stadtfremde, von denen man nicht glaubte, dass sie die wichtigste Bürgerpflicht erfüllen konnten, nämlich für die Gemeinschaft zu kämpfen, waren von der Bürgerschaft ausgeschlossen. Doch es war der Grundstein für die Idee gelegt, dass eine Gesellschaft bis zu einem gewissen Grad auf einer vertraglichen Übereinkunft ihrer Mitglieder beruht und dass diese festlegen muss, wie die Angelegenheiten der Gesellschaft geregelt und die Rechte und Interessen des Einzelnen geschützt werden.

Dies war an und für sich eine politische Idee, aber sie enthielt auch einen wirtschaftlichen Kern, nämlich die Einsicht, dass wirtschaftliche Prozesse als eine Form gesellschaftlichen Handelns einzig und allein der Erfüllung individueller Ziele und Bedürfnisse dienen. In ihr steckte zudem die Annahme, dass die Einzelnen das Recht haben, diese Ziele zu verfolgen und über die Früchte ihrer Anstrengungen selbst zu verfügen. Diese Vorstellungen sind von grundlegender Bedeutung für Ziele und Dynamik erfolgreicher Volkswirtschaften, wobei allerdings der ebenso wichtige Grundsatz berücksichtigt werden muss, dass alle Mühen vergeblich sein können, wenn die Gemeinschaft nicht gleichzeitig für einen stabilen Rahmen, die erforderlichen Investitionen und geeignete wirtschaftliche Anreize sorgt.

Diese griechische Institution, die Idee der Politik – der Begriff leitet sich aus dem griechischen Wort *polis* für Stadt ab – bildet den Ausgangspunkt der Erklärung dafür, warum wir Ereignissen, die zu ihrer Zeit nur einen winzigen Bruchteil der menschlichen Spezies in einer Gegend betrafen, die den damaligen Zeitgenossen höchst rückständig erschienen sein muss, noch heute eine solche Bedeutung beimessen. Denn sehr bald spielte sie eine zentrale Rolle im Bewusstsein eines jeden Griechen, nicht zuletzt, weil man von ihm erwartete, in der Schlacht Schulter an Schulter mit seinen Mitbürgern zu stehen. Und jeder Einzelne wusste, dass sein Leben vom Mut und der Disziplin seines Nebenmanns in der Phalanx abhing. Dennoch konnten solch hehre Ideen keine Garantie gegen die üblichen Krisen des politischen und wirtschaftlichen Lebens in einer freien Gemeinschaft sein. Die tiefe Kluft zwischen Arm und Reich, Privilegierten und Schwachen blieb weiterhin bestehen und drohte die Gesellschaft in die Knechtschaft oder ins Chaos zu stürzen.

An dieser Stelle lässt sich erneut der Dreierschritt des Walzers erkennen wie bei der agrarischen Revolution, die zur Gründung von Dörfern und Städten führte, die neue soziale und politische Probleme mit sich brachten, die durch neue Regeln und Strukturen gelöst wurden. In Griechenland war der erste Schritt die Entwicklung der mykenischen Hochkultur, der zweite die vermutlich vom relativen Wohlstand und den wirtschaftlichen Möglichkeiten Mykenes ausgelöste Einwanderungswelle. Die Auflösung im dritten Schritt ist die Ansiedlung der Dorer und anderer Völker in ihrer neuen Heimat. Die nächste Walzerdrehung beginnt mit dem Wachstum des Wohlstands im 8. Jahrhundert v. Chr., als der Lebensstandard stabiler wurde, die Einwanderung aus dem Norden abebbte, der Handel in der Ägäis und im östlichen Mittelmeer sich entwickelte und die technische Errungenschaft der Eisenmetallurgie sich verbreitete.[19] Die Fragen und Antworten, zu denen dies im zweiten und dritten Walzerschritt führte, sind im Verlauf der beiden folgenden Jahrhunderte zu beobachten. Zu den wichtigsten Ansiedlungen in Griechenland um 700 v. Chr. gehörten Korinth, Athen, Theben, Sparta und Argos. Diese Siedlungen kann man als *poleis* bezeichnen, ohne damit zu implizieren, dass diese politisch strukturierten, unabhängigen ländlichen Gemeinden und Städte bereits eine nennenswerte urbane Entwicklung aufzuweisen hatten. Insgesamt betrug ihre Zahl an die zweihundert in der Ägäis, nicht eingerechnet die tausenddreihundert Gemeinden im übrigen Mittelmeerraum und am Schwarzen Meer, die im Zuge der griechischen Kolonisation seit dem späten 8. oder dem frühen 7. Jahrhundert v. Chr. gegründet wurden, hauptsächlich um der Landwirtschaft nachzugehen, aber auch um die Überschussbevölkerung dort anzusiedeln und mit der Mutterstadt Handel zu treiben.[20]

Attika war zu Beginn dieser Epoche eine kleine landwirtschaftliche Region, die von Bergen und der Ägäis begrenzt wurde. Sie war entvölkert, isoliert, seit dem Ende der mykenischen Zeit verarmt und bestand aus verstreuten Dörfern, eigenständigen Nachbarschaften, Verwandtschaftsgruppen und lokalen Kulten.[21] Begünstigt durch geographische und klimatische Bedingungen und eine wachsende Herrschaft über die Ägäis und das Schwarze Meer, expandierte der Handel, der auch zur Verbreitung der beruflichen Spezialisierung und Arbeitsteilung führte. Bis zur Mitte des 5. Jahrhunderts v. Chr. war Athen zum blühenden Zentrum eines Reichs geworden, das das Hauptnahrungsmittel – Getreide – von den Küsten des Schwarzen Meeres einführte und dafür Wein, Oliven und Manufakturwaren in die gesamte Ägäis und die Ortschaften an der Schwarzmeerküste sowie in die östliche Mittelmeerregion exportierte.

Dieser Prozess war von den üblichen politischen Belastungen und Erschütterungen begleitet, die mit wirtschaftlichem Wandel einhergehen. Frühe Systeme einer persönlichen Herrschaft wichen Klassenkämpfen zwischen Aristokraten und

Bauern und städtischen Handwerkern, und nach heftigen Unruhen kam es zu einer kurzen Periode einer Tyrannenherrschaft. Doch die politische Entwicklung Athens ging über den Kampf zwischen Autokratie und Anarchie hinaus. Solon (um 638–558 v. Chr.), Kleisthenes (um 570–500 v. Chr.) und Perikles (um 500–429 v. Chr.) schufen die attische Demokratie und bauten das ökonomische System auf, das auf Athens Rolle als Seemacht beruhte und den Kern des athenischen Reichs bildete.

Solon schuf Gesetze, welche die Freiheit des Individuums und seinen Schutz zumindest theoretisch festschrieben. Aufgrund dieser Gesetze durfte sich niemand mehr in Schuldknechtschaft begeben, indem er sich selbst verkaufte oder verpfändete. Von nun an hatte jeder die Möglichkeit, sich an die Gerichte zu wenden, wenn einem anderen – nicht nur ihm selbst – Unrecht geschehen war. In wichtigen Ausnahmefällen war es möglich, ein Volksgericht anzurufen, an dem das Urteil vom Volk als Ganzem oder zumindest von mehreren tausend Bürgern gesprochen wurde.[22] Solon erließ den Bauern mit einem Federstrich ihre Schulden und setzte sie damit wieder als Freisassen mit eigenem bäuerlichen Grundbesitz ein. Er fasste alle seine Gesetze so, dass sie die Schwachen und Hilflosen begünstigten und jedem Bürger oder dem Staat selbst die Möglichkeit boten, in eigenem Namen vor Gericht aufzutreten.

Kleisthenes beschnitt gegen Ende des 6. Jahrhunderts v. Chr. die politische Macht der alten Sippen und bildete über hundert geographisch definierte »Demen« (Landgemeinden; Einzahl Demos). Er bekräftigte sowohl das Prinzip einer aktiven Demokratie, indem er die souveränen Bürger an jedem Aspekt der Regierung beteiligte, als auch das eines freien Verkehrs zwischen Athenern und Fremden, indem er Einwanderer willkommen hieß und ihnen die Möglichkeit bot, die Staatsbürgerschaft selbst dann zu erwerben, wenn sie als Sklaven in die Stadt gekommen waren. Diese Einwanderungspolitik und der Freihandel waren die Grundpfeiler der Blüte

Athens im 5. Jahrhundert. Der Historiker Herodot zum Beispiel, der aus Halikarnassos (Bodrum) stammte, war im perikleischen Athen von 466 bis 443 ein »Ausländer«.

Von etwa 460 bis 429 v.Chr., im goldenen Zeitalter der athenischen Hochkultur und des athenischen Reichs, war Perikles die beherrschende Persönlichkeit. Als Feldherr, Staatsmann und Denker errichtete er das athenische Reich, die Seemacht, die es am Leben erhielt, und das wirtschaftliche System, das es ernährte. Er förderte den Bau des Parthenons und anderer großartiger Bauwerke der Akropolis, doch er führte die Athener auch in die Peloponnesischen Kriege mit Sparta, die nach seinem Tod alles zunichte machen sollten, was er aufgebaut hatte.

Die außerordentliche Faszination, die das klassische Athen noch zweieinhalb Jahrtausende nach dem Ende seiner kurzen Blüte ausübt, beruht auf seinen beiden Grundideen Freiheit und Demokratie, auch wenn die Mehrheit seiner Bevölkerung, Frauen und Sklaven, auf beides verzichten musste. Hinzu kommt die Brillanz der Darstellungen seiner Geschichte, von denen vor allem das Werk des Thukydides (um 460–400 v.Chr.) zu nennen ist.

So wie die Architekten des britischen Empire unentwegt Theorien über das Empire hervorbrachten, und es dann doch den Historikern des ausgehenden 19. Jahrhunderts wie J. R. Seeley in Cambridge überließen, seine Legitimation zu liefern, so stammt auch die Rechtfertigung des athenischen Imperiums von einem Historiker, auch wenn Thukydides einen Großteil seiner Gedanken Perikles in den Mund legte, der sie angeblich in seiner Grabrede für im Krieg Gefallene geäußert hatte. Im Grunde berief er sich auf exakt dieselben Gründe wie Seeley: nämlich auf die überwältigenden Vorteile der den unterworfenen Völkern aufgezwungenen Zivilisation, zu denen als höchstes Gut die Freiheit gehörte. Doch gerade die muss ein Imperium seinen Untertanenvölkern verweigern:

»Die Verfassung, nach der wir leben, vergleicht sich mit keiner der fremden; viel eher sind wir für sonst jemand ein Vorbild als Nachahmer anderer. Mit Namen heißt sie, weil der Staat nicht auf wenige Bürger, sondern auf eine größere Zahl gestellt ist, Volksherrschaft. Nach dem Gesetz haben in den Streitigkeiten der Bürger alle ihr gleiches Teil, der Geltung nach aber hat im öffentlichen Wesen den Vorzug, wer sich irgendwie Ansehen erworben hat … Und es kommt wegen der Größe der Stadt aus aller Welt alles zu uns herein. So können wir uns sagen, wir ernten zu grad so vertrautem Genuss wie die Güter, die hier gedeihn, auch die der übrigen Menschen … Mit solchen Vorbildern [der Ahnen] sollt auch ihr das Glück in der Freiheit sehn und die Freiheit im kühnen Mut und euch nicht zuviel umblicken nach den Gefahren des Krieges.«

Diese Passage zeigt die positive Seite des Geistes von Athen, und sie vermittelt die Überzeugungen und politischen Werte sowie die gesellschaftliche Organisation und kosmopolitische Einstellung, die zusammen mit der Seemacht den wirtschaftlichen Leistungen Athens zugrunde lagen: »Wir lieben das Schöne und bleiben schlicht … Reichtum dient bei uns der wirksamen Tat, nicht dem prahlenden Wort, und Armut ist einzugestehen keinem schimpflich, ihr nicht tätig zu entgehen schimpflicher.«[23]
Wegen dieser Betonung der Souveränität des Individuums (sofern es frei und ein Mann war) gegenüber dem korporativen Staat ist in Bürgerschaft und Bürgerrecht der entscheidende Beitrag Athens zu unserer Geschichte zu sehen. Frühere Hochkulturen haben dem Individuum und bestimmten Bürgerrechten weder in derselben Weise noch im selben Maß den Vorrang eingeräumt. Wie bei allen Verallgemeinerungen lässt sich auch über diese streiten, doch hier geht es vor allem darum, dass sie zugleich erhellend ist. Abermals erkennen wir die Figur des Walzerschritts, diesmal zweimal hintereinander:

- (Schritt 3 der vorhergehenden Figur) Die Reformen von Solon und Kleisthenes als Lösungen vorhergehender Spannungen;
- (Schritt 1) eine wirtschaftliche Blüte im Rahmen der veränderten politischen und wirtschaftlichen Bedingungen; diese führte zu
- (Schritt 2) Bedrohungen im Innern als Folge der extremen Ungleichheiten, zu denen es durch die Konzentration von neuem Reichtum und neuer Macht in den Händen einiger weniger schon bald kam, und Bedrohungen von außen durch andere Städte, die Athen den neuen Reichtum (und vielleicht auch die Arroganz) übel nahmen, ihn fürchteten oder für sich begehrten; hieraus ergab sich
- (Schritt 3) die Notwendigkeit einer neuen Lösung, die im ersten Fall in den Reformen von Kleisthenes und im zweiten im Peloponnesischen Krieg und im gleichzeitigen Ausbruch einer Seuche bestanden und für Athen in einer Katastrophe endeten.

Bevor wir uns Rom und seinem Konzept der Bürgerschaft zuwenden, müssen wir noch auf einige irdischere Aspekte der griechischen Wirtschaftsgeschichte im ersten vorchristlichen Jahrtausend eingehen. Soweit wir bis heute wissen, wurden die ersten Münzen um 650 v. Chr. im westlichen Kleinasien, im Königreich Lydien aus Elektrum geprägt; nur wenig später kamen Bronzemünzen an der Schwarzmeerküste in Gebrauch. In China hatte es gegossene Bronzemünzen schon fünfhundert Jahre früher gegeben.

Elektrum ist eine natürlich vorkommende Legierung aus Gold und Silber, die von den Lydern aus dem Fluss Paktalos und in Bergwerken gewonnen wurde. Die Münzen waren oval und von unterschiedlichem Gewicht. Die größte Sammlung dieser Münzen wurde im Artemistempel in Ephesus gefunden, wo die Handelsstraßen aus dem Osten sich mit den

Schifffahrtswegen der Ägäis und des übrigen Mittelmeers kreuzten. Der ursprüngliche Gebrauch der Prägemünzen ist unklar und beruhte möglicherweise nicht auf dem, was heute als der offensichtliche Zweck eines Tauschmittels mit aufgeprägter Wertbezeichnung angesehen wird. Die frühesten Münzen trugen einen Stempel, mussten jedoch wie ungemünztes Gold oder Silber noch gewogen werden, bevor sie als Geld benutzt werden konnten; deshalb stellten sie an sich noch keinen besonderen Fortschritt gegenüber dem Edelmetall dar, das im Vorderen Orient seit Tausenden von Jahren als Tauschmittel in Gebrauch war. Doch wie bei vielen historischen Entwicklungen veränderten nicht die Gründe, aus denen sie sich ereigneten, die Welt, sondern die Folgen.

Im Lauf des nächsten Jahrhunderts entdeckte man in den griechischen Städten den wirtschaftlichen Nutzen von Münzen als Wertmaßstab und Tauschmittel. Praktisch seit den frühesten Münzen (von denen die ersten allerdings möglicherweise von Einzelpersonen zu religiösen Zwecken oder als Geschenk hergestellt wurden) prägte eine Art öffentliche Behörde ihnen die Zeichen auf, die sie von bloßen Metallstücken unterscheiden sollten, und machte auf diese Weise ihre Herkunft kenntlich. Unter Historikern besteht weitgehend Einigkeit darüber, dass ein bürgerliches Selbstbewusstsein – oder politische Eitelkeit – ein primäres Motiv für die Ausgabe von Münzen war. Wie auch immer, in den sich rasch entwickelnden griechischen Stadtstaaten auf beiden Seiten der Ägäis wurden Münzen seit dem ausgehenden sechsten vorchristlichen Jahrhundert zum beliebten Zahlungsmittel.

Die Entwicklung der Münzprägung, die sich zuerst an den Küsten der Ägäis vollzog, war zu einem Teil die Folge der Entwicklung der griechischen *polis* als unabhängiger politischer Einheit. Der notwendige enge Zusammenhang zwischen politischer und monetärer Identität wurde verstärkt, als die Stadtstaaten entdeckten, dass sie mit der Ausgabe der Münzen, die die Gesellschaft benötigte, um ihren alltäglichen Handel und

Wandel zu erleichtern, einen Gewinn erzielen konnten. Sie konnten das Zeichen, das sie den Münzen aufprägten, für sich monopolisieren und es zum legalen Beweis ihres Wertes machen. Später konnten sie Münzen mit demselben Zeichen versehen, die einen geringeren Edelmetallgehalt aufwiesen, als das Zeichen versprach. Dies funktionierte dann am besten, wenn die Händler kaum Alternativen zur Verwendung der offiziellen Münzen hatten, beispielsweise bei der Bezahlung von Steuern. Darin kann man eine frühe Version der königlichen Münzgebühr späterer Zeiten sehen, also des Gewinns, der demjenigen zufließt, der über das ausschließliche Recht verfügt, Geld in Form von Münzen auszugeben (Münzregal).

Damals ist in Griechenland etwas entstanden, was sich seither als einer der beständigsten Zusammenhänge der Wirtschaftsgeschichte erwiesen hat, nämlich die Verbindung zwischen politischer Souveränität und Währungsgebiet. Beides war Ursache und Wirkung zugleich. Staaten gaben Währungen aus, weil es einen Gewinn abwarf und weil sie auf diese Weise ihre Macht und Unabhängigkeit nutzen konnten; und die Existenz einer eigenen Währung verschaffte ihnen die Möglichkeit, ihren Handel und ihre Verteidigung, auf denen ihr Erfolg und ihre Freiheit beruhten, zu finanzieren.[24]

Derselbe enge Zusammenhang zwischen politischen und ökonomischen Faktoren trug dazu bei, dass in Griechenland ab der Mitte des 6. Jahrhunderts v. Chr. Elektrum und Gold als vorherrschende Münzmetalle von Silber verdrängt wurden.[25] Silber war zweifellos praktischer: Es kam in der Natur reichlicher vor als Elektrum und Gold; sein Wert war durch Wiegen leichter zu ermitteln als der einer Legierung mit schwankender Zusammensetzung, und es war im Vorderen Orient schon seit langem das wichtigste Metallgeld. Doch seine Verbreitung hatte auch viel mit der politischen Vorherrschaft Athens zu tun. Der Handel, die zentrale Rolle im ersten Attischen Seebund oder Delischen Bund, einer Vereinigung der Insel- und Küstenstädte der Ägäis unter der Führung Athens, und das

entstehende Imperium verliehen der Stadt die gleiche Hege-
monialstellung, wie die Vereinigten Staaten sie nach dem
Zweiten Weltkrieg innehatten: Die Rolle der Sowjetunion als
dem gemeinsamen Feind, gegen den die freie Welt sich zusam-
menschließen musste, spielte das Perserreich; den Institutionen von Bretton Woods (IWF und Weltbank), welche die amerikanische Führung in ein multilaterales Gremium einbanden,
entsprachen der Delische Bund und sein gemeinschaftlicher
Schatz, der nach einiger Zeit von der Insel Delos nach Athen
geschafft wurde; die politische Rechtfertigung war wie im Fall
der USA der Auftrag, die Demokratie zu verbreiten und die
Freiheit zu verteidigen, wodurch in beiden Fällen Drittstaaten
dazu gebracht wurden, sich gegenüber einer wirtschaftlich und
militärisch dominierenden Zentralmacht dankbar und loyal zu
verhalten; und schließlich stieg die Landeswährung der dominierenden Macht für alle übrigen Partnerstaaten in den Rang
der Leit- und Handelswährung auf.

In den Silberminen Laurions in Attika wurde ein gut Teil
des in der Ägäisregion umlaufenden Silbers gefördert, und der
athenische Stadtstaat, der sie schon frühzeitig erworben hatte,
verfügte damit über das erforderliche Monopol zum Prägen
von Silbermünzen, die das berühmte Bild der Eule trugen. Mit
Hilfe einer großen Zahl von Sklavenarbeitern in den Silberminen und durch ein günstiges Verhältnis von Nennwert und
Metallgehalt konnte Athen aus dem Münzregal die Erträge
ziehen, mit denen die hohen Ausgaben der Stadt bestritten
wurden: für den Bau von Schiffen und öffentlichen Gebäuden,
mit denen Athen seine Macht demonstrierte. Auf dem Gipfel
dieser Macht zollten über hundertfünfzig Stadtstaaten Athen
Tribute.[26]

Als sich die Menge der Münzen aus diesen politischen
Gründen mehr und mehr erhöhte, entdeckten die Menschen
auch deren wirtschaftliche Gebrauchsmöglichkeiten zur Ab-
wickelung von Transaktionen, als Wertmaßstab und zum La-
gern von Reichtümern. In allen diesen Funktionen erleichterte

das Geld die wirtschaftlichen Aktivitäten und erhöhte damit deren Effizienz. Nach der Erfindung des Geldes war für alle offensichtlich, dass der Tauschhandel eine umständliche, zeitraubende und häufig unmögliche Methode ist, Geschäfte zu machen.

Weniger offensichtlich, aber umso bedeutsamer ist die Tatsache, dass die Einführung des Geldes (oder einer Währungsunion oder Verrechnungsstelle), das es A ermöglicht, eine Ware X an B zu verkaufen, ohne dass B als Ausgleich eine Ware Y finden muss, die für A denselben Wert hat, die Möglichkeiten des Handels revolutioniert. Wenn es eine Million A in der Welt gibt, die X verkaufen wollen, und eine Million B, die X zum gängigen Preis kaufen wollen, und wenn es gleichzeitig eine Million C gibt, die Y an eine Million D verkaufen wollen, können alle diese Transaktionen nur stattfinden, wenn es einen Markt (oder ein Netz von Märkten) gibt, auf dem sie zueinander finden können, und ein neutrales Tauschmittel wie das Geld, mit dessen Hilfe sie die Transaktionen abwickeln. Und die Kette aus A, B, C und D und so weiter und X, Y und so fort kann sehr lang sein; der Kreis muss sich nur irgendwann schließen, wenn A etwas kaufen möchte, das Z verkaufen will.

Ohne Geld können alle diese Transaktionen nur dann stattfinden, wenn einige B in Wirklichkeit C und einige D A sind und die B/C genau die passenden D/A finden müssen und so weiter. Doch selbst dann wäre die Zahl der abgewickelten Käufe und Verkäufe höchstwahrscheinlich nur ein unendlich kleiner Bruchteil der zwei Millionen Transaktionen, die in unserem ursprünglichen Beispiel mit Hilfe des Geldes möglich wären. Darüber hinaus ist mehr oder weniger offensichtlich, dass sich Wert nicht effizient in Materialien speichern lässt, die sperrig, nicht haltbar oder schwer gegen Diebstahl zu sichern sind, auch wenn es im westlichen Pazifik einen Inselstamm gibt, der bis heute riesige und kaum von der Stelle zu bewegende Findlinge als Zahlungsmittel benutzt.

Außerdem können Werte nicht auf eine praktische Weise gemessen und miteinander verglichen werden, es sei denn in Einheiten, die man zählen kann und die gegen den Gegenstand, der bewertet werden soll, getauscht werden können. Mit dem Prägen von Münzen hatten die Griechen einen der Grundbausteine der Wirtschaft des Menschen geschaffen. Die logische Weiterentwicklung der Trennung von Nennwert und tatsächlichem Metallwert zur Erfindung von Papiergeld, dessen Wert ausschließlich auf der Glaubwürdigkeit der ausgebenden Bank und dem Vertrauen seiner Benutzer beruht, ist eine Geschichte, die uns später beschäftigen wird.

Zwar kannte man in Athen weder Schecks noch Wechsel, aber dafür gab es bereits Bankgeschäfte in Form von Geldwechsel und Einlagen, die anschließend mit Zinsen (im Allgemeinen zwölf Prozent) verliehen wurden, was seitdem die klassische Form von Bankgewinnen ist. Die Transaktionen wurden in der Regel an Tischen abgewickelt, die man auf der Agora, dem Marktplatz unterhalb der Akropolis, aufgestellt hatte. Es wäre allerdings ein Irrtum, in die athenische Praxis die moderne Vorstellung von Banken als Kreditinstituten hineinzulesen, die wirtschaftliche Aktivität durch Schaltergeschäfte unterstützen. Die athenischen Bankiers hatten mehr Ähnlichkeit mit Geldwechslern und Pfandleihern und spielten kaum eine Rolle bei der Finanzierung des Seehandels, der Landwirtschaft oder des Gewerbes, auch wenn manche unter ihnen, wie etwa Pasion, ein freigelassener Sklave, der 370 v. Chr. starb, so viel Reichtum erwarben, dass sie der Nachwelt ihren Namen und den Erben ein erkleckliches Vermögen hinterließen.

Seehandelskredite zur Finanzierung riskanter Fahrten, die durch Schiff und Ladung abgesichert waren, und durch Grundbesitz abgesicherte Kredite (in der Regel zu nichtgewerblichen Zwecken) waren dennoch wichtige Elemente des Finanzwesens. Athen hatte das Handelsrecht grundlegend erneuert, zum Beispiel durch die Anerkennung der Rechtsfähigkeit von Sklaven und anderen Nichtbürgern sowie die Gewährung der Bürgerrechte an Ortsfremde. Schriftliche Vereinbarungen wurden anerkannt; und die Vorstellung, dass die Rechtsprechung schnell und gerecht erfolgen müsse, fand ihren Ausdruck in einer Bestimmung, der zufolge über Handelsstreitigkeiten innerhalb eines Monats entschieden werden musste, damit Händler entsprechend den Erfordernissen ihres Gewerbes spätestens nach dieser Zeitspanne wieder in See stechen konnten. Dieser Gedankengang ist anscheinend irgendwann seit dem klassischen Altertum in Vergessenheit geraten.[27]

Der ausschlaggebende Faktor bei der Beschaffung von Geld und Kredit für die Wirtschaft der Antike blieb das Prägen von Münzen, das seinerseits von ausreichenden Edelmetallvorkommen und einem vertrauenswürdigen souveränen Staat abhängig war. Die militärischen und politischen Erfolge Philipps II. von Makedonien (regierte 359–336 v. Chr.) und seines Sohnes Alexanders des Großen (regierte 336–323 v. Chr.) wurden weitgehend durch die Herrschaft über die Silberminen Thrakiens finanziert. Mit dem Münzgeld, dessen Metall (Kupfer und Zinn für Bronze sowie Gold und Silber) aus den Bergwerken stammte, wurde das Heer finanziert, zumindest bis der legendäre Schatz des Perserkönigs als Kriegsbeute in die Hände Alexanders fiel. Die Größe dieses Münzvermögens war mit nichts vergleichbar, was es in der griechischen Welt gegeben hatte, nicht einmal mit dem Reichtum des Königs Krösus von Lydien (regierte um 560–546 v. Chr.), und wurde erst wieder erreicht, als die Römer die gesamte Region um das Mittelmeer erobert hatten. Das Währungssystem, das in Form von geprägten Münzen in Lydien aufkam und von den griechischen Stadtstaaten in der Ägäis und im Mittelmeerraum verbreitet wurde, blieb während der gesamten hellenistischen Zeit der Antike (300 bis 30 v. Chr.) der Maßstab.[28]

Die Geschichte Roms beginnt auf den ersten Blick ähnlich. Rom wurde im 8. Jahrhundert v. Chr. in einer Agrarregion

gegründet und entwickelte sich rasch zu einem kleinen Stadtstaat. Die frühen Könige wurden von einer Adelsschicht
verdrängt, die trotz einiger demokratischer Konzessionen periodisch in Konflikte mit dem Volk geriet, die in einer Serie
von Bürgerkriegen zum Ausbruch kamen. Auch hier findet
sich wieder der Dreierschritt des Walzers: Auf wirtschaftliche
Fortschritte folgten politische Unruhen und neue, zum Teil
nur kurzlebige Schlichtungen.

Wie beim Sieg Athens gegen Persien vermehren Eroberungen außerhalb des Imperiums und der Sieg über einen mächtigen Eindringling von außen (Karthago) den Reichtum Roms,
doch mit wachsenden wirtschaftlichen Möglichkeiten nahmen
entsprechend dem Dreierschritt auch die Spannungen zwischen Großgrundbesitzern und Bauern zu. In Rom trat kein
Solon, Kleisthenes oder Perikles auf, der diese Konflikte im
Rahmen einer funktionierenden Demokratie gelöst hätte. Die
Folge war ein Bürgerkrieg und danach eine unvermeidliche
Willkürherrschaft unter Julius Cäsar. Seine Ermordung 44 v.
Chr. und ein weiterer Bürgerkrieg endeten mit dem vollkommenen Triumph des Augustus, der das Imperium Romanum
errichtete.

Die wichtigste Maxime des Augustus lautete, dass das Imperium auf seine bestehenden natürlichen Grenzen – Atlantik,
Rhein, Donau, Euphrat und die Wüsten Arabiens und Afrikas – beschränkt bleiben müsse. Edward Gibbon hat dazu lakonisch angemerkt: »Zum Glück für die Ruhe des Menschengeschlechtes wurde das gemäßigte System, welches der weise
August[us] empfohlen hatte, von den Besorgnissen und Las-
tern seiner unmittelbaren Nachfolger angenommen.«[29] Dieses
Reich erlebte im Unterschied zu dem des Perikles zwei Jahrhunderte, die größtenteils friedlich verliefen und eine gewisse
wirtschaftliche Blüte mit sich brachten, bevor die Dinge eine
Wendung zum Schlechten nahmen – doch selbst dann gab es
noch längere Phasen politischer Stabilität und wirtschaftlicher
Leistungsfähigkeit. Diese beiden ersten nachchristlichen Jahr-

hunderte werden jene vor ein Rätsel stellen, die wirtschaftlichen Fortschritt mit politischer Freiheit und wirtschaftliche Rückschläge unter anderem mit der Gleichgültigkeit einer kaiserlichen Beamtenschaft in Verbindung bringen. Dies war ja auch in manchen Phasen der mesopotamischen und der ägyptischen Hochkultur tatsächlich der Fall.

Eine der in diesem Buch vorgetragenen Thesen lautet, dass der wirtschaftliche Fortschritt das Produkt einer menschlichen Neigung ist, der man quasi eine ausreichende Chance gegeben hat, auch wenn einige hinzufügen würden, dass für diese Chance zwei Voraussetzungen erfüllt sein müssen: Erstens ein gezieltes Handeln zur Herstellung weiterer günstiger Bedingungen wie Geldwertstabilität, Sicherheit und ein kalkulierbares, zugängliches Rechtswesen, das den Einzelnen und sein Eigentum schützt, seine Zwistigkeiten mit anderen schlichtet und dafür Sorge trägt, dass die von ihm abgeschlossenen Verträge eingehalten werden. Zweitens darf es keine obrigkeitliche Unterdrückung der Freiheiten und Anreize geben, welche die Bereitschaft, zu arbeiten, zu forschen und zu investieren, fördern.

Die ersten gut zweihundert Jahre des Römischen Reiches (31 v. Chr.–180 n. Chr.) müssen näher untersucht werden, um festzustellen, inwieweit sie diesen Thesen widersprechen. Manche heutigen Leser werden es erhellend finden, wenn hier an einige der modernen Debatten über die Beziehung zwischen politischer Liberalisierung und wirtschaftlicher Leistung erinnert wird, die durch das enorme wirtschaftliche Wachstum Chinas und den Niedergang Russlands seit der »Bekehrung« der beiden Länder zur Marktwirtschaft gegen Ende des 20. Jahrhunderts ausgelöst wurden.

Ist politische Freiheit auf lange Sicht oder sogar unmittelbar eine Bedingung für wirtschaftliche Freiheit und damit für wirtschaftliche Dynamik und Erfolg? Oder ist politische Ordnung die wichtigere Vorbedingung für wirtschaftliches Vertrauen und Leistungsvermögen? Hatte Michail Gorbatschow Recht oder Deng Xiaoping? Sollten Augustus und die Antonier neben Solon, Kleisthenes und Perikles, Jefferson, Locke, Peel und Gladstone einen Platz in der kapitalistischen Ruhmeshalle bekommen, oder sollten sie demselben Höllenpfuhl überantwortet werden wie Franco, Salazar, Suharto und Pinochet? Unsere Aufgabe besteht darin, wirtschaftliche Leistung zu erkennen und zu erklären. Es ist noch zu früh, eine Schlussfolgerung zu ziehen, aber es ist sinnvoll, die Fragen im Auge zu behalten, die sich besonders stark aufdrängen, wenn wir in die Periode der christlichen Zeitrechnung eintreten.

Keith Hopkins hat in einer Erläuterung der klassischen Arbeiten von Moses Finley die Ansicht vorgetragen, in den zwölfhundert Jahren von 1000 v. Chr. bis 200 n. Chr. seien im Mittelmeerraum ein bescheidenes wirtschaftliches Wachstum und ein wachsendes wirtschaftliches Mehrprodukt erzielt worden. Er schreibt dies dem politischen Wandel und technischen und sozialen Innovationen zu. Mit Ersterem meint er hauptsächlich die zunehmende Ausdehnung der politischen Gemeinwesen, und bei Letzteren denkt er an weniger revolutionäre Fortschritte wie Eisenwerkzeuge, Schraubenpressen, von tierischer oder menschlicher Kraft angetriebene Mühlen sowie, etwas einschneidender, Wassermühlen und Alltäglichkeiten wie Münzen, Geld, Steuern, Sklaverei, Schrift, Schulen, schriftliche Verträge, Handelskredite, technische Handbücher, große Segelschiffe, geteiltes Risikokapital und von Verwaltern betriebene Güter. Viele dieser Neuerungen kamen nicht in dieser Zeit auf, doch alle trugen zur Produktion, zum Konsum und zum Handel bei. Hopkins nennt sieben Gründe für die Annahme, dass während der Hauptperiode des klassischen Altertums ein wachsender Überschuss produziert wurde:

Erstens nahm die landwirtschaftliche Produktion zu und vergrößerte sich die Anbaufläche.

Zweitens war die Bevölkerung im Römischen Reich in den beiden ersten Jahrhunderten n. Chr. größer als ein Jahrtausend zuvor und ein halbes Jahrtausend danach.

Drittens erhöhte sich der Anteil der nicht in der Landwirtschaft tätigen Bevölkerung, was zum Teil durch die Zunahme der Arbeitsteilung bedingt und in Städten wie Rom und Pompeji erkennbar war.

Viertens vergrößerte sich die Produktion außerhalb der Landwirtschaft, was an der wachsenden Zahl von Artefakten wie Münzen, Tongeschirr, Lampen, Eisengeräten, bearbeiteten Steinen und Ornamenten abzulesen ist.

Fünftens nahm die Pro-Kopf-Produktion sowohl in der Landwirtschaft als auch im Gewerbe zu. In den beiden ersten Jahrhunderten n. Chr. baute eine immer geringere Zahl von Nahrungsmittelproduzenten zum Vorteil einer wachsenden Zahl nichtagrarischer Produzenten mehr Nahrungsmittel an als jemals zuvor, was in der Hauptsache durch eine verstärkte Ausbeutung der in der Landwirtschaft eingesetzten Sklaven und eine ständig wachsende Besteuerung der freien Bauern erreicht wurde.

Sechstens erhöhte sich der Wert der Gesamtproduktion und der Anteil der Produktion, der den Primärproduzenten in Form von Steuern und Pachtzahlungen abgenommen wurde. Mit anderen Worten: »Mit zunehmender Größe und Macht der Staaten im klassischen Altertum verlangte der Staat mehr für sich, um den Überbau aus einem regelmäßig bezahlten Berufsheer, einer administrativen Infrastruktur bezahlter Beamten und einem aufwendigen königlichen Hof unterhalten zu können. Darüber hinaus erlaubte der Staat den Großgrundbesitzern die Abschöpfung eines hohen Überschusses von ihren Pächtern oder förderte dies sogar. Als Produktionssystem war die Sklaverei das Maß der gerade noch hingenommenen Ausbeutung. In dieser Hinsicht beherrschte die Sklaverei die Wirtschaft des Altertums.«[30]

Siebentens war die Förderung des Handels in den ersten beiden Jahrhunderten nach der Zeitenwende eine direkte Folge der Notwendigkeit, die Steuern, die vom Staat in sämtlichen beherrschten Territorien erhoben und anschließend entlang seinen Grenzen und in Rom, wo Militär und Verwaltung besonders stark konzentriert waren, wieder ausgegeben wurden, in den Wirtschaftskreislauf zurückfließen zu lassen.

Hopkins ist nicht der Meinung, dass diese Belege für ein Wirtschaftswachstum ausreichen, um das von Moses Finley gezeichnete Bild einer primitiven und nach späteren Maßstäben statischen antiken Wirtschaft umzustürzen.[31] Noch zurückhaltender ist Peter Garnsey, der die Wirtschaft zur Zeit des römischen Imperiums als unterentwickelt und überwiegend statisch einschätzt. Weder im wichtigen Sektor des Schiffbaus oder beim Entwurf von Transportbehältern noch im Handels- oder im Bankenrecht habe es nennenswerte Fortschritte gegeben.[32]

Im römischen Imperium wie in der ihm vorausgegangenen Republik war die Staatsbürgerschaft die grundlegende Idee. Wer römischer Bürger war, genoss bestimmte Rechte und ein Ansehen vor dem Gesetz, das ungeachtet der Raubgier und Willkür skrupelloser Kaiser viel zum Aufbau einer Gesellschaft beitrug, in der die Bürger – das Volk – ebenso wie in Athen als autonome Glieder und primäre Nutznießer aller wirtschaftlichen Tätigkeit betrachtet wurden, auch wenn sie seit langem die politischen Rechte und demokratischen Befugnisse verloren hatten, derer sich die Bürger Athens für kurze Zeit erfreuen konnten. Dieses Ideal setzte natürlich die in der römischen Gesellschaft wichtigen Patronagebeziehungen nicht außer Kraft, die den einfachen Bürger gelegentlich schutzlos Einschüchterungen, körperlichen Angriffen und sogar ungesetzlicher Versklavung auslieferten. Dennoch hatten die Bürger bestimmte Rechte,[33] wenngleich sie im Kaiserreich einem willkürlichen Gebrauch der Macht stärker ausgesetzt waren als während der Republik.

Die römische Bürgerschaft war zwar zu keiner Zeit ein allgemeines Recht, doch breitete sie sich von der Metropole in ganz Italien und danach im gesamten Reich aus. Im Zeitalter der Antonier (2. Jahrhundert n. Chr.) genoss die Mehrzahl der Untertanen die Vorteile der Staatsbürgerschaft, einschließlich der römischen Zivilgesetze, vor allem im Hinblick auf Eheschließung, Vermächtnisse und Erbschaften, und der Aufstiegsmöglichkeiten. Das System des Privatrechts untermauerte »die vertraglichen Beziehungen innerhalb der hochentwickelten Tauschwirtschaft, die in den ersten zwei nachchristlichen Jahrhunderten über den gesamten Mittelmeerraum hin entstand«.[34]

Für die frühere Zeit unter Claudius (41–54 n. Chr.) schätzt Gibbon die Bevölkerung des Weltreichs auf etwa hundertzwanzig Millionen, »ein Grad von Bevölkerung, welche möglicherweise die des neueren Europa übersteigt, und die zahlreichste Gesellschaft bildet, welche je unter demselben Regierungssysteme vereint gewesen ist«.[35] Moderne Schätzungen weichen davon nicht nennenswert ab. »Auf dem Höhepunkt der Entwicklung [um 180 n. Chr.] wird die Einwohnerzahl des römischen Imperiums bei sechzig bis hundert Millionen gelegen haben, wobei die neueren Schätzungen von der höheren Zahl ausgehen«, schreibt Cameron 1997.[36] Aus beiden Schätzungen ergibt sich, dass weit mehr als die Hälfte der Bevölkerung des Römischen Reichs außerhalb Europas lebte, dessen Gesamtbevölkerung einschließlich der germanischen und anderer Stämme nördlich der Donau modernen Schätzungen zufolge um das Jahr 200 n. Chr. ihren höchsten Punkt bei weniger als fünfzig Millionen erreicht hatte.[37] Das ist durchaus möglich, wenn man bedenkt, dass zu den größten Städten – nach Rom – Alexandria und Karthago in Afrika, Antiochia und Apameia in Syrien und Pergamon und Ephesos in Kleinasien gehörten.[38]

Laut Gibbon bestand die Bevölkerung je zur Hälfte aus Sklaven (vermutlich eine grobe Übertreibung) und Freien, und von den Freien seien wiederum zwei Drittel »Provinzler«, also keine römischen Bürger gewesen. Bei der unter Claudius durchgeführten Volkszählung wurden weniger als sieben Millionen erwachsene Männer gezählt. In der Praxis konnten sich Bürger und Freigelassene – und sogar einige Sklaven, wenn sie nicht in den Minen und Werkstätten oder auf den großen Landgütern arbeiteten – in wirtschaftlicher Hinsicht frei bewegen und nach persönlichem Gewinn streben. Dabei konnten sie die mehr oder weniger berechtigte Hoffnung hegen, die Früchte ihrer Arbeit in einer stabilen Gesellschaft genießen zu können, in der Recht, Frieden und Freizügigkeit solchen Bemühungen zustatten kamen.

Im Lauf der Zeit verloren die Völker des Weltreichs durch Kolonisation, Assimilation, gezielte Verbreitung der lateinischen Sprache und die universelle Anwendung des römischen Rechts ihre politische Identität. Ihrem Selbstverständnis nach, wenn auch nicht in den Augen ihrer römischen Herren, wurden sie zu Römern und verschmolzen zu einem einzigen Volk. Es gab gewissermaßen einen römischen Traum, der unter einem römischen Schmelztiegel brannte.

Die wirtschaftlichen Lebensadern, die den beispiellos ausgedehnten Markt des Weltreichs durchzogen, waren das Mittelmeer, dessen äußerste Grenzen von Ostia aus bei günstigem Wind in sieben bis zehn Tagen zu erreichen waren, und die ebenso wichtigen Straßen, auf denen ein Reisender täglich hundert römische Meilen (knapp hundertfünfzig Kilometer) zurücklegen konnte und die sich zwischen Schottland und Palästina über eine Entfernung von siebentausendfünfhundert Kilometern erstreckten. Von York bis Antiochia und Alexandria verbanden diese Adern über dreitausend Städte. All dies erzeugte in Verbindung mit politischer und sozialer Stabilität und den Möglichkeiten, die römischen Bürgern und anderen Freien offen standen, einen wirtschaftlichen Fortschritt – ein Anwachsen von Bevölkerung, Überschuss und Produktivität –, der die Bedeutung des Römischen Reiches in unserer Geschichte erklärt.

Jenseits der Grenzen dieses Reichs erstreckte sich der Handel bis zur Ostsee, nach Skythien (nördliche Schwarzmeerregion), Babylon, Äquatorialafrika bis hin zur Malabarküste, Ceylon und China. Rom musste jährlich vierhunderttausend Tonnen Getreide aus Ägypten, Afrika und Sizilien importieren, was einen großen Teil des Handels ausmachte. Luxusgüter wie Seide und Gewürze wurden aus ferneren Regionen eingeführt, und Funde römischer Münzen sowie Metall- und Glaswaren in Asien belegen die Nachfrage, die für römische Exportgüter bestand.[39] Die Gewinne des Reichs wurden auch nicht durch reine Beutezüge erzeugt, wenngleich es bei Eroberungen zu Plünderungen kam.

Die Möglichkeit eines ungehinderten Warenaustauschs über diese riesigen Entfernungen hinweg wurde zu einem umfassenden Transfer von Produkten, Pflanzen und Fertigungstechniken aus den entwickelteren Gebieten des Ostens in die westlichen Teile Europas genutzt. Blumen, Kräuter, Weinreben, Obst- und Ölbäume wurden hauptsächlich in den nördlichen und westlichen Gebieten des Reichs eingeführt, je mehr sich Anbaukenntnisse und Märkte zu Wasser und zu Land ausbreiteten. Auch hier beruht die Rolle der Bürgerschaft, diesmal als entscheidender Faktor der wirtschaftlichen Errungenschaften Roms, darauf, dass die Menschen überall dort, wo sie frei sind und den Anreiz erhalten, ihren eigenen wirtschaftlichen Vorteil zu suchen, unter günstigen äußeren Bedingungen große Leistungen vollbringen. Dank der Errungenschaften im Rechtswesen und auf militärischem Gebiet dehnte Rom zunehmend die wirtschaftlichen und rechtlichen Vorteile der Bürgerschaft auf die riesige und hervorragend erschlossene Handelszone aus, die es in den beiden ersten Jahrhunderten n. Chr. geschaffen hatte. Auf diese Weise hatten die Triebkräfte des wirtschaftlichen Wachstums freies Spiel.

Solche Aussagen müssen allerdings im Kontext der Zeit verstanden werden: Die Technik war primitiv und entwickelte sich nur langsam weiter; die meisten Menschen waren in der Landwirtschaft beschäftigt; jenseits der lokalen Ebene bestanden nur wenige Handelsmöglichkeiten; die Sklaverei schloss einen großen Teil der Bevölkerung im erwerbsfähigen Alter von den Vorteilen der freien Wirtschaft aus, und die Frauen hatten außerhalb des Hauses kaum nennenswerte Rechte oder wirtschaftliche Möglichkeiten. Trotz alledem gehört der Satz »*civis Romanus sum*« (»ich bin ein römischer Bürger«) zu den folgenreichen politischen Ideen in der Geschichte des Wohlstands des Menschen. Nun sind Ideen noch keine praktischen Maßnahmen. Wie wirkungsvoll die Ideen auch waren, die Griechenland und Rom an spätere Generationen weitergaben, der antiken Welt selbst schien der Faden, wie Gibbon zutreffend bemerkte, seit dem Ende des 2. Jahrhunderts n. Chr. aus der Hand zu gleiten, auch wenn die periodischen Restaurationen der kaiserlichen Ordnung etwa unter Diokletian (284 bis 305 n. Chr.) und Konstantin (305–337 n. Chr.) für kurze Zeit den alten Glanz wiederherstellten.

Während die römische Geschichte in den beiden ersten Jahrhunderten des Reichs im Großen und Ganzen Deng Xiaopings Ansatz zu bestätigen schien, dem zufolge die Bevorzugung der politischen *Ordnung* vor der politischen *Freiheit* eine Bedingung für wirtschaftlichen Fortschritt ist, demonstrierte die anschließende Entwicklung, dass der Missbrauch einer absoluten politischen Macht infolge der fehlenden Rechenschaftspflicht gegenüber der Bürgerschaft dem wirtschaftlichen Wohl der Gesellschaft schadet.

Die Bevölkerungszahlen Europas und des Römischen Reiches gingen nach 200 n. Chr. deutlich zurück, nachdem das römische Imperium in dieser Zeit den Höchststand seiner Bevölkerungszahl erreicht hatte. In den kommenden vierhundert Jahren ging die Bevölkerung Europas nach Livi-Bacci um die Hälfte zurück.[40] Die Ursachen dieses Rückgangs waren Krankheiten, Hungersnöte und Krieg. Die Mittelmeerregion wurde in den Jahren 165 bis 180 und 251 bis 266 n. Chr. von Pest, Pocken und wahrscheinlich auch Masern heimgesucht. Seit 235 n. Chr. vernichteten innere Unruhen und Einfälle von Barbaren ganze Bevölkerungsteile und untergruben die wirtschaftlichen Fundamente der übrigen, indem sie die Kosten für deren Schutz erhöhten.

Dieser doppelte Schlag traf offenbar den zentralen Mechanismus des bisherigen Wohlstands, der darin bestanden hatte, dass in Rom und Umgebung wirtschaftliche Überschüsse erzielt, durch Steuern abgeschöpft und für das Militär an den Grenzen ausgegeben wurden, um durch den Handel in die Metropole zurückzufließen und auf diese Weise eine Ordnung und eine wirtschaftlich zweckmäßige Infrastruktur zu schaffen. Mit dem Schrumpfen der städtischen Bevölkerung und der Produktion aufgrund von Krankheiten, Invasionen und inneren Unruhen schrumpften auch die Überschüsse. Damit gingen die Steuereinnahmen zurück, und die wirtschaftliche Entwicklung stagnierte.[41]

Somit gab es damals mindestens drei voneinander unabhängige Ursachen des Rückgangs der Bevölkerung, der wirtschaftlichen Leistungsfähigkeit und der politischen Ordnung: Die erste waren zwei Angriffe von außen, zum einen der Einfall der Sassaniden-Dynastie, die nach ihrem Sieg über die Parther 253 und 260 n. Chr. das östliche Reich in Mesopotamien angriff, Kaiser Valerian gefangen nahm und in Ketten nach Edessa brachte und später (363 n. Chr.) ganz Mesopotamien eroberte. Zum anderen wurde das westliche Reich um 250 n. Chr. aus den Regionen jenseits von Rhein und Donau von Goten, Vandalen, Alemannen und Franken angegriffen.

Die zweite Ursache waren neuartige Krankheiten, die im Mittelmeerraum eine Bevölkerung heimsuchten, deren Immunsystem darauf nicht vorbereitet war. Eingeschleppt wurden sie wahrscheinlich von Soldaten, die aus Mesopotamien heimkehrten. Sie rafften etwa ein Viertel bis ein Drittel der Einwohner dahin und stellten alle bisherigen Seuchen und Epidemien in Rom (387 v. Chr. bis 65 n. Chr.) in den Schatten.

Als dritte Ursache ist eine der größten konstitutionellen Schwächen des römischen Regierungssystems zu nennen, das Fehlen eines Mechanismus für die Einsetzung von klugen Herrschern. Gibbon beschreibt die Regierungszeit von fünf aufeinanderfolgenden römischen Kaisern in den Jahren 96–180 n. Chr. (Nerva, Trajan, Hadrian, Antoninus Pius und Mark

Aurel) als »die Periode in der Weltgeschichte, während welcher die Lage des Menschengeschlechtes die beste und glücklichste war« und der einzige Zweck der Regierung das Glück eines großen Volkes gewesen sei. Doch dann fährt er fort:

»Vielleicht war bereits der unheilvolle Augenblick nahe, wo irgendein ausschweifender Jüngling oder eifersüchtiger Tyrann die unumschränkte Gewalt, welche sie zum Wohle ihres Volkes geübt hatten, mißbrauchen würde ... Die ungeheuern Laster des Sohnes haben einen Schatten über die Reinheit der Tugenden des Vaters gebreitet. Es ist Markus [Aurelius] zum Vorwurfe gemacht worden, daß er das Glück von Millionen der parteiischen Zärtlichkeit für einen unwürdigen Knaben [seinen Sohn und Thronfolger Commodus] geopfert habe.«[42]

Die Schwäche des Kaisers Commodus und vor allem seine ruinöse Verschwendungssucht waren der Anfang eines sich lang hinziehenden, allerdings keineswegs stetigen Niedergangs der kaiserlichen Regierung. Diese verschlechterte sich bei fast jedem personellen Wechsel durch die Notwendigkeit, dass der Nachfolger seine Wahl durch immer größere Bestechungszahlungen an die Prätorianergarde erkaufen musste, sofern er es nicht vorzog, die Herrschaft mit militärischer Macht oder durch die Anwendung von Gewalt in anderer Form zu erobern.

Die römische Bürgerschaft wurde 212 n.Chr. auf praktisch alle freien Männer des Reichs ausgedehnt.[43] Doch leider geschah dies nicht, um die staatsbürgerlichen und demokratischen Rechte zu erweitern, sondern um die Steuergrundlage des Reichs auszudehnen. Das lässt daran denken, wie die »europäische« Staatsbürgerschaft zusammen mit den Regelungen des Maastrichter Vertrags fast allen Bewohnern der Mitgliedsstaaten aufgezwungen wurde, ob sie wollten oder nicht.

Je mehr sich der äußere Druck auf das kaiserliche Budget

verstärkte – mit erhöhten Ausgaben, um die einfallenden Barbaren schon an den Landesgrenzen zurückzuschlagen, und sinkenden Einnahmen infolge der Seuchen und der damit verbundenen zurückgehenden wirtschaftlichen Tätigkeit –, desto mehr sahen die Kaiser sich gezwungen, irreguläre Steuern und Abgaben zu fordern. Daneben griffen sie zu dem anderen großen Hilfsmittel notleidender Regierungen: einer Inflation als Folge einer Währungsverschlechterung, in diesem Fall durch die Verringerung des Edelmetallgehalts der Münzen. Der Silbergehalt des Denars, der Münze, welche die Hauptwährungseinheit darstellte und seit 212 v. Chr. aus reinem Silber bestanden hatte, seit der Zeit Neros (54–68 n. Chr.) aber einer anhaltenden Münzverschlechterung unterworfen war, betrug im Jahr 265 n. Chr. fast null. Das lässt sich nur zum Teil mit einem Rückgang des Silberangebots als Folge der Erschöpfung der Silberminen in Spanien erklären.[44] Die nominellen Löhne der Soldaten waren auf das Dreifache angestiegen – von rund sechshundert Denaren jährlich am Ende des 2. Jahrhunderts n. Chr., etwas mehr als das Doppelte ihres Lohns zur Zeit Cäsars 250 Jahre früher, auf tausendachthundert Denare nur vierzig Jahre später.[45]

Die unzureichenden Staatseinnahmen, die auch durch die Münzverschlechterungen nicht gesteigert wurden, bewogen die Regierung dazu, Naturalabgaben zu erheben, das heißt, zu massiven und unberechenbaren Eintreibungen von Nahrungsmitteln und anderen militärisch wichtigen Gütern überzugehen. Daraus wurde schließlich ein System regelmäßiger »Kontributionen«, die zusammen mit den übrigen staatlichen Maßnahmen zur Sanierung des Budgets zwar die Verwaltung noch eine Weile in Gang hielten, aber die Quellen der wirtschaftlichen Tätigkeit zum Versiegen brachten. Die Bauern verließen ihr Land, um Schutz bei Großgrundbesitzern zu suchen, die das Privileg der Steuerbefreiung genossen. Der Handel schrumpfte. Die bereits durch Krankheiten dezimierte städtische Bevölkerung ging aufgrund der wirtschaftlichen Rezession weiter zurück. Aus diesem Teufelskreis versuchten verzweifelte Kaiser mit verzweifelten Maßnahmen auszubrechen, indem sie die Mechanismen von Angebot und Nachfrage per Dekret außer Kraft setzten. Das alles untergrub »letztlich das ökonomische Grundgefüge des Römischen Reiches. Die Produktion für den Markt schrumpfte«.[46]

Diokletian (regierte 284–305 n. Chr.) hatte dank seines politischen Weitblicks und militärischen Geschicks die äußeren Grenzen des Reiches in den von Augustus begründeten natürlichen Grenzen wiederhergestellt und die übermäßige Abhängigkeit des Imperiums von einem chronisch finanzschwachen Herrscher verringert, indem er seiner Gemahlin die Regierung über die Westhälfte des Reichs übertrug. Er versuchte mit aller Entschlossenheit die Wirtschaftskrise zu meistern. Als erstes erließ er ein Edikt, mit dem er eine Währungsreform durchführte;[47] dann versuchte er mit einem weiteren Edikt, die Preise und Löhne festzusetzen, während er zugleich den Verwaltungsapparat des Reichs reformierte. In der Präambel seines Edikts brachte er genau jene Art der Enttäuschung und Entrüstung zum Ausdruck, von der auch moderne Versuche, eine Inflation durch Gesetze oder moralische Überzeugung zu bekämpfen, getragen waren:

»Wer kennt nicht die staatswohlfeindliche Frechheit, welche, wenn unsere Heere irgendwohin nach den Forderungen des Staatsinteresses verlegt werden, nicht nur von Dorf zu Dorf, von Stadt zu Stadt, sondern auf dem ganzen Weg mit wahrem Wuchergeist ihnen begegnet, nicht vier- oder achtfache Preise erpreßt, sondern solche, bei welchen von einer Schätzung nicht mehr die Rede sein kann! Wer weiß nicht, dass bisweilen der Soldat Ehrengeschenk und Sold durch den Ankauf eines einzigen Gegenstandes einbüßt … Durch alles Vorstehende bewogen haben wir … geglaubt … ein Höchstmaß festsetzen zu sollen …«[47]

Das Edikt drohte eine drakonische Strafe für Verstöße gegen das neue Gesetz an – zwar nicht den Tod, aber immerhin den Verlust der römischen Bürgerrechte. Doch die Wirkung des Dekrets war von kurzer Dauer, was die Regierung zu der noch drastischeren Maßnahme bewog, die Bauern zu zwingen, auf ihren Höfen zu bleiben und die Felder zu bestellen, und sämtliche Berufe und Ämter erblich zu machen, so dass die Söhne von Bauern, Handwerkern, Kaufleuten und selbst von Lokalbeamten denselben Beruf ergreifen mussten wie ihre Väter. Das verschärfte die Probleme nur noch, schnürte die wirtschaftliche Tätigkeit noch stärker ein und warf die Landwirtschaft in manchen Gegenden auf das Niveau einer reinen Subsistenzwirtschaft zurück, während manche Städte verödeten und große Villen auf den Latifundien zu befestigten Burgen ausgebaut wurden. Manche Gegenden prosperierten allerdings bis ins 4. und 5. Jahrhundert n. Chr. In bestimmten Regionen kam es sporadisch zur Landflucht; häufig verzichtete der Staat auf eine direkte Überwachung der Agrarproduktion und überließ diese den immer mächtiger werdenden Großgrundbesitzern.[48]

Die Folgen hatte vor allem der ärmere Teil des Reichs zu tragen, der Westen, der ohnehin das Hauptziel der Einfälle der Germanenstämme über die Donau und den Rhein hinweg war. Nach der Teilung des Reiches und der Verlegung der Hauptstadt durch Konstantin in das weit weniger exponierte Byzanz, das jetzt in Konstantinopel umbenannt wurde, lag es nahe, dass die Verteidigung der östlichen Reichshälfte für die dortigen Kaiser, deren Ressourcen umfangreicher waren als die des Westreichs, Priorität hatte.

Gegen Ende des 4. Jahrhunderts glich das Westreich mehr und mehr einem Bauwerk, das unter seinem eigenen Gewicht einzustürzen drohte. 410 n. Chr. wurde Rom schließlich von Alarich dem Goten erobert. Im Osten hielt sich das Kaisertum zumindest nominell noch tausend Jahre. Zumindest vor den Angriffen der Westgoten und Hunnen, wenn auch nicht vor der Beulenpest im Jahr 542/43 n. Chr., die zusammen mit Erd-beben in die Zeit Justinians fiel, war Konstantinopel sicher. Am Erhalt des Kaisertums hatten in der ersten Zeit die um-sichtigen fiskalischen Maßnahmen von Anastasius (regierte 491–518 n. Chr.) sowie die militärischen und gesetzgeberi-schen Leistungen Justinians (regierte 527–565) maßgeblichen Anteil.

Um 700 n. Chr., dem Zeitpunkt, an dem dieses Kapitel en-det, befand sich das »finstere Mittelalter« in seiner dunkelsten Phase, gewissermaßen kurz vor der Morgendämmerung. Im Westen war Europa noch immer fest in der Hand der westgo-tischen Könige, während im Osten bis zum Schwarzen Meer ein Sammelsurium aus Vandalen, Hunnen, Ostgoten und an-deren Barbarenstämmen lebte. Ein Jahrzehnt später drang der Islam in Europa ein. Araber und Berber überquerten von Nordafrika aus die Straße von Gibraltar, was ebenso tiefrei-chende wie lang anhaltende kulturelle und wirtschaftliche Fol-gen haben sollte. Abermals zwanzig Jahre später begründeten der Urgroßvater und der Großvater Karls des Großen (Pip-pin II. und Karl Martell), nachdem sie 723 n. Chr. vor Poitiers den Vormarsch der Mauren zum Stehen gebracht hatten, die Dynastie der Karolinger. Diese behaupteten, sie würden das Römische Reich im Westen wiederherstellen, und gaben ihren Herrschern den Titel »Heiliger Römischer Kaiser«, der sich über mehr als tausend Jahre halten sollte. Unter ihrer Herr-schaft wurden der Handel und die Städte in Westeuropa wie-derbelebt, und es setzte ein allmählicher Prozess ein, in dessen Verlauf sich der Schwerpunkt der wirtschaftlichen Tätigkeit vom Mittelmeer zur Nordsee- und Atlantikküste verlagerte. Daraus entwickelten sich schließlich die wirtschaftliche Blüte des hochmittelalterlichen Europas und die Grundlagen der Neuzeit.[49]

Im Osten ging die wirtschaftliche und kulturelle Führung in der zentraleurasischen Region im Lauf der Zeit an den Islam über, allerdings auf einem anderen Weg. In der ersten Hälfte des 6. Jahrhunderts erlebte das Oströmische Reich dank der sparsamen Haushaltsführung des Anastasius und der militärischen Tüchtigkeit Justinians, der bis 554 n. Chr. die römische Vorherrschaft über das Mittelmeer wiederhergestellt hatte, einen wirtschaftlichen und politischen Aufschwung. Doch neue Wellen von Barbaren (Avaren aus Zentralasien) überquerten die Donau und stürzten den Balkan und die Hauptstadt Konstantinopel ins Chaos, während die Perser die Burgen in Mesopotamien eine nach der anderen eroberten. 610 n. Chr. marschierte Herakleios, der Sohn des römischen Statthalters in Afrika, mit einem Heer auf Konstantinopel, rief sich selbst zum Kaiser aus und begründete das spätere Byzantinische Reich mit Griechisch als Amtssprache. Der Traum von der Wiederherstellung des sich von Spanien bis Konstantinopel erstreckenden Reichs des Augustus, der Antonier, Diokletians, Konstantins und Justinians war für immer ausgeträumt. 622 n. Chr. begann Herakleios einen Feldzug gegen die Perser und besiegte sie fünf Jahre später vor Ninive. Doch nur weitere vier Jahre danach standen die Avaren und die Perser vor den Toren Konstantinopels und konnten nur dank des Einsatzes der byzantinischen Kriegsflotte daran gehindert werden, sich zu vereinigen.

Im selben Jahr floh auf der arabischen Halbinsel ein ehemaliger Kaufmann namens Mohammed von Mekka nach Medina und verkündete, er sei der letzte in einer Ahnenreihe von Propheten von Adam über Moses bis zu Jesus Christus, und begründete die Religion des Islam. Die wirtschaftlichen Folgen dieses Ereignisses werden in einem späteren Kapitel behandelt. Hier mag der Hinweis genügen, dass zwar Konstantinopel in den folgenden achthundert Jahren unbehelligt blieb, aber die arabischen Eroberungen bis zur Mitte des 8. Jahrhunderts den Islam in Spanien, Nordafrika und im Osten bis zum Horn von Afrika, in ganz Arabien, im Vorderen Orient und in Mesopotamien, in Persien bis zum Indus und über Samarkand hinaus etabliert hatten.[50]

In jener Zeit ging die Fackel der ökonomischen Führung in der zentraleurasischen Region vom Oströmischen Reich an den Islam über. Die Bahn des wirtschaftlichen und demographischen Aufstiegs und Niedergangs im Mittelmeerraum, den wir von den Anfängen des ersten Jahrtausends v. Chr. bis in die zweite Hälfte des ersten Jahrtausends n. Chr. verfolgt haben, war durchlaufen. Neue Anfänge regten sich im Nordwesten und im Südosten.

Im klassischen Altertum spielte die Sklaverei unter der athenischen Demokratie, dem römischen kaiserlichen Despotismus und sonstigen Regierungsformen eine bedeutsame und in unseren Augen verzerrende Rolle. Rondo Cameron hat die Ansicht vertreten, die Sklaverei sei der eigentliche Grund für das Fehlen technischer Neuerungen im alten Rom, und dieser Stillstand sei wiederum die Ursache seines wirtschaftlichen Untergangs gewesen, allenfalls noch verstärkt durch Barbareneinfälle, Seuchen und schlechte Regierung. Man mag hierin eine historische Ironie sehen, denn wenn Cameron Recht hat, war der Untergang Roms eine späte Rache der Sklaven, auch wenn sie selbst nichts mehr davon hatten.[51]

Dennoch verdanken wir den Hochkulturen des klassischen Altertums ein großes Vermächtnis, die Idee der Staatsbürgerschaft. Dieser wiederum liegt die Vorstellung einer staatlichen Gemeinschaft oder *polis* zugrunde, die von Menschen gebildet wird, die – zumindest die freien erwachsenen Männer unter ihnen – der Quell aller Legitimität sind und deren Wohlergehen der Zweck allen sozialen und wirtschaftlichen Lebens ist. Wir begegnen dieser Idee beim Aufstieg der griechischen Stadtstaaten, vor allem Athens, und in dem Begriff der römischen Bürgerschaft während der Republik; und wir erleben ihre Beschneidung durch einen bisweilen aufgeklärten politischen Despotismus und später seine Leugnung durch blanke Tyrannei in der Zeit des Verfalls und Untergangs. Und in alldem sehen wir in mehrfacher Wiederholung sowohl im Kleinen als auch im Großen das Motiv des Walzerschritts.

Weitergabe der Fackel

Überblick

Das vorliegende Kapitel behandelt die Wirtschaftsgeschichte bis ins 16. Jahrhundert. Es schildert, wie die Fackel der wirtschaftlichen Führung vom Mittelmeer nach Osten an die indischen, arabischen und chinesischen Reiche und Hochkulturen weitergegeben wurde und wie diese im 16. Jahrhundert mit den in den Indischen Ozean vorgestoßenen europäischen Seemächten in Konflikt gerieten. Dabei werden wir auch auf die wirtschaftlichen Errungenschaften in der Neuen Welt vor ihrer Entdeckung durch Kolumbus im Jahr 1492 eingehen.[*]

Vor dreitausend Jahren lebten auf der Erde etwa 40 Millionen Menschen, ein Viertel davon in Europa. Die übrigen 30 Millionen lebten überwiegend im Vorderen Orient (einschließlich Ägypten), Indien und China. Bis 400 v. Chr. war die Gesamtzahl auf über 100 Millionen gestiegen, davon 20 Millionen in Europa, 30 Millionen in China, 30 Millionen in Indien, 12 Millionen im Vorderen Orient, 8 Millionen in Afrika und etwa 5 Millionen in Nord-, Mittel- und Südamerika.

Knapp zwei Jahrtausende später, im Jahr 1500, hatte sich die Erdbevölkerung noch einmal vervierfacht und betrug 400 bis 500 Millionen, davon rund 80 Millionen in Europa, 100 Millionen in China, 105 Millionen in Indien, knapp 50 Millionen in Afrika und 14 Millionen in Amerika.

---

[*] Von jetzt an werden die historischen Daten nur noch dort mit dem Zusatz »v. Chr.« oder »n. Chr.« versehen, wo Missverständnisse auftreten können.

Wenn wir Europa, Nordafrika, Ägypten und den Vorderen Orient als einen einzigen Schauplatz der Wirtschaftsentwicklung betrachten, können wir grob schätzen, dass dort um 1000 v. Chr. etwa die Hälfte, um 400 n. Chr. ein Drittel und 1500 ein Viertel der Weltbevölkerung lebte.[1] Doch unsere Aufmerksamkeit richtet sich jetzt auf Asien und Amerika, wo in den folgenden zweitausendfünfhundert Jahren zwei Drittel und dann drei Viertel der Weltbevölkerung siedelte.

Auch die Geschichte der islamischen Welt werden wir mit einbeziehen. Der Islam gehörte zwar geographisch zum oben behandelten Wirtschaftsraum und spielte im wirtschaftlichen und kulturellen Leben Nordafrikas und auch Spaniens eine große Rolle, aber er verdankte seinen wirtschaftlichen Einfluss so weitgehend seiner Orientierung nach Osten, dass es wenig sinnvoll gewesen wäre, ihn als Teil der Geschichte zu behandeln, die sich hauptsächlich auf die Region um das Mittelmeer beschränkt.

Um 1000 v. Chr. war durch die agrarische Revolution auch China zu einer sechs Millionen Menschen zählenden Agrargesellschaft geworden. In Europa gab es damals zehn Millionen Bauern.[2] Gleichzeitig durchlebte Nordindien – im wesentlichen die Täler von Indus und Ganges – ein dunkles Zeitalter zwischen der früheren Hochkultur im Industal (Harappakultur), die um 1500 v. Chr. untergegangen war, und der Gangeskultur, deren Aufstieg etwa ab 800 v. Chr. begann. Die dominierenden Kräfte in der Region waren Arier aus Zentralasien, die im Krieg von Pferden gezogene Streitwagen einsetzten. Auf den feuchteren Böden des Gangestals wurde Reis angebaut. Mit Hilfe der neuen Eisengeräte aus der Region jenseits des Himalajas konnte der Dschungel gerodet werden, was der Wirtschaft einen neuen Schub gab.

Die Region im Nahen Osten, die später zur Wiege des Islam werden sollte, war zu jener Zeit die Heimat der späten mesopotamischen und ägyptischen Bauerngesellschaften. Später fiel sie unter die Herrschaft zunächst Alexanders des

Großen und dann Roms. Eine bäuerliche Lebensweise – ob der Anbau von Feldfrüchten oder die Weidehaltung von Vieh – hatte sich in Afrika bereits fast bis zum Äquator, im größten Teil Mittel- und Südostasiens bis Neuguinea und in Mittelamerika von Mexiko bis Peru durchgesetzt. Wildbeutergesellschaften dominierten noch in den restlichen bewohnten Territorien der Erde, dem übrigen Nord- und Südamerika, Nordeuropa und Asien oberhalb des sechzigsten nördlichen Breitengrads sowie im übrigen Afrika und in Australien.

Bis 1500, dem Ende der in diesem Kapitel behandelten Periode, war China unter der Ming-Dynastie zum weltweit größten Wirtschaftsraum unter einer einheitlichen politischen Herrschaft geworden. Es hatte auf die Nutzung von Technologien verzichtet, die schon ein halbes Jahrtausend vor der industriellen Revolution in Europa eine vergleichbare Entwicklung hätten vorantreiben können. Auf kaiserlichen Befehl wurde der Aufstieg Chinas als Seemacht gestoppt, und das, obwohl das Land in einer Zeit, als die Engländer gegen die Franzosen bei Agincourt kämpften (1415), eine Flotte über den Indischen Ozean entsandte, wie es sie in dieser Größe erst wieder im 20. Jahrhundert gab,[3] möglicherweise erst bei der Landung der Alliierten in der Normandie 1944.

Um 1500 war der Islam in viele politische Einheiten und mehrere religiöse Gruppen zerfallen. Die türkischen Osmanen hatten ihren größten Sieg, die Einnahme Konstantinopels, 1453 errungen, doch die Mauren in Spanien mussten einen schweren Rückschlag hinnehmen, als sie 1492 das Königreich Granada verloren.

Indien hatte in dieser Zeit eine ebenso große Bevölkerung wie China. Im Norden herrschten die afghanische Dynastie der Lodis, die das Sultanat von Delhi wiederbelebt hatte, eine Stadt, die noch unter den Folgen ihrer Plünderung hundert Jahre zuvor durch Tamerlan (Timur der Lahme), den letzten Mongolenherrscher, litt. Im Süden regierten unabhängige Hinduherrscher. 1526 errichtete Babur das Mogulreich.

In der zweiten Hälfte der in diesem Kapitel behandelten Periode (1000 v. Chr.–1500 n. Chr.), waren die nichteuropäischen Hochkulturen an den westlichen, südlichen und östlichen Rändern Asiens die Hauptschauplätze der Wirtschaftsgeschichte. Sie alle versuchten auf unterschiedliche Weise dasselbe grundlegende Ziel zu verwirklichen: die Organisation einer Gesellschaft, die in festen Ansiedlungen lebte und von einer überaus produktiven Landwirtschaft ernährt wurde, während sie sich der äußeren und inneren Bedrohung durch Räuber und Schmarotzer erwehrte, die vom Wohlstand angelockt wurden. Um Ackerbau betreiben und davon leben zu können, brauchten die Bauern die Unterstützung einer guten Regierung, die sie vor Eindringlingen und Banditen schützte, die innere Ordnung und Gerechtigkeit garantierte und für die erforderliche Infrastruktur sorgte, insbesondere für ein gutes Verkehrsnetz und Bewässerungskanäle. Eine schlechte Regierung vernachlässigte diese Aufgaben, was zu Unruhen führte, die wiederum von der Regierung unterdrückt werden mussten.

Die Geschichte

Die neolithische agrarische Revolution vollzog sich in China zwischen 10000 und 5000 v. Chr.[4] Im Jangtsebecken und weiter im Süden wurde Reis, im Hwanghobecken weiter im Norden, oberhalb seines Überschwemmungsgebiets, wurde Hirse angebaut. An der Ostküste kultivierten die Bauern Weizen und hielten Hunde und Schweine als Haustiere. Die Bauern lebten in Dörfern, die zum Teil befestigt waren, und um 3000 v. Chr. entstanden die ersten Städte.[5] Bis zur Mitte des 13. Jahrhunderts v. Chr. hatte China »wahrscheinlich die am weitesten entwickelte Landwirtschaft der Erde, an die höchstens noch die Indiens heranreichen konnte«.[6]

Der erste chinesische Staat wurde im Hwanghobecken errichtet, als die Chou-Dynastie um 1050 v. Chr. die Shang-Herrscher verdrängte. In der siebenhundertfünfzig Jahre währenden Herrschaft der Chou-Dynastie wurde das ausgedehnte Überschwemmungsgebiet des Hwangho durch den Bau von Deichen und Entwässerungskanälen urbar gemacht. Dieses riesige Projekt veränderte die nordchinesische Wirtschaft für immer und schuf eine fruchtbare Region, die in der Neuzeit eine Bevölkerung von mehreren hundert Millionen Menschen ernährte.

Unter der Chou-Dynastie kamen zwei Lehren auf, die die Wirtschafts- und Sozialgeschichte Chinas dauerhaft prägten. Die erste war die Lehre vom »Mandat des Himmels«, der zufolge der Kaiser der Sohn des Himmels war und kraft göttlicher Machtbefugnis regierte, jedoch zugleich verpflichtet war, gut zu regieren. Tat er es nicht, entbehrte seine Machtstellung ihrer moralischen Grundlage, und wenn er sich nicht besserte, konnte ihm sein Mandat entzogen werden. Im Extremfall konnte es zu einem legitimen Aufstand der Bauern und zur Einsetzung einer neuen Regierung kommen, um das gestörte Gleichgewicht wiederherzustellen.[7]

Die zweite Lehre war die des Konfuzius (551–479 v. Chr.), der den Agrarstaat legitimierte, indem er die Landwirtschaft zum Fundament allen wirtschaftlichen, politischen und moralischen Wohlergehens erklärte. Im Konfuzianismus wurde den Bauern zudem ein höherer Rang als Arbeitern oder Kaufleuten zuerkannt; Letztere waren die unterste Schicht der sozialen Hierarchie.

Der Glaube an die gottgegebene, aber nicht absolute Macht des Kaisers und die konfuzianische Hochachtung der Landwirtschaft waren von 221 v. Chr. an die Stützen des chinesischen Staates, als die Ch'in-Dynastie die Chou-Herrscher stürzte und ein vereintes chinesisches Reich schuf, das bis zum Beginn des 20. Jahrhunderts Bestand hatte. Die Ch'in-Herrscher führten Boden- und Staatsreformen durch, die in Verbindung mit diesen beiden Lehren ein wirtschaftliches, soziales und politisches Gefüge hervorbrachten, das länger als jeder andere Staat existierte. Die Ch'in-Dynastie tilgte auch die letzten Spuren des Feudalismus, indem sie den Grund und Boden denen übereigneten, die ihn bearbeiteten. An die Stelle einer dezentralisierten Verwaltung trat eine Zentralregierung. Damit waren eine selbständige Bauernschaft und eine zentralisierte Bürokratie geschaffen, die hinfort Chinas Rückgrat bildeten.

Diese Grundelemente der Ch'in-Dynastie – Weltanschauung, bäuerlicher Grundbesitz und zentralistischer Staat – wirkten aufeinander ein und verstärkten sich gegenseitig. Individuen und Gesellschaft profitierten gleichermaßen von diesem »selbstregulierenden Mechanismus« (Deng), einer »ternären [aus Elementen bestehenden] Struktur«, die es den Chinesen ermöglichte, ihr Territorium auszudehnen und ein dauerhaftes Reich zu schaffen.[8] Gang Dengs Untersuchung der »vormodernen« chinesischen Wirtschaft von 1500 v. Chr. bis ins frühe 20. Jahrhundert ist in zweierlei Hinsicht interessant, zum einen, weil sie von einem Mann stammt, der einen Lehrstuhl für Wirtschaftsgeschichte an der London School of Economics bekleidet, und zum anderen, weil ihr Autor die Kulturrevolution Mao Tse-tungs überlebt hat. Mit fünfzehn Jahren in ein Arbeitslager an der chinesisch-sowjetischen Grenze deportiert, war er sechs Jahre inhaftiert gewesen und mehrere Male erfolglos einer Gehirnwäsche unterzogen worden. Dabei erwarb er nach eigener Aussage »einen Sinn für die Wirklichkeit und ein Verständnis dafür, wie die Institutionen funktionierten und wie das bäuerliche Alltagsleben in China aussah«, bevor das Land zu neuem Selbstbewusstsein erwachte und sich nach Westen zu orientieren begann.

Wenn man seine Erklärung für die jahrhundertelange Stabilität Chinas nachvollziehen will, muss man die periodisch wiederkehrenden Angriffe von außen, die Bauernaufstände und den Sturz von Regierungen, die zur Gründung neuer Dynastien führten, als Bestandteile des selbstregulierenden Mechanismus begreifen. Frühere Historiker sahen in solchen Ereignissen lediglich Mängel des jeweiligen Systems, das durch ein anderes abgelöst wurde. Für Deng dagegen »stellte ein Bauernaufstand die Uhr für das Gefüge zurück«, und »die Invasionen von außen und die Eroberungen durch Nomadenstämme verstärkten die Struktur«, doch »statt ternäre Struktur zu zerstören, haben die einheimischen Bauern und die eindringenden Nomaden aktiv an ihrer Erhaltung mitgewirkt«.

Die chinesische Geschichte ließe sich auch so zusammenfassen: Das Land war im Verlauf von über zweitausend Jahren die meiste Zeit über ein höchst produktiver, bevölkerungsreicher und konservativer Staat mit einem einheitlichen politischen Herrschaftssystem. Die grundbesitzenden Bauern waren die eigentlichen Nutznießer und die höchste moralische Instanz dieses Systems, und die Regierung, die sie schützte und für stabile Verhältnisse sorgte, musste bisweilen durch moralischen Druck oder im äußersten Fall durch Bauernaufstände an diese Aufgabe erinnert werden. Potentielle Veränderungen, welche die Machtstellung der bäuerlichen Gesellschaft in Frage stellten, wurden durch die ternären Strukturen erfolgreich verhindert.

Was fehlte, etwa im Vergleich zum europäischen Mittelalter, war ein pluralistischer politischer und ökonomischer Rahmen, der es ermöglicht hätte, neue Ideen und technische Verfahren in der nächsten Stadt oder auf dem nächsten Markt vorzustellen, wenn sie an einem Ort durch Verordnungen unterdrückt wurden. Das hätte eine Art darwinschen Überlebensmechanismus geschaffen, der gewährleistet hätte, dass sich am Ende die effektivsten Methoden durchsetzten. Doch auch ohne diesen Mechanismus waren die Errungenschaften der chinesischen Gesellschaft in den beiden von Deng untersuchten Jahrtausenden enorm und in vieler Hinsicht einzigartig. Die Langlebigkeit der ternären Strukturen hängt nicht nur damit zusammen, dass sie Aufstände und wirtschaftliche Not als Bestandteile des Systems integrieren können, sondern auch damit, dass sie in der Zeit zwischen 200 v. Chr. und 1500 n. Chr. und auch danach immer wieder wirtschaftliche Blütezeiten hervorgebracht haben.

Aus der europäischen Perspektive könnte die Dauerhaftigkeit dieses chinesischen Systems vielleicht der geographischen Isolation Chinas zugeschrieben werden, doch dieser Eindruck täuscht. China hatte mit einer ebenso starken Bedrohung durch Nomadenstämme aus Zentralasien zu kämpfen wie seinerzeit das Römische Reich. Zudem gab es etwa seit 100 v. Chr. durch Karawanenhandel und über die Seewege entlang der südostasiatischen Küste eine ständige Verbindung zwischen China und Westasien und dem indischen Subkontinent. Der Austausch von Ideen und Techniken bedeutete, dass die Hochkulturen an den Rändern Asiens und im Mittelmeerraum über die neuen Entwicklungen in den übrigen Kulturen informiert waren.

Das chinesische System, so wie Deng es beschrieben hat, war ein Sonderfall des Walzerschritts, den wir bereits in anderen Regionen und anderen Epochen bemerkt haben. Die massive Verbesserung der wirtschaftlichen Möglichkeiten in den Flusstälern des Hwangho und des Jangtse durch den Bau umfangreicher Bewässerungssysteme stellt die erste Phase unseres Dreierschritts dar. Die konzentrierten Ansiedlungen, zu denen dieser Produktivitätszuwachs führte, sowie die Begehrlichkeiten der kriegerischen Nomadenvölker im Norden und Westen repräsentieren den zweiten Schritt, die politische Antithese zur wirtschaftlichen These. Dengs ternäres System ist der dritte Schritt, mit dem die Widersprüche zwischen den beiden vorhergehenden aufgehoben werden.

Ob wir im Fall Chinas die ganze Geschichte von der neolithischen Revolution bis zum Zusammenbruch des kaiserlichen Systems im 20. Jahrhundert als eine einzige riesige Walzerdrehung betrachten oder als eine endlose Abfolge von

Wiederholungen dieser Figur, in beiden Fällen hat es den Anschein, als wäre die Entwicklung erfolgreicher und mit weniger katastrophalen Rückschlägen verlaufen als in anderen von uns untersuchten Regionen. William McNeill hat darauf hingewiesen, dass das Römische Reich um die Mitte des 1. Jahrtausends n. Chr. von ähnlich verheerenden Einfällen fremder Stämme heimgesucht wurde wie China, dass sich dieses Reich jedoch als wirtschaftliches oder politisches System von diesen Schlägen nicht mehr erholt hat.[9]

Chinas erster bedeutender wirtschaftlicher Aufschwung fand unter der Han-Dynastie statt, die 206 v. Chr. die Ch'in verdrängte und bis 220 n. Chr. regierte. Er fiel zeitlich mit dem Aufstieg der römischen Republik und der Hochphase des Römischen Reichs zusammen. China war im Verlauf mehrerer Feldzüge zwischen 230 und 221 v. Chr. durch König Ch'eng von Ch'in geeint worden, der den Titel Shih Huang-ti, »Erster erlauchter Kaiser« (auch: »Göttlich Erhabener«) annahm. Er ersetzte das chinesische Feudalsystem durch eine Zentralregierung mit einer nichterblichen Beamtenschaft und vereinheitlichte Maße und Gewichte. Doch erst die Han-Dynastie, die 206 v. Chr. von Liu Pang (als Kaiser Kao-tsu), einem Ch'in-Beamten einfacher Herkunft, begründet wurde, errichtete auf diesem Fundament eine stabile politische und soziale Ordnung, die eine allgemeine wirtschaftliche Blüte ermöglichte. Die Steuern wurden gesenkt und weitere Reformen durchgeführt.

Die Landwirtschaft, seit jeher der Motor der chinesischen Wirtschaft, profitierte von einer neu entwickelten Pflugschar und der Erfindung einer Sämaschine sowie von Deichen und Kanälen zur Bewässerung von Ackerland und zur kontrollierten Überschwemmung des Bodens.[10] McNeill vertritt die Ansicht, dass diese weitläufigen Kanalsysteme auch im Interesse der Zentralregierung lagen, da auf ihnen die Naturalsteuern zur Hauptstadt (Chang'an) befördert werden konnten.[11]

In neunundvierzig staatlichen Gießereien mit großen Schmelzöfen wurde Eisen für Waffen, Haus- und Handwerksgeräte geschmolzen. Die Seidenspinnerei und -weberei und die Manufaktur von Lackarbeiten waren wichtige Gewerbezweige, die Güter für den Export produzierten. Diese Waren wurden auf Handelswegen über Land (»Seidenstraßen«) transportiert, die seit 100 v.Chr. regelmäßig benutzt wurden und sich bis ins Römische Reich erstreckten. Der Reichtum der Han-Dynastie wurde immer wieder durch die militärischen und politischen Abenteuer ihrer Herrscher und anderer, die nach deren Macht strebten, bedroht. Aufstände führten hingegen zu Reform und Restauration, wie Deng dargelegt hat. Am Ende des 2. Jahrhunderts n.Chr. war China die größte Volkswirtschaft der Erde, auch wenn das ethnisch heterogene Römische Reich 180 n.Chr. wenigstens hundert Millionen Einwohner zählte, weit mehr als die fünfzig bis sechzig Millionen Einwohner im politisch und ethisch homogenen China. Das sozioökonomische System war ebenfalls fest gefügt. Doch gerade zu dieser Zeit, um das Jahr 185 n.Chr., als laut Edward Gibbon mit dem Tod des Mark Aurel der Niedergang des Römischen Reichs einsetzte, scheiterte das politische System Chinas genau wie Rom am Unvermögen, gute Herrscher einzusetzen. Eine Aufeinanderfolge von Kindkaisern, schwache und uneinige Regierungen, Unterdrückung der Bauern und eine Schwächung der Landwirtschaft führten 220 n.Chr. zum Sturz der Han-Dynastie. China zerfiel für mehr als dreieinhalb Jahrhunderte in drei separate Reiche.

Der fast gleichzeitige Verfall der beiden Großreiche am östlichen und westlichen Rand der eurasischen Landmasse war zwar zum Teil die Folge innerer Schwächen, wurde aber möglicherweise durch einen äußeren Umstand beschleunigt, nämlich die Tatsache, dass das Vordringen der Steppennomaden aus dem Norden in der Zentralregion östlich des Kaspischen Meeres auf entschlossenen Widerstand stieß. Nach McNeills Ansicht war dies die Ursache dafür, dass die Einwanderer über die Donau und den Rhein nach Westen und nach Nordchina im Osten auswichen.[12]

Dieser Widerstand wirkte wie ein Schild, hinter dem die indische Kultur seit 300 n. Chr. drei Jahrhunderte lang geschützt war und prosperierte.[13] Entscheidend für diese strategische Verteidigung war nach McNeill eine parthische Kriegerkaste, die von lokalen Bauern so gut bezahlt wurde, dass sie eine gut bewaffnete berittene Streitmacht bilden konnte. Allerdings kann weder die Datierung noch die Geographie, die dieser Hypothese zugrunde liegen, überzeugen, da die Parther nur die Zugänge nach Persien verteidigten und nicht das Einfallstor nach Nordindien über den Hindukusch und durch das Industal, und da sie bereits ab dem 3. Jahrhundert v. Chr. als Schutzmacht auftraten, ein halbes Jahrtausend, bevor der Druck der Völkerwanderung auf Rom und China übermächtig wurde. Außerdem erfolgten viele Einfälle der Barbaren über Nordwestindien erst im 5. und 6. Jahrhundert n. Chr.

Außer Frage steht, dass etwa seit dem 4. Jahrhundert, als China geteilt war, Rom zunehmend unter Druck geriet und in den beiden großen Reichen der Erde die Bevölkerung schrumpfte. Dagegen erlebte Indien zur gleichen Zeit eine kulturelle und wirtschaftliche Blüte. Die Bevölkerung des indischen Subkontinents wuchs während des 1. Jahrtausends n. Chr. von fünfunddreißig Millionen auf achtzig Millionen an, während Europa und China zwischen 200 und 600 n. Chr. einen Bevölkerungsschwund erlebten.[14]

Seit wir uns im ersten Kapitel von diesem Teil der Welt um das Jahr 1800 v. Chr. verabschiedet haben, war die Harappakultur im Norden Indiens von arischen Hirtenkriegern aus Zentralasien vertrieben worden. In den folgenden tausend Jahren hatte sich der Hinduismus als die dominierende Religion und Kultur Indiens herausgebildet. Im Gangestal wurde inzwischen Eisen bearbeitet und Reis angebaut. Ab 500 v. Chr. war dort ein Kultur- und Machtzentrum entstanden, das 321 v. Chr. unter Chandragupta Maurya zum Mauryareich wurde. Der neue Herrscher profitierte vom Rückzug Alexanders des

Großen aus dem Industal und verleibte auch diese Region seinem Reich ein.[15] Dieses Reich war in den ersten Jahrhunderten n. Chr. einer Reihe innerer und äußerer Anfechtungen ausgesetzt, und erst mit dem Aufstieg des Guptareichs unter Chandragupta I. (regierte 320–335) begann eine neue Periode politischer Stabilität und wirtschaftlicher Prosperität.

Im Jahr der Plünderung Roms (410 n. Chr.) herrschte Chandragupta II. über ein Reich, das seine maximale Größe erreicht hatte und sich von Kabul bis Madras und von Karatschi bis Kalkutta erstreckte.[16] Grundlage dieses Reichs war eine dörfliche Gesellschaft. Die Bauern bauten im Gangestal Reis und in den übrigen Regionen andere Feldfrüchte an und züchteten Vieh. Doch es wurden auch Textilien wie Seidentuche, Musselin, Kattun, Leinen und Wollstoffe hergestellt, die von Nord- und Südindien aus in großen Mengen ins Römische Reich und später nach Südostasien exportiert wurden. Zahlreiche neue Techniken verbreiteten sich und verbesserten die materielle Lage der Bewohner Indiens: die Bearbeitung von Elfenbein, Steinmetzarbeiten, Kupfer- und Bleibearbeitung, Perlenfischerei, Töpferei sowie das Schneiden, Schleifen und Einfassen von Edelsteinen. Man betrieb Handel mit Gewürzen, Parfüms und Sandelholz, Indigo und Heilkräutern und transportierte die Waren mit Ochsenkarren, Packtieren, Elefanten, Kanal- und Flussbooten sowie seetüchtigen Zweimasterschiffen mit Rahbesegelung.[17]

Der Seehandel profitierte von den verbesserten Techniken der Navigation, die wiederum auf Fortschritten in der Mathematik fußten. Wir verdanken den indischen Mathematikern die heute unzutreffend als »arabische« bezeichneten Ziffern, die Zahl Null und das Dezimalsystem. Um das Jahr 830 übersetzte Mohammed ibn Musa Al-Charismi (Algorismi), ein persischer Muslim ein Buch aus dem Sanskrit, das drei Jahrhunderte später unter dem Titel *Algoritmi de numero indorum* ins Lateinische übertragen wurde.[18] Mit diesem Buch gelangten die »arabischen« Ziffern nach Europa. Al-Charismi schrieb auch ein Buch über Algebra, das im Westen bis zum 16. Jahrhundert als Lehrbuch in Gebrauch war.[19] Manche Autoren haben diese Neuerungen wegen ihrer Bedeutung für die weitere Entwicklung der Menschheit mit der Erfindung des Rads, des Alphabets und des Kompasses auf eine Stufe gestellt.[20]

Die Astronomie wurde als eigenständige wissenschaftliche Disziplin anerkannt. Aryabhata, der Verfasser eines mathematischen Werks, das heute als das älteste indische Buch über die Mathematik gilt (es stammt aus dem Jahr 499),[21] berechnete den Wert der Zahl – mit einer Abweichung von lediglich drei Millionstel vom heute ermittelten Wert (sein chinesischer Vorgänger Liu Hui hatte den Wert zwei Jahrhunderte vor ihm noch genauer bestimmt). Außerdem vertrat er tausend Jahre, bevor Kolumbus den Versuch unternahm, Indien auf dem westlichen Seeweg zu erreichen, die Meinung, die Erde sei eine Kugel, die sich um ihre eigene Achse drehe. Zu den kulturellen Errungenschaften der Gupta-Zeit gehörten zahlreiche in Sanskrit verfasste poetische und epische Werke, darunter das *Kamasutra*, ein Handbuch der feinen Lebensart bei Tag und Nacht.

Das Kastensystem war schon damals ein charakteristisches Merkmal der indischen Gesellschaft. Ursprünglich gab es vier Kasten (Priester, Krieger/Herrscher, Bauern/Handwerker/Kaufleute, Diener), die jedoch bald untergliedert wurden und so die fortschreitende Arbeitsteilung und Spezialisierung in einer wachsenden Wirtschaft widerspiegelten, auch wenn es für uns heute den Anschein hat, als hätte dieses System die soziale Mobilität und damit einen effizienten Einsatz der wirtschaftlichen Ressourcen eingeschränkt. Nichtsdestoweniger hatte das Kastenwesen bis ins 20. Jahrhundert Bestand, fast so lange wie das ternäre System in China. Ebenso wie dieses war es im Wortsinn konservativ, und ebenso wie dieses war es offenbar stabil und zugleich flexibel genug, um all die Jahrhunderte zu überdauern.

Ob das Kastensystem dem Bedürfnis nach wirtschaftlicher Entwicklung und politischer Stabilität entgegengekommen ist, es also ermöglicht hat, wirtschaftliche Chancen zu nutzen und gleichzeitig die daraus entstehenden Spannungen unter Kontrolle zu bringen, lässt sich nicht so einfach sagen. Wahrscheinlich behauptete es sich nur dadurch, dass es auch rohere ökonomische Kräfte walten ließ, wenn niedere Kasten vermögend wurden oder vermögende Kasten verarmten. Die soziale Mobilität, die durch Bevölkerungsdruck und Katastrophen, aber auch durch neue Möglichkeiten, zu Reichtum zu gelangen, entstand, führte gelegentlich zu heftigen Konflikten. Man kann somit nicht behaupten, das Kastenwesen in Indien habe die Stabilität der indischen Gesellschaft langfristig in derselben Weise unterstützt, wie das ternäre System es in China getan hat.[22]

Wie im Römischen Reich und unter der Han-Dynastie in China wurde auch das Gupta-Reich nach dem Tod seines Herrschers Skandagupta 467 n. Chr. durch Konflikte über die Thronfolge geschwächt. Die Folge war, dass Indien in regionale Königreiche und kurzlebige Dynastien aufgeteilt wurde.[23] Ehemals tributpflichtige Königreiche und früher eroberte Stämme gewannen an Unabhängigkeit, und die einfallenden Hunnen errichteten ein Königreich im Nordwesten, wurden jedoch 528 von einer indischen Koalition besiegt. Die Guptas waren nur eins von vielen Mitgliedern dieser Koalition, und obwohl sie bis 720 über Maghada herrschten, das einen Großteil des Gangestals in der Nähe des heutigen Patnas umfasste, waren sie keine Großmacht mehr. In der ersten Hälfte des 7. Jahrhunderts wurden die Staaten der Gangesebene unter Harsha von Kanauj (regierte 606–647) wiedervereinigt, doch bis zum 13. Jahrhundert erreichte kein indischer Herrscher mehr die Macht der Guptas.[24]

Das pluralistische Staatensystem Indiens wurde bald vom Reich des Islam in den Schatten gestellt, das in kürzester Zeit entstanden war.[25] Mit der Flucht des Propheten Mohammed (der sogenannten Hedschra) im Jahr 622 aus Mekka in die Oasenstadt Medina begann der Aufstieg des Islam zu einer Weltmacht, die den Vorderen Orient beherrschte. Auf dem Höhepunkt seiner Macht erstreckte sich das Reich von der Iberischen Halbinsel bis nach Südasien und im 13. Jahrhundert sogar bis zu den südostasiatischen Inseln. Ab 634, als Omar der zweite Kalif, das heißt, wörtlich übersetzt, »Nachfolger« des Propheten, wurde und die arabische Expansion einleitete, in deren Verlauf Syrien und Palästina, Mesopotamien, Alexandria und Persien überrannt wurden, übernahmen die Muslime für die kommenden drei Jahrhunderte die Rolle der Fackelträger in der Wirtschaftsgeschichte des Menschen. Sie bauten ein Handelsnetz auf, das ganz Eurasien vom Atlantik bis zum Pazifik umfasste.

Ähnlich den meisten frühen Wirtschaftssystemen verdankte das islamische Reich seine Entstehung militärischen Erfolgen. In anderer Hinsicht unterscheidet es sich jedoch deutlich von seinen Vorgängern in Mesopotamien, Ägypten, Rom, China und Indien. Die treibende Kraft all dieser Wirtschaften waren die Landwirtschaft, ein Überschuss, der in den Bau von Städten investiert wurde, und die Spezialisierung der Arbeit, die durch das urbane Leben ermöglicht wurde.

Die Araber dagegen kamen aus den ariden Regionen der arabischen Halbinsel. Obwohl sie die beiden großen fruchtbaren Gebiete der antiken Welt, Mesopotamien und das Niltal, und auch die ehemaligen römischen Obstgärten Nordafrikas eroberten, bildeten diese nicht die einzige oder hauptsächliche Grundlage des wirtschaftlichen Erfolgs der Welt des Islam. Mit der Ausnahme des athenischen Griechenlands war der Islam die erste Wirtschaft, die ihre Führungsposition ebenso auf den Handel wie auf die Landwirtschaft gründete, auch wenn man die Errungenschaften des islamischen Ackerbaus in den vier Jahrhunderten nach 700 als »grüne Revolution« bezeichnet hat.[26]

Die kommerzielle Vorherrschaft des islamischen Reichs hatte zwei wesentliche Voraussetzungen: seine geographische Lage und seine Religion. Das Zentrum des Reichs war der Vordere Orient. Seine erste Hauptstadt war Medina, danach – von 661 bis 763 – Damaskus und schließlich das 762 gegründete Bagdad. Seine geographische Lage war ideal, um die Seewege über die Meere der eurasischen Welt zu nutzen. An Land reichte die Seidenstraße bis Bagdad und verband die Stadt auf mehreren Routen den Euphrat und Tigris entlang mit Damaskus und Konstantinopel.

Etwa seit 700 gab es eine muslimische Kolonie auf Ceylon. Im 8. Jahrhundert wussten arabische Seefahrer gut genug über die vorherrschenden Monsunwinde Bescheid, dass sie eine zweijährige Schiffsreise von Mesopotamien nach China und zurück planen konnten: im September durch den Persischen Golf; mit dem nordöstlichen Monsun im Oktober/November zur Südspitze Indiens; im Dezember vor dem südwestlichen Monsun nach Osten durch den Golf von Bengalen; in den ersten Monaten des neuen Jahres mit dem südlichen Monsun zum Südchinesischen Meer, um im April oder Mai die Nordpassage nach Kanton zu nehmen und dort im Hafen das Abklingen der schweren Winde des Frühsommers abzuwarten. Anschließend ging es erst wieder nach Süden und dann im Herbst mit dem nördlichen Monsun nach Westen, um auf dem Rückweg durch den Golf von Arabien und den Persischen Golf im späten Frühjahr wieder den Heimathafen zu erreichen.

Das alles wäre kaum möglich gewesen, wenn sie nicht gewusst hätten, wie man auch außer Sichtweite von Land ein Schiff auf Kurs hält und wie man die Position eines Schiffs und die Richtung des Zielhafens bestimmt. Darüber hinaus müssen ihnen nicht nur die Schiffsrouten bekannt gewesen sein, die in zeitgenössischen Werken beschrieben wurden (*Bericht über China und Indien* [anonym 851] und das *Buch der Straßen und Provinzen* [von Ibn Churdadhbih, 846–885]),[27] sie mussten auch ein Verfahren gekannt haben, möglicherweise durch Beobachtung der Sonne und des Polarsterns, zumindest ihre Nord-Süd-Positionen abzuschätzen. Diese Kenntnisse in Verbindung mit dem Koppeln (Ortsbestimmung eines Schiffs durch Messen von Fahrzeit, Richtung und Geschwindigkeit) haben sie vermutlich in den Stand versetzt, ungeachtet der Meeresströmungen Landkennungen an ausgedehnten Küstenlinien wie der südindischen zu planen und anschließend ihre Zielhäfen zu finden.

Um zu vermeiden, dass sie unbemerkt im Kreis fuhren, müssen sie einen Vorläufer des Kompasses benutzt haben – zum Beispiel einen frei beweglichen Magneten, der zum Nordpol wies –, oder sie beobachteten Wind, Dünung und nach Möglichkeit Sonne, Mond und Sterne, was ein sehr ungenaues und mühseliges Verfahren ist, insbesondere bei bedecktem Himmel oder wechselhaften Winden. Der Kompass wurde im Westen zwar erst im 12. Jahrhundert erwähnt,[28] doch schon im 1. Jahrhundert n. Chr. verfügten die großen chinesischen Geomantiker der Han-Dynastie über Messingtafeln, auf deren polierter Oberfläche ein magnetisierter Löffel oder eine Magnetnadel sich in Nord-Süd-Richtung ausrichtete, und daraus entwickelte sich der Kompass.[29]

Die Europäer verwendeten den Kompass erst ab dem 13. Jahrhundert,[30] nachdem sie ihn von den Arabern übernommen hatten, die ihn entweder aus China mitgebracht oder eigenständig erfunden hatten.[31] Doch die Leistungen der Araber, Chinesen und Europäer verblassen vor denen der polynesischen Seefahrer, die ab 1000 v. Chr. bis 500 n. Chr. von Südostasien aus den größten Teil der pazifischen Inseln einschließlich der Hawaii-Inselgruppe und der Osterinsel kolonisiert hatten. Im 1. Jahrhundert n. Chr. erreichten sie Madagaskar, im Jahr 1000 Neuseeland (Aotearoa).[32] Sie unternahmen diese Seereisen mit Auslegerkanus und wussten so viel über die Bewegung der Himmelskörper, das Wetter, das Leben im Meer sowie die Meeresküsten und -strömungen, dass wir an diesen Wissensstand selbst heute kaum heranreichen.

Die arabischen Schiffbauer und -ausrüster trugen maßgeblich dazu bei, dass die Schiffe für den Seehandel tauglich waren. Fast ebenso wichtig wie die Kunst der Navigation war für die damaligen Seeleute, dass sie selbst bei ungünstigen Winden in die gewünschte Richtung segeln konnten. Der größte Beitrag vor der Erfindung der Dampfmaschine war in dieser Hinsicht die Erfindung des Lateinsegels, eines dreieckigen Segels, das an seiner Oberseite mit einer Rah verbunden war, die in einem Winkel von fünfundvierzig Grad an einem kürzeren Mast hochgezogen wurde. Dieses Segel konnte so getrimmt werden, dass es den Wind auch dann noch für eine Fahrt nutzen konnte, wenn dieser in einem Winkel von fünfundzwanzig Grad von vorn kam. Durch Kreuzen kann ein Segelboot selbst dann langsam in der gewünschten Richtung vorankommen, wenn es gegen den Wind fahren muss, auch wenn dies nicht unbedingt das effektivste Verfahren ist, große Entfernungen zurückzulegen.

Bis zum Ende des 1. Jahrtausends n. Chr. hatten die Araber in der islamischen Welt weitere wirtschaftlich bedeutende Entdeckungen gemacht sowie wichtige Technologien entwickelt oder verbessert:[33] so die Textilherstellung (unter anderem führten sie die Technik der Herstellung von Baumwollgeweben im Vorderen Orient, in Sizilien und Spanien ein), die Lederverarbeitung (vor allem Marokko und Cordoba wurden dafür weltberühmt), die Gezeiten-Wassermühle (Basra, um 1000), die »arabischen« Ziffern, den Kompass, die Papierherstellung (die sie wahrscheinlich von Chinesen gelernt hatten, die 753 in Samarkand in Gefangenschaft geraten waren, was 793 zur Gründung der ersten Papierfabrik in Bagdad führte; um 1000 kannte man in der islamischen Welt gebundene Bücher, Einwickelpapier und Papierservietten), das Raffinieren von Zucker und die Herstellung von Süßwaren (die sie später im Westen einführten, ebenso wie asiatische Früchte, Getreide und Gemüse, darunter Hirse, Reis, Hartweizen, Orangen, Zitronen, Bananen, Wassermelonen, Spargel, Artischocken, Spinat und Auberginen), die Alkalien (mit deren Hilfe die Qualität von Glas- und Tonerzeugnissen verbessert werden konnte), Naphta (ein brennbares Erdölprodukt wie Kerosin), die Parfümherstellung sowie die gesamte Medizin, die sie systematisierten und vereinheitlichten.[33] Sie besaßen ein weit umfangreicheres pharmakologisches Arsenal als die Europäer jener Zeit, entwickelten neue chirurgische Verfahren einschließlich der erstmaligen Verwendung von Tierdärmen zum Nähen von Wunden, verbesserten die Form chirurgischer Instrumente, und die Behandlung ansteckender Krankheiten wurde eine eigenständige medizinische Unterdisziplin.[34]

Die zweite Voraussetzung für die wirtschaftliche Führungsrolle des islamischen Reichs und seine kulturelle Bedeutung zu jener Zeit war die Religion. Der Islam förderte eine positive Einstellung gegenüber dem Handel, stammte doch der Prophet selbst aus einer wohlhabenden Kaufmannsfamilie und war erfolgreich im Bankwesen und Karawanenhandel tätig. Ebenso wie das Christentum verbot der Islam das Verleihen von Geld gegen Zinsen, und ebenso wie dieses ignorierte er dieses wirtschaftlich unzweckmäßige Verbot, wenn es sein musste. Der Koran gab sogar bestimmte Normen für den Handel vor und rief nicht dazu auf, die Tische der Wechsler im Tempel umzustoßen. Ehrlich erworbene Gewinne wurden von der islamischen Lehre gutgeheißen, und das Geschäftsleben vertrug sich durchaus mit den religiösen Pflichten.

Das islamische Recht kannte mehrere Formen der Geschäftspartnerschaft, die je nach den Wünschen der beteiligten Partner und der Art des Geschäfts einen flexiblen Spielraum für verteilte Risiken, Gewinnbeteiligung und Haftung bei Verlusten boten. Aus dem islamischen Mittelalter sind nur wenige Geschäftsverträge erhalten, was jedoch nicht bedeutet, dass das islamische Geschäftsleben weniger entwickelt war als das europäische. Es heißt nur, dass nach islamischem Gesetz der mündliche Vertragsabschluss vor Zeugen maßgeblich war und nicht die schriftlichen Dokumente, die, selbst wenn es sie gab, von den Behörden nicht so archiviert wurden wie in den großen europäischen Handelszentren.[36]

Eine wichtige Funktion im Geschäftsleben hatte der *Wakil al-tujjar*, eine Art Wirtschaftsattaché, der die Kaufleute seines Landes in einem fremden Handelszentrum vertrat. So brauchten die Kaufleute nicht in jedem Handelsort ein eigenes Büro zu unterhalten, und ein reibungsloser Ablauf des Handels war gewährleistet. Auch im mittelalterlichen Europa wurden später offizielle Beauftragte mit ähnlicher Funktion eingesetzt, was möglicherweise ohne Kenntnis des islamischen Pendants geschah.[37]

Die geschäftlichen Transaktionen in der islamischen Welt beruhten in den letzten Jahrhunderten des ersten Jahrtausends auf einem hoch entwickelten Währungs- und Bankensystem, das folgende Elemente und Strukturen umfasste: Geschäfts- und Privatkredite (trotz der Gesetze gegen Wucher), geprüfte und beglaubigte Einheiten von Gold- und Silbermünzen als Zahlungsmittel, Mechanismen zur Übertragung von Einlagen und Bargeld (einschließlich einer Art Schecks und Wechsel) sowie Systeme der Kontoführung, die Bankkunden die Möglichkeit boten, ihren Kontostand zu überprüfen.

Die islamische Religion förderte auch die Bildung. Die Muslime werden im Koran ermahnt, sich Kenntnisse anzueignen, wo immer sie diese erwerben konnten, »und wenn sie nach China gehen müssten«.[38] Dadurch waren sie in der Lage, eine aus europäischer Sicht entscheidende kulturelle Funktion zu übernehmen: Nach dem Untergang Roms nahmen sie Elemente der klassischen griechischen und römischen Hochkultur auf, bewahrten und verbesserten sie und gaben sie im ausgehenden Mittelalter an die europäischen Zentren zurück. Vom 7. bis zum 15. Jahrhundert waren sie gemeinsam mit den Chinesen die Fackelträger von Wissenschaft und Philosophie.

Zahlreiche griechische und römische Autoren kennen wir

ausschließlich aus arabischen Übersetzungen. Wichtige medizinische Texte, die sonst möglicherweise verloren wären, blieben erhalten, weil sie ins Arabische übertragen wurden.[39] Die gesamte neuzeitliche Mathematik verwendet die Ziffern, einschließlich der Null, welche die Araber von ihren indischen Erfindern übernommen und weitergegeben hatten. Von den muslimischen Zentren der Gelehrsamkeit in Cordoba und Granada nahm die geistige Wiederbelebung Westeuropas im 11. und 12. Jahrhundert ihren Ausgang.

Averroes (Ibn Ruschd, 1126–1198), der von allen muslimischen Philosophen den größten Einfluss auf das europäische Denken hatte,[40] wurde in Cordoba geboren, lehrte und studierte Theologie, Jurisprudenz, Medizin, Mathematik und Philosophie in seinem Geburtsort und in Sevilla, bevor er nach Marokko in die Verbannung geschickt wurde, weil er die ketzerische Behauptung gewagt hatte, die Wahrheit könne durch die bloße Vernunft gefunden werden. Er rühmte Aristoteles, den er Plato vorzog, und glaubte nicht an die Unsterblichkeit der Seele, obgleich er die Existenz Gottes anerkannte, die sich nach seiner Lehre allein durch die Vernunft beweisen ließ. Sein Einfluss nahm rasch zu, unter den Philosophen – vor allem den Scholastikern – an der Universität von Paris und anderswo nicht weniger als unter Nichtakademikern, die seine Auffassung von der Unsterblichkeit übernahmen. Man bezeichnete sie als Averroisten. Bertrand Russell dagegen vertrat noch die traditionelle europäische Ansicht, als er schrieb: »In ihrer Blütezeit leistete die mohammedanische Kultur Bewunderungswürdiges in den [Geisteswissenschaften] und auch in manchen technischen Dingen, doch zeigte sie keinerlei Begabung für unabhängige theoretische Spekulation. Bedeutung hatte sie als Vermittlerin, was nicht unterschätzt werden darf.«[41]

Die positive Wertung ist fraglos zutreffend, die negative ist dagegen nur dann richtig, wenn die Religion nicht unter die »theoretische Spekulation« subsumiert wird. Doch selbst dann ist Russells Urteil in erster Linie ein Ausdruck europäischer Vorurteile, der einem Mann wie Abu Nasr Mohammed al-Farabi (Alpharabius, 870–950), der philosophische Wahrheit über die religiöse Offenbarung stellte und unter anderem ein Buch über die Theorie der Politik verfasst hat, ebenso wenig nicht gerecht wird wie Abu Hamid al-Ghasali (Algazel, 1059–1111), der David Humes Lehre von den Kausalbeziehungen, der zufolge wir nichts anderes beobachten als wiederholte Koinzidenzen, vorweggenommen hat.[42]

Um die Jahrtausendwende verlagerte sich das Zentrum der islamischen Welt von Bagdad nach Ägypten, genauer gesagt nach Fustat, dem späteren Kairo, einem Binnenhafen am Nil, knapp oberhalb der Spitze des Deltas, und zum nahe gelegenen Herrschersitz, der von der neu gegründeten Fatimiden-Dynastie aus Tunis errichtet wurde. Fustat/Kairo wurde das größte Handelszentrum Zentraleurasiens, Knotenpunkt des Welthandels und »Zierde des Islam«.[43] Wer reich werden wollte, ließ sich dort nieder. Die Fatimidenherrscher förderten sowohl die muslimischen als auch die jüdischen Kaufleute in Ägypten, und der Staat selbst übernahm eine aktive Rolle in der Wirtschaft, da er den größten Teil des Bodens besaß, der Hauptabnehmer landwirtschaftlicher Erzeugnisse war und die Handelsschiffe auf dem Mittelmeer gegen die venezianische Flotte beschützte. Trotz militärischer Rückschläge und kriegerischer Auseinandersetzungen im Mittelmeer und in Ägypten selbst, wo Saladin Kairo gegen die Kreuzritter verteidigen musste, behielt das islamische Reich noch weitere dreihundert Jahre, bis Vasco da Gama 1498 den Seeweg nach Indien fand, das Monopol auf den Zugang zum Roten Meer und zum Indischen Ozean und damit zum Handel mit dem Osten, einschließlich der Bank- und Frachtgeschäfte.

Der Wohlstand der Karimi-Kaufleute beruhte auf dem Indienhandel. Die Karimi waren Großhändler, die ihre Dynastie im 11. Jahrhundert als Kaufleute am Roten Meer begründeten. Ihre Handelsschiffe wurden von bewaffneten Schiffen der herrschenden Fatimiden und später der Aijubiden vor Piratenangriffen geschützt. Saladin unterstützte sie und erhielt als Gegenleistung Steuern vier Jahre im Voraus bezahlt. 1182 verteidigte er den Zugang zum Roten Meer gegen die Kreuzfahrer und überließ den Karimi endgültig die Kontrolle über den Handel mit dem Osten, der von ihren berühmten Stapelhäusern in Fustat aus betrieben wurde.[44]

Der Aufstieg Ägyptens und des Vorderen Orients als Handelsmächte wurde unterstützt durch Erfolge in der Landwirtschaft und im Gewerbe, vor allem in der Flachs und Baumwolle verarbeitenden Textilherstellung. Auch die Raffinierung von Zucker erlebte im 13. Jahrhundert eine Blüte. Doch langsam neigte sich diese Ära ihrem Ende zu. Einer der Gründe dafür war die schlechte Regierung seit Beginn des 14. Jahrhunderts. Kennzeichen der Fehlentwicklung waren staatliche Monopole und Privilegien, hohe Steuern und Zwangsarbeit. Die erzwungene Abnahme staatlicher Erzeugnisse, Korruption und schlechte Verwaltung verhinderten technische Neuerungen. Periodische militärische Bedrohungen durch Kreuzritter bis um die Mitte des 14. Jahrhunderts und eine wachsende europäische Konkurrenz in der Zeit danach strapazierten die Ressourcen des Sultans und damit der Wirtschaft, wenn auch zu keiner Zeit so stark, dass die Kontrolle über den Ostasienhandel durch Ägypten und die Karimi-Kaufleute gefährdet gewesen wäre. Die Exklusivgeschäfte – Sklaven aus dem Norden und europäische Manufakturwaren gegen asiatische Gewürze und ägyptische Textilien[45] – zunächst mit den Genuesen und später mit den Venezianern waren trotz der Konkurrenz aus Europa nicht bedroht.

Gravierender waren die Auswirkungen des Schwarzen Todes in der Mitte und die Eroberungen Tamerlans in der Levante am Ende des 14. Jahrhunderts. Die gewerbliche Produktion ging zurück, nachdem innerhalb weniger Jahre vierzig Prozent der Einwohner Kairos von der 1347 von der Krim aus nach Alexandria eingeschleppten Lungenpest dahingerafft worden waren. Rohstoffe wurden direkt an europäische Länder verkauft, ohne sie zuvor weiterzuverarbeiten und dadurch einen zusätzliche Gewinn zu erzielen. Die Sultane griffen zu immer drastischeren Methoden, um ihre Einkünfte zu erhöhen, und setzten damit, ähnlich wie die letzten Herrscher des Weströmischen Reichs im 3. und 4. Jahrhundert, den Teufelskreis des wirtschaftlichen Niedergangs in Bewegung.

Der endgültige Schlag – ein klassisches Beispiel für den zweiten der drei Walzerschritte – erfolgte, als Ägyptens Indienhandel von einem Tag auf den anderen unterbrochen wurde, weil die portugiesische Flotte fünf Jahre, nachdem Vasco da Gama den Seeweg nach Indien gefunden hatte, das Rote Meer für alle muslimischen Handelsschiffe sperrte. Bald darauf, im Jahr 1516, musste sich das Mameluckensultanat, das Ägypten seit der Mitte des 13. Jahrhunderts regiert hatte, den osmanischen Türken ergeben. War das islamische Ägypten einst eine »Vorhut des Weltsystems« im Herzen des wirtschaftlichen Netzes gewesen, das Nordwesteuropa in der ersten Hälfte des 2. Jahrtausends n. Chr. mit China verbunden hatte, so befand es sich jetzt auf dem absteigenden Ast:[46]

»Die angeschlagene Wirtschaft wurde weiter geschwächt durch die Auswirkungen des Schwarzen Todes, so dass allein der Indienhandel als Hauptquelle des Reichtums übrig geblieben war. Als die Portugiesen diesen Handel an sich rissen, war Ägypten am Ende. Dass es seiner Stellung an der Spitze des zerfallenden Weltsystems beraubt wurde, lag allerdings weniger an mangelnder Geschäftüchtigkeit als an mangelnder militärischer Schlagkraft.«[47]

Die Führung auf wirtschaftlichem Gebiet war jedoch schon Jahrhunderte zuvor von den islamischen Ländern an China übergegangen. Nachdem das Han-Reich 220 n. Chr. in drei Teilreiche zerfallen war, wurde die Einheit erst 589 durch Yang Chien wiederhergestellt, der als Kaiser Wen das Sui-Reich begründete. Seine Boden- und Verwaltungsreformen bewirkten ein Wirtschaftswachstum, das durch den in den Jahren 606 bis 609 erfolgten Bau des Großen Kanals (»Kaiserkanal«) von Yue an der Ostküste nach Peking beschleunigt wurde. Er verband den Jangtse mit dem Hwangho, so dass das Jangtsebecken wirtschaftlich erschlossen werden konnte.[48]

Zwar hatte man in China bereits seit der Ch'in-Dynastie Kanäle für militärische Transporte gebaut, doch ein zusammenhängendes landesweites Netz wurde erst im frühen 7. Jahrhundert angelegt; es hatte eine Gesamtlänge von knapp zweitausend Kilometern bei einer durchschnittlichen Kanalbreite von dreißig Metern. Mark Elvin hat dazu bemerkt: »Es dürfte eine technische Großtat gewesen sein, die in der Welt von damals ihresgleichen suchte.« Mit dem künstlich geschaffenen Großen Kanal erhielt Nordchina das, was das Mittelmeer dem Byzantinischen Reich bot: Wasserwege, auf denen die Überschüsse des Südens (Ägypten beziehungsweise Jangtsebecken) zu einer im Norden befindlichen Verwaltung und Armee (Konstantinopel beziehungsweise Sui-China) transportiert werden konnten.[49] Darüber hinaus erleichterte diese gewaltige technische Neuerung die Kolonisation und wirtschaftliche Entwicklung des Südens, womit der Grundstein zu einer langfristigen wirtschaftlichen Expansion Chinas gelegt wurde.

Der durch Kaiser Wen geschaffene Wohlstand wurde von seinem Nachfolger, Kaiser Yang, wieder zerrüttet, der leichtfertig einen Krieg gegen das koreanische Königreich Koguryo begann und dadurch einen Bauernaufstand auslöste. Die Unruhen endeten 617, als der Militärgouverneur Li Yüan einen Putsch anführte und die Hauptstadt Luoyang eroberte. Nach der Ermordung Yangs wurde er (als Kao-tsu) 618 der erste Kaiser der T'ang-Dynastie. Sein Sohn T'ai-tsung, der 626 seinen Vater absetzte, begann China nach traditionellen Han-Grundsätzen umzugestalten, indem er der Landwirtschaft und den Bauern absoluten Vorrang einräumte.

Damit waren die Fundamente für eine wirtschaftliche Wiederbelebung und den Aufstieg Chinas zur fortschrittlichsten und mächtigsten vorindustriellen Wirtschaft der Erde gelegt. T'ai-tsung hatte den Aufstieg der Beamten stärker von ihrer Leistung abhängig gemacht und den Bauern zusätzliches Land und Steuererleichterungen zugestanden. Die landwirtschaftliche Produktion war gestiegen, der Binnenhandel hatte ebenso einen Aufschwung erfahren wie die gewerbliche Produktion, und keramische Erzeugnisse sowie Seide wurden in viele Länder exportiert. 750 war die T'ang-Hauptstadt Chang'an mit über einer Million Einwohnern die größte Stadt der Welt (zum Vergleich: Kairo zählte kurz vor dem Ausbruch der Pest eine halbe Million Einwohner).[50]

Doch im Verlauf des 8. Jahrhunderts war die T'ang-Dynastie das Opfer von äußeren Angriffen und inneren Unruhen. Die Araber, das Thai-Königreich Nan Chao, mongolische Nomaden und Tibeter hatten China empfindliche Niederlagen zugefügt, und die Machtstellung des Kaisers war durch Bauernaufstände stark geschwächt worden. 907 schließlich ging die T'ang-Dynastie unter, und eine weitere Periode der Uneinigkeit begann, die unter der Bezeichnung Fünf Dynastien und Zehn Königreiche bekannt ist und bis nach 960 währte.[51]

In den Jahren 963 bis 979 wurde China von T'ai-tsu und seinem Bruder T'ai-tsung wiedervereinigt. Doch ihre Versuche, die Bürokratie und den bäuerlichen Grundbesitz zu reformieren, brachten die Verwaltung und das Militär an den Rand der Katastrophe, lösten verstärkt Nomadeneinfälle aus und führten zu einer großen Zahl landloser Bauern, und das als Antwort auf diese Krisen gebildete stehende Heer verschlimmerte die wirtschaftlichen Probleme des Staates noch.

Trotzdem begann in den frühen Jahren der Sung-Dynastie (960–1126) der wirtschaftliche Wiederaufstieg des Landes. Auf der verzweifelten Suche nach neuen Einnahmequellen hatte die Sung-Regierung Anreize für den Handel geschaffen und den Seehandel gefördert.[52] Weniger segensreich waren die Folgen der Lasten, die der Staat der Landwirtschaft in den nördlichen Gebieten aufbürdete, die er wegen ihrer geographischen Lage besser kontrollieren konnte. Hohe Steuern und massive Restriktionen lösten eine Massenabwanderung nach Südchina aus, da viele Bauern von den niedrigeren Steuern und größeren Freiheiten, die sie dort erwarteten, angelockt wurden. Das hatte einen so starken Bevölkerungsdruck auf den Süden zur Folge, dass die Regierung 1023 den Anbau einer ergiebigeren Reissorte aus Champa (heute Vietnam) propagierte. Diese neue Varietät[53] übertraf sämtliche Erwartungen. Mit ihr war es möglich, zwei Ernten im Jahr zu erzielen, so dass die landwirtschaftliche Produktivität beträchtlich erhöht wurde und auch eine stark wachsende Bevölkerung ernährt werden konnte.

Aufgrund dieser Entwicklungen kam es zu einer tiefgreifenden Änderung in der geographischen Verteilung der chinesischen Bevölkerung. Im Jahr 1380 hatte der Süden mehr als doppelt so viele Einwohner wie der Norden: 38 gegenüber 15 Millionen. Der arbeitsintensive Nassreisanbau bot eine wachsende Zahl von Arbeitsplätzen und erbrachte trotzdem einen so hohen landwirtschaftlichen Überschuss, dass sich auch die Zahl der Erwerbstätigen außerhalb der Landwirtschaft – vor allem in der Seidenproduktion und im Handel – erhöhte.[54]

Die Chinesen machten zahlreiche Erfindungen, die im Lauf der Zeit auch in anderen Ländern übernommen wurden und das Wirtschaftswachstum sowie den technischen Fortschritt anregten: Im 2. Jahrhundert n. Chr. entwickelten sie das Papier (das erst im 13. Jahrhundert, durch die Araber vermittelt, in Europa eingeführt wurde), wonach es möglich war, alle Beamtenanwärter einer schriftlichen Prüfung zu unterziehen.[55] 969 wurde während T'ai-tsus Feldzug zur Wiedervereinigung Chinas erstmals Schießpulver militärisch in Raketen genutzt.[56] In der T'ang-Zeit wurden erstmals Kohle und Hochöfen genutzt. 806 n. Chr. produzierte China 13 500 Tonnen Eisen im Jahr; nach der Revolution im Hüttenwesen von 1078 wurde ein Jahresausstoß von 125 000 Tonnen erreicht, eine Menge, die in Europa erst im 18. Jahrhundert produziert wurde.[57] Eisen und

Stahl wurden für den Bau von Brücken und sogar für die Errichtung einer über zwanzig Meter hohen Pagode aus Gusseisen verwendet. Um das Jahr 1000 erfanden die Chinesen das Drucken mit beweglichen Lettern. 1090 wurde für den Hof der Sung-Dynastie eine wassergetriebene mechanische Uhr gebaut. 1130 fuhren in China Schiffe mit Schaufelradantrieb. Um 1200 wurden wassergetriebene Maschinen zur Herstellung von Textilien verwendet. Um 1150 verwendeten chinesische Seefahrer den Magnetkompass.[58]

Auch die chinesischen Dschunken wurden technisch weiterentwickelt. Sie wurden von Eisennägeln zusammengehalten und mit dem Öl des *T'ung*-Baums imprägniert. Sie hatten »wasserdichte Schotten, Schwimmkammern, Bambusfender in Höhe der Wasserlinie, Treibanker, um bei stürmischem Wind den Schiffsbug gegen die See zu halten, Heckruder anstelle des seitlichen Steuerruders, Ausleger und Schwerter zur Stabilisierung, Riemen für die Fortbewegung bei Windstille, Baggereimer, mit denen sie Proben vom Meeresboden aufnehmen konnten, Lotleinen zur Bestimmung der Wassertiefe, Kompasse zur Navigation sowie kleine, mit Schießpulver angetriebene Raketen zur Selbstverteidigung«.[59]

Eine chinesische Erfindung ist auch das Papiergeld. Die Förderung des Handels durch die Sung steigerte die Nachfrage nach umlaufenden Zahlungsmitteln, und es wurden verschiedene Formen privater und staatlicher Kredite entwickelt. Hung Shih, ein Präfekt von Hui-chou im heutigen südlichen An-hui, war im 12. Jahrhundert aufgefallen, dass, wenn alle staatlichen Transaktionen von einem Tag auf den anderen gegen sofortige Bezahlung erfolgen müssten, »innerhalb eines Jahres oder auch schon nach sechs Monaten alles Bargeld aus dem Verkehr gezogen« wäre und es »keine Möglichkeit, es wieder in Umlauf zu bringen«, gäbe.[60] Da außerdem in verschiedenen Regionen unterschiedliche und manchmal unvereinbare Währungen in Gebrauch waren, kamen zunehmend Wechsel in Umlauf. Auch die Quittungen, die Kaufleute für entrichtete Zollgebühren erhielten, wurden als Zahlungsmittel anerkannt. Doch diese Frühformen des Papiergelds waren privat ausgegebene Zahlungsanweisungen, Kredit- oder Wechselpapiere von zeitlich begrenzter Gültigkeit.[61]

Das erste staatliche Papiergeld wurde 1024 in Sichuan ausgegeben, einer Region mit einem anderen Währungssystem als im übrigen China, der im Übrigen nach dem Zusammenbruch ihrer Wirtschaft durch den Missbrauch von privat ausgegebenem Papiergeld eine Rezession ins Haus stand.[62] Den Experten des British Museum zufolge, waren das »erste Papiergeld, wie wir es heute kennen und verwenden (das heißt offiziell ausgegebene Geldnoten ohne zeitlich begrenzte Geltungsdauer), die 1189 von den Chin ausgegebenen Geldnoten mit Edelmetalldeckung«.[63]

Während der Herrschaft Khubilai Khans fast ein Jahrhundert später wurde ausschließlich Papiergeld verwendet (Gold-, Silber- und Kupfermünzen waren als umlaufende Zahlungsmittel verboten). Marco Polo schrieb über das chinesische Papiergeld:

»Wenn irgendjemand Papiergeld besitzt, welches vom langen Gebrauche beschädigt worden ist, so bringt er es in die Münze, wo er mit Bezahlung von nur drei Prozent neue Noten einwechseln kann. Sollte jemand sich gern Gold oder Silber verschaffen wollen, um es zu verarbeiten, zum Beispiel zu Bechern, Gürteln oder anderen Gegenständen, die aus diesen Metallen verfertigt werden, so wendet er sich gleichfalls an die Münze und erhält für sein Papier die Metallstücke, die er braucht. Die sämtlichen Truppen Sr. Majestät werden mit diesem Kurant bezahlt, welches für sie von demselben Werte ist, als wenn es Gold oder Silber wäre.«[64]

Nordchina ging im frühen 12. Jahrhundert an die Dschurdschen (Chin-Dynastie) aus der Mandschurei verloren. Dennoch gab es weiterhin zahlreiche Innovationen. In früheren

Jahren hatten die Sung die Bedrohung durch die nomadisierenden K'i-tan durch beträchtliche Tributzahlungen abgewehrt, doch 1127 wurde ihre Hauptstadt Pien (heute Kaifeng) von den Chin erobert, und die Sung waren gezwungen, ihre Hauptstadt nach Hang'chou im Süden zu verlegen. Dort begründeten sie die Südliche Sung-Dynastie (1127–1279), in deren Regierungszeit eine außergewöhnliche wirtschaftliche Blüte fiel.[65] Produktion und Handel expandierten, die Städte wuchsen, und die Technik machte rasche Fortschritte.

Da die südlichen Sung jedoch mehr für die Entwicklung von Handel und Gewerbe sowie die Einwohner der Städte als für die Landwirtschaft und die Dorfbewohner taten, kam es zu einer massiven Abwanderung vom Süden in den Norden. Die Folge war ein außerordentlich starker Rückgang der Einwohnerzahlen um schätzungsweise sechsundvierzig Prozent zwischen 1102 und 1159, während die Bevölkerung Nordchinas bis 1187 um das Dreifache zunahm.[66] Der Hauptgrund für diesen Umbruch lag offenbar darin, dass das Chin-Regime im Norden den Bauern wohl gesonnen war und die ternären Strukturen eines bäuerlichen Konservatismus unterstützte. So stimmten die chinesischen Bauern trotz des großen wirtschaftlichen Erfolgs der südlichen Sung mit den Füßen gegen deren Regime ab. Nach Deng war allerdings gerade die Abwanderung des Bevölkerungsteils mit der geringsten Produktivität eine Ursache dieses Erfolgs, denn dadurch standen der Bevölkerung im Süden mehr Ressourcen zur Verfügung, und die Produktivität der verbliebenen Arbeitskräfte und damit auch ihr Lebensstandard erhöhten sich.

Infolge dieser Abwanderung verstärkten die Sung ihre handels- und gewerbefreundliche Politik noch mehr, um die steuerlichen Mindereinnahmen aufgrund der Abwanderung auszugleichen. Da der Staat in dieser Lage mehr denn je auf den Handel angewiesen war, hätte er leicht den Fehler begehen können, den andere Regierungen in früheren und späteren Zeiten gemacht haben, nämlich die Steuern und Abgaben auf

Handel und Gewerbe so weit zu erhöhen, bis deren Akteure keine Anreize zu einer Steigerung ihrer Geschäftätigkeit mehr gehabt und womöglich ganz aufgegeben hätten. Doch die südlichen Sung waren klug genug, die Gans nicht zu schlachten, die ihnen goldene Eier legte. Handelsunternehmen wurden vom Staat unterstützt. Kaufleute, lange Zeit in der chinesischen Geschichte die niedrigste Gesellschaftsschicht,[67] wurden bevorzugt behandelt, Seehandel und Märkte gefördert. Staatsbeamte machten Gewinne, indem sie sich an Hotels sowie am Tee-, Salz- und Weinhandel beteiligten.

Im Jahr 1131 stammte etwa die Hälfte der Staatseinnahmen aus den Einkünften des Handels, und bis 1300 erhöhte sich dieser Anteil auf siebzig Prozent. Die Handelsflotte unter den südlichen Sung war so groß, dass jährlich über zweitausend Schiffe gebaut werden mussten, um sie auch nur auf dem aktuellen Stand zu halten. Die wirtschaftliche Blüte beruhte auf der Produktion großer Warenmengen für den Handel.[68]

Doch obwohl die südlichen Sung die Ausweitung des Handels und eine weitere Verstädterung förderten, was eine beträchtliche Erweiterung der landesweiten Vernetzung der Märkte und der gewerblichen Produktion zur Folge hatte, kam es in China nicht zu einer Industrialisierung. Warum sie ausblieb, ist eine der großen Fragen der Wirtschaftsgeschichte. China stand ein halbes Jahrtausend vor Europa an der Schwelle einer industriellen Revolution, und doch war es Europa und nicht China, dem der große Sprung nach vorn gelang.

Es liegt nahe, die Mongolen dafür verantwortlich zu machen, dass diese Gelegenheit verpasst wurde. Sie fielen im 13. Jahrhundert zunächst unter Dschingis Khan und später unter Khubilai Khan in China – wie auch in Zentralasien, Persien, Mesopotamien und Osteuropa – ein, eroberten das Land und setzten ihre eigene Dynastie der Yüan (1260–1368) ein. Doch entscheidender waren wahrscheinlich die festen Strukturen der chinesischen Gesellschaft sowie die Verfügung über die Kohlevorkommen des Landes. Die Politik der Sung benachteiligte und brüskierte die Landbevölkerung. Die einfachen Bürger litten darunter, dass die Regierung den Schwerpunkt auf den Ausbau von Handel und Gewerbe, der staatlichen Bürokratie und des Militärwesens legte. Die breite Masse der chinesischen Bevölkerung betrachtete die Blüte von Handel und Gewerbe voller Groll, da sie nicht davon profitierte. Das Ansehen der Sung wurde zudem durch das Unvermögen des Staates untergraben, die Inflation zu verhindern, wirksame Maßnahmen gegen Hungersnöte zu ergreifen, eine gerechte Verteilung des Wassers zu erreichen und das Volk gegen die Einfälle marodierender Reiternomaden zu schützen. Die Dynastie ging durch Einfälle von außen und teils bewaffnete, teils gewaltlose innere Unruhen zugrunde. Um die Mitte des 14. Jahrhunderts wurde China von einer Seuche und Bürgerkriegen heimgesucht, als die Chinesen sich gegen ihre mongolischen Herrscher erhoben. 1368 etablierte sich schließlich eine neue Dynastie, die Ming. Nach McNeill forderte die Seuche vermutlich bei weitem die meisten Opfer – sie breitete sich mit verheerenden Folgen bis nach Europa aus – und ist eine Teilerklärung dafür, warum die chinesische Bevölkerung im Jahr 1393 auf dreiundsechzig Millionen zurückgegangen war, kaum mehr als die Hälfte der Einwohnerzahl um 1200, vor den Mongoleneinfällen.[69]

Was können wir der Geschichte der südlichen Sung über die wirtschaftliche Entwicklung Chinas entnehmen? Letzten Endes besaßen die chinesischen Bauern die Macht, eine Konzentration auf die kommerzielle und industrielle Entwicklung zu verhindern, durch die sich die agrarische Gesellschaft bedroht sah. China verfügte, was Wissen, Technik, Produktionsüberschuss, Urbanisierung und kommerzielle Infrastruktur anging, über alle Voraussetzungen für eine industrielle Revolution. Aber es hatte auch eine Zentralregierung, sowohl unter den südlichen Sung als auch unter den späteren Yüan, die man zwingen konnte, von einer Politik abzurücken, die von den Bauern abgelehnt wurde. Institutionen, sozioökonomische Struktur, Eigentumsverhältnisse, Weltanschauung und Wertvorstellungen verhinderten eine Industrialisierung weitaus wirkungsvoller und nachhaltiger, als jede mongolische Horde es hätte tun können.[70] Trotzdem war das chinesische Reich unter den Sung- und später unter den Yüan- und den Ming-Kaisern (1368–1644) in der ersten Hälfte des letzten Jahrtausends und vermutlich noch eine ganze Zeit danach die fortschrittlichste und vitalste vorindustrielle Wirtschaft der Welt.

Während dieser drei Dynastien (960–1433) bis zur großen Kursänderung expandierte der chinesische Seehandel wie nie zuvor.[71] Als Marco Polo gegen Ende des 13. Jahrhunderts im größten Hafen Chinas für den Auslandshandel Ch'üan-chou (auch Zaitum) eintraf, schrieb er:

»[Diese Stadt hat] einen Hafen an der Seeküste, der berühmt ist wegen der vielen Schiffe, die dort mit Waren beladen ankommen; die Waren gelangen nachher in alle Teile der Provinz Manji. Die Menge Pfeffer, die hier lagert, ist so groß, daß der, welcher für den Bedarf der westlichen Teile der Welt nach Alexandria geführt wird, im Vergleich damit unbedeutend ist und vielleicht nicht mehr als den hundertsten Teil ausmachen würde.«[72]

Zu jener Zeit befuhren chinesische Schiffe hauptsächlich das Südchinesische Meer und die Gewässer des indonesischen Archipels, wobei sie Malaya, Sumatra, Java, Timor und die Philippinen anfuhren. Bereits seit dem 12. Jahrhundert wurden auch Fahrten nach Indien unternommen.[73] Doch im frühen 15. Jahrhundert bezeugten die Chinesen die Fähigkeit des Menschen, sich bei passender Gelegenheit so zu verhalten, als gehörte er eigentlich einem wesentlich späteren und völlig anderen Zeitalter an und habe sich nur für den Augenblick in seine Zeit zurückversetzen lassen. Der Ming-Kaiser Ch'eng-tsu (Yung-lo), der sich des Throns gewaltsam bemächtigt hatte, ließ eine gigantische Flotte bauen, die unter anderem den Auftrag hatte, seinen vermutlich geflohenen Amtsvorgänger aufzuspüren. Ihr Hauptauftrag bestand allerdings darin, fremde Länder China tributpflichtig zu machen. Zum Oberbefehlshaber bestellte er seinen loyalen Stellvertreter, den muslimischen Eunuchen Ma He, ernannte ihn zum Admiral und gab ihm den Namen Zheng He.

In den nächsten achtundzwanzig Jahren (1405–1433)[74] unternahm der Admiral sieben Seereisen über das Südchinesische Meer, zu den Gewürzinseln (Molukken) und weiter zur Timor-See zwischen Timor und Australien, nach Java, durch die Straße von Malakka nach Ceylon, nach Chittagong in Bengalen, nach Cocin und Calicut in Südwestindien, zur Insel Hormus am Eingang des Persischen Golfs, nach Aden und Dschidda am Roten Meer und die Küste Ostafrikas hinab bis zur Straße von Mozambique. Seine Flotte vergrößerte sich von zunächst sechzig auf dreihundert Schiffe, deren Besatzungen zum Schluss insgesamt dreißigtausend Mann umfassten. Damit war sie so groß wie die spanische Armada und größer als jede andere Flotte bis zum Ersten Weltkrieg.

Der Zweck dieser beeindruckenden Unternehmung ist nicht ganz klar, auch wenn zweifellos die Verherrlichung des Kaisers beabsichtigt war, der gegen Ende seiner Regierungszeit immer größenwahnsinniger wurde. Er bestand darauf, den Regierungssitz von Nanking nach Peking zu verlegen und als Vorbereitung dazu die verbotene Stadt zu bauen, was enorme Kosten verursachte. Die Seefahrten seines Admirals erbrachten spektakuläre Tributleistungen – darunter eine Giraffe aus Kenia, die als die Erscheinung des Himmlischen Tiers galt, die seit langem als gutes Zeichen geweissagt worden war. Die chinesischen Schiffsreisenden gingen selbstverständlich davon aus, dass die Herrscher, auf die sie während ihrer Expedition trafen, die Oberherrschaft des Himmelssohnes anerkennen würden. In bestimmten Fällen wurden sie einfach aus dem Amt entfernt, wenn sie den chinesischen Interessen entgegenarbeiteten oder chinesische Vertreter unfreundlich behandelten, aber ansonsten haben sie offenbar in keiner Hinsicht die

Oberherrschaft des Kaisers anerkannt. Einige Hofbeamten beklagten, die Expeditionen kosteten mehr als sie einbrächten,[75] doch bald darauf setzte ein Strom von Handelsgütern ein und überall dort, wo die Flotte aufgetaucht war, war das Ansehen Chinas enorm gestiegen.

Im selben Jahr, in dem Heinrich V. von England sechstausend mit Pfeil und Bogen bewaffnete Männer in die Schlacht bei Agincourt geführt hatte, kehrte Zheng He am Ende seiner vierten Seereise an der Spitze von 28560 Männern zurück. Louise Levathes hat die Überlegenheit der chinesischen Flotte zu jener Zeit geschildert:

»Der chinesische Einfluss im Ausland befand sich auf seinem Höhepunkt, und alle bedeutenden Handelsposten am Indischen Ozean und an den chinesischen Meeren – von Korea und Japan über den gesamten malaiischen Archipel und Indien bis zur Ostküste Afrikas – standen zumindest nominell unter chinesischer Oberherrschaft und erkannten die Lehnsherrschaft des Drachenthrons an. Von diesem erhabenen Gipfel aus hätte China seine Position festigen und zur vorherrschenden Macht bei der Gestaltung der modernen Welt werden können. Während Europa gerade erst das finstere Mittelalter hinter sich ließ, stand China mit seiner Flotte aus gewaltigen Dschunken kurz davor, zur Kolonialmacht des 16. Jahrhunderts zu werden und sich die Reichtümer der Welt zu Eigen zu machen ... Dieser Augenblick auf dem Gipfel sollte kaum länger als fünf Jahre dauern.«[76]

Dennoch sei an dieser Stelle angemerkt, dass Vasco da Gama, als er achtzig Jahre nach Zheng He Ostafrika erreichte, von Eingeborenen in Seidenhüten begrüßt wurde, die angesichts der Nussschalen, mit denen der Portugiese sich aufs Meer gewagt hatte, geringschätzig die Köpfe schüttelten und die schäbigen Waren, die er als Handelsgüter bei sich führte, verschmähten. Da kannten sie Besseres, auch wenn zu jener Zeit niemand wusste, woher die weißen »Geister« mit ihren großen Schiffen eigentlich gekommen und wohin sie zurückgefahren waren.[77] Wäre Vasco da Gama auf Zheng He gestoßen, wäre es möglicherweise zu einer der wirklich entscheidenden Seeschlachten der Weltgeschichte gekommen, auch wenn zweifelhaft erscheint, dass ein Sieg den chinesischen Admiral dazu bewogen hätte, Afrika zu umfahren und dessen Atlantikküste zu kolonisieren. Immerhin wusste er schon von der afrikanischen Ostküste, dass dort bestenfalls Wolle und Wein zu holen waren, Handelsgüter, welche die Reise nicht lohnten.

Doch Ch'eng-tsus Sohn bestieg den Thron und beging den größten Fehler in der bisherigen Wirtschaftsgeschichte der Menschheit: Er befahl allen Schiffen die Rückkehr in die Heimathäfen und ihre vollständige Entladung. Alle Gesandten fremder Länder wurden nach Hause geschickt, sämtliche Werkstätten für den Bau und die Reparatur von großen Schiffen mussten schließen. Weil er die Verschwendungssucht seines Vaters ablehnte und die Steuerlast seines Volks mindern wollte, verlegte er den Sitz der Regierung wieder nach Nanking. Zheng He erhielt ein militärisches Kommando beim Heer.

Kurzum, die hohe konfuzianische Wertschätzung der Landwirtschaft war zurückgekehrt. Das Land und die Große Mauer und nicht das Meer sollten der Reichtum und die Sicherheit Chinas sein, und in einer zentralisierten kaiserlichen Bürokratie hatten die Ratgeber es in der Hand, den Herrscher zu beeinflussen und die Geschichte des Reichs zu bestimmen.[78] Zwar wurden die Räte binnen zwei Jahren von einem neuen Kaiser durch andere ersetzt, und Zheng He erhielt für seine siebte und letzte Seereise das Kommando über die Flotte zurück. Sie führte ihn ins Rote Meer bis nach Dschidda, und er erwarb sämtliche neuen arabischen Arzneimittel, von denen die Chinesen in einem Buch mit dem Titel *Hui yao fang* (»Muslimische pharmazeutische Rezepte«) gelesen hatten. Außerdem brachte er eine weitere Giraffe nach China mit. Nach seiner Rückkehr verstarb er im Alter von zweiundsechzig Jahren. Doch die chinesische Seemacht war durch die wachsende Schwäche und die Uneinigkeit der Zentralregierung sowie ihr Unvermögen, die Küstenprovinzen gegen die periodischen Überfälle von Piraten zu schützen, die im Chinesischen Meer ihr Unwesen trieben, zum Untergang verurteilt.[79] In diesem Fall bewegte sich der Walzerschritt ausnahmsweise nicht vorwärts, sondern rückwärts: Der mit dem ersten Schritt erzeugte Reichtum (die Seereisen Zheng Hes) hatte im zweiten Schritt räuberische Überfälle zur Folge; die Antwort darauf bestand im dritten Schritt in einem fast vollständigen Rückzug – zumindest vorläufig – aus dem Seehandel. Über die Zeit, die sich jetzt anschloss, schreibt Fairbanks:

»Um die Jahrhundertmitte war Peking mit den Überfällen der wieder erstarkten Mongolen konfrontiert … Nach 1474 und im Verlauf des 16. Jahrhunderts wurde die heutige Große Mauer aus Ziegel- und Natursteinen mit ihren Hunderten von Wachttürmen errichtet. Sie erwies sich zwar als sinnlose militärische Geste, führte aber das Gefühl der Chinesen, von lauter Feinden umringt zu sein, deutlich vor Augen. Der Niedergang der Seemacht der Ming, nachdem nur noch der Bau kleiner Schiffe erlaubt war, ließ den Piraten an den Küsten Südchinas – die angeblich Japaner, tatsächlich jedoch Chinesen waren – freies Spiel. Statt zum Gegenangriff überzugehen, erzwangen die Ming in dem vergeblichen Versuch, die Piraten auszuhungern, einen kostspieligen Rückzug der Küstenbewohner ins Binnenland … Kurzum, eine feindselige Haltung gegenüber dem Handel und Fremdenfeindlichkeit trugen den Sieg davon, und China zog sich vom Schauplatz der Weltpolitik zurück.«[80]

Dessen ungeachtet festigte China seine Stellung als vorindustrieller Wirtschaftsriese. Die Verlagerung der Prioritäten der Wirtschaftspolitik unter den Ming vom Außenhandel zur nationalen Selbstversorgung war alles andere als eine Katastro-

148

phe – schließlich wäre auch die Beibehaltung eines lebhaften Außenhandels in Verbindung mit Tributzahlungen auf die Dauer nicht problemlos gewesen. Die chinesische Bevölkerung, die seit 1449 eine relativ friedliche und stabile Zeit erlebte, wuchs im Verlauf der nächsten hundertfünfzig Jahre bis 1580 von sechzig auf hundertdreißig Millionen, also auf mehr als das Doppelte.

Dieser Zuwachs ist an sich schon ein Indikator für ein anhaltendes Wirtschaftswachstum. Obwohl die Wirtschaft Chinas überwiegend agrarisch geprägt blieb und trotz der ablehnenden Haltung der Regierung gegenüber dem Fernhandel expandierten Gewerbe und Handel unter den Ming weiter. Angeregt wurden sie durch Initiativen wie den Wiederaufbau des Transportwesens mit dem Großen Kanal als zentraler Verkehrsader und die Einführung eines effizienten landesweiten Kurierdienstes. Die Städte im Jangtsedelta wurden zum Zentrum einer florierenden Baumwollindustrie. Die Rohbaumwolle aus dem Westen wurde auf den Flüssen und die von den Baumwollfeldern im Norden, die unter den Mongolen angelegt worden waren, auf dem Großen Kanal zum Jangtsedelta transportiert.

Im Lauf der Jahre belebte sich auch der Fernhandel wieder. Er erstreckte sich über ein Gebiet von Ceylon über Timor bis nach Osaka. Baumwolltextilien sowie Keramikwaren, Seide und Tee wurden nach Japan exportiert und dort gegen Metalle und Gewürze eingetauscht, und über Südostasien gelangten sie auch nach Europa, wo sie (seit dem 16. Jahrhundert) gegen Silber aus der Neuen Welt eingetauscht wurden.[81]

Wir befinden uns damit am Vorabend eines dramatischen Wandels der Wirtschaftsgeschichte: der fundamentalen Verschiebung von Wirtschaftsmacht und Wohlstand von Osten nach Westen, die in der Weltherrschaft des Westens kulminierte. Doch um zu verstehen, wie es zu dieser Umwälzung kam und wie unwahrscheinlich diese Entwicklung im Hoch- und Spätmittelalter war, müssen wir ins mittelalterliche Europa zurückkehren.

PLURALISMUS

Überblick

In diesem Kapitel nehmen wir den Faden unserer Geschichte in Europa um das Jahr 700 n. Chr. wieder auf. In diesem Kapitel wird die Geschichte vom Anbruch einer neuen Zeit bis zum Ende des Mittelalters und zum Vorabend des sogenannten Zeitalters der Entdeckungen erzählt.

Die Bevölkerung Europas ohne das heutige Russland, die bis 200 n. Chr. auf rund 40 Millionen angestiegen und bis 600 auf etwas über 20 Millionen zurückgegangen war,[1] zählte im Jahr 700 immer noch weniger als 25 Millionen Einwohner. Vor dem Wüten der Pest um die Mitte des 14. Jahrhunderts erreichte sie ihr Maximum mit etwa 75 Millionen, fiel um 1400 auf 50 Millionen zurück und erholte sich bis 1500 auf 67 Millionen. Unter demographischen Gesichtspunkten konnte Europa demnach weiterhin ein Wachstum verzeichnen, unterbrochen von Perioden eines massiven Bevölkerungsrückgangs. Gleichzeitig kam es zwischen der klassischen Antike und dem Spätmittelalter zu einer gewaltigen Umverteilung der Bevölkerung Europas vom Mittelmeerraum nach Nordwesten. Um 1300 befanden sich die Ballungsgebiete – und die zugehörigen Machtzentren – entlang einer Achse von Italien bis Belgien.[2]

In der gesamten in diesem Kapitel behandelten Periode war die Wirtschaft agrarisch geprägt, auch wenn nach 1000 andere wirtschaftliche Tätigkeiten an Bedeutung gewannen. Zu dieser Zeit waren über neunzig Prozent der Bevölkerung Kleinbauern.[3] Als das Herrschaftsgefüge des Römischen Reichs nach 400 im Westen zusammenbrach, entwickelten sich die großen

Latifundien des römischen Adels zu autarken Landgütern (System der Fronhofwirtschaft).[4] Die Städte, die regionalen Verwaltungen und die bislang vom Staat unterhaltene Infrastruktur wie die Trinkwasserversorgung verfielen allmählich, in manchen Regionen vollständig.

Die einfallenden Barbaren – germanische Stämme von jenseits des Rheins und der Donau und später Wikinger aus Skandinavien und Magyaren von jenseits der Karpaten – »wandelten das System der Grundherrschaft insofern ab, als fremde Stammeshäuptlinge und Krieger in die herrschende Schicht eindrangen«.[5] Im 8. und 9. Jahrhundert entwickelte sich aus diesem Muster aus ländlicher Wirtschaft und lokal begrenzter Herrschaft jene voll entfaltete Fronhofwirtschaft, die für viele Jahrhunderte das Rückgrat des Feudalsystems werden sollte.

Der entscheidende Faktor beim Aufstieg des europäischen Nordwestens nach dem Untergang Roms war technischer Natur. Der massive Pflug mit Radvorgestell machte es möglich, auch die schweren Böden der Regionen zu bearbeiten, die bislang von den Römern entweder verschmäht oder von lokalen Stämmen bebaut wurden, die lediglich die Brandrodung kannten. Die höhere Feuchtigkeit und Fruchtbarkeit dieser Böden bedeutete, dass sie nicht jedes zweite, sondern nur jedes dritte Jahr brachliegen mussten (Dreifelderwirtschaft).[6] Etwa ab der Jahrtausendwende war es mit Hilfe des aus Asien eingeführten Kummets möglich, Pferde an Stelle von Ochsen als Zugtiere einzusetzen, was die Effizienz des Pflügens weiter erhöhte.[7] Ab dem 10. Jahrhundert war ein ökonomischer Fortschritt erkennbar. Bestehende Städte wuchsen, und neue Städte wurden gegründet. Die Bevölkerungsdichte nahm zu. Nach und nach wurden die statischen Strukturen des feudalen Lehnswesens von den neuen Marktkräften aufgelöst, die von den expandierenden städtischen Zentren ausgingen. Die Arbeitsteilung nahm zu, angetrieben von regionalen Spezialisierungen wie dem Weinhandel um Bordeaux, der Wollindustrie in Flandern und dem Getreideanbau an der Ostsee.[8] Seit dem ausgehenden 12. Jahrhundert entwickelte Westeuropa eine neue wirtschaftliche Stärke. Wassermühlen, die seit der Römerzeit bekannt waren, wurden extensiv genutzt, und zahlreiche Erfindungen wurden gemacht, wie die Windmühle, das Spinnrad und die Brille.[9]

In Italien entstand eine weitere wichtige Neuerung, allerdings keine technische, sondern eine politische: der Stadtstaat. Zwar gab es die ersten Städte als selbständige politische Einheiten bereits 4000 v. Chr. zuvor in Sumer,[10] und auch im Griechenland der Antike (850–338 v. Chr.) war der Stadtstaat der politische Grundbaustein, aber später waren sowohl in Zentraleurasien als auch in Indien und China Großreiche und Königreiche die vorherrschenden politischen Strukturen. Schon einige Zeit vor 1000 n. Chr. waren einzelne Städte, hauptsächlich in Italien, aus der Anarchie nach dem Untergang des Römischen Reichs als halbautonome Handelszentren hervorgegangen, die sich weitgehend selbst verwalteten, mit ihrem Hinterland Handel trieben und mit den Feudalgewalten der näheren und weiteren Umgebung um ihre Freiheitsrechte stritten.[11]

Im Verlauf des nächsten halben Jahrtausends bis 1500 wurden sie zusammen mit dem fortbestehenden Feudalsystem und den verbesserten Erträgen der Landwirtschaf zum Motor des wirtschaftlichen Aufschwungs, zu dem es vor dem Ausbruch der Pest und – nach einiger Verzögerung – auch danach wieder kam. Wie jede städtische Gesellschaft wurden diese Stadtstaaten durch den landwirtschaftlichen Überschuss der bäuerlichen Regionen ernährt, mit denen sie in Verbindung standen. Sie trugen ihrerseits zum Wohlstand der Gesamtwirtschaft bei, da sie Zentren der beruflichen Spezialisierung waren, beispielsweise für Kaufleute und Bankiers, in denen die Arbeit im Interesse einer zunehmenden Effizienz immer wieder geteilt werden konnte. Darüber hinaus boten sie den verschiedensten Märkten Schutz.

Neben diesen traditionellen Funktionen der Stadt war ein

weiteres Merkmal der damaligen europäischen Stadtstaaten für die Wirtschaftsgeschichte von Bedeutung, nämlich ihre relative politische Unabhängigkeit. Diese regte die Entwicklung und die Nutzung fortschrittlicher wirtschaftlicher Ideen und Erfindungen an, die in zentral verwalteten bürokratischen Reichen wie China leicht unterdrückt werden konnten. Die pluralistische Regierungsform im hochmittelalterlichen Europa trug dazu bei, dass ein Wirtschaftsdarwinismus – der Erfolg der wirtschaftlich effektivsten Erfindungen – seine Wirkung entfalten konnte, wie langsam und unvollkommen auch immer. Neuerer konnten ihre Ideen bis zu einem gewissen Grad in der nächsten Stadt anbieten oder dem nächsten Herrscher präsentieren. Herrscher und Städte, die sich Neuerungen widersetzten, gerieten letztlich gegenüber denen, die sie übernahmen, ins Hintertreffen.

Eine tödliche Seuche setzte dem im 10. Jahrhundert begonnenen Wirtschaftsaufschwung im mittelalterlichen Europa ein vorläufiges Ende. Zwischen 1346 und 1351 wurde ein Drittel der europäischen Bevölkerung durch die Beulenpest ausgelöscht, die sich von Asien über die Krim nach Europa verbreitet hatte.[12] Als mittelfristige Folge der Pest wurde das aus bäuerlichen Arbeitern und Grundherrn bestehende soziale Gefüge zerstört. Langfristig hat der Schwarze Tod – auch wenn es zynisch klingen mag – einem erneuten wirtschaftlichen Aufschwung im späten 15. Jahrhundert den Weg bereitet.

Nach der Pest lag die Landwirtschaft in weiten Teilen Europas brach, und man war gezwungen, die Produktivität so schnell wie möglich zu erhöhen, um die Bevölkerung zu ernähren. Bis 1500 war das Produktions- und Handelsvolumen in Europa wieder so hoch wie vor dem Schwarzen Tod, wahrscheinlich sogar höher als jemals zuvor.[13] Die Bevölkerung wuchs ebenfalls wieder an, wenn auch langsamer. Der Stand vor der Pest war erst um die Mitte des 16. Jahrhunderts wieder erreicht.[14]

Die Geschichte

Im 5. und 6. Jahrhundert war in Westeuropa aus den fränkischen Stämmen der Salier und Ripnarier das Königreich der Merowinger entstanden. Die Gründung eines souveränen Reichs war durch die Zersplitterung der römischen Staatsgewalt möglich geworden. Nach dem Zerfall des Merowingerreichs gelang es im frühen 8. Jahrhundert Karl Martell, das Frankenreich wieder zu einen und die Verteidigungskräfte Europas gegen die vorrückenden Sarazenen zu sammeln, die er 732 in der Schlacht bei Tours und Poitiers besiegte.[15] Zwar konnten die Muslime sich in Teilen Spaniens noch bis 1492 behaupten, aber es war dennoch ein historischer Wendepunkt, denn danach musste sich Westeuropa nie wieder einer äußeren Macht unterwerfen.

Pippin, ein Sohn Karl Martells, wurde 755 der erste König der Karolinger. Sein Sohn Karl der Große krönte sich am Weihnachtstag 800 im Petersdom in Rom zum Kaiser. Für eine kurze Zeit war Westeuropa geeint, von den Pyrenäen bis zur Elbe und von der Nordsee bis zum Mittelmeer.[16] Doch nach dem Tod Karls des Großen 814 wurde dieses Reich infolge von Thronfolgestreitigkeiten geteilt, und auch den Erben Karls des Großen machten Einfälle von Wikingern und Magyaren zu schaffen,[17] bis es dem Sachsenkönig Otto gelang, das Westreich wieder zu vereinen.

Otto der Große wurde 962 in Rom zum Kaiser gekrönt und errichtete das Heilige Römische Reich, das achteinhalb Jahrhunderte Bestand haben sollte. Unter Otto, dessen persönliche Herrschaft wenig mit einem absoluten Regime zu tun hatte, verteilte sich die Macht auf Kaiser, Kirche, Fürsten und sonstige Lehnsherren, also die Stützen des nach dem Untergang des Römischen Reichs entstandenen Feudalsystems.[18] Diese Machtteilung führte zwar zu ständigen Konflikten zwischen den politischen Kräften, beendete aber die vorangegangene Phase der Unordnung in Mitteleuropa und schuf ein Mindestmaß an geordneten Strukturen, wodurch die westliche Zivilisation und die Wirtschaft wieder aufleben konnten.

Das Rückgrat des Römischen Reichs war das Heer, und die Basis der politischen Macht war die Fähigkeit, das Heer zu bezahlen. Als die Barbareneinfälle im 4. und 5. Jahrhundert zunahmen, wuchs auch das Militärbudget, und die Steuerlast wurde immer drückender. Großgrundbesitzer und Bauern erkannten zunehmend, dass der Schutz durch das Römische Reich für sie weder die einzige noch die vorteilhafteste Option war. Wo sie die Möglichkeit hatten, erklärten sie sich zu Untertanen der neuen Staaten, die von den einfallenden germanischen Stämmen in Frankreich und Spanien gegründet worden waren. Diese erhoben wesentlich niedrigere Steuern und finanzierten ihre militärischen Unternehmungen mit erobertem Land, das sie verdienten Kriegern zur Bewirtschaftung gaben. Die Großgrundbesitzer traten an die neuen nichtrömischen Herrscher einen Teil ihres Bodens ab und zahlten hinfort niedrigere Steuern. Schon im alten Römischen Reich hatten die Bauern ihr Land wegen der hohen Steuern an Latifundienbesitzer, die Steuerprivilegien genossen, veräußert und anschließend von diesen zurückgepachtet. Jetzt wandten sie sich an jene Grundbesitzer, die sich den germanischen Staaten unterworfen hatten.[19]

Auf diese Weise hatte sich im Laufe von drei Jahrhunderten nach dem Untergang Roms in den ländlichen Gebieten Westeuropas eine neue politische Struktur herausgebildet. Auf der untersten Ebene befanden sich mehr oder weniger autonome Gemeinden von Bauern, die ihr Land bewirtschafteten und sich selbst und einen lokalen Grundherrn versorgten, der als Gegenleistung für Schutz und Ordnung sorgte. Das unterschied sich auf den ersten Blick nicht wesentlich von der gesellschaftlichen Ordnung des Römischen Reichs. Allerdings hatten die Bauern ihre frühere zumindest formelle rechtliche

Unabhängigkeit und ihr Eigentum verloren, und sie waren keine »Bürger« im strengen Sinne des Wortes mehr.

Spätestens seit dem 9. Jahrhundert erstreckte sich das System der Fronhofwirtschaft von der Loire bis zum Rhein und nach Norditalien und breitete sich nach Spanien, Portugal, Dänemark und Mitteleuropa aus.[20] Auch in England wurden durch die normannische Eroberung bestehende Lehnsstrukturen ausgebaut. Obwohl der Niedergang des karolingischen Reichs und die Invasionen aus dem Norden und Osten zur Aufgabe großer Gebiete mit landwirtschaftlichen Siedlungen führten,[21] blieb die Grundherrschaft in der Form der Fronhofwirtschaft das wirtschaftliche Fundament. Auf dieser Grundlage wurde ein völlig neuartiges Herrschaftssystem errichtet, in dem niedere Grundherren von höheren Grundherren Land zu Lehen erhielten und als Gegenleistung militärische Dienste leisteten. Dieser Mechanismus reichte innerhalb der adligen Hierarchie bis zum König hinauf. Dieses so genannte Feudalsystem war ein informeller Gesellschaftsvertrag, der durch den Tausch von Boden und Schutzverpflichtung gegen Lehnstreue in Form von Fron- und/oder Kriegsdiensten legitimiert wurde.

Grundbaustein der Wirtschaft war demnach die lokale Einheit, der Fronhof oder das Lehensgut, auf dem der agrarische Überschuss erzeugt wurde. Ein Lehensgut war eine weitgehend autarke wirtschaftliche und soziale Einheit, in der Regel ein Dorf mit einem Herrenhaus, einer Kirche und Einrichtungen wie Schmiede, Mühle und Weinkelter, die den Bauern und dem Grundherrn zur Verfügung standen. Häufig gehörten sie dem Grundherrn, der sich die Nutzung teuer bezahlen ließ. Das Dorf war von Feldern, Gemeindewiesen und Wald umgeben, die sich teils im Besitz des Grundherrn befanden, teils einzelnen Bauern oder der ganzen Gemeinde gehörten. Der Boden wurde als Acker-, Weide- und Waldland den gemeinschaftlichen Rechten der Bauern und den Vorrechten des Grundherrn entsprechend genutzt. Die Lehensgüter entwi-

156

ckelten sich ständig weiter und passten sich an die lokalen und regionalen Gegebenheiten an, weswegen sie sich in Größe und Organisationsform stark unterschieden.[22]

Durch einschneidende Änderungen der Anbaumethoden wurde die Produktivität des Bodens in Nordwesteuropa so stark erhöht, dass es zu einem anhaltenden Bevölkerungswachstum kam. Die schweren Böden Nordwesteuropas konnten nach der Erfindung des massiven Pflugs mit Radvorgestell besser genutzt werden, der die Klei- und Lehmböden tiefer aufbrach und umwendete, als es mit den leichten römischen Pflügen möglich gewesen war. Der Räderpflug wurde vermutlich bereits im 6. Jahrhundert von den Franken in Gallien eingeführt, kam aber erst im 8. Jahrhundert verbreiteter in Gebrauch und leistete einen spürbaren Beitrag zur Steigerung der Produktivität. Hinzu kam, dass die schweren Böden nicht so oft brachliegen mussten wie die leichten Böden des Mittelmeerraums und die Einführung der Dreifelderwirtschaft ermöglichten, welche die Produktivität um ein Drittel steigerte. In der Regel folgte auf ein Jahr Brache im Frühling die Aussaat von Sommerfrüchten und im Herbst die Aussaat von Brotgetreide, das im folgenden Sommer geerntet wurde. Das brachliegende Feld konnte als Weide genutzt werden, wobei das Vieh den Boden mit seinem Mist düngte.[23] Dieses System erlaubte einen effizienteren Einsatz der Arbeitskräfte und -geräte und eine größere Vielfalt der angebauten Feldfrüchte, was den Produktivitätszuwachs von einem Drittel auf die Hälfte erhöhte. Diese neue Praxis verbreitete sich zwischen dem 8. und 11. Jahrhundert von Nordfrankreich aus über den größten Teil Nordwesteuropas.

Der schwere Räderpflug wurde anfangs von einem Ochsengespann gezogen, was für die Kleinbauern eine große Investition bedeutete und deshalb zur Entwicklung eines genossenschaftlichen Prinzips in der Fronhofwirtschaft beitrug, insofern mit einem einzigen Gespann die Felder einer ganzen Gemeinde gepflügt wurden. Pferde wurden schon seit langem als Reit- und Zugtiere benutzt und im Krieg eingesetzt. Die Erfindung des Steigbügels um die Wende vom 5. zum 6. Jahrhundert hatte zur Folge, dass Krieger zu Pferd den Fußsoldaten überlegen waren. Doch bevor das Pferd, das in der Lage war, die Arbeit von drei oder vier Ochsen zu verrichten, in der Landwirtschaft eingesetzt werden konnte, mussten einige technische Probleme überwunden werden. Erstens können Pferde auf feuchten und schweren Böden leicht verletzt werden; zweitens waren die bisherigen Pferdegeschirre so konstruiert, dass sich ihre Riemen vor dem Pferdehals kreuzten und die Tiere beim Atmen behinderten, und drittens frisst ein Pferd drei- bis viermal soviel wie ein Ochse, wodurch seine größere Effizienz wieder zunichte gemacht wird.

Gegen Ende des 1. Jahrtausends waren für alle drei Probleme Lösungen gefunden worden. Der zunehmende Gebrauch des Eisens aus den reichen Kohle- und Eisenerzvorkommen nördlich der Alpen bescherte den Bauern das Hufeisen für die Pferde, die Sichel, die Sense und Metallspitzen für die Holzspaten. Ferner ermöglichte die Erfindung des Brustblatts und des gepolsterten Pferdekummets im 9. Jahrhundert den effektiven Einsatz von Pferden als Zugtiere, so dass sie ab jetzt eigens für diesen Zweck gezüchtet wurden.[24] Schließlich bot die Dreifelderwirtschaft die Möglichkeit, neben Weizen und Gerste für den menschlichen Verbrauch Hafer als Futter für die Pferde anzubauen.[25] Damit erhöhte sich die Rentabilität des von Pferden gezogenen schweren Räderpflugs, der vor allem in Frankreich, Flandern, England und Teilen Deutschlands genutzt wurde, auch wenn weiterhin Ochsen als Zugtiere benutzt wurden. Zudem förderte der Einsatz von Pferden als Zugtiere den Überlandtransport, da es jetzt möglich war, schwere Lasten, die bislang nur auf Wasserwegen verfrachtet oder von langsamen Ochsenkarren transportiert werden konnten, auf Straßen schneller und über größere Entfernungen zu befördern.[26]

Eine wichtige Energiequelle der vorindustriellen Zeit war

das Wasser. Wenn der Mensch diese Energie nutzbar macht, [Mühle] kann er seine eigene Arbeitskraft anderweitig einsetzen. Die ersten Wassermühlen wurden vor über 2000 Jahren gebaut. Erstaunlicherweise waren sie im Römischen Reich nicht überall in Gebrauch, möglicherweise, weil die kostenlose Arbeit der Sklaven die Investition in solche Maschinen unattraktiv machte. Zur Erzeugung von Antriebskraft wurden sie in Europa erstmals im 7. Jahrhundert eingesetzt. Bis zum 11. Jahrhundert dienten die Mühlen hauptsächlich zum Mahlen von Mehl, zum Tuchwalken, Brauen, Hämmern, Antreiben von Blasebälgen, Schleifen von Messern, Drahtziehen und Sägen.

Wie so oft in der Geschichte des technischen Fortschritts betrafen die wesentlichen Neuerungen nicht so sehr das Grundprinzip als vielmehr die konkrete Konstruktion. Erst die Verbesserung der Kraftübertragung durch unterschiedliche Übersetzungen ermöglichte die Nutzung langsamer wie schneller Wasserströme, und erst Kurbelstange und Daumenwelle (eine Vorläuferin der Nockenwelle) konnten die Kreisbewegung der Mühlräder in die vertikale Bewegung etwa eines Schmiedehammers umwandeln. Das *Doomsday Book* von 1086, das Reichsgrundbuch Englands zu jener Zeit, verzeichnete 5624 Wassermühlen,[27] eine auf fünfzig Haushalte. Diese lieferten fast ein Drittel der in England verbrauchten (nichtmenschlichen) Energie; der Rest entstand durch tierische Kraft.[28]

Diese Vermehrung des produktiven Potentials – insgesamt, je Hektar und je Arbeitskraft – trug dazu bei, einen Wirtschaftsraum zu schaffen, in dem die Bevölkerung allmählich anwachsen und der steigende landwirtschaftliche Überschuss einen zunehmenden Anteil von Erwerbstätigen außerhalb der Landwirtschaft ernähren konnte. Dies wurde durch einen expandierenden Handel und eine wachsende Zahl von Marktplätzen zusätzlich gefördert.[29] Die Siedlungen, vor allem die Städte, wuchsen, und durch das Roden von Urwäldern oder die Trockenlegung von Marschland oder Sümpfen wurde neues

Land urbar gemacht. Europa stand im 11. und 12. Jahrhundert an der Schwelle zu einer »wahren Explosion der Urbanisierung auf dem Kontinent«.[31] Die zivilisatorischen Errungenschaften des Frankenreichs verbreiteten sich bis in die Gebiete des heutigen Polen, der Tschechischen und der Slowakischen Republik, Ungarns, Rumäniens und Litauens. Auch Skandinavien wurde in die europäische Wirtschaft einbezogen.[31]

Wie hat sich nun der Dreierschritt des Walzers in dieser Epoche bemerkbar gemacht? Im frühen Mittelalter lässt sich der dritte Schritt eines vorangegangenen Walzertakts erkennen: in den Folgen des Unvermögens des Römischen Reichs, sich gegen die Barbareneinfälle von außen und die Schmarotzer innerhalb der herrschenden Schicht zur Wehr zu setzen, was wiederum eine Reaktion auf den zweiten Schritt darstellte, den enormen wirtschaftlichen Erfolg Roms.

Die wirtschaftlichen Erfolge, die um die Jahrtausendwende in Nordwesteuropa auf der Grundlage der Nutzbarmachung der schweren Böden gemacht wurden, bilden den ersten Schritt eines neuen Walzertakts. Der dadurch erzeugte Wohlstand weckte Begehrlichkeiten bei denen, die an diesem Wohlstand teilhaben wollten, ohne einen eigenen produktiven Beitrag zu leisten. Das Feudalsystem in seinen unterschiedlichen Entwicklungsformen, das sich parallel zu den italienischen Stadtstaaten herausbildete, kann als dritter Schritt gesehen werden. Im Unterschied zum untergehenden Römischen Reich war dieser Schritt bis zu einem gewissen Grad erfolgreich und leitete ein langsames Wirtschaftswachstum ein, das zum ersten Schritt des nächsten Takts wurde.

Obwohl der Feudalismus eine relativ stabile Sozialstruktur herausbildete, in der wirtschaftliche Möglichkeiten genutzt werden konnten, war er keinesfalls eine ideale Gesellschaftsordnung. Die komplexen Abhängigkeitsverhältnisse führten häufig zu Rechtsstreitigkeiten, und die persönliche Freiheit des Einzelnen war eingeschränkt. Deshalb war dieses Wirtschaftssystem in vieler Hinsicht ineffizient und unterdrückte jeglichen Erfindungs- und Unternehmungsgeist:

> »In Wirklichkeit beruhte die Feudalgesellschaft auf einem von Ausnahmeregelungen und Sonderrechten durchsetzten Wust widersprüchlicher Abhängigkeiten und Treueverhältnisse, in dem die einstmals klaren Aufgaben und Befugnisse der einzelnen Ämter über Generationen hinweg durch umstrittene Privilegien, angefochtene Rechte und halbvergessene Pflichten ihre Konturen verloren hatten. Es war auf jeden Fall ein hierarchisches System, aber alles andere als übersichtlich und keinen festen Regeln unterworfen.«[32]

Bislang haben wir uns auf die wirtschaftlichen Fortschritte nördlich und westlich der Alpen konzentriert. In Italien fand zur gleichen Zeit eine anders geartete Entwicklung statt.

Nach dem Untergang des Römischen Reichs versuchte man in Norditalien die drohende Anarchie mit ähnlichen Strukturen wie denen der Fronhofwirtschaft im Norden zu verhindern. Aus den Latifundien der Römerzeit entwickelten sich kleine, lokal beschränkte und autarke Gemeinschaften, in denen Grundherren oder Krieger die Ordnung aufrechterhielten und als Gegenleistung mit Nahrungsmitteln versorgt wurden. Gleichzeitig konnten Städte wie Venedig, Genua und Pisa[33] zunehmend von der geographischen Lage Italiens zwischen dem Byzantinischen und dem islamischen Reich im Osten und Südosten und den Wachstumsregionen in Mittel- und Nordwesteuropa profitieren, deren Bewohner bald begannen, Bauholz und Wolltuche gegen Gewürze, Seidengewebe, Brokatstoffe, Porzellan und sonstige Luxusgüter aus dem Osten einzutauschen.[34] So erlebten die italienischen Städte aufgrund ihrer strategisch günstigen Lage für den Fernhandel und der üblichen städtischen Funktion als Zentrum des agrarischen Umlands einen wirtschaftlichen Aufschwung.

Der Wohlstand der Städte und ihr zunehmender Austausch

mit dem ländlichen Umland untergruben mit der Zeit die Autarkie der großen Landgüter, so dass es in der italienischen Gesellschaft zu einer Verschiebung des Kräfteverhältnisses kam. Die größeren Städte, vor allem das Handelsbürgertum, verbündeten sich miteinander und setzten gegenüber den Königen und Feudalherren, die früher die Herrschaft über sie beansprucht hatten, Freiheiten und Privilegien im Handel sowie eine kommunale Selbstverwaltung durch. So lösten sie sich allmählich aus ihren feudalen Fesseln.[35] Im Jahr 1035 erstritt Mailand seine Freiheit, 1075 erkämpfte Pisa seine Rechtshoheit, und 1176 besiegte ein Bündnis lombardischer Städte ein Heer Kaiser Friedrichs I.

Der Machtkampf um die Herrschaft über Italien, der im 11. Jahrhundert zwischen Kaiser und Papst entbrannte, eröffnete den Städten neue Möglichkeiten. Ihnen fiel es leichter als ihren konservativeren Gegnern, sich neue militärische Techniken und Taktiken zunutze zu machen, zum Beispiel die Armbrust, mit Piken bewaffnete Fußsoldaten und flankierende Kavallerie, und sich auf diese Weise die militärische Überlegenheit zu sichern.[36] Um 1300 hatte Mailand eine Bevölkerung von zweihunderttausend Einwohnern, und in Venedig, Genua und Florenz lebten jeweils über hunderttausend Menschen. In anderen Teilen Europas – den Niederlanden, dem Rheinland, Nordfrankreich, der Provence und Katalonien – wuchsen die Städte erst später. Abgesehen von Paris, waren sie meist kleiner und politisch weniger unabhängig als die italienischen Städte.

So wie Venedig, Genua und Pisa vom Fernhandel über das Mittelmeer mit dem Orient lebten, so lebten die Städte an der Nordsee und später auch die an der Ostsee und den in sie mündenden Flüssen vom Seehandel in diesem Wirtschaftsraum. Beherrscht wurde er von den etwa zweihundert Städten der ins 12. Jahrhundert zurückreichenden Deutschen Hanse, die sich zu ihrem Schutz und zur Regelung des Handels zusammengetan hatten. Neben Hansekontoren in London, Bergen, Brügge und Nowgorod wurden auch deutsche Städte wie

Riga, Memel und Danzig als Enklaven auf fremdem Boden gegründet.

Die beiden großen Seehandelssysteme auf dem Mittelmeer und der Nord- und Ostsee wurden schließlich miteinander verbunden. Nach 1310 begannen Genua und Venedig ihre Handelsschiffe regelmäßig im Konvoi auf die Atlantikroute zu schicken, die bislang zu schwierig gewesen war, und die großen Märkte der Poebene erhielten Waren durch den Handel über die belebten Alpenpässe. Im Norden reichten diese Handelsrouten bis nach Krakau und Wien, Lübeck, Hamburg und Brügge, wobei der größte Teil des Handels über Leipzig, Frankfurt am Main und die vier Messestädte in der Champagne abgewickelt wurde.[37] Mit der Zeit wurden die periodischen zu festen Märkten, und die zugehörigen Städte entwickelten sich zu regionalen Märkten.[38]

Die Entwicklung in der Champagne und der benachbarten Grafschaft Brie, unmittelbar südöstlich von Paris, mit den Städten Troyes, Provins, Lagny und Bar-sur-Aube, führt die Bedeutung des politischen Pluralismus für die wirtschaftlichen Entwicklungen jener Zeit beispielhaft vor Augen. Die Grafen von Champagne, die Feudalherren der Region, waren von ihrem nominellen Oberherrn, dem französischen König so unabhängig, dass sie sich über alle königlichen Handelsbeschränkungen hinwegsetzen und eigene Konditionen anbieten konnten. Sie gewährleisteten die Sicherheit vor räuberischen Überfällen und schufen eine entwickelte Infrastruktur, die einen Anreiz für Kaufleute darstellte, ihre Waren in der Champagne zum Verkauf anzubieten. Damit trugen sie zum Wohlstand der Region ebenso bei wie zu dem der Grafen selbst, die durch die verschiedenen Wegegelder, Zölle, Abgaben, Gebühren, Konzessionen und anderes ihren Teil vom Profit abschöpften.[39]

Andere europäische Herrscher zogen daraus die offensichtliche Lehre und sorgten in ihren Reichen für eine handelsfreundliche Atmosphäre. Nachdem die englischen Barone König Johann I. 1215 gezwungen hatten, der Magna Charta zuzustimmen, die einige der Befugnisse einschränkte, die er sich willkürlich angemaßt hatte, hatten seine Nachfolger allen Grund, wirtschaftliche Bündnisse einzugehen, um ihre Position wieder zu stärken. »Die Könige [von England]«, schreiben Miller und Hatcher, »waren im Allgemeinen (vor allem wenn sie daraus einen Vorteil ziehen konnten) bereit, als Schutzherren der Entwicklung und Emanzipation der Städte aufzutreten, Konzessionen für Messen und Märkte zu erteilen und den einheimischen und fremden Kaufleuten ihren Schutz anzubieten.«[40]

In Frankreich lagen die Verhältnisse völlig anders. Nachdem die Grafschaften Champagne und Brie 1284 durch die Heirat Philipps des Schönen mit Johanna von Navarra und Philipps Krönung zum König im Jahr darauf an Frankreich gefallen waren, verloren die oben genannten vier Städte ihre bisherige Anziehungskraft als Handelsplätze, und die italienischen und flämischen Kaufleute, die dort hauptsächlich Handel getrieben hatten, verlegten ihre Aktivitäten nach Brügge und Lyon, die außerhalb des königlichen Herrschaftsbereichs lagen.[41]

Wir haben bislang von der landwirtschaftlichen Entwicklung in Mittel- und Nordwesteuropa und der Wiederbelebung der städtischen Wirtschaft im hochmittelalterlichen Europa unter der Führung Italiens als zwei weitgehend voneinander getrennten Erscheinungen gesprochen. Tatsächlich haben beide Entwicklungen aufeinander eingewirkt. Spätestens seit dem 10. Jahrhundert nahm die Bevölkerungsdichte sowohl in den ländlichen Gebieten als auch in den Städten zu, was unter anderem zur Neugründung von Städten führte.

In diese Periode fiel auch die Gründung der ältesten Universitäten Europas, etwa in Bologna 1088, Paris 1150, Oxford 1167 und Cambridge 1209.[42] Vorbild der Universitäten war die islamische Medrese, die laut Merson den »entscheidenden Knotenpunkt der Übermittlung von Kenntnissen aus dem alten Griechenland und China an den Westen« darstellte. Die

Medresen wurden zumeist von Kaufleuten durch eine fromme Stiftung *(Wakf)* unterhalten. Sie vereinten in sich die Funktion eines theologischen Seminars, einer Rechtsschule und einer Moschee und waren gleichzeitig Bet-, Lehr- und Wohnort für Lehrer und Studenten. Im Unterschied zu christlichen Klöstern sahen sie ihre Aufgabe auch in der religiösen Unterweisung der Allgemeinheit und maßen Streitgesprächen und Debatten einen besonderen Wert bei.[43] Bis 1300 waren in Europa fast zwanzig Universitäten entstanden.[44] Durch die Wiederentdeckung der griechischen Philosophie und Wissenschaft – deren Kenntnis die Europäer den Arabern zu verdanken hatten – wurden sie zu Zentren des intellektuellen Lebens, in denen logisches Denken und forschende Neugier gefördert wurden. In den kommenden Jahrhunderten sollte dieses kritische Denken die Fundamente des religiösen Glaubens erschüttern und das Weltbild des Menschen grundlegend verändern.[45] Gleichzeitig bahnte es den Weg für den wissenschaftlich-technischen Fortschritt der Neuzeit.

Die Wirtschaftskraft Westeuropas im Hochmittelalter profitierte von der Entwicklung und Anwendung einer ganzen Reihe technischer Neuerungen. Auf dem Gebiet der Energietechnik verband die Windmühle die Grundprinzipien der Wassermühle und des Segels. Zwar gab es die ersten Windmühlen möglicherweise in Zentralasien, aber die Verwendung von Zahnradgetrieben und einer horizontalen Achse bei europäischen Windmühlen lässt vermuten, dass sie eine eigenständige Erfindung war. Die ersten europäischen Windmühlen sind 1185 in Yorkshire belegt; bald darauf waren sie überall auf dem Kontinent in Gebrauch.[46] In den Niederlanden wurden im 12. Jahrhundert Kanalschleusen entwickelt, die zwei Jahrhunderte später auch in vielen anderen Ländern gebaut wurden.[47]

Das Spinnrad ist erstmals im 12. Jahrhundert in der Wollindustrie nachgewiesen; es verwendete für die Kraftübertragung zum ersten Mal einen ledernen Transmissionsriemen. Als Abwandlung des bereits bekannten Schwungrads, wie es für Mühlsteine verwendet wurde, erhöhte das Spinnrad die Produktion gegenüber der bisherigen Methode mit Rocken und Spindel, was der Produktion des flämischen Tuchgewerbes zugute kam.[48] Adam Smith schätzte, dass sich die Arbeitsproduktivität durch diese Erfindung verdoppelte, während neuere Schätzungen sogar von einer Verdreifachung ausgehen.[49] In der Weberei wurde der Webstuhl mit horizontaler Kette anscheinend im 11. Jahrhundert in Troyes eingeführt. Mit ihm konnten wesentlich längere Tuche gewebt und die Ketten straffer gespannt werden. Die erreichte Produktivitätssteigerung betrug schätzungsweise 325 Prozent. Im 13. Jahrhundert beherrschten die Europäer die Seidenweberei, und laut Mokyr waren die Seidenwebereien in Lucca mit ihren komplizierten wassergetriebenen Maschinen die ersten mechanischen Tuchfabriken.[50] Nachdem im 13. Jahrhundert das Papier in Europa eingeführt worden war, wurden Wassermühlen auch zur Papierherstellung eingesetzt.[51]

Eine ganze Palette von Neuerungen verbesserte das Leben der Menschen. Ski, Schubkarren, Butter und die Verarbeitung von Hopfen beim Bierbrauen gehen schon auf das frühe Mittelalter zurück. Wolltuch war in England seit dem 12. Jahrhundert in Gebrauch, ebenso Kernseife, und in den Jahren nach 1230 wurde in Mitteldeutschland der Knopf erfunden.[52] Viele Erfindungen, die das Alltagsleben erleichterten und die Produktivität steigerten, wurden an unterschiedlichen Orten gleichzeitig gemacht. Die Erfindung von Feuerrost und Kamin, die Nutzung von Kohle als Heizmaterial und die Einführung von Fensterglas erhöhten den Komfort in den Wohnhäusern, zunächst nur für die Reichen, spätestens im 16. Jahrhundert jedoch auch für die Kleinbauern. Diese Neuerungen kamen nicht nur der Gesundheit und der Lebensqualität zugute, sie bedeuteten auch »einen Zuwachs an produktiver Effizienz für die Mutter und Hausfrau, den Schreiber und den Arbeiter in der Heimindustrie«.[53]

Die Erfindung der Brille in Pisa gegen Ende des 13. Jahrhun-

Brille

derts verlängerte die Dauer der Erwerbstätigkeit mancher Handwerker, vor allem von Instrumenten- und Werkzeugmachern, Tuchwebern und Kupferschmieden, um mindestens das Doppelte. Um die Mitte des 15. Jahrhunderts wurden in italienischen Städten Tausende von Brillen für Weitsichtige und Kurzsichtige angefertigt. Nach David Landes hat die Herstellung von Augengläsern die Entwicklung von Präzisionsinstrumenten vorangetrieben, auch wenn seiner Meinung nach die mechanische Uhr in dieser Hinsicht von größerer Bedeutung war. Um 1300 traten an die Stelle von Wasseruhren Uhren mit Gewichten als Antrieb, und jede größere Stadt in Europa besaß mindestens eine große, weithin sichtbare und genau gehende Uhr.[54] Um die Mitte des 14. Jahrhunderts baute ein italienischer Astronom eine Uhr, die nicht nur die Stunden anzeigte, sondern auch den Lauf der Sonne, des Mondes und der fünf damals bekannten Planeten.[55] Ein Jahrhundert später kamen die ersten Uhren mit Federwerk auf. Die Bedeutung einer exakten Zeitmessung in zunehmend komplexer werdenden Wirtschaften ist kaum zu überschätzen. Für manche Autoren ist allein schon der Begriff der Produktivität ein Nebenprodukt der Erfindung der Uhr.[56]

Zusammen mit dem Wachstum von Bevölkerung, Märkten und Städten trugen diese Entwicklungen dazu bei, die Isolation und Autarkie der Basis des Feudalismus, des Fronhofs, zu untergraben. Sie lösten die statischen Bindungen durch gegenseitige Dienste und die Traditionen auf, eröffneten den Landarbeitern neue Möglichkeiten und schufen einen breiteren Markt für städtische Produkte und Dienstleistungen. Das beschleunigte wiederum den wirtschaftlichen und sozialen Wandel und bildete den Hauptantrieb des Wirtschaftswachstums und Wohlstands im 13. Jahrhundert in Europa.[57]

Eine Begleiterscheinung dieser Expansion war die Zunahme des Fernhandels und die Entwicklung einer regionalen Spezialisierung, die sich auf das Prinzip der komparativen Kostenvorteile zurückführen lässt. Dieses von David Ricardo beschriebene Prinzip bedeutet in knappen Worten, dass eine Wirtschaftseinheit oder eine Region so ökonomisch wie möglich arbeiten und ihre Produkte gegen die wirtschaftlichsten, sprich kostengünstigsten Produkte anderer Wirtschaftseinheiten und Regionen austauschen sollte. Der Fernhandel setzt voraus, dass es bestimmte Güter gibt, mit denen sich trotz der Transportkosten bei einem Verkauf über weite Entfernungen hinweg noch ein Gewinn erzielen lässt, und dass diese Güter sicher transportiert werden können.

In den Anfängen des Fernhandels wurde die ideale Handelsware ausschließlich an einem entfernten Standort produziert, hatte ein im Vergleich zu ihrem Wert niedriges Gewicht und ließ sich gut befördern. Deshalb waren Jahrtausende lang exotische Gewürze die Haupthandelsware aus dem Fernen Osten. Doch mit zunehmender Komplexität der Wirtschaften kamen Produkte hinzu, die zwar an vielen Standorten produziert wurden, aber in einem bestimmten Land effizienter als anderswo hergestellt werden konnten und deshalb billiger waren, so dass sich ein Handel mit ihnen selbst über weite Entfernungen hinweg lohnte. So wurde beispielsweise die Gascogne zu einem führenden Weinanbaugebiet, das seine Produkte vom Hafen Bordeaux aus auf nördliche Märkte exportierte. Wolle kam aus England, und in Flandern wurde sie zu Wollgeweben und -tuchen verarbeitet. Die Ostseeregion wurde zum Hauptanbaugebiet für Getreide und versorgte die städtische Bevölkerung der Niederlande.[58]

Bis die Atlantikroute um Spanien und Frankreich befahren wurde, geschah der sichere und wirtschaftliche Transport der zunehmenden Mengen von Handelsgütern überwiegend auf Wasserwegen, die bereits den Römern bekannt gewesen waren, und an Land blieben die Römerstraßen die zentralen Verkehrsadern. Sie wurden von Feudalherren, die für ihre Dienste Wegzölle erhoben, bis zu einem gewissen Grad unterhalten und bewacht. Daneben kamen dem Handel die Fortschritte im Schiffsbau zugute, vor allem in Gestalt der Kogge, einem seetüchtigen und effizienten Kriegs- und Handelsschiff, das auf der Grundlage primitiver keltischer Schiffe entwickelt wurde und im 12. Jahrhundert die Meere Nordeuropas beherrschte.[59]

Ohne eine kommerzielle und finanzielle Infrastruktur und günstige Bedingungen für Produktion und Transport kann der Handel jedoch nicht gedeihen. Der wachsende Handel Europas machte die bekannten Grundbausteine des Geschäftslebens erforderlich: Zahlungsmittel, Kredit, Kapitalbeschaffung und Risikobegrenzung. Bis zum hohen Mittelalter übernahm der Kaufmann, der als Eigentümer seines Geschäfts den gesamten Export und Import der Waren von und nach seiner Heimatstadt leitete, persönlich eine beeindruckende Fülle von Dienstleistungen: Er besorgte das Kapital für den Kauf der Waren, die er am Zielort seiner Reise verkaufen wollte, beschaffte den Kredit zur Finanzierung seiner Reise und der Beförderung seiner Waren, leitete die Reise, übernahm im Zahlungsverkehr mit seinen Kunden die Funktionen einer Bank (Beschaffung weiterer Kredite, Geldwechsel und sichere Rückführung der Einnahmen) und trug allein das Risiko, bis hin zur Haftung mit seinem Privatvermögen und zur Gefährdung der eigenen Gesundheit auf seinen Handelsreisen. Als hoch spezialisiertes Unternehmen war der Fernhandel schon früh auf bestimmte Familien und ethnische Gruppen beschränkt.

Viele dieser Strukturen hatten sich, wie bereits erörtert, ursprünglich in der islamischen Welt entwickelt. Aus der umfangreichen Korrespondenz, die in der Kairoer *geniza*[*] erhalten geblieben ist, geht hervor, dass jüdische und muslimische Kaufleute, die im 11. und 12. Jahrhundert im Mittelmeerraum und im Indischen Ozean Handel trieben, Geschäftspartnerschaften eingingen, Agenten als Vertreter im Ausland anstell-

[*] Ein Behältnis in der Ben-Ezra-Synagoge, in dem gläubige Juden, die kein Papier vernichten dürfen, auf dem der Name Gottes geschrieben steht, Dokumente aufbewahrten.

ten und Geldüberweisungen von einem Ort zum anderen tätigten, ohne große Mengen von Bargeld zu bewegen.[60] Es war kein Zufall, dass die Italiener, die in Europa am intensivsten mit der islamischen Welt handelten, die Führungsrolle bei der Entwicklung neuer Geschäftsmethoden und -strukturen einnahmen.

In der *fraterna*, einer Handelsgesellschaft, die aus einer Familie bestand und vor allem in Genua und Venedig üblich war, wurde Kapital zusammengelegt und die Arbeit aufgeteilt. So blieb zum Beispiel ein Bruder zu Hause, um sich um den Einkauf der auszuführenden und den Verkauf der eingeführten Waren zu kümmern, während ein anderer mit der Ware reiste, um sie im Ausland abzusetzen. Etwa ab dem 12. Jahrhundert wurde dieses Modell abgewandelt, indem man es über die Familie hinaus erweiterte. Jetzt hieß die Gesellschaft *commenda* oder *colleganza*, wobei ein Geschäftspartner den Löwenanteil des Kapitals stellte und der andere den kleineren Teil und dafür die Handelsreisen organisierte und durchführte.[61] Die »rechte Gesellschaft« oder *societas vera* entstand noch später und wurde aus mehreren Partnern gebildet, die als Kapitalgeber auftraten, das Geschäft leiteten und Mitarbeiter einstellten, welche die Arbeit verrichteten.

Alle diese kommerziellen Aktivitäten stimulierten die Entwicklung des Bankwesens. Das Wort »Bank« verdanken wir den italienischen Kaufleuten respektive Geldwechslern auf den großen Messen der Champagne. Es ist abgeleitet von der Bank *(banco)*, auf der sie ihre Waagen und ihr Münzgeld aufstellten und ihre Geschäfte abwickelten.[62] Und es waren italienische Bankhäuser, die im 13. Jahrhundert als Erste neue Verfahren zur Finanzierung des internationalen Handels einführten und im Lauf der Zeit von der Lombardei in Norditalien über Brüssel bis zur Lombard Street in London das Geschäft mit ausländischem Geld und Kredit monopolisierten.[63]

Der Wechsel, ein Schuldschein, auf dem eine Partei eines Geschäfts zusichert, eine bestimmte Summe zu einem bestimmten Termin zu zahlen, wurde zu einem praktischen Ersatz für die Begleichung einer Schuld in Bargeld oder Edelmetall. Das Bargeld bestand aus Münzen, die von Königen, Herzögen, Grafen, Abteien und Städten geprägt wurden. Abgesehen davon, dass sie in unpraktisch kleinen Nennwerten ausgegeben wurden, waren sie ebenso wie Edelmetall schwer am Körper zu tragen und stellten eine Verlockung für Diebe und Räuber dar. Ihr Wert beim Wechseln in andere Münzen änderte sich zudem von Ort zu Ort und von Zeit zu Zeit.

Solche Wechsel oder Zahlungsversprechen konnten dazu benutzt werden, Zahlungen über große Entfernungen hinweg zu leisten, zum Beispiel von einem Käufer in Brügge an einen Verkäufer in Mailand. Das setzte natürlich voraus, dass dem Käufer in Mailand Mittel zur Verfügung standen, um seine Schuld zu begleichen. Auch dieser Umstand trug zur Entwicklung eines internationalen Bankwesens bei. Der Importeur in Brügge konnte so in der Zweigstelle einer Mailänder Bank in Brügge Geld einzahlen oder bei ihr einen Kredit aufnehmen.

Die italienischen Bankiers jener Zeit übernahmen somit zwei klassische Aufgaben des Bankwesens: Die sichere Verwahrung von Geld, das bei ihnen hinterlegt wurde, damit die Kaufleute es nicht in großen Mengen bei sich tragen mussten; und das Bezahlen von Rechnungen, indem sie Geld, das sie im Namen eines Bankkunden verwahrten, gemäß einer schriftlichen Anweisung dieses Kunden dem Konto eines anderen Kunden gutschrieben. Daraus entwickelte sich jene Form der Zahlungsanweisung, die wir heute als Scheck kennen.

Darüber hinaus haben diese frühen Bankiers zur Finanzierung des Handels weitaus umfangreichere Kredite bereitgestellt als die jüdischen Geldverleiher im Frühmittelalter.[64] So wurde beispielsweise praktisch das gesamte Geschäft der Messen in der Champagne über Kredite abgewickelt; und der Messbrief, eine Art Wechsel, wurde dazu benutzt, die am Ende einer Messe aufgelaufenen Schuldensalden bis zum Tag der Eröffnung der nächsten Messe zu übertragen.[65] Dahinter stand allerdings eher die Absicht, die Risiken und Kosten zu vermeiden, die damit verbunden waren, Münzen und Edelmetalle als Zahlungsmittel mit sich zu führen, als auf diese Weise einen Kredit zur Finanzierung des Geschäfts gewährt zu bekommen.

Eine Alternative zum Kredit und zur Rechnungsführung in einer zweckmäßigen, international akzeptierten Rechnungseinheit, um sich von den Schwankungen des Wechselkurses zwischen unterschiedlichen lokalen Münzen unabhängig zu machen, wäre Geld einer verlässlichen internationalen Währung in genügend großen Nennwerten gewesen, um große Warenmengen bezahlen zu können. Diesem Mangel wurde in der zweiten Hälfte des 13. Jahrhunderts abgeholfen, als Genua, Pisa und Florenz den Goldhandel mit Nordafrika übernahmen und erstmals in der Lage waren, Goldmünzen mit hohem Nennwert zu prägen.

Silbermünzen und Bimetallmünzen aus einer Silber-Gold-Legierung waren im Hinblick auf Nennwert und Größe niemals völlig zufriedenstellend. 1251/52 prägten Genua den *Genofino d'oro* und Florenz den *Fiorino d'oro* (Florentiner Goldgulden), gefolgt vom venezianischen Golddukaten 1284.[66] Diese neue Praxis war zwar höchst einträglich für die Städte, die die Münzen ausgaben, und bei den Kaufleuten waren die Goldmünzen sehr beliebt, aber sie konnten das Problem der Kosten und der Risiken der physischen Übertragung großer Geldmengen nicht lösen.

Die Neuerungen im Bankwesen führten zur so genannten kommerziellen Revolution, doch erst ab dem 15. Jahrhundert konnte es sich voll entfalten. Die größten Handelsunternehmen der Welt vor dem 17. Jahrhundert, wie die Bardi und die Peruzzi in Florenz im 13. und 14. Jahrhundert, erlebten einen enormen Aufschwung, bis sie unvorsichtigerweise große Summen an illiquide Könige wie Eduard III. von England verliehen und in den vierziger Jahren des 14. Jahrhunderts bankrott gingen.[67]

Weniger spektakulär, aber als einer der Ursprünge der modernen Wirtschaftssysteme weitaus bedeutsamer dürfte die Entwicklung der doppelten Buchführung im Italien des 13. und 14. Jahrhunderts gewesen sein.[68] Zwar wurden schon Jahrtausende vor dieser Erfindung, spätestens seit babylonischen Zeiten,[69] profitable Handelsgeschäfte abgewickelt, aber erst die Exaktheit und Disziplin der doppelten Buchführung gaben dem Wissen eines Kaufmanns genauen Aufschluss über den augenblicklichen Stand seiner Geschäfte. Diese Entwicklung veränderte die Buchführung von Grund auf und bereitete einer systematischen Gewinnmaximierung als treibender Kraft aller privaten Wirtschaftsunternehmen den Weg. Werner Sombart (1863–1941), der große Wirtschaftshistoriker des modernen Kapitalismus, hat es auf die knappe Formel gebracht: »Man kann schlechthin Kapitalismus ohne doppelte Buchhaltung nicht denken.«[70]

Indem er jede einzelne Transaktion mindestens zweimal in sein Geschäftsbuch eintrug, einmal als Änderung der Aktiva (zum Beispiel den Kauf oder Verkauf von Waren) und einmal als Änderung des Kontenstands (zum Beispiel die Ausgabe oder Einnahme von Geld bei der Transaktion), und dann in regelmäßigen Abständen die beiden Konten gegeneinander abglich, konnte ein Kaufmann die Gefahr beträchtlich verringern, dass Schreib- oder Rechenfehler unentdeckt blieben. Indem er zweitens die laufende Gewinn- und Verlustrechnung mit der Bilanz am Ende einer Rechnungsperiode verglich, wusste er, um wie viel reicher oder ärmer er geworden war und warum, und war dadurch besser in der Lage, seine Ressourcen optimal einzusetzen.[71] Die Entwicklung einer exakten Kontenführung in standardisierter Form förderte zudem komplexere und engere Geschäftsbeziehungen, und auch die Aufnahme von Krediten und die Nutzung anderer Finanzierungsmöglichkeiten wurde vereinfacht, da eine leichter durchschaubare Darstellung des Geschäftsgangs und seines jeweiligen Standes auch Fremden einen Einblick ermöglichte, wenngleich die Richtigkeit der

Angaben immer noch von der Ehrlichkeit des Buchhalters abhing.[72]

Sombarts Einschätzung der Bedeutung der doppelten Buchführung für die Entwicklung des Kapitalismus wird von Rosenberg und Birdzell geteilt. Sie führen aus, dass ein Buchführungssystem, »dessen praktischer Reiz in der Möglichkeit lag, mit seiner Hilfe Fehler zu entdecken, die Kaufleute und Buchhalter, die damit arbeiteten, [zwang], ihr Unternehmen als Schuldner gegenüber seinen Eigentümern aufzufassen oder als Eigentümer seines eigenen Nettowerts«. Die doppelte Buchführung ermögliche die »Verwirklichung der gewinnorientierten Gesellschaft als eine wahrhaft autonome ... Wirtschaftseinheit, deren Vermögen nicht mehr mit dem der Familie, der feudalen Domäne oder anderer sozialer Einheiten verquickt ist«.[73]

Diese Erfindung war unter anderem durch die »arabischen« Ziffern angeregt worden. Ihrem Gebrauch lag das Dezimalsystem (Stellenwertsystem mit der Grundzahl zehn) zugrunde. Seit dem 3. Jahrhundert v. Chr. hatten die Inder für die Zahlen von eins bis neun eigene Symbole (Ziffern) benutzt. Diese wurden im 6. Jahrhundert um einen Kreis als Symbol für die Null ergänzt. So entstand ein ausgereiftes Stellenwertsystem, in dem die Zehn gleich zehn mal eins, die Hundert gleich zehn mal zehn ist und so weiter. Bis dahin hatten die vier Grundrechenarten einen Abakus erfordert, bei dem der Stellenwert der Steine durch die Reihe, in der sie liegen, und die Null durch eine leere Reihe angegeben wurde.[74] Derartige Instrumente waren bei den Griechen und Römern der Antike ebenso in Gebrauch wie – mindestens seit dem 2. Jahrhundert n. Chr. – bei den Chinesen.[75]

Es sollte sich bald erweisen, dass die arabischen Ziffern einschließlich der Null nicht nur in der reinen Mathematik von Vorteil waren, sondern auch in der praktischen Arithmetik, etwa in der Kontoführung, beim Messen und Rechnen. Die vier Grundrechenarten, wie sie seit Jahrhunderten an europäischen Schulen gelehrt werden, beruhen auf dem Stellenwertsystem. Es liegt auf der Hand, warum die Buchhalter das »arabische« System bereitwillig übernommen haben und warum dieses System Fortschritte in der Buchhaltung erleichtert hat. Mokyr stellt mit Recht fest, dass es »zweifellos der Entwicklung der doppelten Buchführung förderlich« war.[76] Die ersten ausführlichen dokumentarischen Belege hierfür finden sich in den Briefen, Urkunden und Rechnungsbüchern von Francesco di Marco Datini (1335–1410), der unter Historikern als der »Kaufmann von Prato« bekannt ist und dessen umfangreiche schriftliche Aufzeichnungen ungewöhnlich detailliert seine europaweiten Geschäfte festhalten, die alle unter dem Motto »Im Namen Gottes und des Gewinns« betrieben wurden.[77]

Etwa ein Jahrhundert später wurden diese Aufzeichnungen mit anderen traditionellen Grundsätzen der Buchführung in einer Art erstem Lehrbuch der Buchhaltung zusammengestellt, der *Summa de arithmetica, geometria proportioni et proportionalita* (erschienen 1494) des Fra Lucas de Burgo oder Luca Pacioli (um 1445–1514). Pacioli war ein Universalgelehrter und Minoritenmönch, der vor seinem Eintritt ins Kloster die Söhne eines erfolgreichen venezianischen Kaufmanns unterrichtet und lange Jahre als Professor Mathematik gelehrt hatte. In einem Kapitel über die doppelte Buchführung in ihrer venezianischen Version enthielt die *Summa de arithmetica* längst vertraute Regeln, zum Beispiel: »Die Bücher können erst geschlossen werden, wenn Soll und Haben sich gegenseitig aufheben«, und: »Wer einem Geschäft nachgeht, ohne alles darüber zu wissen, dem wird das Geld zwischen den Fingern zerrinnen«.[78]

Es gibt zahlreiche Hinweise darauf, dass das Wachstum der europäischen Bevölkerung zwischen 1000 und 1300 einen Punkt erreicht hatte, an dem die wenig ergiebigen Böden, möglicherweise bedingt durch klimatische Veränderungen, fast oder überhaupt keine Überschüsse mehr erbrachten[79] und die Angehörigen der untersten Schicht der Kleinbauern und Landarbeiter kaum noch das Nötigste zum Leben verdienten.[80] Ohne bahnbrechende technische Neuerungen wirkte sich ein solcher stagnierender oder gar rückläufiger landwirtschaftlicher Überschuss auch hemmend auf das wirtschaftliche Leben in den Städten und die weitere Arbeitsteilung aus.

Die Ereignisse während der ersten Hälfte des 14. Jahrhunderts vor allem in England haben unter Wirtschaftshistorikern einen heftigen Streit darüber ausgelöst, ob diese Periode beispielhaft die Theorie des englischen Nationalökonomen Thomas Malthus (1766–1834) bestätige. Diese besagt, dass die menschliche Bevölkerung normalerweise ein geometrisches oder exponentielles Wachstum aufweist, sich also in gleichbleibenden Zeitabständen um einen konstanten Faktor vermehrt (nach der Reihe 2, 4, 8, 16 ...), während die Nahrungsmittelproduktion langsamer steigt, da ihr Wachstum arithmetisch oder linear erfolgt (nach der Reihe 2, 4, 6, 8 ...). Ohne eine Dezimierung der Bevölkerung durch äußere Einwirkungen wie Kriege, Epidemien oder andere Katastrophen würden die Lebensmittel irgendwann zur Ernährung der Bevölkerung zwangsläufig nicht mehr ausreichen.[81]

Malthus hatte sogar behauptet, wenn alles fruchtbare Land bebaut werde, müssten sich die Erträge »kraft der Eigentümlichkeit aller Bodenarten langsam vermindern«. Diese Theorie abnehmender Erträge wurde später auch von einem anderen englischen Nationalökonomen und Zeitgenossen Malthus', David Ricardo, vertreten, der ebenfalls eine Krise prognostizierte, da die Bevölkerung kontinuierlich anwachse, während die Nahrungsmittelproduktion zurückgehe.[82] Eingehende Untersuchungen, etwa die von Bruce Campbell und Mark Overton, legen den Schluss nahe, dass ein erhöhtes Bevölkerungswachstum zwar die Nachfrage nach Lebensmitteln steigert und eine höhere Produktion durch höhere Hektarerträge auslösen kann, aber die Erhöhung des Nahrungsmittelangebots proportional geringer als das Bevölkerungswachstum

ausfallen und zur Verknappung des Angebots und damit zu
Unterernährung und Hungersnöten führen kann.[83]

Ende des 13. und Anfang des 14. Jahrhunderts stagnierte die
gesamte Wirtschaft in Europa. Es kam zu periodischen Hungersnöten (zum Beispiel die große Hungersnot von 1315 bis
1317, von der fast ganz Europa von den Pyrenäen bis nach
Russland betroffen war und während der die Sterberate in
Flandern, der am dichtesten besiedelten Region, um das Zehnfache anstieg)[84] und das Bevölkerungswachstum begann nach-
zulassen.[85] Technische Neuerungen waren in dieser Zeit kaum
zu erwarten. Campbell und Overton haben für England fest-
gestellt: »Mit Ausnahme eines Zuwachses der Zugkraft durch
Zugvieh gibt es bis zum ausgehenden 18. Jahrhundert keine
Anhaltspunkte für technische Innovationen, die spürbar zu
einer Steigerung der Effizienz der Landarbeit beigetragen hätten.«[86] Die schwache Position der feudalen Pachtbauern
stärkte die Stellung der Grundherren und des herrschenden
Adels, so dass das überkommene System der Grundherrschaft
unverändert fortbestehen konnte. Es steht außer Zweifel, dass
die Bevölkerung während des größten Teils des Jahrhunderts
Schwierigkeiten hatte, sich ausreichend zu ernähren, was zu
einem Rückgang des Bevölkerungswachstums und der wirtschaftlichen Produktion führte. Genau diese Gefahr hatte Malthus vor Augen gehabt, als er seine Theorie entwickelte.

Mitte des 14. Jahrhunderts wurde Europa erneut von der
Pest heimgesucht.[87] Der Erreger der Beulenpest, ein Bakte-
rium *(Yersinia pestis)*, wird durch Bisse des infizierten Ratten-
flohs übertragen. In knapp über fünfzig Prozent der Fälle ver-
läuft die Krankheit tödlich.[88] Eine noch höhere Mortalitätsrate
hat die (heute nicht mehr vorkommende) Lungenpest, die
durch Tröpfcheninfektion übertragen wird.[89] Beide Pestfor-
men traten damals auf.

Die Epidemie war von Asien ausgegangen. Die Seuche breitete sich wahrscheinlich 1331 zunächst in China und anschließend entlang der Seidenstraße und anderen Karawanenstra-

ßen nach Westen aus, erreichte nach 1340 das Khanat der Goldenen Horde in Saraj an der unteren Wolga und wurde 1343 bis 1346 vom Mongolenkhan Tinibeg in die genuesische Kolonie Kaffa (heute: Feodossija) eingeschleppt, indem er in einer frühen Form biologischer Kriegführung Leichen von Pestopfern mit einer Wurfmaschine über die Stadtmauern der von ihm belagerten Stadt schleudern ließ.[90] Von Kaffa brachten genuesische Schiffe infizierte Ratten in den Mittelmeerraum. 1347 erreichte die Pest Konstantinopel, Kairo und Messina, von wo aus sie sich in fast ganz Europa, Nordafrika und im Vorderen Orient ausbreitete.[91]

Nach 1352 ebbte die Seuche ab, doch in den folgenden dreihundert Jahren kam es in unregelmäßigen Abständen immer wieder zu meist regional begrenzten Ausbrüchen.[92] Das erste Auftreten hatte fraglos die verheerendsten Folgen. Der Seuche fielen etwa dreißig Millionen Menschen zum Opfer,[93] etwa ein Drittel der Gesamtbevölkerung Europas.[94] In England starb sogar die Hälfte der Bevölkerung.[95] Erst zweihundert Jahre später sollte die europäische Bevölkerung den Stand von 1340 wieder erreichen. Landwirtschaft, Handel und Gewerbe lagen darnieder. Noch um 1400 waren Produktion und Handelsumsatz niedriger als hundert Jahre zuvor.

In jeder Wirtschaft sind die Menschen in der Regel sowohl Konsumenten als auch Produzenten. Wird ihre Zahl stark verringert, werden Konsumenten und zugleich Arbeitskräfte knapp. Fehlende Verbraucher bedeuten, dass nach einer anfänglichen Inflation aufgrund der stark geschrumpften Nachfrage die Preise der Waren, die von ihnen normalerweise nachgefragt werden, einschließlich von Pacht und Mieten, fallen. Fehlende Arbeitskräfte bedeuten, dass der Preis für die Ware, die nur sie allein anzubieten haben, nämlich die Arbeitskraft, steigt.

Genau das war die Situation in Europa nach dem Schwarzen Tod. Durch die Pest war das Überangebot an Arbeitskräften im Verhältnis zum nutzbaren Boden drastisch reduziert worden.

Die Preise, einschließlich derjenigen für Nahrungsmittel, verfielen, während die Löhne stiegen. Die Obrigkeit unternahm spektakuläre Versuche, ähnlich dem Preisedikt, mit dem Diokletian gegen die Inflation vorgegangen war, um das Gesetz von Angebot und Nachfrage außer Kraft zu setzen. Die Grundherren versuchten die Bauern zu zwingen, wieder die traditionellen Hand- und Spanndienste zu verrichten, und bemühten sich, die Löhne auf ihrem früheren Niveau zu halten.

Es entstanden Kartelle in Form von Gilden und Zünften, denen gestattet wurde, das Warenangebot künstlich zu verknappen, um die Preise hoch zu halten. Die Folgen waren Volksaufstände und die Erosion des Feudalsystems. Die überkommene Ordnung der Dinge wurde unterhöhlt, weil es niemanden gab, der die Arbeit verrichtete, und niemanden, der die Waren kaufte. So verschob sich das Kräfteverhältnis eine Zeit lang zugunsten der Bauern, auch wenn ihre Aufstände brutal oder mit List niedergeschlagen wurden.[96] Die Reallöhne, das heißt Geldlöhne gemessen an ihrer Kaufkraft, waren um 1460 in England höher als jemals zuvor und sollten diesen Stand erst im 19. Jahrhundert wieder erreichen.[97]

In Osteuropa, wo die Bevölkerungsdichte wesentlich geringer und das Leben in der Stadt praktisch erloschen war, hatten die Bauern nicht die Möglichkeit, aus ihrer neuen Lage Nutzen zu ziehen. Es gab keinen funktionierenden Arbeitsmarkt, auf dem sie ihre Dienste hätten anbieten können. Die Grundherren konnten verhindern, dass sie wegzogen, und machten sie de facto zu ihren Sklaven. Sie wurden in eine schlimmere Dienstknechtschaft gezwungen als jemals zuvor.[98] In allen übrigen Regionen waren die langfristigen Folgen des Schwarzen Todes, die sich im 15. Jahrhundert zunehmend bemerkbar machten, Arbeitskräftemangel und hohe Löhne. Im Jahr 1363 beklagte ein Beobachter die veränderten Zeiten in Tönen, die den Menschen im Europa nach dem Zweiten Weltkrieg vertraut klingen mussten: »Dienstmädchen, ungelernte Frauen ohne Diensterfahrung und Stalljungen verlangen mindestens

12 Gulden pro Jahr, die dreistesten unter ihnen sogar 18 oder 24 Gulden pro Jahr, und so wollen auch Ammen und kleine Handwerker, die mit ihren Händen arbeiten, fast dreimal den üblichen Lohn, und Landarbeiter auf dem Lande wollen Ochsen und alles Saatgut, sie wollen die besten Ländereien bearbeiten und alle anderen aufgeben.«[99]

Die Folgen der hohen Arbeitslöhne lagen auf der Hand – man wurde erfinderischer und investierte in Arbeit sparende Geräte, um keine Löhne zahlen zu müssen. Ackerland, auf dem bisher Getreide angebaut worden war, wurde als Weideland genutzt, da Viehhirten und Schäfer größere Flächen bewirtschaften konnten als Pflüger und Erntearbeiter. Die Bauern züchteten Rinder und setzten Düngemittel ein. Die Handwerker in den Städten kauften mehr und bessere Werkzeuge und Maschinen. Im Jahr 1421 erteilte Florenz das erste bekannte Patent – auf ein Kanalboot, das mit Kränen ausgerüstet war – und bewirkte auf diese Weise »einen institutionellen Wandel, der zu einem hohen Maß an technischen Veränderungen in der Zukunft beitrug«. Rund fünfzig Jahre später erließ Venedig das erste formelle Patentrecht.[100] Die formelle Anerkennung und der gesetzliche Schutz der Eigentumsrechte an Erfindungen trugen dazu bei, dass ein Rahmen aus Anreizen und Eigentumsrechten geschaffen wurde, der Experimente und Neuerungen förderte.

Die Massenproduktion von Büchern, die ganze Heerscharen von Schreibern erforderte, wurde so teuer, dass man intensiv nach einer preiswerteren Lösung suchte, die schließlich mit Johann Gutenbergs Erfindung beweglicher Lettern im Jahr 1453 gefunden wurde. Innerhalb von knapp dreißig Jahren gab es dreihundertachtzig funktionierende Druckerpressen, und bis zur Jahrhundertwende waren mehr Bände produziert worden als im gesamten Jahrtausend zuvor.[101]

Der Schwarze Tod hatte auch den Klerus nicht verschont. Um neue Geistliche auszubilden und den Niedergang der Gelehrsamkeit aufzuhalten, wurden zahlreiche Universitäten gegründet. In Cambridge und Oxford kamen zu den bereits bestehenden neue Colleges hinzu. Bereits 1350 wurde die Universität von Florenz gegründet. Alle alten Universitäten östlich des Rheins und nördlich der Alpen stammen aus den ersten Jahrzehnten nach Ausbruch der Seuche: Prag (1348), Wien und Krakau (1364), Fünfkirchen in Ungarn (1367) und Heidelberg (1385). Frühere Zentren der Gelehrsamkeit verloren ihre Vorrangstellung, und das Studium wurde modernisiert.[102]

In der Medizin stieg das Ansehen der Chirurgen, die im Unterschied zu den theoretisch interessierten Ärzten die Kranken tatsächlich behandelten. Die Anatomie erhielt einen höheren Stellenwert.[103] Mailand und andere italienische Städte richteten als erste öffentliche Gesundheitsausschüsse ein, die befugt waren, Märkte, Straßen, Krankenhäuser und Friedhöfe zu kontrollieren. »An den Kosten und den Befugnissen [der Ausschüsse] wurde lautstark Kritik geübt«, schreibt Roy Porter über die neuen Organe, »zumal ein wirtschaftliches Desaster fast unvermeidlich war, nachdem man die Seuche erst einmal offiziell bekannt gemacht hatte, womit eine Aussetzung von Handel und Transport und eine Schließung der Märkte verbunden war.«[104] Es sollte länger als ein Jahrhundert dauern, bis sich solche Reformen in Nordeuropa durchsetzten.

Doch die tiefgreifendsten längerfristigen Auswirkungen der Pest in Europa betrafen die Sozialstruktur. Das auf den Trümmern des Römischen Reichs errichtete Feudalsystem lässt sich als eine Art informeller Gesellschaftsvertrag auffassen zwischen Bauern, die Schutz und in manchen Fällen Entlastung von drückenden Steuern suchten, und lokalen Machthabern, die Landarbeiter und Soldaten brauchten. Im Lauf der Jahrhunderte wurde dieses Verhältnis gegenseitiger Dienstleistungen von immer komplizierteren Traditionen, Rechten und Gesetzen überlagert, die die wirtschaftliche Freiheit des einzelnen Bauern beschnitten und ihn zunehmend dazu zwangen, Generation für Generation am selben Platz dieselbe Arbeit wie seine Vorväter zu verrichten, so dass ein wirtschaftlicher Wandel kaum möglich war. Durch die Pest erhöhte sich überall in West- und Mitteleuropa der wirtschaftliche Wert und damit die Verhandlungsmacht der Bauern, wodurch der Zusammenbruch des Feudalsystems beschleunigt wurde. Diese Entwicklung hatte in den Städten mit ihrer differenzierteren Sozialstruktur wesentlich früher eingesetzt als auf dem Land. Der von den Städten ausgehende Druck des Marktes hatte dazu geführt, dass die Bauern ihre feudalen Dienstleistungen und Abgaben in Naturalien zunehmend in Geld abgalten; damit wurden die Arbeitskräfte mobiler und unabhängiger.[105] Zu den Verhältnissen in England bemerkt Colin Platt: »Der größte Vorteil für die Armen bestand darin, dass sie sich jetzt entscheiden konnten – für einen anderen Grundherrn, eine andere Arbeit, ob sie auf dem Land bleiben oder in die Städte abwandern sollten, wie lange sie in der Fremde bleiben und wann sie einen Hausstand und eine Familie gründen wollten. Wenn es bei Revolutionen letztlich um die Freiheit der Wahl geht, dann muss der Schwarze Tod so genannt werden.«[106]

So bedeutsam die technischen und sozialen Folgen der Pest waren, die Erholung von ihren Auswirkungen auf Bevölkerung und Produktion sollte lange dauern, zumal die Seuche sporadisch immer wieder ausbrach. Das Bevölkerungswachstum in Europa[107] setzte erst am Ende des 15. oder Anfang des 16. Jahrhunderts wieder ein. Beschäftigung, Produktivität und Löhne blieben dagegen infolge des Arbeitskräftemangels auf einem hohen Stand, so dass im 15. Jahrhundert das Paradox zu beobachten war, dass sich trotz niedriger Produktionsrate ein wirtschaftlicher Wandel abzeichnete und der Lebensstandard relativ hoch war.[108]

Globalisierung:
Boote statt Bytes

Überblick

Um 1450 gab es auf der Erde noch mehrere wirtschaftliche und politische Zentren, deren Entwicklung fast ausschließlich durch Kräfte und Ereignisse innerhalb ihrer eigenen Grenzen bestimmt wurde. Seit langem bestanden natürlich Handelskontakte, sowohl zwischen West und Ost (Europa und Asien) als auch zwischen Nord und Süd, die allerdings weniger intensiv waren. Um 1750 setzte dann eine fundamentale Veränderung ein, in deren Verlauf sich fast alle Regionen der Welt wirtschaftlich vernetzten. Die entscheidenden Faktoren in diesem Prozess waren die Entdeckungsreisen, durch die neue Seewege erschlossen wurden, die die Weltmeere miteinander verbanden. Ebenso wie der *Homo sapiens* sich innerhalb der im Vergleich zu seiner vorherigen Evolution kurzen Zeitspanne seit etwa 40 000 v. Chr. in sämtliche bewohnbaren Gebiete der Erde ausgebreitet hatte, haben Seefahrer innerhalb der in Relation zur Menschheitsgeschichte kurzen Zeitspanne zwischen 1400 und 1750 den größten Teil der mit Schiffen befahrbaren Räume durchquert und sie miteinander verbunden. Phönizische, skandinavische, arabische und polynesische Seefahrer hatten große Seereisen unternommen, doch keine ihrer Expeditionen hatte zur Folge gehabt, dass ein zusammenhängendes Netz regelmäßiger Schiffsverbindungen über die Weltmeere gelegt wurde.[1]

In derselben Periode fanden auch grundlegende Veränderungen innerhalb der großen Wirtschaftsräume statt. Um 1450 hatte die Bevölkerung Europas mit 70 Millionen Einwohnern den Stand vor dem Ausbruch der Pest (80 Millionen) noch nicht wieder erreicht. Im 16. Jahrhundert setzte jedoch ein stärkeres demographisches Wachstum ein, und die europäische Bevölkerung wuchs auf 100 Millionen an. Nach einem Einbruch in den Jahren 1620 bis 1650, hauptsächlich infolge des Dreißigjährigen Krieges und weiterer Ausbrüche der Pest, begann die Bevölkerung schneller zu wachsen und stieg von 105 Millionen im Jahr 1700 auf 150 Millionen im Jahr 1750.[2]

Die Bevölkerung Europas hatte sich also innerhalb von dreihundert Jahren verdoppelt, wobei die Einwohnerzahlen in den Niederlanden, in England und Frankreich stärker angestiegen waren als in den Mittelmeerländern. Auch wirtschaftlich wurden die Länder im Süden allmählich überflügelt. Um 1625 ließ auch die Bevölkerungsentwicklung in Osteuropa die des Mittelmeerraums hinter sich, wo die Bevölkerungszahlen um die Mitte des 17. Jahrhunderts zurückgingen und sich bis 1750 nur langsam wieder erholten.[3]

In diesen Jahrhunderten vollzog sich der Übergang Europas vom Mittelalter zur Neuzeit. An die Stelle der feudalen Könige traten mächtigere nationale Monarchen, die den Nationalstaat als primäre Einheit der politischen Organisation errichteten. Im östlichen Mittelmeer und in der Levante begann diese Entwicklung 1453 mit der Eroberung Konstantinopels durch die Türken und endete mit dem wirtschaftlichen Zusammenbruch des Osmanischen Reichs, nachdem die Türken ihre Vormachtstellung im Handel auf dem Indischen Ozean zunächst an die Holländer und später an die Engländer und Franzosen verloren hatten.[4]

Die Bevölkerung Asiens wuchs schneller als die Europas – von knapp unter 250 Millionen im Jahr 1450 auf 535 Millionen dreihundert Jahre später, also auf mehr als das Doppelte.[5] Dieses Wachstum spiegelt die wirtschaftliche Stärke Indiens und Chinas in dieser Zeit wider. Die Bevölkerung des indischen Subkontinents, die in den vorangegangenen fünfhundert Jahren nur um ein Drittel zugenommen hatte und erst im Jahr 1500 die Hundert-Millionen-Grenze überschritten hatte, wuchs während des Mogulreichs aufgrund seiner politischen Stabilität und wirtschaftlichen Aktivität rasch an und erreichte 1650 einen Stand von 145 Millionen. Während des Niedergangs der Moguln verlangsamte sich dieses Wachstum, und um die Mitte des 18. Jahrhunderts betrug die Bevölkerungszahl rund 170 Millionen.[6] Indien zog Händler und Abenteurer aus Europa an. 1600 wurde die englische Ostindische Kompanie gegründet,[7] und 1750 standen England und Frankreich kurz davor, um die Überreste des Mogulreichs Krieg zu führen.

In China herrschte bis 1644 die Ming-Dynastie, der die Ch'ing-Dynastie (Mandschu-Kaiser) folgte. Das Land erlebte eine außerordentliche wirtschaftliche Blüte, die nur durch das Chaos in der Spätzeit der Ming-Kaiser und den Einfall und die Eroberungen ihrer Nachfolger unterbrochen wurde.[8] Zwischen 1400 und 1600 verdoppelte sich die Bevölkerung Chinas von 75 auf 150 Millionen, doch während des frühen 17. Jahrhunderts verlor das Land durch Kriege, Seuchen und Aufstände etwa 25 Millionen Menschen, also ein Sechstel seiner Bevölkerung. Bis 1750 lebten aber wieder 215 Millionen Menschen in China.[9] Im 18. Jahrhundert war das Land wahrscheinlich das mächtigste und erfolgreichste der Welt, doch trotz der erstaunlichen Seereisen Zheng Hes im frühen 15. Jahrhundert war China keine Seemacht. Die Meere im chinesischen Einflussbereich wurden nicht von Chinesen, sondern von Vasco da Gama, James Cook und anderen erschlossen.[10]

Die Bevölkerung Afrikas erholte sich von einem Rückgang im 14. Jahrhundert und wuchs zwischen 1450 und 1500 von etwa 75 auf 87 Millionen und im anschließenden Jahrhundert weiter auf 113 Millionen an.[11] Doch bis 1750 blieb dieses Niveau bestenfalls stabil und ging zeitweise sogar zurück.[12] Die Ankunft von Europäern in Schwarzafrika am Ende des 15. Jahrhunderts zerstörte die bisherigen wirtschaftlichen und kulturellen Tauschbeziehungen auf dem Kontinent. Im 17. Jahrhundert expandierte der Sklavenhandel infolge der starken Nachfrage nach Arbeitskräften auf den Plantagen in Amerika. Bis 1800 wurden knapp zehn Millionen afrikanische Sklaven dorthin verschleppt.[13] Die Bevölkerung des schwarzen Kontinents ging bis 1750 auf 104 Millionen Einwohner zurück.

Keine andere Region der Erde erlebte in dieser Zeit eine so tief greifende Transformation wie Amerika. Die einheimische Bevölkerung des Doppelkontinents betrug am Vorabend seiner »Entdeckung« schätzungsweise 40 Millionen. Weniger als ein Jahrhundert nach der spanischen Eroberung des Landes der Azteken und Inka war die Urbevölkerung durch die Brutalität der Konquistadoren und von ihnen eingeschleppte Infektionskrankheiten beinah ausgerottet worden. 1600 betrug ihre Zahl nur 13 Millionen. Bis 1700 ging die amerikanische Gesamtbevölkerung auf 12 Millionen zurück, bevor sie durch die Einwanderung weiterer Siedler und Sklaven einen Zuwachs erlebte. 1750 lebten 18 Millionen Menschen in Amerika.[14]

Das enorme Ausmaß der Umwälzungen in Nord- und Südamerika erklärt sich zum Teil aus der Jahrtausende während isolierten Entwicklung, die sich von der in Eurasien stark unterschied. Dementsprechend war der Spielraum für Veränderungen, den die Einwanderer hatten. Ein weiterer Grund, warum Europa einen größeren Einfluss auf Nord- und Südamerika ausübte als auf Afrika und Asien, lag darin, dass die europäischen Siedler, anders als in Afrika und den meisten Teilen Asiens, ohne nennenswerten Widerstand fruchtbares Land in angenehmem Klima in Besitz nehmen konnten. Es hätte auch anders kommen können. Die amerikanische Urbevölkerung hatte allen Grund, die Invasion von der anderen Seite des Atlantiks zu fürchten und sich ihr zu widersetzen. Doch die präkolumbischen Indianer besaßen nicht die nötigen militärischen Mittel für einen erfolgreichen Widerstand. Darüber hinaus fehlten ihnen die Abwehrkräfte gegen viele der von den Europäern eingeschleppten Krankheiten. So befand sich bis zur Mitte des 18. Jahrhunderts ein großer Teil des besten, in der Nähe der Küsten und der großen Flüsse gelegenen Landes in den Händen der europäischen Eindringlinge.

Die Geschichte

Gegen Ende des 15. Jahrhunderts lebten etwa 400 Millionen Menschen auf der Erde, davon über die Hälfte in Asien – die meisten in Indien und China –; in Afrika lebten 70 Millionen, in Europa 60 Millionen und in Amerika 40 Millionen. Einzelne Ballungszentren existierten vorwiegend in China, Nordindien, dem Vorderen Orient und Westeuropa. Manche Historiker wenden den Begriff des »Weltsystems« bereits auf die Wirtschaft jener Zeit und sogar auf noch frühere Epochen an. So schreibt etwa André Gunder Frank, dass es »seit 1500 ...« eine einzige umfassende Weltwirtschaft mit einer weltweiten Arbeitsteilung und einem multilateralen Handel« gegeben habe, die durch einen »eigenen systemischen Charakter und eine Eigendynamik gekennzeichnet [war], deren Wurzeln in Afro-Eurasien Jahrtausende alt sind«.[15] Andere Historiker haben dagegen eingewandt, dieses Modell messe den Verbindungen, die zwischen den Hauptzentren des wirtschaftlichen Lebens bestanden, ein größeres Gewicht bei, als aufgrund ihrer tatsächlichen Bedeutung im Wirtschaftsleben der einzelnen regionalen Zentren gerechtfertigt sei.[16]

Diese Verbindungen hat es zweifellos schon frühzeitig gegeben. Sie reichten quer durch Eurasien vom Atlantik im Westen bis zum Pazifik im Osten. Seit den Zeiten der Phönizier (900–500 v. Chr.) war Westeuropa über das Mittelmeer mit dem Vorderen Orient verbunden, und vorher schon, noch vor dem Marsch Alexanders des Großen von der Ägäis zum Indus, hatte es Landverbindungen zwischen dem östlichen Mittelmeer und dem Persischen Golf und Indien gegeben. Die erste Handelsroute, die China mit dem Nahen Osten verband – die spätere Seidenstraße –, geht in die Zeit um 500 v. Chr. zurück. In den ersten nachchristlichen Jahrhunderten gab es einen regelmäßigen Fernhandel mit Kamelkarawanen durch die Sahara. Landwege über die Alpenpässe verbanden spätestens seit der Römerzeit Italien mit Nord- und Westeuropa, und die Straße von Gibraltar, die seit dem 14. Jahrhundert befahren wurde, brachte das Mittelmeer und die Atlantikküsten Europas einander näher. Auf dem Indischen Ozean gab es bereits in den ersten Jahrhunderten n. Chr. einen regen Seehandel zwischen China, Südostasien, Indien, dem Mittleren Osten und Ostafrika.[17]

Der amerikanische Kontinent dagegen war, soweit wir wissen, mit keinem der eurasischen Zentren verbunden. Er war von Eurasien aus über die Landbrücke der heutigen Beringstraße zwischen Alaska und Sibirien besiedelt worden. Nachdem diese Landbrücke am Ende der letzten Eiszeit (12 000 bis 10 000 v. Chr.) überflutet worden war, gab es weiterhin einen sporadischen Austausch zwischen den beiden Kontinenten. Es kam sogar zu einer Rückwanderung, als Eskimos aus Alaska für kurze Zeit das westliche Ufer des Beringmeers besiedelten.[18] An der Nordostküste Amerikas erreichten Norweger über eine Kette natürlicher »Trittsteine« den Kontinent: Über die Faröer Inseln (um 800), Island (874) und Südgrönland (986) kamen sie schließlich nach Labrador und Neufundland (1000).[19] Soweit sie als europäische Einfälle in Amerika gedacht waren, scheiterten sie,

»weil die Ursprungsregion (Norwegen), die Zielregionen (Grönland und Neufundland) und die Zeit (984–1410) dafür sorgten, dass die potentiellen Vorteile Europas in der Nahrungsmittelerzeugung, Technik und politischen Organisation nicht wirkungsvoll eingesetzt werden konnten. In geographischen Breiten, die zu weit nördlich lagen, um eine nennenswerte landwirtschaftliche Produktion zu ermöglichen, konnten die eisernen Werkzeuge einer kleinen Schar Norweger, die von einem der ärmeren Staaten Europas nur schwach unterstützt wurden, wenig ausrichten gegen die Geräte aus Stein, Knochen und Holz der von der Jagd lebenden Eskimos und Indianer, den größten Meistern der Überlebenstechniken in der Arktis.«[20]

Für das übrige Amerika gibt es für die Zeit vor Kolumbus keine eindeutigen Nachweise von Kontakten mit Eurasien, und es spricht nichts dafür, dass sich die Kulturen beiderseits des Atlantiks beziehungsweise des Pazifiks gegenseitig beeinflussten.[21]

Es bleibt die Frage, ob man die übrige Welt als ein einziges Wirtschaftssystem betrachten kann. Zweifellos kam es bereits während des ersten und der ersten Hälfte des zweiten nachchristlichen Jahrtausends auf dem Weg zwischen China und Westeuropa zu einem Austausch von Waren und Wissen. Doch es steht ebenfalls außer Zweifel, dass die einzelnen Wirtschaften der eurasischen Welt noch so stark voneinander getrennt waren, dass sie sich für lange Zeit auf völlig unterschiedlichen Niveaus befanden. Hätte es eine einheitliche eurasische Wirtschaft gegeben, hätten Kenntnisse und Techniken sich viel schneller in dem gesamten Gebiet ausgebreitet, und die Wirtschaften hätten sich viel schneller aneinander angeglichen. Marco Polo, der 1275 nach China gelangte, und andere Reisende hätten über das, was sie in China sahen, kaum so erstaunt sein können, wenn sie in einer globalisierten (oder »eurasianisierten«) Wirtschaft gelebt hätten.

Und wenn schon der Wissensaustausch zu gering war, als dass daraus eine gemeinsame technische Entwicklung hätte entstehen können, so blieben die Handelsströme noch weiter hinter jenem Umfang zurück, der erforderlich gewesen wäre, um die einzelnen Wirtschaften zu einem gemeinsamen Markt oder Wirtschaftssystem zu verknüpfen. Mit den verfügbaren Transportmöglichkeiten vor dem 15. Jahrhundert – Lasttiere

auf dem Land, Flusskähne und Küstenschiffe auf dem Wasser –
ließen sich keine großen Ladungen über weite Entfernungen
transportieren, auch wenn die Griechen ihr Getreide vom
Schwarzen Meer bezogen und die Römer Transportschiffe und
Entladevorrichtungen für Massengüter entwickelt hatten, um
die großen Getreidemengen, die von der Hauptstadt benötigt
wurden, nach Ostia zu bringen. Der größte Teil des Fernhandels vor 1500 beschränkte sich auf Luxusgüter mit niedrigem
Gewicht, bei denen der Gewinn immer noch hoch genug war,
um die enormen Kosten und Risiken des Transports zu rechtfertigen. Wie Patrick O'Brien bemerkt hat, war die Bedeutung
des Fernhandels über die europäische Wirtschaft im 15. Jahrhundert ziemlich gering: »In der Zwischenzeit wurde das
Wachstum der europäischen Wirtschaft ... weiterhin von endogenen Kräften bestimmt: Bevölkerungswachstum, Urbanisierung, Regionalhandel und geringfügige organisatorische und
technische Fortschritte in Landwirtschaft und handwerklicher
Produktion.«[22]

Das galt auch für die asiatische Wirtschaft. Massengüter
wurden zwischen dem Nahen Osten, Indien und China gehandelt: Datteln, Zucker, Baustoffe und Holz nach Osten und
chinesisches Porzellan nach Westen.[23] Doch die Mengen dieser
Güter waren winzig im Verhältnis zu dem, was wir heute als
Bruttoinlandsprodukt der beteiligten Wirtschaften bezeichnen
würden, und bei weitem zu klein, um die Existenz einer gemeinsamen Wirtschaft der Anrainer des Indischen Ozeans zu
belegen.

Kurzum, vor dem Beginn der Neuzeit waren die Volkswirtschaften im Großen und Ganzen getrennte Einheiten, und der
Handel mit anderen Ländern spielte für ihren Charakter und
ihr Leistungsniveau keine maßgebliche Rolle. Über das Europa vor dem 16. Jahrhundert schreibt Cameron lakonisch, es
habe »nichts anderes dar[gestellt] als eine Region in einer
Reihe mehr oder minder abgekapselter Weltregionen«.[24]

Was also begann im 15. Jahrhundert die Wirtschaften der

Welt zu einem Netz zu verknüpfen, das alle Weltmeere und damit alle Häfen an diesen Meeren und alle Ortschaften mit einem Zugang zu einem dieser Häfen miteinander verband? Zwei Faktoren sind hier vor allem zu nennen, die beide ihren Ursprung in Westeuropa hatten: zum einen das Bestreben, die Kontrolle des Ostindienhandels durch die Araber und die Venezianer zu umgehen, indem man einen alternativen Seeweg nach Indien suchte, und zum anderen die Neuerungen in Schiffbau, Navigation und Geschützbau.

Die Reichtümer Indiens – Gewürze, Seide, Edelsteine, Gold und Silber[25] –, waren keineswegs das einzige, was die Europäer an der Atlantikküste verlockte, nach einem billigeren und besseren Seeweg in diese Region zu suchen. Die Rückeroberung (Reconquista) des muslimischen Südspaniens, die 1492 mit der Eroberung Granadas abgeschlossen wurde, öffnete über Cadiz das Tor zum Atlantik. Durch diesen Sieg ermutigt, gingen die Europäer nun auch dazu über, den Islam auf seinem eigenen Territorium anzugreifen, was spanische und portugiesische Abenteurer nach Nordafrika und entlang seiner Westküste nach Süden zog.[26] Genua, Kastilien und Portugal hatten bereits Madeira (1418–1420), die Azoren (1439) und die Kapverdischen Inseln (ab 1460) kolonisiert. Die Eroberer vermuteten im südlichen Westafrika unermessliche Goldvorkommen, und 1434 wagten sie sich über das südlich der Kanarischen Inseln gelegene Kap Bojador hinaus weiter nach Süden. Das Kap galt seit langem als das Ende der Welt, hinter dem angeblich namenlose Schrecken lauerten und von wo es wegen der vorherrschenden Nordwinde keine Rückkehr gab.[27]

Im östlichen Mittelmeer waren die Expansionsbemühungen der europäischen Seemächte weniger erfolgreich. Genua, eines der bedeutendsten Seehandelszentren, hatte seit langem unter der Vormachtstellung Venedigs im östlichen Mittelmeerhandel gelitten, spielte aber im westlichen Mittelmeer eine führende Rolle. Genueser Kaufleute und Seefahrer waren maßgeblich an den Unternehmungen beteiligt, in deren Rahmen

Schiffe von Sevilla und Cadiz aus nach Süden und Westen aufbrachen. Im 14. Jahrhundert suchte man nicht so sehr einen neuen Seeweg nach Osten, sondern strebte vielmehr danach, den eigenen Einflussbereich über das Mittelmeer hinaus in die nahen Atlantikregionen auszudehnen.[28]

Als mit der Eroberung Konstantinopels 1453 durch die Türken der Getreide-, Fisch- und Holzhandel Genuas mit dem Schwarzen Meer unterbrochen wurde, begann man jedoch verstärkt neue Handelswege und Märkte zu suchen. Der berühmteste Sohn der Stadt, Christoph Kolumbus (um 1446–1506), unterbreitete seinen Plan für eine große Seereise nach Westen zunächst dem portugiesischen und dann dem spanischen König, um finanzielle Unterstützung zu erhalten. Er versuchte seine Unternehmung mit der Verheißung schmackhaft zu machen, er werde einen kurzen Seeweg in den Orient eröffnen und auf diese Weise Zugang zu »unschätzbaren Mengen an Gold, Rhabarberwurzel und Zimt, Gewürzen und Baumwolle und Sklaven ›aus der Menge der Götzenanbeter‹« erhalten.[28]

Ein ganz anderes wirtschaftliches Motiv hat die Europäer möglicherweise noch vor Kolumbus gereizt, den Atlantik zu überqueren: die reichen Fischgründe an der nordamerikanischen Nordostküste. In einer neuen Untersuchung hat Mark Kurlansky die Hypothese vorgetragen, dass Basken noch vor dem 15. Jahrhundert und dann 1481 zwei Männer aus Bristol versucht haben, das Monopol der Hanse zu brechen, indem sie heimlich nach Neufundland fuhren, um dort an der Großen Bank Kabeljau zu fangen.[29] Im Gegensatz zu späteren Seefahrern wie John Cabot, der Neufundland 1497 mit der *Mathew* erreichte, mussten sie ihr Vorhaben geheim halten. Kein anderer durfte erfahren, woher sie ihren Fang hatten. Cabot suchte dagegen ebenso wie Kolumbus einen Seeweg nach Asien und hatte allen Grund, das neu gefundene Land und seine reichen Fischgründe bekannt zu machen und es im Namen des englischen Königs in Besitz zu nehmen.

Entwicklungen in Schiffbau und Navigation hatten einen

wesentlichen Anteil daran, dass die Europäer seit dem 15. Jahrhundert in der Lage waren, mit ihren Schiffen in bislang unbekannte Regionen vorzudringen. Angesichts der großen Entfernungen, die Kolumbus, Vasco da Gama, Magellan und die anderen großen Seefahrer auf ihren Reisen zurücklegen mussten, waren Methoden erforderlich, mit denen sie den Weg zum Ziel und zurück finden konnten, auch wenn wochenlang kein Land zu sehen war. Und die Schiffsmannschaften mussten auch unter widrigen Umständen für längere Zeit auf See überleben können. Nichts davon wäre europäischen Seeleuten wesentlich früher als im 15. Jahrhundert möglich gewesen, auch wenn vielleicht tatsächlich einige furchtlose Wikinger und womöglich sogar Kabeljaufischer aus dem Baskenland und aus Bristol nach Neufundland gelangt waren.

Für lange Seereisen auf dem offenen Meer mussten die Schiffe bestimmte Voraussetzungen erfüllen: Sie mussten auch bei schlechtem Wetter seetüchtig sein, in jede gewünschte Richtung segeln können, größeren Mengen von Nahrungsmitteln, Wasser und Handelswaren Platz bieten, um die Mannschaft ernähren und die Expedition finanzieren zu können, und sie mussten eine ausreichende Unterkunft für die Besatzung besitzen, damit sie ihre Aufgaben über lange Wochen hinweg erfüllen konnte. Offene Boote konnten bei stürmischer See leicht vollschlagen und boten Fracht und Mannschaft wenig Schutz. So genannte Rahsegler konnten nur vor dem Wind oder mit rauem Wind, der schräg von hinten kam, segeln, aber nur schlecht gegen den Wind. Ruderschiffe (Galeeren) waren auf Küstengewässer beschränkt und mussten in kurzen Intervallen einen Hafen anlaufen, damit die Mannschaften sich ausruhen konnten. Zwar setzten die Venezianer und später die Florentiner vom 13. bis zum 17. Jahrhundert Galeeren auch für Fahrten nach Frankreich und England auf dem Atlantik ein, aber mit diesen Schiffen wäre niemals eine Atlantiküberquerung möglich gewesen.[32] Das schloss nicht aus, dass im Jahr 1291 von Genua aus mehrere Galeeren in See stachen, die entlang der Westküste Afrikas irgendwann indische Gewässer zu erreichen hofften, allerdings nie mehr gesehen wurden.[33]

Um das Jahr 1400 wurden in Europa die ersten wirklich seetüchtigen Schiffe für Fahrten auf dem offenen Meer gebaut.[34] Ein Modell war die vollgetakelte dreimastige Karracke (portugiesisch *nau*), die von portugiesischen Werften gebaut wurde, eine Abwandlung der nordeuropäischen Kogge oder Hulk, in deren Konstruktion die Erfahrungen der Schiffbauer des Mittelmeerraums eingeflossen waren. Dieses Schiff hatte eine gemischte Takelung aus (viereckigen) Rahsegeln und (dreieckigen) Lateinsegeln, was ihm das Kreuzen gegen den Wind ermöglichte, und wurde als große Erfindung gefeiert, weil sich mit ihm mehr Manöver als mit den bisherigen Schiffstypen ausführen ließen, und dies mit wesentlich geringerem Risiko.[35] Es hatte mehrere Decks und bot geschützte Räume zur Unterbringung von Mannschaft und Ladung.

Die Karracke wurde ergänzt durch die Karavelle, in der Regel ein etwas kleineres und vielseitigeres Schiff, das auf den meisten frühen Erkundungsfahrten der Portugiesen entlang der Westküste Afrikas eingesetzt wurde. Erstmals erwähnt wird sie im Jahr 1440 im Zusammenhang mit einer solchen Erkundungsfahrt über das Kap Bojador hinaus. Doch entgegen der Legende, dass sie eigens für solche Fahrten von dem Portugiesen Heinrich dem Seefahrer (1394–1460) erfunden worden sei, gab es die Bezeichnung Karavelle für kleine Küstenfischerboote bereits seit zweihundert Jahren.[36] Man könnte meinen, dass diese Bezeichnung von »Karweel« (oder Kraweel) abgeleitet ist, mit dem eine Bootsbauweise bezeichnet wird, bei der die Planken des Schiffsrumpfs in Längsrichtung dicht nebeneinander verlaufen, statt sich zu überlappen wie bei der schwereren Klinkerbauweise, die im 15. Jahrhundert an der Atlantikküste von den Bootsbauern des Mittelmeers übernommen wurde.

Die portugiesischen Karavellen waren zwar alle nach der

Karweelbauweise gebaut, doch ihre Bezeichnung leitete sich nicht davon ab, sondern aus dem arabischen Bootstyp *carib* oder *caravo*, dessen charakteristisches Merkmal zwei bis drei Lateinsegel waren. Damit konnte der Wind auch noch genutzt werden, wenn er in einem Winkel von sechzig bis fünfund-sechzig Grad schräg von hinten kam. Ein langer, schmaler, leichter und flacher Schiffsrumpf machte dieses Schiff – dessen Mannschaft aus etwa zwanzig Mann bestand – mit seinen fünfundsechzig Tonnen Verdrängung, zwanzig bis fünfund-dreißig Metern Länge, sechs bis neun Metern Breite schnell und wendig. Erst die im 19. Jahrhundert aufkommenden Klip-per waren auf langen Strecken schneller als diese Schiffe.

Im 15. Jahrhundert wurden die portugiesischen Karavellen größer; sie erhielten höhere Deckaufbauten und manchmal einen dritten Mast. Mit zunehmender Entfernung der Erkun-dungsfahrten über Kap Bojador hinaus benötigten die Schiffe mehr Raum für Vorräte (bis zu einer Tonne pro Mann). Die Größe der Mannschaften ging zurück, nachdem keine Schiffe mit Rudern mehr gebaut wurden, und die leichtere Karweel-bauweise erlaubte eine höhere Zuladung, so dass größere Ent-fernungen zurückgelegt werden konnten.

Die größeren, dafür aber weniger wendigen Karracken wä-ren vielleicht für lange Erkundungsfahrten ebenso geeignet ge-wesen, hauptsächlich, weil ihre Rahsegel bei Fahrten vor dem Wind leichter zu handhaben waren,[37] und für seine Seereise nach Indien wählte Vasco da Gama tatsächlich nur eine Kara-velle und drei Karracken, die jeweils eine Ladekapazität von rund fünfhundert Tonnen hatten. Die Schiffe des Kolumbus, die *Niña* (16,50 m Gesamtlänge) und die *Pinta* (21 m) waren ab-gewandelte »runde« oder andalusische Karavellen. Die *Pinta* hatte jedoch Rahsegel, und die *Niña* wurde in Gran Canaria umgetakelt und zusätzlich mit Lateinsegeln ausgerüstet. Die *Santa Maria* (26 m Länge), das Flaggschiff der kleinen Flotte, war eine Karracke.[38] Ingesamt bestand die Besatzung dieser Flotte aus nicht mehr als neunzig »Männern und Jungen«.[39]

Um eine lange Seereise zu unternehmen, braucht man allerdings mehr als nur praktisch konstruierte Schiffe. Die Kapitäne dieser Schiffe müssen auch den Weg finden. Dafür waren zwei Neuerungen erforderlich: die genaue Kartierung der bekannten Erdteile und der Kompass. Letzterer wurde in Europa erstmals im 12. Jahrhundert erwähnt. Doch anscheinend haben europäische Seefahrer ihn erst seit dem 15. Jahrhundert zum Steuern ihrer Schiffe benutzt.[40]

1409 wurden die acht Bücher der *Geographia* von Claudius Ptolemäus, dem großen alexandrinischen Mathematiker und Astronomen aus dem 2. Jahrhundert n. Chr., ins Lateinische übersetzt.[41] Dieses Werk enthielt eine Anleitung zur Konstruktion von Gradnetzen, das heißt der Einteilung der Erdkugel in Breitengrade (jeweils von 0 bis 90 Grad nördlich und südlich des Äquators) und Längengrade (in ihrer modernen Form von 0 bis 180 Grad östlich oder westlich von einer festgelegten Zentrallinie, einem Meridian), so dass jeder Punkt auf der Erdoberfläche durch seine geographische Breite und Länge definiert werden konnte.[42] Die geographische Breite konnten die Seefahrern schon bald bestimmen, doch es sollte noch über drei Jahrhunderte dauern, bis John Harrison 1762 mit der Erfindung des Schiffschronometers auch die exakte Längenmessung möglich machte.[43]

Um die Schwierigkeit der Bestimmung des Längengrades zu umgehen, behalfen sich die Seeleute damit, dass sie zunächst die gewünschte geographische Breite ansteuerten und von dort aus so lange nach Osten oder Westen segelten, bis sie ihr Ziel gefunden hatten. Und obwohl später eine genauere Bestimmung möglich war, ermittelten die meisten Seefahrer die geographische Länge noch bis in die zweite Hälfte des 18. Jahrhunderts hinein durch so genanntes Koppeln, indem sie Fahrtrichtung und Geschwindigkeit schätzten und aufgrund ihrer Kenntnisse über die Meeresströmungen auf ihre Position schlossen. Die Bestimmung der geographischen Breite ist wesentlich einfacher, da die Erde sich um eine Nord-Süd-Achse dreht und somit jeder Himmelskörper, der senkrecht über dem Nordpol (oder Südpol) steht, für alle Beobachter, die sich auf einer bestimmten geographischen Breite befinden, in derselben Höhe über dem Horizont erscheint. Am Äquator erscheint er genau im Horizont, am Nordpol genau über dem Kopf des Beobachters, und zwischen den Polen und dem Äquator entspricht der Winkel, in dem er über dem Horizont steht, der geographischen Breite des Beobachtungspunkts.

Doch auch dafür muss man in der Lage sein, die Höhe des beobachteten Himmelskörpers über dem Horizont zu messen. Arabische Seeleute maßen in »Fingern«, das heißt die Anzahl der Fingerbreiten auf Armlänge, wobei ein Kreis von 360 Grad in 224 Fingerbreiten geteilt war.[43] Die Europäer folgten der hellenistischen Tradition der großen Astronomen aus Alexandria und verwendeten Gradeinteilungen; um die Mitte des 15. Jahrhunderts benutzten sie die ersten Astrolabien und Jakobstäbe und etwas später Quadranten, um die Durchgangshöhe der Sterne zu messen. Kolumbus war allerdings der Meinung, diese Geräte seien bei rauem Wetter kaum zu gebrauchen.[44]

Doch nach der Bestimmung der Position benötigte man immer noch eine Karte, in die man sie eintragen und zu den Meeren und Küsten, die man passierte, in Bezug setzen konnte. So genannte Portolane, Navigationsanleitungen für Seefahrer (Küstenbeschreibungen) mit beigefügten Portolankarten, waren zuerst von italienischen Seefahrern für den Mittelmeerraum angefertigt worden. Sie erregten die Aufmerksamkeit der portugiesischen Monarchen, die alle von Portugal ausgehenden Handelsunternehmungen zur See förderten. Außerhalb des Mittelmeers und der nahe gelegenen Küstengewässer des Atlantiks taugten die Karten des 15. Jahrhunderts jedoch eher als Ansporn für die Träume der Seefahrer denn als zuverlässige Navigationshilfen.[45] Man brannte darauf zu entdecken, was jenseits der bekannten Gewässer lag, wobei es manchmal auch in diesen noch etwas zu entdecken gab, wie die Azoren und andere Atlantikinseln in den Jahren 1450 bis 1470.

Ein wesentlicher Faktor fehlte noch, um die großen Seereisen am Ende des 15. Jahrhunderts zu ermöglichen: die Beherrschung der Winde. Auf dem Atlantik wehen die Passatwinde vom nördlichen Wendekreis bis zum Äquator von Nordost nach Südwest. Es folgt ein windschwacher Gürtel, die so genannten Rossbreiten, jenseits derer starke Nordwestwinde wehen. In der angrenzenden Zone zwischen dem 39. und 50. Breitengrad herrschen stürmische Winde vor. Für Segelschiffe, die keine langen Strecken gegen den Wind segeln konnten, ohne dass es für die Mannschaft zu einer Strapaze geworden wäre, mussten Routen gefunden werden, auf denen der Wind direkt oder schräg von hinten wehte. Kolumbus wusste von seinen Reisen entlang der afrikanischen Küste alles über die vorherrschenden Winde im Nordatlantik und nutzte sie beim Hin- und beim Rückweg aus. Bei der Bestimmung der Winde im westlichen Atlantik musste er sich jedoch auf bloße Vermutungen verlassen.

Die Entdeckung der spiegelverkehrten Windverhältnisse im Südatlantik erfolgte erst wesentlich später. Bartolomeu Diaz segelte bei seiner Seereise 1486–1488 beharrlich die afrikanische Küste entlang nach Süden und Südosten, wo er nach dem Passieren des Äquators im Golf von Guinea und entlang der Westküste Südafrikas ständig den Wind gegen sich hatte. Doch nur ein Jahrzehnt später steuerte Vasco da Gama von den Kapverdischen Inseln aus direkt nach Süden und wandte sich anschließend erst nach Südwesten, bevor er wieder südlichen Kurs hielt und schließlich nach Osten steuerte, um das Kap der Guten Hoffnung zu erreichen. Er hatte natürlich gegenüber Diaz den großen Vorteil, dass er aus dessen Bericht die geografische Breite des Kaps kannte und deshalb nicht an der afrikanischen Westküste entlang zu segeln brauchte. Zwei Jahrzehnte später überließ sich Magellan den vorherrschenden Nordwestwinden, als er vor der südamerikanischen Küste nach Süden fuhr, bis er nach einem eisigen Winter in Patagonien mit schweren Stürmen vor der Küste am 21. Oktober

1520 den Eingang zu der nach ihm benannten Seestraße fand.[46]

Somit waren zu Beginn des 16. Jahrhunderts Schiffe und Seefahrer gerüstet, Seereisen von der europäischen Atlantikküste aus zu unternehmen, die bislang undenkbar gewesen waren. Die Reichtümer des Ostens verlockten Könige ebenso wie die von ihnen finanzierten Seefahrer, immer weiter nach Süden und Westen vorzudringen. Rosenberg und Birdzell zählen die Gründe auf, die zu den europäischen Erkundungsfahrten an der Wende vom 15. zum 16. Jahrhundert führten:

»Den ersten Überseereisen lag das Bemühen zugrunde, Seewege zu finden, auf denen die neuen Karracken und Karavellen für den Handel mit dem Fernen Osten genutzt werden konnten, und so den schwierigen und kostspieligen Transport auf den Karawanenstraßen zu umgehen. Es waren demnach Versuche, eine neue Schiffbautechnik kommerziell nutzbar zu machen, die von westlichen Ländern unternommen wurden, die durch den Güteraustausch untereinander bereits den Wert des Seehandels kennen gelernt hatten und die, ebenfalls für den Handel miteinander, bereits Schiffe entwickelt hatten, die geeignet waren, größere Frachten auf langen Seereisen zu befördern. Die Seereisen entsprangen also eher gesellschaftlichen und wirtschaftlichen Bedürfnissen als der allgemeinen Aufbruchstimmung der Renaissance und waren insofern eine Folge des beträchtlichen Wachstums des innereuropäischen Handels, der zusammen mit Bevölkerungswachstum, Urbanisierung und Spezialisierung auch weiterhin expandierte.«[47]

Doch die wirtschaftlichen Motive und die technischen Voraussetzungen für die großen Seefahrten am Ende des 15. und zu Beginn des 16. Jahrhunderts reichten nicht aus, um sich militärisch und/oder ökonomisch in den »entdeckten« Ländern behaupten zu können. Es muss ein weiterer technischer Faktor angeführt werden – die Bewaffnung der Europäer. Die Feuerwaffe in Form eines Rohrs mit einem Projektil, das durch die Explosivkraft von gezündetem Schießpulver herausgeschleudert wurde, war fast zeitgleich in Europa (1326) und in China (1332)[48] erfunden worden.[49] Zwischen 1450 und 1600 wurden in Russland, Indien, China und Japan politische Reiche mit Hilfe von Feuerwaffen gegründet oder konsolidiert.[50] Die Staaten, die über solche Waffen verfügten, wurden nicht innerhalb kürzester Zeit von den Europäern erobert wie die Hochkulturen in Mittel- und Südamerika. Dennoch lässt sich gegen Paul Kennedys allgemeines Urteil schwerlich etwas einwenden:

»… so gewann Europa, angetrieben von einem florierenden Waffenhandel, auch in dem speziellen Bereich der Militärtechnologie einen entscheidenden Vorsprung vor den anderen Zivilisationen und Machtzentren. Zwei weitere Konsequenzen dieser Rüstungsspirale müssen hier genannt werden. Die eine sicherte die politische Pluralität Europas, die andere seine schließliche Seeherrschaft. … die Entwicklung des bewaffneten Großsegelschiffes [kündigte] einen grundlegenden Aufstieg Europas in der Welt an. Diese Schiffe versetzten die westlichen Seemächte in die Lage, die Handelsrouten der Ozeane zu kontrollieren und alle Gesellschaften, die durch Seemacht verwundbar waren, einzuschüchtern.«[51]

Sowohl McNeill als auch Kennedy konstatieren, dass der politische Pluralismus in Europa und die Marktkräfte, die er freisetzte, seit dem 14. Jahrhundert wesentlich wirksamere Anreize zur Entwicklung und Verbesserung von Geschützen darstellten als in den anderen Zentren, wo eine einzige politische Instanz das Gewaltmonopol besaß.[52] So wurden die für innereuropäische Kriege entwickelten Waffen innerhalb kürzester Zeit dem Einsatz auf Schiffen angepasst. Die neuen, leistungsfähigeren Bronzekanonen und später ihre billigeren Versionen aus Eisen hatten auf den breiten Karracken und Karavellen eine geschütztere und stabilere Plattform zum Abfeuern wirkungsvoller Breitseiten als auf den leichteren und schmaleren Galeeren, Daus und Dschunken.[53]

Trotz der, nach ihren eigenen Berichten zu urteilen, vernichtenden Angriffe Vasco da Gamas und Albuquerques auf die arabischen Flotten im Indischen Ozean wurde die europäische Seeherrschaft erst nach und nach errichtet. Zudem war sie zu keiner Zeit absolut und wurde nur für eine begrenzte Zeit durch die Regierungen unterstützt, in deren Namen sie proklamiert wurde. Ostasien wurde nicht unterworfen. Auch Russland war von See aus kaum angreifbar. Und das Streben nach einer Vorherrschaft zur See war natürlich ein permanenter Grund für Rivalitäten und Konflikte zwischen den europäischen Mächten.

Nachdem die Vormachtstellung Spaniens und Portugals auf dem Meer im Vertrag von Tordesillas 1494 durch einen päpstlichen Schiedsspruch festgeschrieben worden war,[54] der Portugal alle Territorien östlich einer Linie dreihundertsiebzig Seemeilen westlich der Kapverdischen Inseln und alle Gebiete westlich davon Spanien zusprach, war die nichtchristliche Welt in den Augen der Katholiken nur noch dazu da, zum Nutz und Frommen der europäischen Monarchen ausgeraubt oder bekehrt zu werden. Spanien und Portugal legten den Vertragstext allerdings unterschiedlich aus, und Frankreich, England und die Niederlande hatten ihre eigenen, mit ihm unvereinbaren Ansprüche.

Das gängige Klischee, das die Historiker über das so genannte Zeitalter der Entdeckungen verbreitet haben, lautete, die Spanier hätten die Gebiete der Neuen Welt erobert und geplündert, während die Portugiesen sich bemüht hätten, Handel zu treiben. So hat David Landes noch unlängst geschrieben: »Ziel der Spanier waren Schätze, Ziel der Portugiesen Handelsprofite. Zwei imperiale Perspektiven.«[55] Wie die meisten Klischees besteht auch dieses aus einem wahren Kern und groben Vereinfachungen. Die Spanier, die im 16. Jahrhundert im Kielwasser von Kolumbus nach Mittelamerika fuhren, entstammten einer Gesellschaft, die von der Jahrhunderte langen Rückeroberung des Landes von den Arabern geprägt war. So war, mit den Worten John Elliotts, »eine militante Kreuzzugstradition« entstanden, und die Spanier suchten nach dem Kampf gegen das islamische Reich nach neuen Herausforderungen. Darüber hinaus hatte die lange Zeit der Kriegführung im eigenen Land dazu geführt, dass Reichtum mit Beute gleichgesetzt wurde und Land nur noch als ein Territorium betrachtet wurde, das von einem Herrn regiert und von Vasallen, Sklaven und getauften Heiden bevölkert wird.[56]

Die Geschichte der Portugiesen ähnelte jener der Spanier, und in den großen Handelshäfen wie Sevilla und Lissabon wurde in gleicher Weise nach Handelsgewinnen gestrebt. Es gibt keinen überzeugenden Grund für die Annahme, die unterschiedlichen Ergebnisse der spanischen und portugiesischen Ausbeutung ihrer vertraglich vereinbarten Interessensphären seien auf elementare Unterschiede in den nationalen Wesenszügen beider Völker zurückzuführen.

Nachdem die Spanier in Mittelamerika feststellen mussten, dass es dort entgegen Kolumbus' Versprechen keine Gewürze oder ähnliche Waren gab, suchten sie nach anderen Möglichkeiten, sich zu bereichern. Insbesondere die angeblich reichen Gold- und Silbervorkommen lockten die Neuankömmlinge von den karibischen Inseln auf das Festland und ins Landesinnere von Mittelamerika.[57] So kamen sie fünfundzwanzig Jahre nach der Ankunft von Kolumbus mit der Hochkultur der Azteken im Süden des heutigen Mexiko in Kontakt.

Die Folgen für die Azteken und in den nachfolgenden Jahrzehnten auch für die Inka und andere amerikanische Völker waren katastrophal. Zwischen 1519 und 1524 vernichtete Hernán Cortez (1485–1547) mit ein paar hundert Mann das Aztekenreich. Dabei kam ihm eine Reihe von Faktoren zugute: Der Aztekenkaiser Montezuma glaubte, Cortez sei der zurückgekehrte Gott Quetzalcóatl, und ließ ihn verhängnisvollerweise in seine Hauptstadt Tenochtitlán ein; die Spanier besaßen überlegene Waffen (Schwerter und Lanzen aus Stahl, Pferde und Feuerwaffen),[58] und sie schleppten Infektionskrankheiten aus Europa ein. Ab 1520 breiteten sich die Pocken auf dem Festland aus, als die Azteken kurz davor standen, Cortez' kleine Schar zu besiegen,[59] und rafften den Nachfolger Montezumas[60] ebenso dahin wie große Teile der aztekischen Bevölkerung.[61]

Zehn Jahre später[62] vernichtete Francisco Pizarro (um 1476–1541) das Inkareich, nahm dessen Herrscher Atahualpa[63] gefangen und besiegte Heere, die nach Zehntausenden zählten, mit Reitertrupps von dreißig bis hundertzehn Mann.[64] Erleichtert wurde ihm der Sieg durch eine Pockenepidemie, der der frühere König Huayna Capac und sein Thronerbe zum Opfer gefallen waren, was einen Bürgerkrieg ausgelöst und die Bevölkerung weiter geschwächt hatte.[63]

Schätzungen zufolge wurde die einheimische Bevölkerung Zentralmexikos von 1519 bis 1595 um fünfundfünfzig bis sechsundneunzig Prozent dezimiert – durch Epidemien (Pocken, Masern, möglicherweise Typhus und Grippe), die auf eine Bevölkerung trafen, die gegen die meisten dieser Krankheiten keine Abwehrkräfte besaß und die zudem durch Zwangsumsiedlungen, Versklavung, drückende Abgaben und Überarbeitung geschwächt war. Nach einer anderen Schätzung ging die indianische Bevölkerung Zentralmexikos zwischen 1532 und 1608 von 16,9 Millionen auf eine Million zurück. Für Peru lassen die historischen Quellen vermuten, dass die dort lebenden Inka zwischen 1572 und 1620 etwa um die Hälfte dezimiert wurden.[64]

Kurz, Pocken, Masern, Grippe, Typhus, Beulenpest und andere europäische Infektionskrankheiten spielten bei den europäischen Eroberungen eine entscheidende Rolle, während umgekehrt die aus der Neuen in die Alte Welt eingeschleppte Syphilis nicht die gleichen verheerenden Folgen hatte.[65] Diamond resümiert: »Überall in Amerika verbreiteten sich die von den Europäern eingeschleppten Krankheiten von einem Stamm zum nächsten, noch ehe diese die Europäer überhaupt zu Gesicht bekommen hatten, und töteten schätzungsweise fünfundneunzig Prozent der präkolumbischen amerikanischen Bevölkerung.«[66]

Unbeeindruckt von den furchtbaren Folgen ihres Eindringens nutzten die Spanier die Möglichkeiten, die sich ihnen boten. Nachdem sie die Ureinwohner ausgeplündert und ihrer beweglichen Habe beraubt hatten, beuteten sie die Ressourcen Mittel- und Südamerikas systematisch aus, indem sie alle Reichtümer, die ihre Schiffe fassen konnten, in die Heimat schafften. »Die Eroberung des amerikanischen Festlands«, kommentiert ein Historiker den Antrieb der Konquistadoren, »schien nach kurzer Zeit eine Investition von Menschen, Geld und nationaler Energie in einer Größenordnung zu rechtfertigen, die unvorstellbar gewesen wäre ohne die Aussicht nicht nur auf sofortige Reichtümer, sondern auch auf nachhaltige langfristige Erträge.«[67]

Als es keine Gegenstände aus Gold mehr gab, entdeckten die Spanier zwischen 1540 und 1560 im heutigen Mexiko und in Bolivien reiche Silberlagerstätten und auch einige Goldadern, die mit Hilfe indianischer Zwangsarbeiter ausgebeutet wurden.[68] Am Ende des 16. Jahrhunderts, als die Ausfuhren aus Amerika ihr Maximum erreicht hatten, gelangten jährlich dreihundert Tonnen Silber und tausendneunhundert Kilogramm Gold nach Spanien,[69] was fünfundneunzig Prozent des Gesamtwerts aller aus den spanischen Kolonien importierten Güter entsprach. Der Handel spielte kaum eine Rolle, da nach der Vernichtung der Kulturen der Inka und Azteken zu wenig Menschen übrig geblieben waren, die über ihre Arbeit und deren Früchte selbst verfügten und Handel mit ihren neuen Herren hätten treiben können. Wenn sich ein Güteraustausch entwickelte, wie auf den spanischen Karibikinseln, waren die Handelspartner nicht die Ureinwohner, sondern die spanischen Pflanzer, die auf dem

Grund und Boden der in kurzer Zeit dezimierten und verdrängten Ureinwohner – Aruak und Kariben – Zuckerrohr-, Kakao-
und Tabakplantagen angelegt hatten.[70]

Auf dem amerikanischen Festland hatten im 16. Jahrhundert die Gewinnung von Gold und Silber und die Ansiedlung
der spanischen Abenteurer auf den fruchtbaren Böden oberste
Priorität. Die Spanier versuchten, aus der noch vorhandenen
Urbevölkerung durch Tribute und Zwangsarbeit das Letzte
herauszupressen.[71] Die gewaltsame Beschlagnahme fremden
Guts kann man nur als Raub bezeichnen. Aber Ausbeutung
und Enteignung waren unter den Bedingungen, welche die
Spanier vorfanden, die nahe liegendsten Möglichkeiten, sich
zu bereichern.

Die Portugiesen gingen anders vor, in erster Linie weil sie
andere Gegebenheiten vorfanden. In der Anfangszeit der portugiesischen Vorstöße entlang der nordafrikanischen Westküste und zu den vorgelagerten Inseln (1430–1460) boten sich
ihnen allerdings dieselben Möglichkeiten wie den Spaniern, und
sie verhielten sich genau wie diese. In den Breiten, die sich für die
Ansiedlung von Europäern eigneten, auf den Kanarischen Inseln, den Azoren und Madeira, errichteten Spanier und Portugiesen ebenso Kolonien wie wagemutige genuesische, florentini-
sche und französische Unternehmer. Weiter südlich auf den
unbewohnten – und für europäische Begriffe unbewohnbaren –
Kapverdischen Inseln entwickelten die Portugiesen seit 1460 ihr
Modell für die Eroberung der Karibikinseln sowie Mittel- und
Südamerikas: Sie legten Zuckerrohrplantagen an, die sich im Besitz und unter der Leitung von Europäern befanden und von
afrikanischen Sklaven bearbeitet wurden.[72] Das war quasi eine
neue Form der römischen Latifundien.

Die Portugiesen wussten möglicherweise schon 1494 von
der Existenz der Landmasse des heutigen Brasilien. 1500 bean-
spruchte Pedro de Cabral gemäß dem Vertrag von Tordesillas
formell den östlichen Teil dieses Landes für die portugiesische
Krone. Anfangs wurde vor allem der Holzreichtum der neuen

Kolonie ausgebeutet. Die Bevölkerung, die aus rund drei Millionen Indianern – Savannen- und Hochlandbauern – bestand, konnte sich der Unterwerfung anscheinend eine Zeit lang erfolgreicher widersetzen als ihre Leidensgenossen in Mexiko und Peru,[73] weil sie über ein weites Gebiet verstreut lebten und der Kontakt zu den Holzfällern begrenzt war.[74] Die Kolonisation begann nach 1530. Brasiliens Wirtschaft wurde durch den Zuckerrohranbau, der sich aufgrund der hier herrschenden klimatischen Bedingungen und des fruchtbaren Bodens als sehr erfolgreich erwies, tiefgreifend verändert. Nachdem jedoch auch die Portugiesen dazu übergegangen waren, die Ureinwohner des Landes zu versklaven, fielen diese in großer Zahl den eingeschleppten europäischen Krankheiten zum Opfer, so dass die Portugiesen zunehmend afrikanische Sklaven einführen mussten. Für diese mussten sie zwar viel Geld zahlen, aber die ersten, die nach Brasilien kamen, hatten bereits auf den Zuckerrohrplantagen auf den ostatlantischen Inseln gearbeitet und mussten nicht mehr angelernt werden. Laut Stuart B. Schwartz waren die schwarzen Sklaven im Vergleich zu den Indianern »produktiver, hatten weniger Fluchtmöglichkeiten und waren weniger krankheitsanfällig«. Während der nächsten dreihundert Jahre bis 1850, als der brasilianische Sklavenhandel abgeschafft wurde, gelangten insgesamt drei Millionen, nach manchen Schätzungen sogar bis zu fünf Millionen Afrikaner nach Brasilien. Keine andere amerikanische Kolonie sollte so stark von der Sklaverei geprägt werden.[75]

Nachdem die Portugiesen das Kap der Guten Hoffnung umrundet hatten, waren sie im Indischen Ozean mit völlig anderen Bedingungen als in der westlichen Hemisphäre konfrontiert und sahen sich genötigt, anders auf die sich bietenden wirtschaftlichen Chancen zu reagieren. Diese bestanden nicht in reichen Gold- und Silbervorkommen und weitem, fruchtbarem Land. Über den Indische Ozean war bereits ein Handelsnetz gespannt, das von der Küste Ostafrikas, dem Roten Meer und dem Persischen Golf bis zum indischen Subkontinent, nach Ceylon und Südostasien reichte und über das Süd-chinesische Meer auch mit China verbunden war. Keines der Völker dieser Regionen erlag den von den Europäern einge-schleppten Krankheiten in so großer Zahl wie die Indianer Amerikas um 1500.[76] Und die Araber, Inder und Chinesen waren den Waffen aus Stahl, den Pferden und dem Schießpul-ver der Europäer auch nicht so wehrlos ausgeliefert wie die amerikanischen Indianer. Über das alles verfügten sie bereits selber, auch wenn ihre monolithischen politischen Kulturen, wie gesehen, dem Fortschritt in der Waffentechnik nicht die-selben Impulse gaben wie der Pluralismus der rivalisierenden europäischen Herrscher. Der einzige, allerdings entscheidende Vorteil der Portugiesen war ihre Seekriegführung. Ihre mit Bronzekanonen ausgerüsteten Schiffe waren den Daus und Dschunken ihrer Gegner weit überlegen. Die Heftigkeit des portugiesischen Angriffs auf den Seehandel im Indischen Ozean, der seit langem in vergleichsweise friedlichen Bahnen verlief, traf die Gegner unvorbereitet, und von 1500 bis 1515 konnte sich Portugal der einträglichsten Häfen in Ostafrika, an der Westküste des indischen Subkontinents (an der Malabar-küste im Süden und in Konkan weiter im Norden), am Persi-schen Golf und der Malakkastraße bemächtigen. In der nächs-ten Phase (1515–1560) errichteten die Portugiesen an den Küsten des Indischen Ozeans eine Kette befestigter Stütz-punkte. Das Zentrum dieser Niederlassungen war Goa. Voran-getrieben wurde die portugiesische Expansion durch Schiffs-patrouillen, die das Pfeffermonopol durchsetzten und von den Kaufleuten Schutzgelder eintrieben.[77]

Die Portugiesen versuchten, ein Handelsimperium zu er-richten, jedoch nicht, Land zu erobern, zu kolonisieren und sich seine Bodenschätze anzueignen. Die Erträge stammten aus dem Handel und den Abgaben, die sie von den asiatischen Kaufleuten dafür erhoben, dass diese ihrem Geschäft unter dem Schutz der Portugiesen weiterhin nachgehen konnten. Der portugiesischen Krone genügte der gewinnträchtige Handel mit Pfeffer von der Malabarküste, Zimt aus Ceylon und Gewürzen (Gewürznelken, Muskatnüsse und Muskatblüten) von den Inseln Maluku und Banda zwischen Borneo und Neuguinea, auch wenn der Schutz der Kaufleute auf dem Meer letztlich mehr kostete, als er einbrachte.[78] Nachdem die Portugiesen sich in Macao festgesetzt hatten, begann eine dritte Phase der portugiesischen Präsenz im Indischen Ozean, in deren Verlauf die asiatischen Händler einen Teil ihres verlorenen Markts zurückeroberten, vor allem den Pfefferhandel mit dem Roten Meer und dem Mittelmeer. Sie nutzten Schwächen in der portugiesischen Seekontrolle und bauten, unter anderem mit erbeuteten portugiesischen Kanonen, eine eigene Seemacht auf. Davon zeugt der unter dem Sultan Ali Mughayat Schah errichtete eindrucksvolle Hafen von Aceh (Atjeh) an der Nordspitze Sumatras.[79]

Kurzum, während Spanien im 16. Jahrhundert ein Kolonialreich auf amerikanischem Boden errichtete, das mit gewaltigen Schiffskonvois die Verbindung zum Mutterland aufrechterhielt, schuf Portugal ein Seehandelsreich im Indischen Ozean und errichtete auf dem Land nur so viele Stützpunkte, wie nötig waren, um dieses Reich zu bewahren.

In Asien lebten um 1500 etwa zweihundertfünfzig Millionen Menschen. Einige hundert Europäer zu Pferd und die von ihnen eingeschleppten Krankheiten hätten diese Bevölkerung nicht vernichten können. Die Portugiesen konnten sich zwar durch einen Überraschungsangriff und militärische Überlegenheit einen Teil des Handels sichern, der ihnen unerhörte Gewinne bescherte, aber sie waren zu keiner Zeit mehr als ein Störfaktor auf den großen Märkten Asiens. Die asiatischen Volkswirtschaften blieben unabhängig. Sie beruhten auf starken politischen Reichen und übertrafen die Europäer in der Produktion landwirtschaftlicher und gewerblicher Güter bei weitem.[80]

Doch der Atlantik war nun mit dem Indischen und dem Pazifischen Ozean verbunden, und um die Mitte des 16. Jahrhunderts existierte ein Netz von Seewegen zwischen allen wichtigen Häfen der Welt. Man sollte allerdings keine falschen Vorstellungen von der Größenordnung des damaligen Seeverkehrs haben. Zwischen 1500 und 1634 stachen pro Jahr im Durchschnitt nicht mehr als sieben Schiffe von Portugal nach Ostindien in See, und nur vier Schiffe kamen von dort zurück;[81] man vergleiche dies mit den schätzungsweise zweihundert Schiffen, die um 1600 jedes Jahr, vom Atlantik kommend, in Sevilla einliefen.[82]

Den Spaniern und Portugiesen folgten andere europäische Seefahrernationen. Die Nachricht über ihre Funde und Entdeckungen verbreitete sich rasch, und es war nahe liegend, dass auch andere die Gelegenheit beim Schopf ergriffen. Es dauerte allerdings noch bis zur zweiten Hälfte des 16. Jahrhunderts, bevor den Regierungen der Mutterländer geraubtes Gut und Handelsprofite in nennenswerter Menge zuflossen.[83] Nachdem die Handelsreisen anfangs überwiegend privat initiiert gewesen waren, zogen die Regierungen nach und nach das Monopol auf die einträglichsten Handelsgüter an sich. Die Cabots segelten 1494 im Auftrag Heinrichs VII. nach Neufundland, 1535 fuhr Jacques Cartier in den Sankt-Lorenz-Strom ein und nahm das spätere Kanada für die französische Krone in Besitz. Um 1650 trieben französische, englische und niederländische Privatleute einen Schleichhandel mit den spanischen und portugiesischen Kolonien in der Karibik und Brasilien; einige unternahmen dort sogar regelrechte Raubzüge. Unter Elisabeth I. von England überfiel Francis Drake spanische Schiffe und Ansiedlungen, eine Piraterie, die von der Königin geduldet, wenn nicht gar gefördert wurde.[84] In den Niederlanden wurden Schiffe für lange Seereisen gebaut, und in weniger als einem Jahrzehnt fuhren mehr als fünfzig von ihnen in den Indischen Ozean.[85] Der Erfolg dieser Reisen führte im Jahr 1602 zur Gründung der Niederländisch-Ostindischen Kompanie, die den gesamten Handel zwischen den Niederlanden und Indien abwickelte. Auch die Engländer umrundeten das Kap der Guten Hoffnung und befuhren den Indischen Ozean, und im Jahr 1600 wurde die Englisch-Ostindische Kompanie ins Leben gerufen, deren Vorbilder die Handelsgesellschaften waren, die in den vorangegangenen fünfundvierzig Jahren für den Handel mit Russland, der Ostsee, der Levante und Afrika gegründet worden waren.[86]

Die Erschließung der neuen Seewege kurbelte die europäische Wirtschaft an. Der Zustrom von Gold und Silber nach Spanien erhöhte das Geldangebot vor allem in Spanien, aber auch im übrigen Europa (im Lauf des 16. Jahrhunderts verdreifachte sich die Menge der Währungsmetalle). Das beschleunigte sowohl das reale Wachstum in Handel und Gewerbe als auch die Inflation (im 16. Jahrhundert vervierfachten sich die Preise), da der wachsende Zustrom an Edelmetall eine Nachfrage erzeugte, der ein Angebot an Gütern und Dienstleistungen gegenüberstand, das sich mittelfristig nicht unbegrenzt vergrößern ließ.[87]

Es ist jedoch zu berücksichtigen, dass die Weltwirtschaft des 16. Jahrhunderts nicht mit der heutigen verglichen werden kann. Die Integration der einzelnen Volkswirtschaften hatte gerade erst begonnen. Der tägliche Bedarf wurde fast ausschließlich lokal und regional gedeckt, und abgesehen vom Import einiger spezieller Handelsgüter, wie Gewürzen, machte der Handel zwischen einzelnen Nationen und Kontinenten nur einen Bruchteil des Wirtschaftslebens aus. Die Entdeckung neuer Seewege, das Wachstum des finanziellen und kommerziellen Sektors und der Infrastrukturen zur Nutzung dieser Möglichkeiten sowie die Entwicklung neuer Märkte und neuer Lieferquellen hatten bedeutsame politische und wirtschaftliche Konsequenzen, aber keine unmittelbaren Folgen für das Leben der meisten Menschen, denn noch immer lebten neun Zehntel von ihnen von der Landwirtschaft. Die dramatischen Veränderungen, an die wir uns zu Beginn des 21. Jahrhunderts gewöhnt haben und die mit globalisierten

Märkten, revolutionären Entwicklungen in der Informations-
technologie und astronomisch großen Geldströmen zu tun haben, gab es vor einem halben Jahrtausend noch nicht. Soweit
bekannt, waren die damaligen wirtschaftlichen Wachstumsraten, gemessen an den Maßstäben der Zeit nach der industriellen Revolution, ganz zu schweigen von den heutigen, niedrig.

Durch die Zusammenführung entfernter Weltregionen nahm
die Zahl der Handelswaren zu und umfasste nun auch Güter
wie die exotischen Färbstoffe Indigo aus Indien und Koschenille aus Mexiko, Kaffee aus Afrika, Kakao aus Amerika, Seide
und Tee aus Asien, Baumwolle und Zucker in großen Mengen,
Tabak, tropische Früchte und Nüsse, Pelze, Leder, Tropenhöl-
zer, Kartoffeln, Tomaten, grüne Bohnen, Speise- und Riesenkürbisse, Cayennepfeffer und Mais.[88] Diese Auswirkungen
beschränkten sich nicht auf Europa. Bereits im 16. Jahrhundert
stimulierte und finanzierte der Zustrom von Edelmetall über
Spanien nach Europa die Einfuhr asiatischer Produkte. André
Gunder Frank hat sogar behauptet, die größeren und flexible-
ren Wirtschaften Asiens seien besser in der Lage gewesen, auf
die neue Nachfrage zu reagieren, und hätten infolge dessen ein
rascheres Wachstum erfahren als die europäischen Wirtschaften.[89] Dies war besonders deutlich in Indien zu beobachten,
vor allem in Bengalen und Bihar, wo im späten 16. Jahrhundert
gerade das neu gegründete Mogulreich für eine Stabilität
sorgte, die der wirtschaftlichen Entwicklung zugute kam. Und
im China der Ming-Zeit erhöhte importiertes Silber die umlaufenden Zahlungsmittel, wodurch ein Wirtschaftswachstum
angeregt wurde, das bis zum Beginn der Mandschu-Dynastie
Mitte des 17. Jahrhunderts anhielt.[90]

Die meisten Historiker sind sich darin einig, dass Spanien
seine wirtschaftlichen Möglichkeiten nach den Entdeckungen
des Kolumbus nicht optimal genutzt hat. Das vorrangige Ziel
der Gewinnung von Edelmetall durch Raub trug wenig dazu
bei, die Neue Welt als Markt für die eigenen Produkte zu erschließen, und das Edelmetall, das nach Spanien gelangte,

wurde nicht für kommerzielle und produktive Investitionen verwendet, sondern dazu, die Macht und die Prachtentfaltung der kastilischen Könige zu steigern, die in endlose Kriege mit anderen europäischen Mächten verwickelt waren. Karl I. (der spätere Kaiser Karl V.) und Philipp II. verschuldeten sich trotz der Reichtümer aus der Neuen Welt und wälzten diese Schulden auf ihre Untertanen ab, die die höchsten Steuern in ganz Europa zahlen mussten. Die spanischen Adligen, die bedeutende Privilegien genossen, blickten auf die arbeitende Bevölkerung herab. Juden und Morisken, die eine zentrale Rolle in der spanischen Wirtschaft gespielt hatten, waren schon 1492 vertrieben worden (sofern sie nicht zum Christentum übergetreten waren), und die Inquisition verfolgte Andersdenkende und angebliche Schein-Konvertiten mit religiösem Fanatismus.

Bevor Portugal 1580 an die spanische Krone fiel, betrieb es die bessere Wirtschaftspolitik, indem es auf Handel statt auf Raub setzte. Das Land erwies sich jedoch als zu klein und ineffizient, um seinen Vorsprung gegenüber den übrigen europäischen Mächten im Indischen Ozean voll nutzen zu können. Doch Portugal erkannte ebenso wenig wie Spanien, dass sich religiöse Toleranz positiv auf die Wirtschaft auswirkt. Zudem wurde die portugiesische Wirtschaft durch das Bestreben der Regierung geschwächt, ihre Macht mit Geld abzusichern, indem sie bestimmten gesellschaftlichen Gruppen Privilegien, Monopole und Abgabenbefreiungen gewährte. Dadurch wurde die Steuerlast für die einfache Bevölkerung erhöht und ein Teil der politischen Macht in die Hände korrupter und inkompetenter Akteure gelegt.[91]

Im 16. Jahrhundert unterhielten Spanier und Portugiesen Handelsbeziehungen mit vielen Regionen der Welt. Sie hatten Kolonien, Plantagen und Handelsstützpunkte errichtet und Raubgut in solchen Mengen in die Heimat verfrachtet, dass die anderen europäischen Staaten sie mit Neid und Besorgnis beobachteten. Im 17. Jahrhundert wurde die Vorherrschaft der Staaten der iberischen Halbinsel in Frage gestellt und schließlich gebrochen. Ihre Nachfolger schufen neue Wirtschaftsimperien, entwickelten neue Konzepte für die Rolle der Wirtschaft und neue Verflechtungen zwischen den Hauptzentren der Weltwirtschaft.

Im vorigen Kapitel wurde geschildert, wie sich das wirtschaftliche Zentrum Europas von Italien und dem Mittelmeerraum nach Norden und Westen verschob. Auch die Handelszentren hatten sich von Norditalien in die Champagne, nach Brügge und Antwerpen verlagert. Antwerpen gehörte zu den Spanischen Niederlanden, bis 1566 in den Niederlanden ein Aufstand ausbrach. 1609 gewann die Republik der Vereinigten Niederlande, wie sich die sieben nördlichen protestantischen Provinzen nannten, die Unabhängigkeit, die 1648, am Ende des Dreißigjährigen Kriegs, im Haager Frieden auch von Spanien anerkannt wurde. Um 1600 hatte Amsterdam bereits die Rolle Antwerpens als Handelszentrum Nordwesteuropas übernommen, nicht zuletzt dank der Zuwanderung von Finanziers aus Antwerpen und Kaufleuten und Handwerkern aus Flandern und Brabant, die der spanischen Herrschaft entflohen waren und neben ihrem Geld auch ihre Kenntnisse mitbrachten.[92]

Der Aufstieg der Niederlande im 17. Jahrhundert ist auf mehrere Faktoren zurückzuführen: die Lage im Zentrum des »Mutterhandels« mit den Häfen an Ostsee und Nordsee sowie am Golf von Biscaya und am Mittelmeer; die auf ihre Unabhängigkeit bedachten Stadtbürger, Kaufleute und kenntnisreichen Seefahrer; die politischen Strukturen, die der Zentralgewalt nur ein Minimum an Befugnissen übertrugen und religiöse Toleranz und wirtschaftliche Freiheit garantierten; eine überwiegend städtische Bevölkerung; das Bevölkerungswachstum; aus Torf gewonnene billige Energie; das blühende Gewerbe mit Brauereien, Zuckerraffinerien, Werften und Textilmanufakturen und schließlich die spezialisierte Landwirtschaft und die erfolgreiche Heringsfischerei. Die Holländer brauchten nicht lange, um in technischer, wirtschaftlicher und politischer Hinsicht zu einem Führungsland zu werden.[93]

Bis zum Ende des 16. Jahrhunderts waren holländische Kaufleute vom lukrativen Asienhandel ausgeschlossen, weil der Vertrieb der von Portugal importierten asiatischen Produkte von einem Syndikat betrieben wurde, das Hamburg zu seinem Hauptsitz gemacht hatte. Doch als Jan van Linschoten, ein Holländer, der für die Portugiesen in Asien gearbeitet hatte, 1595/96 seine Reisetagebücher veröffentlichte, erhielten die Holländer eine detaillierte Wegebeschreibung zur Quelle dieses lukrativen Handels. Die Tagebücher enthielten Angaben über »Segelrouten, Winde, Häfen und das portugiesische Reich in Afrika«. Wenn es noch eines weiteren Anstoßes bedurft hätte, damit sich die um ihre Unabhängigkeit kämpfenden Niederlande gegen ein iberisches Handelsmonopol zur Wehr setzten, wäre dies die Vereinigung Spaniens und Portugals 1580 unter der Krone Habsburgs gewesen.[94]

Die überlegenen Kenntnisse der Niederländer im Schiffbau und ihre Kompetenz als Seefahrer verschaffte ihnen einen Vorteil gegenüber ihren Konkurrenten auf den Weltmeeren.[95] Zu Beginn des 17. Jahrhunderts hatten sie gerade die Flüte oder Fleute *(fluyt)* entwickelt, eine breitere, längere, flacher im Wasser liegende, beweglichere und geräumigere Version der von Spanien und Portugal im Jahrhundert zuvor benutzten Schiffe.[96] Das bevorzugte Kriegsschiff war damals die Galeone. 1636 befuhren, neben mehreren hundert Booten der Heringsfangflotte, tausendsiebenhundertfünfzig hochseetüchtige holländische Handelsschiffe die europäischen Meere.[97] Die effektive, wenn auch plumpe Flüte wurde hauptsächlich im Ostseehandel eingesetzt, während die Schiffe, die nach Asien, Westindien und ins Mittelmeer fuhren, drei- bis viermal so groß, schwerer gebaut und an den Seiten mit Reihen von Stückpforten versehen waren.[98] Im Jahr 1659 zählte die niederländische Ostindienflotte hundertneunzehn Schiffe.[99]

Obwohl die Bau- und Betriebskosten der Schiffe der Ostindienflotte höher waren als die anderer Schiffe, waren Kosteneinsparungen gegenüber der ausländischen Konkurrenz im Asienhandel nicht das oberste Gebot.[100] Reisen in den Osten waren »unsicher und riskant«, wie Russell Menard schreibt, da sie bis zu zwei Jahre dauern konnten und »Krankheiten, widriges Wetter, Piraten und Kriegsschiffe« eine ständige Bedrohung darstellten.[101] Sowohl die Holländer als auch ihre europäischen Konkurrenten versuchten, den Fernhandel mit asiatischen Gewürzen und anderen Handelsgütern unter ihre Kontrolle zu bekommen und ihre Rivalen auszuschalten, indem sie vernetzte befestigte Stützpunkte anlegten und Handelsprivilegien für sich beanspruchten.[102]

Von zentraler Bedeutung für den Erfolg der Niederländer im Kampf um die Vorherrschaft im Indischen Ozean, den Boxer nicht ganz unpassend als den »ersten Weltkrieg« bezeichnet hat,[103] war die 1602 erfolgte Gründung der Vereinigten Ostindischen Companie (VOC). Bis zum Beginn des 17. Jahrhunderts hatten holländische Handelsfahrer im Indischen Ozean bereits die Position Portugals geschwächt und ihre britischen Rivalen verdrängt. Doch die großen Mengen des von Holland importierten Pfeffers hatten eine so starke Erhöhung des Pfefferangebots in Europa zur Folge, dass der Preis in den Keller sackte und den Finanziers der Handelsreisen der Ruin drohte. Um einer finanziellen Katastrophe vorzubeugen, intervenierte die niederländische Regierung und sorgte dafür, dass die konkurrierenden holländischen Handelsgesellschaften sich zu einem neuen Handelsmonopol zusammenschlossen (der VOC). Dieser wurde das ausschließliche Recht verliehen, östlich des Kaps der Guten Hoffnung und westlich der Magellanstraße Handel zu treiben und Handelsgüter auf Schiffen zu transportieren.[104] Die Politiker hatten jedoch noch ein tieferes Motiv: »Es war den politischen Führern zweifellos nicht entgangen, dass eine einzige, vereinte holländische Präsenz in Asien die Möglichkeit eröffnete, im Kampf gegen Portugal und Spanien auch militärische Ziele zu verfolgen, was von rivalisierenden Kaufmannsgesellschaften nicht einmal in Betracht gezogen werden konnte.«[105]

Nur vierzig Jahre nach der Gründung der VOC kontrollierten die Niederländer einen Großteil des Handels mit den Reichtümern des Ostens, derentwegen die europäischen Entdeckungsfahrten in den vorangegangenen hundertfünfzig Jahren unternommen worden waren: Muskatnüsse, Nelken, Sandelholz, Tee und chinesische Handwerkserzeugnisse. Noch ehe die VOC die volle Kontrolle über die Gewürzinseln (Molukken) erlangt hatte, erweiterte sie ihren Aktionsradius auch auf andere asiatische Handelszonen. Bis 1612 hatten die Holländer die Portugiesen von der indischen Koromandelküste in Pulicat verdrängt und einen eigenen befestigten Handelsstützpunkt errichtet. Das war ein wichtiger Schritt, weil indische Baumwolltextilien für die Entwicklung des Gewürzhandels eine Rolle spielten. In den Jahren nach 1630 reichte der Einfluss der VOC bis nach Bengalen. 1637 sicherten sich die Holländer das Monopol auf den Zimthandel, nachdem sie die Portugiesen aus ihren Stützpunkten auf Ceylon vertrieben hatten.[106]

Ab 1609 nahmen die Holländer auch Handelsbeziehungen zu Japan auf. Von Fort Zeelandia auf Taiwan aus konnten sie ihren Fernosthandel konsolidieren. Die westlichste Handelszone, zu der die indische Malabarküste, Persien und Arabien gehörten, hatte ihr Zentrum in Surat, wo die VOC 1616 einen Stützpunkt gründete. Von Surat aus erstreckten sich die Handelsverbindungen der Kompanie bis nach Mocha (Mokka) am Eingang zum Roten Meer. Bis etwa zur Mitte der vierziger Jahre des 17. Jahrhunderts hatte die VOC »ein erstaunlich umfassendes Netz von Handelsstationen [errichtet], das von Persien bis nach Japan reichte«.[107]

1621 wurde als Gegenstück zur VOC die Westindische Companie (WIC) gegründet, die die Kolonialisierung und den Pelzhandel in Nordamerika förderte, Zuckerrohrplantagen in der Karibik anlegte, Waren aus den edelmetallreichen spanischen Kolonien beschaffte und für einen Aufschwung des Sklavenhandels sorgte. In den vierziger Jahren des 17. Jahrhunderts hatten die Holländer Stützpunkte an der Goldküste und in Angola, in Brasilien und Venezuela, in Curaçao, Tobago und Surinam sowie an der Mündung des Hudson in Nordamerika, wo sie 1623 auf einer Insel namens Manhattan auch Neu-Amsterdam gegründet hatten.[108] In nur zwei Generationen hatten die Holländer ein weltweites Handelsnetz aufgebaut, das sich von den Niederlanden bis nach Neu-Niederland und Curaçao im Westen, Formosa (Taiwan) und Deshima (Nagasaki) im Osten, Smeerenburg auf Spitzbergen im Norden und Kapstadt im Süden erstreckte.[109] Doch wie Portugiesen und Spanier vor ihnen wurden jetzt auch die Holländer von den anderen europäischen Mächten angegriffen, hauptsächlich von Engländern und Franzosen, die das holländische Handelsmonopol brechen wollten.

Der erste englisch-niederländische Krieg, der 1652 begann, leitete ein Vierteljahrhundert andauernder kriegerischer Auseinandersetzungen ein. 1654 verloren die Holländer ihre Stützpunkte in Brasilien und Angola, 1662 jene auf Formosa und 1664 die Siedlung Neu-Amsterdam.[110] Der Verlust von Neu-Amsterdam sollte sich als Wendepunkt in der amerikanischen und in der Weltgeschichte erweisen, wurde aber damals von den Holländern leicht verschmerzt. Die Siedlung war ein kleines Handelszentrum mit einer Bevölkerung von höchstens tausend Einwohnern, das von den Engländern 1664 leicht eingenommen werden konnte. Das kleine englische Militärkontingent war auf Befehl des Herzogs von York, dem späteren Jakob II., als Vergeltungsaktion für einen holländischen Überfall auf die Gewürzinsel Run über den Atlantik geschickt worden. Drei Jahre später schlossen die beiden Länder Frieden, und die Engländer blieben in Neu-Amsterdam, das in New York umbenannt wurde, während die Holländer Run behielten.[111] Damals schien dies den Holländern ein guter Handel zu sein – Biberpelze erschienen ihnen längst nicht so lukrativ wie Gewürze[112] –, doch der Tausch von Neu-Amsterdam gegen die Insel Run gehört sicherlich zu den weniger weitsichtigen Geschäften in der Wirtschaftsgeschichte.

Trotz der ständig zunehmenden Anfeindungen ihrer größeren europäischen Rivalen blieb der holländische Handel, wie de Vries und van der Woude schreiben, für lange Zeit »die mit Abstand größte Konzentration internationaler Wirtschaftstätigkeit in Europa, und die Rolle [der Niederlande] als Umschlagplatz prägte die internationalen Märkte«.[113] Das wichtigste Vermächtnis der Holländer aus dieser Zeit sind die kommerziellen und finanziellen Innovationen der ersten Jahre des 17. Jahrhunderts, die die VOC, die Bank von Amsterdam und die Börse betrafen. Diese Institutionen beruhten auf früheren Neuerungen europäischer und asiatischer Kaufleute, die von den Holländern weiterentwickelt wurden, und sie wurden die Vorbilder für die Grundbausteine des Kapitalismus – Kapitalgesellschaft, Aktiengesellschaft, Staatsbank und Börse.

Wie Jack Goody bemerkt hat, waren die Kapitalgesellschaften nicht nur die Vorläufer der heutigen multinationalen Konzerne, sondern »auch die Nachfolger der früheren Formen einer Geschäftsbeteiligung wie die *commenda*, die es Jahrhunderte lang überall in Eurasien gegeben hatte«.[114] Einige der frühen englischen Handelsgesellschaften wie die Moskowitische Handelsgesellschaft, die Levantekompanie und die Ostindische Kompanie wurden als Kapitalgesellschaften gegründet, das heißt, die Anteile der Gesellschafter wurden zusammengelegt und gemeinschaftlich verwaltet. »Das geschah im Fernhandel, bei dem die Risiken und das Kapital, das zur Durchführung einer einzigen Reise benötigt wurde, für einen einzelnen Kaufmann ... viel zu groß waren.«[115] Doch während die englische Ostindische Kompanie jede Reise als eigenes Unternehmen betrachtete, an dem jeweils andere Anteilseigner beteiligt waren, wurden die Handelsreisen der holländischen VOC als Teil eines einzigen Dauerunternehmens mit einer Laufzeit von mehreren Jahren betrachtet. Und da die VOC auch das Recht hatte, Forts zu bauen, Heere zu unterhalten und Verträge abzuschließen, benötigte sie erhebliches Kapital.[116]

Der Oktroi (das an Handelsgesellschaften verliehene Privileg) der VOC sah deshalb vor, dass alle Anleger für die Verbindlichkeiten der VOC nur in der Höhe ihrer Einlage haften mussten, das heißt, sie bildeten das, was wir heute als Gesellschaft mit beschränkter Haftung bezeichnen. In den Anfangsjahren der VOC wurde darüber hinaus der Grundsatz festgelegt, dass das investierte Kapital dauerhaft angelegt war (also nicht abgezogen und unter den Anlegern verteilt werden konnte) und dass Gesellschafter, die ihren Anteil an der VOC zu Geld mach wollten, diesen an der Börse verkaufen konnten (was bei einer heutigen GmbH nicht möglich wäre). »Diese Praxis hatte sich bis 1620 eingebürgert, und die VOC war praktisch zur ersten Aktiengesellschaft Europas geworden.«[117]

Banken waren bislang überwiegend in privater Hand, doch mit der Gründung der Bank von Amsterdam, der Amsterdaamschen Wisselbank, im Jahr 1609 als städtische Bank, die verlässliche Zahlungsmittel ausgab, schufen die Stadtväter von Amsterdam eine weitere wesentliche Voraussetzung für den Handelserfolg. Ähnlich wie die VOC hatte auch die Bank einen Vorläufer, in diesem Fall die 1587 gegründete venezianische Banco della Piassa di Rialto. Die Gründung der Wisselbank erfolgte als Reaktion auf den Zustrom von Kaufleuten und *kassiers* (Geldwechsler) im Jahr 1585 aus Antwerpen, wo sich der Wechsel zu einem Instrument für kurzfristige Kredite entwickelt hatte. Die Amsterdamer Stadtväter waren jedoch mehr daran interessiert, das Angebot an wertbeständigem Münzgeld konstant zu halten oder zu vergrößern, als eine wachsende Anzahl von Wechseln zu fördern. Es gehörte zu den Aufgaben der neuen Bank, den Geldwechsel zu beaufsichtigen und die langen Zahlungsketten bei den Wechseln zu verkürzen. Die Wisselbank nahm Einlagen entgegen, führte die Verrechnung zwischen verschiedenen Konten aus und akzeptierte Wechsel. Die Kaufleute waren faktisch gezwungen, ein

Konto zu eröffnen, da alle Wechsel über sechshundert Gulden über die Bank eingelöst werden mussten. De Vries und van der Woude heben die Bedeutung der Bank für die Entwicklung des internationalen Handels hervor:

> »Der Bank von Amsterdam gelang es auf Anhieb, Kunden anzulocken, die in ganz Europa Neid erregten, da ihnen Depositen-, Überweisungs- und Kreditdienstleistungen zur Verfügung standen, die vertrauenswürdig, sicher, effizient und praktisch kostenlos waren. Sie wuchs mit der Ausdehnung des Amsterdamer Handels und wurde schließlich zur Verrechnungsstelle des Welthandels, indem sie internationale Verbindlichkeiten regulierte und Kapitaltransfers ausführte. Darüber hinaus erfolgte ihre Tätigkeit kontinuierlich das ganze Jahr hindurch, während alle diese Dienstleistungen zuvor nur mit langen Unterbrechungen auf den großen Messen verfügbar waren.«[118]

Transport-, Handels- und Finanzdienstleistungen wurden an der Amsterdamer Beurs (Börse) zusammengeführt, die seit dem Beginn des 17. Jahrhunderts die Börsen in Brügge und Antwerpen verdrängte und bis weit ins 18. Jahrhundert hinein das »Nervenzentrum der gesamten internationalen Wirtschaft« war. Die Kaufleute und Makler, die sich unter den Arkaden des 1611 errichteten Börsengebäudes trafen, »handelten buchstäblich mit allem, was dieser Gesellschaft bekannt war«, von Waren aller Art über Anteilscheine, Staatsanleihen, Schiffsversicherungen und Frachtraten bis zu Devisen. Wisselbank und VOC-Kontor befanden sich nur einen Steinwurf von der Beurs entfernt, was den Kaufleuten ein geschäftliches Betätigungsfeld bot, das in Europa seinesgleichen suchte.[119]

Für das effiziente Funktionieren einer Börse sind aktuelle Informationen das Wichtigste, und Amsterdam war in dieser Hinsicht privilegiert. Auch wenn der Informationsfluss nach heutigen Maßstäben äußerst langsam war, erfuhren die Kaufleute in Amsterdam doch mehr Neuigkeiten als irgendwo sonst. Die Lage der Stadt, ihr Netzwerk aus Handelsfirmen und Finanzinstitutionen sowie die fehlende Zensur und die Toleranz gegenüber religiösen Gruppen sorgten für einen steten Zufluss von Informationen.[120] Die Börse von Amsterdam entwickelte auf diese Weise die »Funktionen der Entscheidungsfindung und der Allokation von Kapital«, die für die moderne internationale Wirtschaft essentiell sind.[121]

Für Kaufleute, die ihren Handel auf verschiedenen Märkten koordinieren und sich gegen unvorhersehbare Gefahren wie Epidemien, Naturkatastrophen, politische Unruhen, Kriege und widrige Witterungsverhältnisse absichern mussten, war der ständige Informationsfluss besonders wichtig. Kenntnisse über sich anbahnende Entwicklungen oder Ereignisse spielten vor allem bei spekulativen Termingeschäften eine Rolle. Bereits um die Mitte des 16. Jahrhunderts schlossen Amsterdamer Kaufleute Verträge über die Lieferung von Getreide und Heringen im Voraus, zu einem Termin nach der Ernte beziehungsweise dem Fang. Mit dem Wachstum des holländischen Handels und der Einrichtung ständiger Märkte an der Börse wurden genau wie heute Warentermingeschäfte abgeschlossen, bei denen es um Güter wie Pfeffer, Kaffee, Kakao, Salpeter, Branntwein, Walfischtran und Fischbein ging. Es dauerte nicht lange, bis hier die Spekulation um sich griff und viele Käufer und Verkäufer gar nicht die Absicht hatten, reale Transaktionen von Waren vorzunehmen.[122]

Bei der berühmten Amsterdamer Tulpenzwiebelspekulation von 1636/37 erreichte dieses Fieber einen Höhepunkt. Ab dem Sommer 1636 schnellte der Preis für Tulpenzwiebeln hoch, und im Frühjahr 1637 kamen einfache Bürger zu Hunderten zusammen, um auf den zukünftigen Preis von Tulpenzwiebeln zu wetten. Doch ein Preisrückgang löste Panikverkäufe aus, und in der zweiten Februarwoche brach der Preis völlig zusammen.[123] Es war vermutlich das erste Börsenfieber, aber mit Sicherheit nicht das letzte.

221

Die holländische Regierung versuchte wiederholt, Warentermingeschäfte zu verbieten, gab es 1689 aber auf und verließ sich stattdessen auf Verordnungen und Besteuerung. Möglicherweise hatten die Politiker eingesehen, dass sie einen Kampf gegen Windmühlen führten. 1688 erschien ein Buch mit dem Titel *Confuzion de confuziones (Die Verwirrung der Verwirrungen)*, dessen Verfasser, Joseph Penso de la Vega, einer der größten Spekulanten an der Amsterdamer Börse war. Es enthielt detaillierte Ausführungen über »Warenterminkontrakte, Optionen (Rück- und Vorprämien), Käufe auf Einschuss, Geheimnisse der Bullen und Bären sowie eine Art Spekulation auf den Börsenindex, bei der kleine Spekulanten Geld darauf setzen konnten, ob der Preis einer bestimmten Aktie steigen oder fallen würde«.[124]

Die Praktiken der Spekulanten im 17. Jahrhundert an der holländischen Börse sind uns heute vertraut. De Vries und van der Woude vertreten sogar die Meinung, die Niederlande hätten »die erste moderne Volkswirtschaft« besessen.[125] Es trifft zweifellos zu, dass Beurs, VOC und Wisselbank Prototypen für die Handels- und Finanzinstitutionen darstellten, die etwa zwei Jahrhunderte später das Fundament für den nächsten großen Sprung nach vorn in der Wirtschaftsgeschichte – die industrielle Revolution – legen sollten. Hierzu meint Chaudhuri:

»War es ein historischer Zufall, dass zu der Zeit, als die industrielle Revolution die technische Entwicklung vorantrieb, das neue System seine Blüte als wirtschaftliche Kraft erlebte, die auf kapitalistischen Grundsätzen beruhte und ihre Stärke aus der Entwicklung von Kapitalgesellschaften [im Unterschied zu den bisherigen Personengesellschaften] zog? Der Erfolg der westlichen Industriellen in der Nutzbarmachung persönlicher oder institutioneller Ersparnisse durch Aktienkapital gründete auf einem Typ des Geldmarkts und der Finanzpraxis, der wesentlich älter war als die technischen Errungenschaften des ausgehenden 18. Jahrhunderts. Der Kapitalmarkt in Europa entwickelte sich nach 1600 fast parallel zum Wachstum des Handels in Asien und den wachsenden Vermögen der Ostindischen Kompanien.«[126]

Die holländische Volkswirtschaft blieb bis zum Ende des 18. Jahrhunderts die effizienteste Europas. Die von der Regierung 1713 getroffene Entscheidung, internationale Finanzen und Diplomatie voneinander zu trennen, machten Amsterdam zu einem der wichtigsten Geldgeber für ausländische Regierungen, vor allem der englischen, und zu einem Kapitalmarkt für ganz Europa.[127]

Seit der Mitte des 17. Jahrhunderts wurde die Vormachtstellung der Niederlande im Handel jedoch stark erschüttert, sowohl durch Kriege gegen England und Frankreich (1652–1654, 1664–1667 und 1672–1676) als auch durch protektionistische Maßnahmen anderer Länder. Jean-Baptiste Colbert, staatspolitischer und volkswirtschaftlicher Reformator unter Ludwig XIV., rechnete dem König vor, dass der gesamte Seehandel Europas von zwanzigtausend Schiffen abgewickelt werde, von denen mehr als drei Viertel den Holländern gehörten, woraus er schloss, dass Frankreich seinen Anteil nur erhöhen könne, indem es den der Niederlande verringerte.[128] Die englische Navigationsakte (erstmals 1651 und danach mehrfach novelliert) richtete sich ebenfalls gegen die Vorherrschaft der Niederlande im Seehandel.[129] Der Protektionismus des Auslands und die finanzielle Belastung durch die fast ununterbrochene Kriegführung gegen Frankreich zwischen 1689 und 1713 führten dazu, dass der Handel mit den europäischen Ländern für die Niederlande an Bedeutung verlor und sich dafür der Handel mit den Kolonien wesentlich schneller als vorher ausweitete.[130]

Infolge dieser Schwerpunktverlagerung wurde Amsterdam, »der Umschlagplatz des 18. Jahrhunderts, zunehmend zu einem

Warenhaus für Kolonialwaren«.[131] Die Wiederausfuhr asiatischer Waren, in der Hauptsache ins Baltikum und nach Deutschland, entwickelte sich ab 1680 zu einem wichtigen Sektor des holländischen Außenhandels und bot den Kaufleuten die Möglichkeit, sich auch in anderen Handelssparten zu betätigen.

Die vom Staat gewährten Monopolprivilegien, welche die frühe Expansion der VOC gefördert hatten, verhinderten später, dass ihre Schwächen offenkundig wurden. Ab 1730 gingen ihre Erträge zurück, weil ihr Anteil am innerasiatischen Handel aufgrund wachsender Konkurrenz schrumpfte. Die Kompanie war zu stark zentralisiert, zu sehr durch Korruption geschwächt, und es fehlte ihr an tüchtigen Männern, um diesen Missständen abzuhelfen. Während die Kapitalanleger aus den Anfängen der Ostindischen Kompanie bis 1650 eine jährliche Rendite von siebenundzwanzig Prozent erhielten, waren die Renditen in der Zeit danach bescheiden und wurden ab 1730 »verschwindend gering«.[132]

Das entkräftet die Behauptung, die hundertfünfzigjährige Vorherrschaft der Niederlande sei durch beträchtliche staatliche Gewinne aufrechterhalten worden.[133] Doch welchen Anteil hat der Außenhandel tatsächlich am wirtschaftlichen Erfolg eines Landes? Nach Ansicht von de Vries und van der Woude ist der Außenhandel »nur selten die treibende Kraft hinter dem Wachstum einer Wirtschaft«, und selbst dort, »wo der Anteil des Außenhandels, gemessen an der Größe der Gesamtwirtschaft, groß ist – was er in den Niederlanden war und bis heute ist –, hängt die dynamische Rolle des Außenhandels von der grundlegenden Fähigkeit der Binnenwirtschaft ab, sich zu wandeln und auf neue Möglichkeiten der internationalen Arbeitsteilung und des Güteraustauschs zu reagieren«. Der wirtschaftliche Erfolg der Niederlande habe auf dieser Wechselwirkung zwischen binnenwirtschaftlichem Wandel und Ausdehnung des Außenhandels beruht, »die es den holländischen Kaufleuten ermöglichte, die Märkte zu dominieren, und die holländischen Produzenten ermutigte, in eine wachsende Produktion zu investieren«.[134]

Diese positive Wechselwirkung gab es am Ende des 18. Jahrhunderts nicht mehr. See- und Binnenhandel sowie Kreditwesen sahen sich mit einem härteren Wettbewerb konfrontiert, während das produzierende Gewerbe nicht in der Lage war, sich den veränderten Märkten anzupassen (holländische Nahrungsmittelexporteure waren da erfolgreicher). Offenbar kam noch hinzu, dass gegen Ende des 17. Jahrhunderts die Torfvorkommen des Landes, bislang eine preiswerte Energiequelle, zur Neige gingen, was steigende Energiekosten zur Folge hatte. Das Land war gezwungen, Kohle einzuführen, die gleich zweifach mit Zöllen belastet war, wodurch es gegenüber England, das über leicht zu erschließende Kohlevorkommen verfügte, ins Hintertreffen geriet.[135]

Fast das gesamte 17. und 18. Jahrhundert hindurch waren die Niederlande und England im Kampf um Handelsanteile und Kolonien einer starken französischen Konkurrenz ausgesetzt. Frankreich erwarb zwar ausgedehnte Kolonien in Amerika und Asien, es gelang ihm aber im Unterschied zu seinen protestantischen Rivalen nicht, zur führenden Wirtschaftsmacht Europas aufzusteigen. Die französische Landwirtschaft konnte, bedingt durch die Geographie des Landes, ihre Produktivität nicht so weit steigern, dass sie den hohen Grad der Urbanisierung und Industrialisierung hätte unterstützen können, der in England und den Niederlanden erreicht worden war. Darüber hinaus verhinderte der Absolutismus notwendige Reformen,[136] was schließlich zur Revolution von 1789 führte.

In Nordamerika hatten die Franzosen einen Stützpunkt in Quebec errichtet (1609) und beanspruchten das Gebiet um die Großen Seen (Neufrankreich) für sich.[137] Durch den Vertrag von Utrecht verloren sie 1713 Neufundland und Neuschottland (bislang Französisch-Akadien).[138] Dennoch kämpften sie noch fünfzig Jahre mit den Briten um die koloniale Vorherrschaft in Nord- und Mittelamerika und in Asien. Schließlich

225

wurden sie während des Siebenjährigen Kriegs (1756–1763) aus Kanada, Indien und dem größten Teil der Karibik vertrieben, was überwiegend durch die Politik von William Pitt dem Älteren (späterer Earl of Chatham, 1708–1778) ermöglicht wurde, der diesen Krieg als einen globalen und nicht als einen rein europäischen Konflikt auffasste.

Diese Politik beruhte auf den Strukturen, die sich im 17. Jahrhundert entwickelt hatten, als das globale Handelsnetz Englands erste Formen annahm. Eine maßgebliche Rolle bei der Entstehung dieses Netzes spielte die Gründung privilegierter Handelsgesellschaften, darunter die Ostindische Kompanie (1600), die Guinea-Kompanie (1618), die Royal Adventurers into Africa (1660), die Hudsonbay-Kompanie (1670) und die Afrikanische Kompanie (1672) als ganz auf den Sklavenhandel spezialisierte Nachfolgerin der Royal Adventurers. Ebenso wichtig war die Errichtung von Kolonien in Nordamerika – in Virginia (1607), Neuengland (1620), Massachusetts (1630), Maryland (1632), New Haven (1637), Carolina (1670) und Pennsylvania (1681) – und in der Karibik.[139] Um die Mitte des 18. Jahrhunderts, als die Märkte expandierten und die Zahl der Einwanderer in die Kolonien stetig zunahm, kam es zu einer weitgehenden Verlagerung des britischen Handels vom europäischen Kontinent zu den Kolonien. Waren 1720 noch achtzig Prozent der Exporte Englands in die übrigen europäischen Länder gegangen, waren es in den Jahren nach 1780 nur noch fünfundvierzig Prozent. Die Kolonien und Irland wurden die Hauptabsatzmärkte für britische Erzeugnisse.[140]

Ende des 18. Jahrhunderts profitierten die Engländer von einer ähnlich positiven Wechselwirkung zwischen Binnenwirtschaft und Außenhandel wie die Holländer in den vorangegangenen hundertfünfzig Jahren. Unter Historikern ist lediglich umstritten, in welchem Maß der Außen- und vor allem der Kolonialhandel der britischen Wirtschaft zu ihrem Aufschwung verholfen hat. Dass dieser Handel eine wachsende Rolle gespielt hat, steht außer Frage. Während Ende des 17. Jahrhunderts rund acht Prozent des Nationalprodukts exportiert wurden, stieg dieser Anteil unter Georg III. (regierte 1760 bis 1820) auf sechzehn Prozent. Etwa die Hälfte des zwischen 1700 und 1760 erzielten Zuwachses der Produktion gewerblicher Erzeugnisse ging ins Ausland.[141] Patrick O'Brien bemerkt dazu: »Die Zahlen und die Kommentare zeitgenössischer Beobachter erhärten die Hypothese, dass das Wachstum der britischen Industrie seit der Restauration [1660] durch ein zunehmendes Engagement in der internationalen Wirtschaft im Allgemeinen und ein imperiales System im Besonderen gefördert wurde.«[142]

Nach Überprüfung der vorhandenen Quellen hält O'Brien die Annahme einer reinen Kausalbeziehung zwischen Kolonialhandel und wirtschaftlicher Expansion jedoch für zu sehr vereinfacht. Stattdessen hebt er »die untrennbaren und vorteilhaften Verknüpfungen« zwischen Wirtschaft, höchst effizientem Steuersystem, expandierendem Empire und Handel hervor.[143] Im England des 18. Jahrhunderts »gehörten zu den strukturellen Voraussetzungen, die Jahrzehnt um Jahrzehnt, nach einem Krieg um den anderen immer deutlicher hervortraten, die günstigen natürlichen Bedingungen, die Einführung der industriellen Produktion, die vorangegangene stetige Akkumulation der kaufmännischen und finanziellen Kenntnisse und Fertigkeiten, die für eine Beteiligung am Welthandel erforderlich sind, eine starke und zuverlässige Unterstützung durch einen effektiven merkantilistischen Staat, der von weitsichtigen Adligen beherrscht wurde«.[144]

Von Bedeutung waren auch die spezialisierte Landwirtschaft, die die wachsende Bevölkerung zu ernähren vermochte, die qualifizierten Arbeiter und die Verfügbarkeit preiswerter Energie in Form von leicht zu erschließenden Kohlevorkommen. Bei der Ausdehnung des Außenhandels spielten englische Kaufleute ebenso wie zuvor die holländischen eine wesentliche Rolle, vor allem nach 1688, als das Parlament die Handelsmonopole nicht mehr bereitwillig erneuerte. Statt in den bisherigen Handelsgesellschaften »betätigten sich die Kaufleute in Personengesellschaften, Familienverbänden und einer Vielzahl von Zusammenschlüssen [und] taten sich für bestimmte Reisen und Handelsunternehmungen immer wieder neu zusammen«.[145] Die Kaufleute, die bei der Koordination und Finanzierung solcher Handelsunternehmungen vorangingen, waren die Vorläufer der internationalen Bankiers in London.

Die Entwicklung Englands macht die Bedeutung der Wechselwirkung zwischen Wirtschaft und Staat deutlich. Die Glorreiche Revolution von 1688/89, durch die Jakob II. gestürzt und seine Tochter Maria und deren Gemahl Wilhelm von Oranien als konstitutionelle Monarchen in einem parlamentarischen System eingesetzt wurden, löste zugleich eine »finanzielle Revolution« aus. Der Staat spielte dabei die Schlüsselrolle, indem er nach dem Vorbild des niederländischen Finanzsystems eine Reihe von institutionellen Reformen durchführte. Damit wurden die finanziellen Voraussetzungen für die Errichtung eines weltweiten Empire, für eine wirtschaftliche Expansion und für mehrere Kriege mit europäischen Staaten geschaffen. Die wichtigsten Maßnahmen waren die Trennung der persönlichen Schulden des Herrschers von den Staatsschulden, die Entwicklung eines effektiven Steuerwesens, die Gründung der Bank von England (1694) und die Entstehung eines organisierten Handels für staatliche und private Wertpapiere.[146]

Die Erfolge und Fehlschläge bestimmter europäischer Länder seit dem 16. Jahrhundert sind oft als Ergebnis positiver und negativer Rückkopplungen erklärt worden. Dabei wird eine permanente Wechselwirkung zwischen Binnenwirtschaft und Außenhandel sowie zwischen Wirtschaft und Staat unterstellt. Die Frage ist, ob politische Maßnahmen und Organisationsformen geeignet sind, einer Intensivierung der wirtschaftlichen Tätigkeit Vorschub zu leisten. Ist dies der Fall, führt das wirtschaftliche Wachstum zu einer Erweiterung der Produktion und damit zu höheren Steuereinnahmen, die in der nächsten Phase dazu genutzt werden können, die Ziele und Aktivitäten des Staates zu unterstützen, der wiederum Möglichkeiten und Anreize für eine Erweiterung der wirtschaftlichen Aktivitäten schaffen kann.

Die These von derartigen Wechselwirkungen ist im Grunde nur eine andere Formulierung des dritten Schritts des Walzertakts, den wir als Modell eingeführt haben, um die Entwicklung der Wirtschaftsgeschichte und ihren engen Zusammenhang mit politischen und sozialen Veränderungen zu verdeutlichen. Jeweils im dritten Schritt erfolgt die Weichenstellung für den nächsten Takt, entweder als neuer Schwung vorwärts oder als Rückschritt. Die in diesem Kapitel behandelten Ereignisse umfassen eine ganze Abfolge von Walzerdrehungen auf lokaler, regionaler und globaler Ebene. Für manche, vor allem für die präkolumbischen Völker Amerikas, war das Ergebnis katastrophal. Ihr Reichtum und ihr Boden hatten Räuber angelockt, die nicht zurückgeschlagen werden konnten, und die neue politische und soziale Ordnung, die sich im dritten Schritt ergab, bestand für die präkolumbischen Völker nach ihrer »Entdeckung« in Vernichtung, Unterwerfung, Plünderung und Ausbeutung.

Für andere, vor allem für die expandierenden Länder Europas, sah der dritte Schritt ganz anders aus. Ihre Ankunft in Amerika, die für die dortige Urbevölkerung einen zweiten Schritt – eine räuberische Bedrohung – darstellte, war für die Eroberer ein erster Schritt. Ihnen eröffnete sich eine Fülle neuer Möglichkeiten, wie seit der Jahrtausende zurückliegenden agrarischen Revolution nicht mehr. Im Lauf der Zeit rief auch dieser Schritt Bedrohungen hervor, die ihre eigenen politischen und sozialen Lösungen hervorbrachten, nicht zuletzt in Gestalt der Vereinigten Staaten von Amerika.

In diesem Kapitel wird auch der erste Schritt in der größten und spannungsreichsten aller Walzerfiguren, der auf der globaler Ebene, geschildert. Gemeint ist die globale Vereinigung, die sich aus der Öffnung von Seewegen zwischen allen Weltmeeren und dem größten Teil der angrenzenden Küsten und Flüsse ergab. Damit wurde ein wahres Feuerwerk an neuen wirtschaftlichen Möglichkeiten entfacht, aus dem sich Anreize für räuberische Angriffe ergaben, aber auch Lösungsansätze für die daraus entstehenden Konflikte. In diesem Sinn eröffneten Kolumbus und die anderen großen Seefahrer seiner Zeit den Ball mit einer Walzerdrehung, die sich mit zunehmendem Schwung bis in die heutige Zeit fortsetzen und in ihrem Wirbel Tausende und Abertausende neuer Drehungen hervorbringen sollte.

Die besondere historische Bedeutung der Situation in England nach 1688 erklärt sich daraus, dass damals finanzielle und wirtschaftliche Strukturen geschaffen wurden, die alle wesentlichen Voraussetzungen für ein Wirtschaftswachstum enthielten. Die erste ist die makroökonomische Stabilität auf der Grundlage einer gesunden, von einer unabhängigen Notenbank geschützten Währung und eines ausgeglichenen Staatshaushalts, der durch maßvolle Ausgaben, ein wachsendes Steueraufkommen und einen kosteneffizienten Mechanismus für die staatliche Kreditaufnahme gesichert wird. Die zweite Voraussetzung ist eine liberale Wirtschaftsstruktur, in der die Einzelnen unter den Bedingungen eines freien Wettbewerbs ihren persönlichen Vorteil suchen können.

Weder die Torys noch die Whigs, die im England des 18. Jahrhunderts um die politische Macht stritten, dachten in solchen Kategorien. In der Rückschau steht jedoch außer Frage, dass das Ergebnis eine politische Einigung war, unter der die exekutive Gewalt zwischen den maßgeblichen besitzenden Interessengruppen in der Gesellschaft geteilt wurde. Die Teilung der politischen Macht mit den hauptsächlichen Geldgebern für staatliche Vorhaben verhinderte fiskalische Exzesse, die in anderen Ländern, etwa im Frankreich der Bourbonen, die wirtschaftlichen Unternehmungen belasteten und lähmten. Die amerikanischen Kolonisten waren allerdings nicht an diesem Arrangement beteiligt; die Folgen sind bekannt. Hinzu kamen die gesunde Währung und die staatliche Kreditaufnahme, bei der ein wachsender Kreis privater Institutionen und Individuen als Geldgeber auftrat. Sie sorgten für eine finanzielle Stabilität, die relativ frei von Erschütterungen, Krisen und Hyperinflationen war.

Die Bank von England wurde 1694 gegründet, weil König Wilhelm III. Kredite für den Krieg gegen Frankreich benötigte.[147] Sie orientierte sich am Vorbild der Bank von Amsterdam und der Neigung der Londoner Kaufleute, ihr Geld lieber einer Privatinstitution als dem Monarchen anzuvertrauen. Anfangs hatte sie das Privileg, Banknoten auszugeben, sowie die Konzession, Schatzwechsel und andere Wechsel in Umlauf zu bringen. Damit wurde sie zur Staatsbank und zur wichtigsten Instanz in Fragen der Finanzierung und Verwaltung der Staatsschulden. Ihre Entwicklung zu einer modernen Noten- oder Zentralbank als Hüterin der nationalen Währung in Zusammenarbeit mit der Regierung oder unabhängig von dieser erfolgte allmählich und über einen längeren Zeitraum hinweg. Doch innerhalb von zwanzig Jahren hatte sie bereits die Funktion eines »Geldgebers in letzter Instanz« und diskontierte Wechsel mit Unterschriften bevorzugter Kunden – beides wesentliche Funktionen einer Zentralbank, die häufig zur Kontrolle der umlaufenden Zahlungsmittel ausgeübt werden.[148]

Gleichzeitig mit der Gründung der Bank von England, aber unabhängig davon erfolgte die Festlegung des Werts des Pfund Sterlings und der anschließende Übergang zur Goldwährung. Es gibt wohl kaum zwei andere zeitgleiche ökonomische Ereignisse mit solch illustren Schöpfern, wie es der Philosoph John Locke (1632–1704) und der Mathematiker Isaac Newton (1642–1727) waren. 1695 vertrat Locke gegen die Meinung des damaligen Schatzministers die Ansicht, der Staat habe die moralische Pflicht, bei jeder neuen Münzprägung den wahren Wert des Geldes zu erhalten. Dieser wurde durch einen bestimmten Gehalt an Silber oder Gold repräsentiert. Ein Pfund Sterling sollte nach Lockes Ansicht »seinen alten, richtigen

Feingehalt von England« an Sterlingsilber aufweisen und nicht die damals aufgrund der gestiegenen Silberpreise enthaltene geringere Menge. Diese Auffassung, die von Isaac Newton, dem künftigen Münzmeister, geteilt wurde, setzte sich durch, und das Parlament entschied entsprechend. Die Folgen waren eine Währungsdeflation, politische Unruhen und sogar ein Aufstand der Bergarbeiter. 1925 sollte die Entscheidung des damaligen Schatzkanzlers Winston Churchill, das Pfund Sterling wieder an den Goldstandard zu binden, ähnliche Auswirkungen haben. Im Unterschied zur Maßnahme Churchills hatte Lockes Festlegung des Goldpreises für das englische Pfund länger als zwei Jahrhunderte Bestand. Damit war jedoch Schluss, als England im August 1931 den Goldstandard aufgab.[149]

Der Bimetallismus war gefährdet, als der Wert des Goldes gegenüber dem des Silbers schwankte. Man bat Isaac Newton um Hilfe. Er sollte den Wert des wichtigsten Goldstücks jener Zeit bestimmen, der Guinee, die aufgrund des starken Goldzustroms in England und der höheren Silberpreise auf dem Kontinent die Silbermünzen aus dem Zahlungsmittelumlauf zu verdrängen drohte. Zum Schutz der Silbermünzen empfahl Newton 1717, den Wert der Guinee auf einundzwanzig Shilling zu begrenzen, was Lockes Sterlingpreis für eine Goldunze entsprach. Als die Guinee im Lauf der Zeit immer mehr in Gebrauch kam, wurde als maßgeblicher Goldwert des Pfund knapp über eine Viertelunze Gold festgelegt. Das war der Goldstandard, der in England, nach einem Wort Lord Liverpools, »durch die Stimme des Volkes«[150] eingeführt wurde und in der zweiten Hälfte des 19. Jahrhunderts den Stützpfeiler der Weltwirtschaft bildete.

Die zweite Voraussetzung der makroökonomischen Stabilität in England um die Mitte des 18. Jahrhunderts war die fiskalische Effizienz. Staatsausgaben und steuerliche Belastung waren nicht gerade moderat oder stabil. Sieben Kriege zwischen 1689 und 1783, vom Neunjährigen Krieg bis zum Amerikanischen Unabhängigkeitskrieg, ließen die englischen Staatsschulden von einigen Millionen auf über zweihundertvierzig Millionen Pfund anschwellen, während die jährlichen Steuereinnahmen von zwei auf zwölf Millionen Pfund anstiegen, was einem Wachstum des Steueraufkommens von 3,5 auf 11 bis 12 Prozent des Nationaleinkommens entsprach. Die britischen Steuersätze waren teilweise sogar doppelt so hoch wie die französischen, trotz des schlechteren fiskalischen Rufs des *Ancien Régime*.[151]

Angesichts dieser Zahlen erscheint es wenig angebracht, von fiskalischer Effizienz zu sprechen. Erstaunlicherweise war jedoch kein einziger der drei Hauptindikatoren für einen fiskalischen Exzess – steigende Zinsen, politische Unruhen und wirtschaftlicher Niedergang – zu verzeichnen. Das lag offenbar daran, dass geeignete Finanzinstrumente entwickelt worden waren, die es für Anleger attraktiv machten, ihr Geld der Regierung zu leihen, und es der Regierung erleichterten, Kredite aufzunehmen. Darüber hinaus wurden die Steuererhöhungen vom britischen Steuerzahler anscheinend als erträglicher und weniger bedrückend empfunden als in Frankreich, was zum einen darauf zurückzuführen war, dass die Steuern weniger willkürlich erhoben wurden, und zum anderen darauf, dass sie weniger sichtbar waren. Außerdem waren die Einkommen in England etwas höher als in Frankreich. Die relativ geringe Belastung durch direkte Steuern (wie die Grundsteuer), wie ungerecht sie Sozialphilosophen auch erscheinen mochte, hat vermutlich die steuerliche Belastung geringer erscheinen lassen. Wahrscheinlich ließ sie den einzelnen Wirtschaftssubjekten genügend Spielraum und Anreize, ihr Einkommen zu erhöhen, und stärkte ihre Bereitschaft zu sparen, ihr Geld anzulegen und es dem Staat zu leihen, so dass sie auch nicht rebellierten, als der durch die Napoleonischen Kriege ausgelöste nationale Notstand die Einführung einer Einkommensteuer notwendig machte.[152]

Doch wie Paul Kennedy und vor ihm Bischof Berkeley bemerkt haben, war es vor allem der relativ einfache und sichere

Zugang der britischen Regierung zu Kreditquellen, der dem Land einen entscheidenden Vorteil gegenüber seinem wesentlich größeren französischen Nachbarn verschaffte.[153] Die Kosten von Krediten enthalten stets einen Anteil für das Recht, das Geld eines anderen nutzen zu dürfen (die eigentlichen Zinsen), einen Anteil für den Inflationsausgleich und einen Anteil oder eine »Prämie« für das Risiko, dass der Kreditgeber sein Geld zum vereinbarten Zeitpunkt nicht zurückerhält. Die britische »finanzielle Revolution« und ihre Folgen reduzierten den zweiten und dritten Anteil, zum einen durch die Festlegung des Edelmetallwerts des Pfund Sterling und zum anderen durch eine Reihe von institutionellen und strukturellen Entwicklungen, die den Kreditgebern noch mehr Sicherheit gaben, dass ihr Kredit zurückgezahlt würde. Hierzu gehörten im Einzelnen: die Gründung der Bank von England als Vermittler kurzfristiger Geldanlagen; die Übernahme der Bürgschaft für Kredite der Krone durch das Parlament, das damit die Befugnis erhielt, Steuern zu erheben und diese zur Bedienung bestimmter Schulden zu verwenden; die Entwicklung von sekundären Märkten für den Handel mit Staatsanleihen (das hieß, dass ein Gläubiger, der sein Geld zurückhaben wollte, sich nicht an die Regierung wenden musste, sondern seine Forderung an einen Dritten verkaufen konnte) und die Entwicklung transparenterer Systeme der staatlichen Konten unter Aufsicht des Parlaments.[154]

Zu den Geldgebern gehörten auch Finanziers aus Amsterdam, die große Summen nach London transferierten. Das hatte zur Folge, dass bis 1750 in London die Zinsen trotz ständig neuer und größerer Kredite sanken.[155] Die Mobilisierung von Kapital in diesem Umfang war beeindruckend, aber sie erfolgte nicht problemlos. 1720 wurden die europäischen Finanzmärkte durch das erste internationale Spekulationsfieber mit anschließendem Börsenkrach erschüttert.[156] Die enormen Kosten des Spanischen Erbfolgekriegs (1701–1713) hatten die Staatsverschuldung vor allem in Frankreich und England in schwindelnde Höhen getrieben. Da die Fähigkeit, hohe Militärausgaben zu finanzieren, im Europa des 18. Jahrhunderts ebenso wichtig war wie während des Kalten Kriegs im 20. Jahrhundert, mussten sowohl Briten als auch Franzosen befürchten, dass ihr Gegner sie finanziell und militärisch überflügeln könnte. Doch die Euphorie, die nach fast fünfundzwanzig Jahren ununterbrochener Kriegführung auf den Märkten ausbrach, ließ auf Innovationen und spekulativen Optimismus hoffen.

In England hatten die Schulden des Monarchen vor der Einführung langfristiger Staatsanleihen dazu geführt, dass eine Vielzahl individueller Geldgeber in den Genuss hoher Jahresrenten kam, ohne dass die Regierung sich in der Lage sah, ihre Schulden jemals zu tilgen. So kam der Plan auf, diese Schulden in kündbare Staatsanleihen mit niedrigerem Zinsfuß umzuwandeln, die von den drei großen Aktiengesellschaften jener Zeit (Südsee-Kompanie, Ostindische Kompanie und die Bank von England) emittiert werden sollten.[157] Diese Neuerung regte John Law (1671–1729), einen schottischen Bankier und Wirtschaftstheoretiker, dazu an, sie als Teil eines grandiosen Plans für die Neuordnung des französischen Finanz- und Währungssystems weiterzuentwickeln. Law war zwar ein Beau und Spieler, der aus London auf den Kontinent geflohen war, weil er in England nach einem tödlich verlaufenen Duell zum Tod verurteilt worden war, aber auch ein Finanzgenie. Sein Werk über den Einfluss des Verhältnisses von Angebot und Nachfrage auf die Preise nahm in manchen Aspekten Adam Smith vorweg und sein Nachweis, dass es zu einer Inflation kommen musste, wenn das Angebot an Geld größer war als die Nachfrage danach, die Chicagoer Schule der Monetaristen um Milton Friedman. In anderer Hinsicht war er ein Vorläufer von Keynes, da er überzeugt war, dass eine Erhöhung der Geldmenge in der darnieder liegenden schottischen Wirtschaft die Produktion anregen würde. Darüber hinaus hatte seine Erkenntnis, dass es nicht notwendig sei, eine

Währung an den Gold- oder Silberpreis zu binden, langwirkende Konsequenzen, die schließlich dazu führten, dass 1971 der Goldstandard endgültig aus dem internationalen Währungssystem verschwand. Doch Law hatte, wie Marx später schrieb, auch etwas von einem Schwindler und Propheten, und es wäre für alle Beteiligten besser gewesen, wenn er bei der Theorie geblieben wäre, statt in die Politik zu gehen.[158]

Im Jahr 1716 überredete Law den französischen Regenten Philipp von Orléans, ihm das Privileg zur Gründung einer Bank zu verleihen, der Banque Générale (der späteren Banque Royale). Deren Erfolg war so groß, dass er 1717 die Compagnie d'Occident, die sogenannte Mississippi-Gesellschaft, gründete, die das alleinige Recht auf den Handel mit Französisch-Louisiana erhielt.[159] Die Mississippi-Gesellschaft zog bald die Kontrolle des gesamten Kolonialhandels, die Generalpacht der Steuern und das Münzregal an sich. 1719 emittierte die Gesellschaft in großer Zahl Staatsanleihen zur Tilgung der französischen Staatsschuld. Unterstützt wurde diese Umschuldungsmaßnahme (»Konversion«) durch die Ausgabe eines großen Kontingents von Banknoten, womit man den Abfluss von Hartgeld aus den umlaufenden Zahlungsmitteln bezweckte, um auf diese Weise die Bindung der Währung an den Gold- oder Silberpreis aufzuheben.[160] Im selben Jahr vereinigte Law alle französischen Handelskompanien zur Compagnie des Indes. Bis Januar 1720, als er zum Generalkontrolleur der Finanzen ernannt wurde (entspricht dem Rang eines Finanzministers), stieg der Kurs der Aktien der Compagnie des Indes auf über zehntausend Francs. Drei Jahre zuvor hatten die Aktien der Mississippi-Gesellschaft ganze hundertsechzig Franc gekostet.[161]

Die Aussicht auf Gewinne, die sich mit Aktien der Handelsgesellschaften erzielen ließen, die ein königliches Handelsmonopol hatten, löste ein allgemeines Börsenfieber aus. Je mehr das Fieber um sich griff, desto mehr Schwindelgesellschaften wurden gegründet, die mit hohen Gewinnversprechungen lockten. Im Lauf des Jahres 1720 wurden in den Niederlanden über zwanzig Aktiengesellschaften gegründet,[162] und in England wurde das Interesse an solchen Maßnahmen zur Verringerung der Staatsschulden zusätzlich durch die Befürchtung angeheizt, Frankreich könnte zur größten Finanzmacht Europas werden.[163] Zum ersten Mal »floss kurzfristig angelegtes internationales Kapital in großen Mengen« zwischen Paris (wo das System Laws zu einer hohen Liquidität geführt hatte), London und Amsterdam hin und her.[164]

In London beschloss die Südsee-Kompanie, sich um die Durchführung der gesamten Umschuldung zu bewerben, weil sie der Bank von England die lukrative Verwaltung der Staatsschuld streitig zu machen gedachte. Da Laws Mississippi-Gesellschaft ein atemberaubender Erfolg zu sein schien, verabschiedete das Parlament 1720 ein Gesetz, das es der Südsee-Kompanie gestattete, als Alternative zur Prämie für die Umwandlung der Altschulden eigene Aktien anzubieten. Doch sobald die Konzession erteilt war, legte die Südsee-Kompanie der Operation keinen festen Stückpreis, sondern den aktuellen Kurs ihrer Aktien zugrunde. Der Kurs wurde hoch geredet, nicht zuletzt von Regierungsvertretern, einschließlich des Königs selbst, stieg innerhalb der ersten sechs Monate von 128 auf 1050 Pfund,[165] und fünfundachtzig Prozent der bisherigen Gläubiger tauschten ihre Forderungen gegen Aktien ein. Auch andere Investoren beteiligten sich an der wilden Spekulation,[166] ein Phänomen, das man heute wieder am sogenannten Neuen Markt beobachten kann.

Im Sommer 1720 platzte die Seifenblase, zuerst in Frankreich, weil Law versuchte, die Spekulation abzukühlen, und dabei das Vertrauen der Öffentlichkeit verlor. Der Zusammenbruch der Mississippi-Gesellschaft und der Südsee-Kompanie löste die ersten großen Börsencrashs in Europa aus. Es folgten die übliche Panik, halbherzige Rettungsversuche und die Jagd nach den Schuldigen. Law musste im Dezember 1720 aus Frankreich fliehen, und die Franzosen wollten künftig nichts mehr von finanziellen Neuerungen wissen, was verheerende Folgen für sie haben sollte.[167]

Newton

In England hatten die Herzogin von Marlborough und Isaac Newton ein Vermögen gemacht, indem sie ihre Aktien zum richtigen Zeitpunkt verkauften. Allerdings hatte Newton seinen Gewinn bald wieder verloren, weil er noch einmal gekauft hatte, diesmal jedoch zum denkbar schlechtesten Zeitpunkt. Die Regierung war für immer ihre teuren Schulden los: Statt jährlich 1,87 Millionen Pfund wie 1717 zahlte sie fünf Jahre später nur noch 210 000 Pfund. Die möglicherweise nachteiligste Folge war die Verabschiedung der Bubble Act (1720), mit der die Gründung von Aktiengesellschaften ohne ausdrückliche Zustimmung des Parlaments verboten wurde.[168] Die Auswirkungen dieses Verbots, das mehr als hundert Jahre bestehen blieb, waren Gegenstand zahlreicher Debatten. Das Gesetz erlaubte es britischen Unternehmern nur noch, Personengesellschaften oder Einzelunternehmen zu bilden, und verwehrte ihnen die Gründung von Aktiengesellschaften, die ihnen eine größere Sicherheit und einen leichteren Zugang zu Kapital geboten hätten. Das verhinderte jedoch nicht, dass England zur führenden Wirtschaftsmacht Europas aufstieg.

In der ersten Zeit nach dem Börsenkrach von 1720 war kurzfristiges Anlagekapital nur noch in Amsterdam willkommen. Die Regierung der Niederlande hatte es nicht für nötig gehalten, ihre Schulden in Staatsanleihen umzuwandeln, und derartige Konversionen waren in Amsterdam und einigen weiteren holländischen Städten verboten. Paris galt als instabil, doch London konnte sich dank seines starken Bankwesens von der Krise erholen. Peter Dickson, Autor eines maßgeblichen Werks über die »finanzielle Revolution«, resümiert: »Trotz aller Mängel in der Handhabung der englischen Staatsfinanzen blieb diese für den Rest des Jahrhunderts ehrlicher und effizienter als die jedes anderen Landes in Europa.«[169]

Neben Amsterdam wurde London zu einem Zentrum der internationalen Finanzmärkte, in dem neue Wechsel mit kurzer Laufzeit (die ausschließlich finanziellen Transfers dienten) die Handelswechsel mit längerer Laufzeit ergänzten.[170] Durch die »finanzielle Revolution« in England (1694–1713) war in London ein stabiler Finanzrahmen geschaffen worden, der es der dortigen Börse ermöglichte, den Crash von 1720 zu überstehen. In den Jahrzehnten danach unterhielt London einen wachsenden und integrierten nationalen und kolonialen Kapitalmarkt,[171] der die Errichtung eines politisch-kommerziellen Imperiums unterstützte.[172]

Es wäre irreführend, das Kapitel über die Entstehung des ersten internationalen Handelsnetzes und den Aufstieg der europäischen Handelsimperien zu beschließen, ohne einen Blick auf die asiatischen Wirtschaften und ihre Bedeutung um die Mitte des 18. Jahrhunderts zu werfen. Heute wird zunehmend anerkannt, dass die indische und die chinesische Wirtschaft über einen wesentlich längeren Zeitraum stabil geblieben sind als ihre Pendants in Europa. Der Aufstieg des Westens zu weltweiter Vorherrschaft erfolgte wesentlich später, als häufig behauptet wird, und folgte auf den vergleichsweise kurz zurückliegenden wirtschaftlichen Niedergang der asiatischen Wirtschaftsriesen. Indien blieb bis ins 18. und China sogar bis ins 19. Jahrhundert eine wirtschaftliche Großmacht.[173]

In Indien fand zwischen 1526 und 1739 der Aufstieg und Untergang des Mogul-Reichs statt. Die Moguln waren Nachfahren von Timur dem Lahmen (Tamerlan), einem Mongolenherrscher aus dem 14. Jahrhundert. Seit der zweiten Hälfte des 16. Jahrhunderts waren die stabilen politischen Verhältnisse unter dem Mogulherrscher Akbar zunächst einer effizienten Landwirtschaft und einem extensiven Binnenmarkt zugute gekommen, auf dem ein reger Handel mit Produkten wie Indigo, Baumwolle, Zucker, Opium, Pfeffer und später Tabak getrieben wurde. In den beiden folgenden Jahrhunderten kam es zu einer wirtschaftlichen Blüte, vor allem der weltweit größten Textilindustrie und einer Eisenindustrie, deren Erzeugnisse sich mit dem besten Stahl und den besten Geschützen in Europa messen konnten.[174]

Der Zeitpunkt, zu dem der wirtschaftliche Niedergang Indiens einsetzte, ist umstritten, doch anscheinend spielten politische Veränderungen dabei eine wesentliche Rolle. André Gunder Frank hat in einem Überblick über die umfangreiche Literatur zu diesem Thema bemerkt, dass die gleichzeitige Schwächung der Moguln in Indien, der Safawiden in Persien und der Osmanen im Vorderen Orient zu Beginn des 18. Jahrhunderts den Niedergang der Handelszentren von Surat an der Westküste und Musalipatam und anderer Zentren an der Koromandelküste und ihres Hinterlands ausgelöst habe.[175] »Erst als ihre indischen Pendants entscheidend geschwächt waren«, so der Historiker P. J. Marshall, »begann der englische Einfluss auf den westlichen Indienhandel zuzunehmen.«[176]

In den beiden Jahrzehnten nach 1730 nahmen die wirtschaftlichen Schwierigkeiten Indiens weiter zu, und selbst relativ starke Regionen wie Bengalen wurden von der Krise erfasst. Es stellt sich die Frage nach den Auswirkungen des europäischen Kolonialismus und der Machtkämpfe der Europäer in Indien. Frank gelangt zu dem Schluss:

»Es gibt deutliche Hinweise darauf, dass der wirtschaftliche Niedergang Indiens und insbesondere der bengalischen Textilindustrie bereits vor der Schlacht bei Plassey 1757 eingesetzt hat. Die damit einhergehenden politische Auflösungserscheinungen bei den Moguln und anderen machte Asien wehrlos gegenüber der räuberischen europäischen Handels-, Flotten- und schließlich politischen Macht.«

Um die Mitte des 18. Jahrhunderts bemächtigten sich Europäer des Frachtgeschäfts in indischen Gewässern: »Indien war die erste asiatische Volkswirtschaft, die der europäischen Hegemonie anheim fiel.«[177]

Die anhaltende wirtschaftliche Stärke Chinas zwischen 1450 und 1750 beruhte auf außergewöhnlicher politischer Stabilität, hoher Produktivität der Landwirtschaft und einem hoch entwickelten Gewerbe mit regionaler Spezialisierung. Aber es gibt noch einen weiteren Faktor, das »natürliche Wachstum des Wohlstands«, wie Adam Smith es genannt hat. Nach den isolationistischen Bestrebungen der Ming-Kaiser im 15. Jahrhundert, und mit Ausnahme einer kurzen, aber nachhaltigen Unterbrechung durch den Aufstieg der Ch'ing-Dynastie in den Jahren 1627–1644, dehnte sich der Handel Chinas im 17. und 18. Jahrhundert bis nach Südostasien, Indien und Europa aus. Importiert wurden hauptsächlich Silber und Rohstoffe, exportiert wurden Manufakturwaren wie Baumwolltuch, Eisengeschirr, Porzellan und Seide sowie Tee. In Europa wurden diese Waren bald zu Modeartikeln. Im Jahr 1793 schrieb Kaiser Ch'ien-lung an den britischen König Georg III. einen Brief, in dem er unter anderem ausführte:

»Wie Ihr Gesandter [Botschafter Macartney] sich selbst überzeugen kann, besitzen wir alle Dinge. Ich messe fremden oder sinnreichen Dingen keinen Wert bei, und wir haben keine Verwendung für die Erzeugnisse Ihres Landes … Deshalb [besteht] keine Notwendigkeit, die Erzeugnisse fremder Barbaren im Austausch gegen unsere eigenen Produkte einzuführen.«[178]

Zum Abschluss dieses Kapitels möchte ich eine knappe Darstellung des internationalen Handels in der ersten Hälfte des 18. Jahrhunderts – am Vorabend der industriellen Revolution – zitieren. Sie stammt von K. N. Chaudhuri, der über diesen Periode geschrieben hat:

»Amsterdam und London wurden die führenden Handelsplätze im Westen, und die Aufgabe der Wiederausfuhr der aus Asien und der Neuen Welt eingeführten Waren wurde von einer untergeordneten Gruppe von Großhändlern aus allen Teilen Europas übernommen. Die großen Handelsregionen des Indischen Ozeans – Indien, China und Südostasien – wurden in ein System interdependenter Wirtschaftsbeziehungen integriert, während ihre Binnenwirtschaften weiterhin ihren eigenen Rhythmen und Gesetzen folgten.«[179]

Erfindungen und Überschüsse

Überblick

In diesem Kapitel befassen wir uns mit den hundert Jahren nach 1750, in denen die Menschen in Großbritannien und in Nordwesteuropa eine wirtschaftliche und soziale Revolution erlebten, die die Welt bis zum Ende des zweiten Jahrtausends n. Chr. grundlegend verändern sollte. Die industrielle und demographische Revolution des späten 18. und der ersten Hälfte des 19. Jahrhunderts hatten ähnlich weit reichende Konsequenzen für die Menschheit wie der Übergang vom Jagen und Sammeln zu Ackerbau und Viehzucht vor zehntausend Jahren. Seit dieser ersten agrarischen Revolution lebte die große Mehrheit der Menschen von der Landwirtschaft, und die kleine Minderheit (Geistliche, Handwerker, Kaufleute, Philosophen, Edelleute und Krieger), die vom landwirtschaftlichen Überschuss lebte, blieb sich ihrer Abhängigkeit vom Ernteertrag stets bewusst.

1750 betrug die Weltbevölkerung 771 Millionen.[1] Obwohl diese Zahl doppelt so hoch war wie im Jahr 1400 nach dem Schwarzen Tod, hatten selbst die reichsten Agrargesellschaften die Gefahr nicht bannen können, dass die Zahl der zu ernährenden Münder die vorhandenen Ressourcen übersteigen könnte. Epidemien, Hungersnöte, Unruhen und Kriege erinnerten auf schreckliche Weise an die vordringlichen Lebensnotwendigkeiten. Adam Smith zeigte sich in seinem 1776 veröffentlichten Werk *Der Wohlstand der Nationen* davon überzeugt, dass die Lebensmittelproduktion nicht bis in alle Ewigkeit zunehmen könne. Im heutigen Sprachgebrauch heißt dies, dass dem Wachstum Grenzen gesetzt sind.[2]

Vom 18. Jahrhundert an schienen diese Zwänge jedoch hinweggefegt zu werden. Trotz diverser Katastrophen, wie den Napoleonischen Kriegen, der Hungersnot von 1816/17 sowie Typhus- und Choleraepidemien, war zwischen 1750 und 1850 fast eine Verdoppelung der Bevölkerung Europas (ohne Russland) von 111 auf 209 Millionen eingetreten.[3] War die europäische Bevölkerung am Vorabend der industriellen Revolution nur um 0,15 Prozent pro Jahr gewachsen, stieg diese Rate in dem Jahrhundert nach 1750 auf 0,63 Prozent.[4] England erlebte eine besonders starke Beschleunigung der Entwicklung. Nachdem die Bevölkerung zwischen 1600 und 1750 von 4,1 Millionen auf 5,7 Millionen angewachsen war, verdreifachte sie sich im nächsten Jahrhundert nahezu (auf 16,5 Millionen). Die deutsche Bevölkerung brachte es zwischen 1750 (15 Millionen) und 1850 (27 Millionen) fast zu einer Verdoppelung, die holländische nahm von 1,9 Millionen auf 3,1 Millionen zu und die französische von 25 Millionen auf 36 Millionen.[5] »Der Mensch hatte seinen alten Feinden, der Hungersnot und der Pest, den Laufpass gegeben«, bemerken McEvedy und Jones. »Damit war er in einen neuen Zyklus eingetreten, den Zyklus der Modernisierung, der nicht nur ein noch nie da gewesenes Wachstum der Bevölkerungszahlen, sondern auch noch nie da gewesene Verbesserungen der Lebenserwartung und -qualität mit sich bringen sollte.«[6]

Die Frage von Ursache und Wirkung der Ereignisse zwischen 1750 und 1850 wird heftig debattiert. Hat das rasche Bevölkerungswachstum die industrielle Revolution verursacht, oder umgekehrt? Hat es überhaupt eine »industrielle Revolution« gegeben? Und weshalb verloren die chinesische und die indische Volkswirtschaft, die lange Zeit größer und wohlhabender als die der Europäer gewesen waren, den Anschluss?

Was die Frage nach den Ursachen der industriellen und demographischen Revolution angeht, so ist die plausibelste Erklärung, dass es zu einem Wechselspiel zwischen verschiedenen Entwicklungen in Nordwesteuropa kam, die sich gegenseitig verstärkten und damit einen unaufhaltsamen Zyklus der Expansion, des Bevölkerungswachstums und der Industrialisierung in Gang setzten. Dies wäre kaum möglich gewesen, wenn man keinen Weg gefunden hätte, die schnell wachsende und immer stärker in die Städte drängende Bevölkerung zu ernähren. Voraussetzung war ein hoher Anstieg der landwirtschaftlichen Produktivität pro Arbeiter und pro Bodenfläche. Zudem war vielleicht auch ein wachsender Import von Waren aus dem Ausland erforderlich, wie zum Beispiel im 19. Jahrhundert aus Amerika. Diese Entwicklung verlief parallel zur Industrialisierung in Europa.

Die zweite agrarische Revolution begann in England um 1775 herum. Aber schon das 16. und 17. Jahrhundert waren durch ein starkes Produktionswachstum gekennzeichnet, das dazu führte, dass sich die Produktion pro Arbeiter zwischen 1600 und 1800 etwa verdoppelte.[7] Dieser Prozess bildete zumindest eine notwendige Voraussetzung des Wachstums und der zunehmenden Abwanderung der Landbevölkerung in die Städte, die wir mit der industriellen Revolution assoziieren, wenn er nicht gar eine ihrer Hauptursachen ist.[8]

Andererseits hätte die steigende landwirtschaftliche Produktivität die Industrialisierung nicht fördern können, wenn nicht im gleichen Zeitraum technische Entwicklungen die Fabrikarbeit so konkurrenzfähig und rentabel gemacht hätten, dass sie Arbeiter vom Land anlocken und die dadurch notwendig gewordenen wachsenden Lebensmittelimporte durch Gewinne auf Auslandsmärkten wettmachen konnte. Ohne diese Entwicklung wäre England vielleicht, wie Nick Crafts es ausgedrückt hat, »nicht die Werkstatt, sondern die Kornkammer der Welt«[9] geworden. Schlüsselinnovationen fanden weniger im Bereich der Grundlagenforschung als vielmehr in der Nutzbarmachung bekannter Prinzipien statt. T. S. Ashton spricht von einer »Welle der Geräte«.[10]

Außerhalb Europas nahmen die Bevölkerungszahlen weniger schnell zu, mit Ausnahme von China, das mit einem Anstieg von 215 Millionen auf 420 Millionen ebenfalls nahezu eine Verdoppelung erreichte.[11] In Indien wuchs die Bevölkerung von 175 Millionen auf 230 Millionen,[12] während Afrika praktisch unverändert bei 100 Millionen verharrte.[13] In der Neuen Welt hatte die Bevölkerung 1700 mit 12 Millionen ihren tiefsten Stand seit 1492 erreicht. Das anschließende Bevölkerungswachstum beschleunigte sich nach 1750 dramatisch, so dass die Gesamtzahl von 18 Millionen auf 59 Millionen im Jahr 1850 stieg. 23 Millionen davon entfielen auf die Vereinigten Staaten, die binnen hundert Jahren einen Zuwachs auf mehr als das Zehnfache verzeichneten.[14]

China prosperierte unter der Ch'ing-Dynastie mindestens bis 1800 und war weltweit die größte Volkswirtschaft. Aber das Land erlebte keine Industrialisierung und versäumte so die Gelegenheit, die Führungsrolle in der Welt zu übernehmen, die sie noch ein halbes Jahrtausend zuvor unter der Sung-Dynastie innegehabt hatte. Die Gründe für diese offenkundige Ablehnung neuer Methoden und das Festhalten an der Landwirtschaft als Hauptwirtschaftszweig liegen einerseits in solchen Zufällen wie dem Fehlen leicht zugänglicher Kohlevorräte[15] und andererseits in der Struktur der chinesischen Gesellschaft.[16]

Indien verlor seit den dreißiger Jahren des 18. Jahrhunderts, als mit dem Niedergang des Mogul-Reichs Stabilität und Ordnung ins Wanken gerieten, an wirtschaftlichem Schwung. Zudem stritten europäische Eindringlinge – vorwiegend Briten und Franzosen – um den Reichtum des Subkontinents und um die Vormachtstellung in einem Handel, dessen Bedingungen von der Überlegenheit der europäischen Waffen diktiert wurden. Die spätere Geschichte Indiens unter der Herrschaft des britischen Empire spiegelte die Entwicklung in England wider: beginnende Industrialisierung, Bedarf an Märkten und Schutz der sich entwickelnden Baumwollindustrie.

1850 waren die Vereinigten Staaten eine bedeutende Volkswirtschaft mit einer ähnlich großen Bevölkerung wie Großbritannien. Durch die Erfindung der Baumwollentkörnungsmaschine (1793) war der Süden der USA zum wichtigsten Rohstofflieferanten der Baumwollindustrie im britischen Lancashire geworden. In den zwanziger Jahren des 19. Jahrhunderts entwickelte sich in New England eine eigene Baumwollindustrie, die zur größten Branche der verarbeitenden Industrie in den USA wurde und auch weltweit einen führenden Platz einnahm.[17] Ab 1840 war das Schienennetz der USA größer als das Europas. Dennoch blieb das Land bis weit ins 20. Jahrhundert eine vorwiegend ländliche Gesellschaft. New York war die größte Stadt und der führende Finanzplatz des Landes sowie der wichtigste Hafen für den Handel mit Europa, aber noch kein Finanzzentrum von Weltrang. Die USA standen erst an der Schwelle zur Revolution im Verkehrs- und Kommunikationswesen, die auf Dampfschiff, Eisenbahn und Telegrafie beruhte und ihren Höhepunkt Ende des 19. Jahrhunderts erreichte.

In den hundert Jahren, in denen die industrielle Revolution begann, entstand auch die Wirtschaftswissenschaft, wie wir sie heute kennen – obwohl sich natürlich auch schon frühere Denker seit Plato und Aristoteles mit ökonomischen Fragen befassten. David Hume (1711–1776) und Adam Smith (1723–1790) haben der moderne Wirtschaftswissenschaft durch ihr innovatives Denken ihre Gestalt gegeben, und seither übt sie auf alle, die das wirtschaftliche Verhalten von Menschen verstehen wollen, eine unwiderstehliche Faszination aus. Allerdings haben diese beiden großen Autoren von den um sie herum stattfindenden Umwälzungen praktisch keine Notiz genommen, weder von der industriellen Revolution noch von der Entdeckung eines raschen, scheinbar grenzenlosen Wirtschaftswachstums.

Das Motiv des Walzerschritts, mit dem wir in den vorangehenden Kapiteln das Wechselspiel wirtschaftlicher Chancen, ausbeuterischer Bedrohungen und politischer Gegenmaßnahmen beschrieben haben, ist in den in diesem und dem folgenden Kapitel dargestellten Ereignissen – der industriellen Revolution, deren individuellen und sozialen, nationalen und internationalen Folgen sowie dem Kampf um Reformen und eine offene Weltordnung – derart evident, dass wir bei der nun folgenden Darstellung nicht mehr eigens darauf eingehen werden. Leser, die das Motiv bislang nützlich gefunden haben, werden es unschwer auch in diesem Kontext wiederfinden.

Die Geschichte

Die Abfolge der Ereignisse nach 1760, die uns als »industrielle Revolution«* geläufig ist, hat bei den Wirtschaftshistorikern großes Interesse gefunden, sie aber auch vor viele Rätsel gestellt. Der Wandel des durchschnittlichen Lebensstandards in den von der Entwicklung der industriellen Wirtschaft am stärksten beeinflussten Gegenden stellte in seinem Ausmaß alle früheren Fortschritte in den Schatten. Dennoch hat man für die Gründe dieses Wandels noch immer keine abschließende Erklärung gefunden.

John Maynard Keynes (1883–1946) betrachtete 1930 die Auswirkungen des technischen Wandels seit 1700:

»Von den frühesten Zeiten, über die wir Nachricht haben, zurück, sagen wir, bis 2000 Jahre vor Christus, bis hin zum Anfang des 18. Jahrhunderts, gab es keine großen Veränderungen im Lebensstandard des durchschnittlichen Menschen, der in den zivilisierten Zentren der Erde lebte. Auf und Ab sicherlich. Heimsuchungen durch Seuchen, Hunger

---

* Der Ausdruck wurde 1837 von dem französischen Revolutionär Louis-Auguste Blanqui geprägt. In den allgemeinen Sprachgebrauch ging er aber erst durch Arnold Toynbee (1852–1883) ein, der 1880/81 an der Universität von Oxford eine Vorlesungsreihe zu diesem Thema hielt.

und Krieg. Goldene Zwischenzeiten. Aber kein fortschreitender, heftiger Wandel. Einige Zeiten vielleicht 50 Prozent, höchstens 100 Prozent besser als andere in den viertausend Jahren, die etwa um 1700 nach Christus endeten ... Was ist das Ergebnis [der nächsten zwei Jahrhunderte]? Trotz eines ungeheuren Anwachsens der Weltbevölkerung, die mit Häusern und Maschinen ausgerüstet werden musste, ist der durchschnittliche Lebensstandard in Europa und den Vereinigten Staaten, wie ich annehme, um etwa das Vierfache gestiegen ... Ich möchte voraussagen, dass der Lebensstandard der fortschrittlichen Länder in hundert Jahren vier- bis achtmal so hoch sein wird, als er es heute ist.«[18]

Der enorme Wachstumsschub der Volkswirtschaften mit industrieller Entwicklung nach dem 18. Jahrhundert wird auch von modernen Forschern bestätigt. D. N. McCloskey schreibt dazu: »Zwölf ist der Faktor, in Großbritannien und anderen Ländern mit einer Geschichte modernen Wirtschaftswachstums, um den das reale Pro-Kopf-Einkommen von heute das von 1780 übersteigt.«[19] Wenn die Wirtschaftswissenschaft für die Untersuchung der Geschichte überhaupt Relevanz besitzen soll, dann sollte sie auch in der Lage sein, die industrielle Revolution zu erklären. Wie und warum begannen die Einkommen so unglaublich zu steigen, wie es Keynes so prägnant beschrieben hat? Um die Auswirkungen der Inflation auf Devisenwerte bereinigt, stiegen sie in Ländern mit modernem Wirtschaftswachstum immerhin um das Zwölffache. Aber auch andere Gradmesser ökonomischer Veränderungen belegen den tiefgreifenden Wandel, der in Großbritannien um 1760 eingesetzt hatte und sich immer mehr beschleunigte: Die Quote männlicher Beschäftigter in der Landwirtschaft sank bis 1840 von 53 auf 29 Prozent, während sie in der Industrie von 24 auf 47 Prozent zunahm. Im gleichen Zeitraum stieg der Anteil der in Klein- und Großstädten lebenden Bevölkerung von 21 Prozent auf 48 Prozent.[20]

Andere Zeugnisse unterstreichen die Bedeutung dieser Zahlen. Eric Hobsbawm schrieb 1969 in *Industrie und Empire:* »Keine Veränderung im Leben der Menschheit seit der Erfindung der Landwirtschaft, der Metallurgie und der Städte in der Jungsteinzeit war von so tief reichender Wirkung wie der Beginn der Industrialisierung.«[21] Umstrittener ist die Wachstumsbeschleunigung der gesamten Wirtschaftsproduktion (Bruttoinlandsprodukt [BIP]) in Großbritannien. Vor vierzig Jahren berichteten Historiker über jährliche Wachstumsraten von zwei oder gar drei Prozent in den fünfzig Jahren nach 1780.[22] In jüngerer Zeit sind diese Zahlen korrigiert worden; inzwischen geht man von bescheideneren 1,5 bis 2 Prozent mit einer Beschleunigung auf 3,5 Prozent um 1820 aus.[23] Die industrielle Revolution ist also wahrscheinlich langsamer vonstatten gegangen, als früher angenommen. Crafts meint sogar: »Wahrscheinlich hat das Einkommenswachstum das langfristige Mittel der vorindustriellen Zeit erst im zweiten Viertel des 19. Jahrhunderts wesentlich übertroffen.« Im Gegensatz zu Keynes geht Crafts also von einem gleichmäßigen Wirtschaftswachstum vor der industriellen Revolution aus.

Der zeitliche Ablauf der industriellen Revolution bis zu ihrer vollen Entfaltung sagt jedoch nichts über den Zeitpunkt der Entstehung und die Art der Faktoren aus, die sie ausgelöst haben. In einer aufschlussreichen Passage über die Logik historischer Kausalitäten zitiert McCloskey eine Warnung von Crafts:

»Die Frage, wann genau das moderne Wirtschaftswachstum einsetzte, sollte ohnehin nicht im Mittelpunkt der Forschung stehen, denn ... der Anfang des Wirtschaftswachstums könnte auf einen beliebigen Zufall zurückzuführen sein. Trotzdem bleibt natürlich die Frage, warum die Entwicklung nicht schon vorher in Gang gekommen ist. Hohe Abhängigkeit von Ausgangsbedingungen – so lautet der Fachausdruck aus der so genannten Chaostheorie für manche nicht-lineare Modelle. Doch Geschichtsschreibung wird unter solchen Voraussetzungen unmöglich.«[24]

Um die Möglichkeit von Geschichtsschreibung zu bewahren, können wir auf eine von McCloskey angeführte Bemerkung von Mokyr zurückgreifen:

»Das Wühlen in den in Frage kommenden Eicheln, aus denen die große Eiche der industriellen Revolution entsprungen ist, gleicht ein wenig dem Studium der Geschichte jüdischer Abweichler zwischen 50 vor und 50 nach Christus. Man sucht nach dem Anfang einer Sache, die zunächst unbedeutend und sogar seltsam war, aber später das Leben aller Menschen im Westen verändern sollte. Ob etwas dazu bestimmt ist, unser Leben zu verändern oder nicht, wird sich jedem Menschen anders darstellen ... deswegen wird man durch Würfeln keine gute Erklärung finden. Die industrielle Revolution war nicht nur ein einziges Ereignis, sondern ein Gefüge aus lose verbundenen Ereignissen, hier ein Kniff mit Dampfmaschinen, dort ein neues Dock. Es handelte sich um etwas Umfassenderes als einen bloßen Zufall.«[25]

Das beschleunigte Wachstum Großbritanniens im 19. Jahrhundert ist also vielleicht von kleinen Ereignissen im 18. Jahrhundert ausgelöst worden. Aber auch diese kleinen Ereignisse können sich einem sorgfältigen Historiker durchaus erschließen. Umgekehrt sieht man in der Rückschau oft genug, dass manchmal selbst die scharfsinnigsten zeitgenössischen Beobachter große Ereignisse nicht wahrgenommen haben. Weder Adam Smith noch David Hume, Thomas Robert Malthus, David Ricardo (1772–1823) und John Stuart Mill (1806–73) erkannten

»den Faktor zwölf, als er sich ereignete ... sie bemerkten nicht, dass der zwischen 1780 und 1860 zu erklärende Wandel nicht 10, sondern 100 Prozent ausmachte und dass er auf dem Weg zu 1100 Prozent war. Erst in jüngerer Zeit ist diese erstaunliche Fehlleistung bei der Erforschung der Ursachen und Zusammenhänge des Wohlstands der Nationen ins Blickfeld geraten.«[26]

Selbst der große Alfred Marshall hat die immense Bedeutung des Wachstums von Produktion und Einkommen pro Kopf, das schon ein Jahrhundert vor dem Erscheinen seines Werks eingesetzt hatte, kaum bemerkt. Er schreibt, dass sich Englands

>Produktionskräfte gewaltig gesteigert haben; der Freihandel und die Verbesserung der Verbindungen durch Dampfkraft haben es ermöglicht, dass ein weit größerer Bevölkerungsanteil ausreichend mit Nahrungsmitteln versorgt wird ... Wohlstand, Gesundheit, Bildung und Sittlichkeit der Nation sind gestiegen; und wir sind nicht mehr gezwungen, praktisch jede andere Erwägung der Notwendigkeit einer Zunahme der industriellen Gesamtproduktion unterzuordnen.«[27]

Aber sein eigentliches Interesse gilt den soziologischen Folgen des Wandels in der Produktion von der Landwirtschaft hin zur Industrie und von kleinen Firmen hin zum großen Fabrikbesitzer und Unternehmer. »Das freie Unternehmertum erlebte ein schnelles und ungehemmtes Wachstum«, konstatiert Marshall, dessen eher technische Schriften ihn fast zu einer Vaterfigur der »freien Marktwirtschaft« nach dem Chicagoer Modell machten. Doch das Ende des Satzes bringt eine Akzentverschiebung, die nicht so recht ins Chicagoer Weltbild passt: »... aber es war einseitig in seinen Maßnahmen und grausam gegen die Armen.«[28]

Seine Suche nach Erklärungen beginnt bei Geographie, ethnischer Zugehörigkeit und Klima, wobei er Großbritannien »die stärksten Mitglieder der stärksten Rassen Nordeuropas« und beste klimatische sowie geographische Bedingungen bescheinigt: »... keine hohen Berge, und kein Teil des Territoriums ist weiter als zwanzig Meilen von schiffbaren Gewässern entfernt.« Anschließend führt er die Übertragung der kapitalistischen Organisation in der Landwirtschaft auf das Fabriksystem und die unter den Bedingungen des freien Wettbewerbs herrschende natürliche Selektion der effizientesten Methoden und Manager an.

Wenn er schließlich auf »den Fortschritt mechanischer Erfindungen« zu sprechen kommt, gilt sein Interesse weniger den bedeutenden technischen Innovationen der industriellen Revolution, denen er immerhin eine gehaltvolle Fußnote widmet, als der Tatsache, dass »die Arbeiter durch sie immer mehr in kleinen Fabriken zusammengebracht wurden ... und nicht mehr in größeren Fabriken in den Städten«.[29] Die neue Organisation, so stellt er fest, »hat die Leistungsfähigkeit der Produktion erheblich verbessert ... aber auch große Übel mit sich gebracht«.[30] In den zwei Jahrhunderten nach 1750 »veränderte sich das Alltagsleben stärker als in den 7000 Jahren davor«.[31] Im folgenden sind die Erfindungen und Entdeckungen aufgeführt, die zu den enormen Produktivitätssteigerungen beitrugen, die zur industriellen Revolution führten.[32]

Erfindungen, Erfindungen

1698	– Dampfpumpe zum Absaugen von Wasser in Minen (Thomas Savery, England)
1701	– Sämaschine in der Landwirtschaft (Jethro Tull, England)
1708	– erste Porzellanherstellung in Europa (Johann Friedrich Böttger, Deutschland)
1709	– Einsatz von Koks zum Schmelzen von Eisenerz in Coalbrookdale (Abraham Darby, England)
1712	– atmosphärische Dampfmaschine zur

Wasserförderung in Kohlebergwerken (Thomas Newcomen, England)

1717 – Seidenzwirner (Thomas Lombe, England)

1720 – Salzglasursteingut als Ersatz für Porzellan (John Astbury, England)

1720–29 – Seidenwebstuhl für das Einweben von Mustern in Stoffe (Basile Bouchon und Jean Baptiste Falcon, Frankreich)

1738 – Schnellschütze zum Weben von Stoffen (John Kay, England)

– Rollen zum Baumwollspinnen (Lewis Paul, England)

1740 – Tiegeltechnik zum Gießen von Stahl (Benjamin Huntsman, England)

– Glaskammerverfahren für die Herstellung von Schwefelsäure (Vitriol); Einsatz zum Bleichen und in der Metallurgie (Joshua Ward, England)

1742 – Flockenmaschine für die Baumwollproduktion (Lewis Paul, England)

– Bleikammerverfahren für die Herstellung von Schwefelsäure (John Roebuck, England)

1750–59 – mittelschlächtiges Wasserrad (John Smeaton, England)

– verbesserter Straßenbau mit glatter, konvexer Oberfläche und Gräben unter dem Straßenniveau zum Ablaufen des Wassers (John Metcalfe, England)

– Vorrichtung an Strickrahmen für gerippte Stoffe in der Strumpfindustrie (Jedediah Strutt, England)

– Keramikfabrik in Burslem, Staffordshire, die Dampfmaschinen, Arbeitsteilung und gezieltes Marketing einsetzt (Josiah Wedgewood, England)

1760–69 – wasserbetriebene Blaszylinder ersetzen Gebläse

bei der Eisenherstellung (John Smeaton, England)

- Duke-of-Bridgewater's-Kanal zum Kohletransport (James Brindley, England)
- Teilmaschine für genaue Graduierung von Kreisen für Navigations- und Landvermessungsinstrumente (Jesse Ramsden, England)
- Spinnmaschine »Spinning Jenny« für die Baumwollherstellung (James Hargreaves, England)
- effiziente Dampfmaschine mit getrenntem Kondensator; erst 1769 patentiert und ab 1775 im Gebrauch (James Watt, England)
- Entdeckung des Wasserstoffs (Henry Cavendish, England)

1767 – Fertigstellung des Kanals von Liverpool nach Manchester (James Brindley, England)

1769 – Drosselstuhl zum Baumwollspinnen (Richard Arkwright, England)
- Patentierung der Dampfmaschine mit getrenntem Kondensator (siehe oben)

1772 – Kanal von Staffordshire nach Worcestershire (James Brindley, England)
- Bohrmaschine zum genaueren Ausbohren von Zylindern, Vorläufer von Werkzeugmaschinen (John Wilkinson, England)

1775 – verbesserte Flockenmaschine für die Textilherstellung (Richard Arkwright, England)
- erste kommerziell erfolgreich eingesetzte Dampfmaschine mit getrenntem Kondensator in Gebrauch (siehe oben)
- Grand-Trunk-Kanal zwischen Trent und Mersey (James Brindley, England)
- Spinnmaschine »Mule« zum Spinnen von Baumwollgarn (Samuel Crompton, England)

| | – erste gusseiserne Brücke mit dreißig Meter langem Bogen über den Fluss Severn in Coalbrookdale (Abraham Darby III. und John Wilkinson, England) |

- erste gusseiserne Brücke mit dreißig Meter langem Bogen über den Fluss Severn in Coalbrookdale (Abraham Darby III. und John Wilkinson, England)

1780–89
- Gleitschützwasserrad (John Rennie, England)
- Entdeckung von Gas als Lichtquelle (J. G. Pickel, Deutschland; Jean Pierre Minkelers, Frankreich)
- Gaslampe (Aimé Argand, Frankreich)
- Straßenbau und -reparaturen mit hochwertigem Wasserabfluss (John McAdam, England)
- Metallzylinder zum Drucken von Mustern auf Stoff (Thomas Bell, England)
- Heißluftballone (Gebrüder Montgolfier, Frankreich)
- Puddel- und Walzverfahren zur Herstellung von Schmiedeeisen (Henry Cort, England)
- Chlorbleichung von fertigem Baumwollgarn (Claude L. Berthollet, Frankreich)
- Dreschmaschine (Andrew Meikle, England)
- mechanischer Webstuhl zum Weben von Textilien (Edmund Cartwright, England)

1787
- Herstellung von Soda aus Seesalz (Nicolas Leblanc, Frankreich)

1790–99
- Baumwollentkernungsmaschine für die Herstellung von Rohbaumwolle (Eli Whitney, USA)
- Idee zur Haltbarmachung von Lebensmitteln durch Vakuumversiegelung in Glasgeschirr nach dem Kochen (Nicolas Appert, Frankreich)
- Pockenschutzimpfung (Edward Jenner, England)
- Spezialdrehbank zum Schraubenschneiden (Henry Maudslay, England)
- Einsatz von Kohlengas zur Beleuchtung (William Murdock, England)
- Patentierung einer Maschine zur Herstellung von

Papier (Nicholas Louis Robert, Frankreich), aus der die Fourdrinier-Papiermaschine entwickelt wird (Bryan Donkin, England)

1799 – Bleichpulver aus Chlor und Kalk für fertiges Baumwollgarn (Charles Tennant, England)

– mit aus Holz gewonnenem Gas betriebene Thermolampe (Philippe Lebon, Frankreich)

– Maschinen zur Herstellung hölzerner Kloben und Flaschenzüge für die Marine (Henry Maudslay und Marc Brunel, England)

– verbesserter Webstuhl zum Seideweben (Joseph Marie Jacquard, Frankreich)

– erfolgreich eingesetzte Hochruck-Dampfmaschine (Richard Trevithick, England)

– Bau der Straße Shrewsbury-Holyhead mit festem Steinfundament nach »römischem« Vorbild (Thomas Telford, England)

– Verbund-Dampfmaschine; praktischer Einsatz erst ab 1845 (Robert Woolf, England)

– Dampflokomotive für Schienenstrecke (Richard Trevithick, England)

– erste dokumentierte Fließbandproduktion in einer Keksfabrik in Deptford

1805 – Dandywebstuhl mit automatisch bewegtem Zeugbaum

– Dampfschiff (Robert Fulton, USA)

– Gaslampen beleuchten Baumwollfabriken in Manchester und die Pall Mall in London; Gasverteilung über zentrale Produktionsstätte (Samuel Clegg, England)

1808 – Nachweis der Beleuchtungseigenschaften von Elektrizität (Humphrey Davy, England)

– Flachspinnverfahren für Leinen (Philippe de Girard, Frankreich)

	– Idee zu zinnbeschichteten Dosen für die Konservierung von Lebensmitteln (Peter Durand, England)

- Idee zu zinnbeschichteten Dosen für die Konservierung von Lebensmitteln (Peter Durand, England)
- Entwicklung eines Raffinierverfahrens für Rübenzucker, der aber erst vierzig Jahre später zur Konkurrenz für Rohrzucker wird (Benjamin Delsert, Frankreich)
- Zylinderflachpresse für Zeitungs- und Buchdruck (Friedrich König, deutscher Einwanderer in London)

1809 – Konstruktion des elektrischen Telegrafen (Samuel Thomas von Sömmerring, Deutschland)

1814 – Auslieferung von Dosenfleisch und -suppen an die Marine (Bryan Donkin, England)

1815 – Sicherheitslampe für den Bergbau (Humphrey Davy, England)
- Schraubhechel für Flachs und Wollfasern
- Gasverbrauchsmessung für Einzelkunden (John Malam, England)
- die *Savannah* überquert als erstes Dampfschiff den Atlantik

1820–29 – mechanische Webstühle für Kammgarn
- elektrischer Motor, der jedoch aufgrund des Batteriebetriebs um zwanzig Prozent teurer ist als Dampfmaschinen (Michael Faraday, England)
- Spinnerstreik führt zur Entwicklung einer automatischen Mule-Spinnmaschine, die sechs Jahre später fertiggestellt wird (siehe 1827)
- Bau der dreiundvierzig Kilometer langen Eisenbahnstrecke Stockton-Darlington (Edward Pease, England) und der Dampflokomotive *Locomotion* (George Stephenson, England)
- Einführung der Flachsspinnerei in Leeds führt zur Mechanisierung der Leinenspinnerei

	– Hängebrücke über den Menai-Kanal (Thomas Telford, England)
1826	– Gasbeleuchtung auf Berlins Straßen (William Lampadus, England)
1827	– Kämmmaschinen für Wolle in der Kammgarnindustrie
	– die *Rocket* gewinnt den Wettbewerb der Dampflokomotiven bei den Testfahrten von Rainhill auf der Bahnstrecke Liverpool-Manchester (George und Robert Stephenson, England)
	– Eisenerzschmelzung durch Winderhitzung (James Neilson, England)
	– Fertigstellung der Eisenbahnstrecke von Liverpool nach Manchester
	– selbsttätige Mule-Spinnmaschine für Baumwollgarn (Richard Roberts, England)
	– Dampfbetriebene Fächer in Kohlenbergwerken verringern die Explosionsgefahr
1830–39	– mechanische Webstühle zum Weben feinerer Baumwollgarne
	– Beginn der Mechanisierung bei der Flachsherstellung
	– Nähmaschine (Barthélemy Thimonnier, Frankreich)
	– dauerhafte fotografische Bilder (Joseph N. Niepce und Louis Daguerre, Frankreich)
	– elektrischer Dynamo (Michael Faraday, England)
	– Beginn der Entwicklung des elektrischen Telegrafen (Samuel Morse, USA)
	– Erfindung der mechanischen Mähmaschine (Cyrus McCormick, USA)
	– Atlantiküberquerung Quebec-Gravesend durch das hauptsächlich mit Dampf betriebene Dampfschiff *Royal William*

1837	–	Wasserturbinenmotor (Benoît Fourneyron, Frankreich)
	–	die Eisenbahnstrecke London–Birmingham verbindet London mit den Industriezentren
1839	–	Patentierung des Fünfnadelsystems für die Nachrichtenübermittlung mit dem elektrischen Telegrafen (William Cooke, England)
	–	Vulkanisierungsverfahren für Gummi ermöglicht den industriellen Einsatz von Gummi (Charles Goodyear, USA)
	–	Fließbandbetrieb der Werkzeugmaschinenfabrik J. G. Bodmers
1840er	–	Mechanisierung der Woll- und Strumpfindustrie
	–	Patent für Fotografien auf Papier (W. H. Fox Talbot, England)
1843	–	Superphosphatfabrik für die Landwirtschaft (John Bennet Lawes, England)
	–	Morsealphabet ermöglicht Einnadelsystem für die elektrische Telegrafie (Samuel Morse, USA)
	–	praktischer Einsatz der Verbund-Dampfmaschine (John McNaught, England)
	–	funktionierende Kämmmaschine für Wolle (Josué Heilmann, Frankreich)
	–	Rotationsdruckpresse, Philadelphia (Robert Hoe, USA)
	–	Kettenstich, Verbesserung der Nähmaschine (Elias Howe, USA)
	–	Teeklipper segeln mit bis zu fünfzehn Knoten (England und USA)
1850–59	–	Milchpulver (Gail Borden, USA)
	–	Nähmaschine mit Fußpedal (Isaac Merritt Singer, USA)
	–	Kristallpalast bei der Weltausstellung
	–	bei der Weltausstellung zeigt der britische

Werkzeugmaschinenbauer Joseph Whitworth
dreiundzwanzig Geräte
  - Verlegung eines unterseeischen Kabels zwischen
    Dover und Calais (Thomas Crampton, England)

Keynes hingegen verstand das Ausmaß des Wandels. Er kannte
die Konsequenzen eines sich mit Zinseszins akkumulierenden
Wachstums, das sich seit dem 18. Jahrhundert vollzogen hatte,
und die wahrscheinlichen Folgen der Fortsetzung dieses Wachstums in der Zukunft. Die Erklärung für das rasche Wachstum ab
1700 lag für Keynes auf der Hand, und dass es nicht vorher begonnen hatte, beruhte seines Erachtens auf

»zwei Gründen: auf dem bemerkenswerten Fehlen technischer Verbesserungen und darauf, dass es nicht zur Ansammlung von Kapital kam. Das Fehlen wichtiger technischer Erfindungen zwischen der vorgeschichtlichen und der
vergleichsweise neuen Zeit ist wahrhaft auffällig. Fast alles,
worauf es wirklich ankommt und was die Welt zu Beginn
der Neuzeit besaß, war dem Menschen schon seit grauer
Vorzeit bekannt. Die Sprache, das Feuer, die gleichen Haustiere, die wir heute haben, Weizen, Gerste, Wein und Olive,
der Pflug, das Rad, das Ruder, das Segel, Leder, Leinen und
Tuch, Ziegel und Töpfe, Gold und Silber, Kupfer, Zinn und
Blei – und Eisen kam zu dieser Liste früher als tausend Jahre
vor Christus – Bankwesen, Staatskunst, Mathematik,
Astronomie und Religion.«[33]

Als Gegengewicht zu diesem Höhenflug Keyneseanischer
Prosa sollten wir vielleicht eine gleichermaßen aufschlussrei-
che Passage McCloskeys anführen, in der eine gänzlich andere
Auffassung zum Ausdruck kommt:

»Einem ungebremsten Erfindungsgeist verdanken wir bis
1500 darüber hinaus [neben dem Kummet, dem Steigbügel

und dem Streichbrettpflug aus dem 9. und 10. Jahrhundert],
die Brille, die Druckerpresse, die Galeone, den Gebläse-
ofen, das Glasfenster, Hopfen im Bier, das Hufeisen, den
Kamin, die Kanalschleuse, die Knagge, die Kogge, das Koh-
lenfeuer, den Kompass, die Kurbel, das oberschlächtige
Wasserrad, die Saugpumpe, die Schindel, den Schleifstein,
den schmiedeeisernen Topf, den Schubkarren, das Schwun-
grad, die Seekarte, Seife im Stück, den Ski, das Spanten-
schiff, das Spinnrad, die Taschenuhr mit Federantrieb, den
Tretwebstuhl, die Uhr mit Gewichtantrieb, den Wagen-
schwengel, das wasserbetriebene Gebläse, Whiskey ... und
die Windmühle.«[34]

Keynes fährt fort: »Zu irgendeiner Zeit vor dem Anbruch
der Geschichte ... muss es einen mit der heutigen Epoche
vergleichbaren Zeitraum des Fortschritts und der Erfindung
gegeben haben. Aber während des größten Teils der auf-
gezeichneten Geschichte gab es nichts dergleichen.«[35] Diese
vorgeschichtliche Epoche wird zum Teil im ersten Kapitel des
vorliegenden Buchs behandelt. Das Entscheidende in diesem
Zusammenhang ist jedoch Keynes' Überzeugung, dass die
enorme Verbesserung des Lebensstandards nach 1700 auf
technische Neuerungen und die Kapitalbildung nach den Gesetzen des Zinseszinses zurückzuführen ist.[36]
Moderne Historiker sind sich alles andere als einig darüber,
dass die industrielle Revolution durch technologische Fortschritte und Erfindungen ausgelöst wurde. Wie McCloskeys
geistreichen Ausführungen zu entnehmen ist, haben englische
Wirtschaftshistoriker den Nachweis erbracht, dass absolut
nichts, zumindest aber keiner der bislang diskutierten Gründe
die industrielle Revolution verursacht hat. Nick Crafts dagegen nennt zahlreiche mögliche Gründe für das Wirtschaftswachstum und belegt sie mit entsprechenden Daten.[37] Unter
anderem führt er die großen Ersparnisse und das Investitions-
potential der englischen Wirtschaft an, die aber erst genutzt

wurden, als mit dem technologischen Fortschritt der Investitionsertrag stieg. Ferner stellt er fest, dass andere ökonomische Faktoren – wie etwa Mangel an Holz, Wasserkraft und Arbeitskräften – keine ausreichende Erklärung für die Welle von Erfindungen im späten 18. Jahrhundert bieten. Danach wendet er sich grundlegenden Mechanismen des Wachstums und Strukturwandels zu. Vor 1750 hatte ein Bevölkerungswachstum von über 0,5 Prozent ein Sinken des Lebensstandards nach sich gezogen und damit Malthus' Hypothese bestätigt, ein steigendes Realeinkommen pro Kopf führe zu einer Bevölkerungszunahme, welche die ursprünglich erzielte Verbesserung des Lebensstandards wieder zunichte mache.[38] Während der industriellen Revolution beschleunigte sich das Bevölkerungswachstum auf 0,9 Prozent und schließlich bis 1816 auf 1,5 Prozent pro Jahr. Im gleichen Zeitraum stieg aber auch der Lebensstandard.

Ein zweiter grundlegender Mechanismus liegt in der Struktur der Anreize, die dafür sorgen müssen, dass das Selbstinteresse – nach Adam Smith die Triebkraft eines »natürlichen Wachstums des Wohlstands« – unbehindert von staatlichen Schranken wirken kann. Die Glorreiche Revolution von 1688 und das daraus resultierende Machtgleichgewicht zwischen König und Parlament hat laut Douglass North den Boden dafür bereitet, denn Letzteres verhinderte, dass die wirtschaftliche Eigeninitiative durch übermäßige Steuern und andere Willkürakte der Exekutive erstickt wurde.[39] Tatsächlich sieht North in der makroökonomischen Stabilität nach der Gründung der Bank of England und der Festlegung des Pfundkurses fundamentale Gründe für den wirtschaftlichen Fortschritt Englands in den nächsten zwei Jahrhunderten. Er schreibt:

»Die Sicherheit der Eigentumsrechte und die Entwicklung des öffentlichen und privaten Kapitalmarkts wurden mitbestimmend nicht nur für Englands nachfolgende rasche wirtschaftliche Entwicklung, sondern auch für seine politische

Vorherrschaft und schließlich weltbeherrschende Stellung.«[40]

Die Steuern in Großbritannien lagen von 1700 bis 1780 zwischen 8,7 und 11,7 Prozent des Volkseinkommens.[41] In diesem Zeitraum wurden die »Enclosure Acts« (Einhegungsgesetze) erlassen, die die Überführung von Gemeindeland in Privateigentum erleichterten, auch wenn dies auf Kosten der Armen geschah, und die Navigationsakte, die den englischen Außenhandelsverkehr auf britische Schiffe beschränkte, verschärft. Zudem führte die Regierung Wegeämter ein, die Investitionen zur Verbesserung des Straßennetzes und der Schifffahrtswege förderten. All diese staatlichen Maßnahmen trugen zu einer höheren Effizienz der Wirtschaft und einer besseren Integration der Märkte bei.

Der letzte grundlegende Mechanismus der industriellen Revolution bestand darin, dass auf breiter Basis Arbeitskräfte aus der Landwirtschaft abgezogen wurden, ohne dass die Nahrungsmittelversorgung einer wachsenden Bevölkerung mit steigenden Einkommen darunter litt. Zwischen 1700 und 1760 nahm die Produktivität der englischen Landwirtschaft schneller zu als die aller anderen Wirtschaftszweige. Tatsächlich konnte England weit mehr Arbeitskräfte aus der Landwirtschaft freisetzen als andere führende Volkswirtschaften wie etwa Frankreich, um die Arbeitsteilung und die Entwicklung anderer Branchen zu fördern, von denen jeder Fortschritt über das bloße Subsistenzniveau hinaus abhängt. 1850 war die landwirtschaftliche Produktivität Großbritanniens die mit Abstand höchste in Europa.[42]

Aber selbst dies stellt nur einen Teil der Erklärung dar. Hätte es lediglich eine rasche Produktivitätssteigerung in der Landwirtschaft gegeben, hätte dies eine Verlangsamung der Industrialisierung bewirkt, da der Wert der Arbeiter in der Landwirtschaft zugenommen und damit die Kosten der Freisetzung dieser Arbeiter für neue Anstellungen erhöht hätte.

Tatsächlich aber war Großbritannien in der Lage, Lebensmittel aus dem Ausland einzuführen. Die Nettobilanz für Weizen und Weizenmehl, die 1750 Exporte von 0,6 Millionen Quarter* verzeichnet hatte, wies 1840, also noch vor Aufhebung der Getreidegesetze, Importe von 2,6 Millionen Quarter aus. Den Laien mag es paradox anmuten – so wie dies auch in heutigen Debatten über die gemeinsame Agrarpolitik der EU zum Ausdruck kommt –, dass eine Volkswirtschaft mit konkurrenzlos hoher und weiter steigender Produktivität zum Import von Nahrungsmitteln übergehen sollte. Es handelt sich hier um ein geradezu klassisches Beispiel für die Wirkungsweise des ökonomischen Prinzips der »komparativen Kostenvorteile«, das David Ricardo 1817 erläutert hat:

> »Es scheint daher so zu sein, dass ein Land, das sehr erhebliche Vorteile in der Maschinerie und Arbeitsfertigkeit besitzt und deswegen in der Lage ist, Waren mit viel weniger Arbeit als seine Nachbarn zu erzeugen, im Tausch gegen diese Waren einen Teil des zu seiner Konsumtion benötigten Getreides einführen kann, sogar wenn sein Boden fruchtbarer ist und Getreide mit weniger Arbeit angebaut werden kann, als in dem Lande, aus dem es eingeführt wurde.«[43]

Hier nähern wir uns dem Kern der Sache. Im späten 18. und frühen 19. Jahrhundert erlangte Großbritannien infolge technischer Veränderungen (Erfindungen und ihre Umsetzung) einen Wettbewerbsvorteil im Handel mit Fabrikerzeugnissen, der noch größer war als sein Vorteil im Bereich der Agrarproduktion. Der Handel mit Baumwolltextilien leitete jene Strukturveränderungen der britischen Wirtschaft ein, die wir heute als industrielle Revolution bezeichnen.[44]

---

* Ein Hohlmaß für Getreide, Obst und Flüssigkeiten, das 291,2 Litern entspricht.

Das legt den Schluss nahe, dass dieser technische Wandel tatsächlich ein wesentliches Glied in der Kausalkette bildete, die zur industriellen Revolution führte. Danach bleibt nur noch zu klären, ob diese Kette weiter zurückverfolgt werden kann zu den politischen, fiskalischen, gesetzlichen, geographischen, klimatischen oder geistigen Voraussetzungen, die von etlichen Historikern als die eigentlichen Gründe dieser großen Umwälzung betrachtet werden. Crafts fasst zusammen:

»Obwohl die Suche nach Verbesserungen durch steigende Gewinnaussichten sicherlich gefördert wurde, blieb der Erfolg einer solchen Suche doch sehr ungewiss, zumal die einzelnen Erfindungen in eher zufälliger Reihenfolge zustande kamen. Vielleicht ist es verkehrt, nach einem besonderen Merkmal der Wirtschaft in der Mitte des 18. Jahrhunderts Ausschau zu halten, das die Wahrscheinlichkeit einer raschen Industrialisierung zwingender nahe legte, als dies fünfzig Jahre vorher der Fall war. Auch Crouzet [der das Argument verfochten hatte, dass die Erfindungen den Ersatz relativ knapper und teurer Ressourcen ... durch reichlich vorhandene und relativ billige Ressourcen ermöglichten, so etwa durch Kohle, Dampfkraft und Kapital[45]] ist zu dem Ergebnis gelangt, dass die Hypothese der Ressourcenknappheit das Gewicht seiner Schlussfolgerungen nicht trägt und die Suche nach den Gründen für die Erfindungswelle wenig Greifbares erbracht hat. Vielleicht muss man doch auf exogene technologische Umwälzungen schließen, die die Erträge und das Wirtschaftswachstum steigen ließen ... Der technologische Wandel hat also zur Änderung der bis dahin gültigen Wachstumsrichtung geführt, und die Konsequenzen dieser Entwicklung können als wahrhaft revolutionär betrachtet werden.«[46]

Viele große Nationalökonomen der Zeit haben nicht erkannt, was sich vor ihren Augen abspielte, was McCloskey mit treffenden Worte beschrieben hat: »Als Adam Smith und John Stuart Mill zu einem Verständnis der Wirtschaft im Gleichgewicht gelangten, entfernte sich die Wirtschaftsentwicklung bereits von diesem Gleichgewicht. Es war, als hätte sich ein Ingenieur von der stabilen Bauweise eines Jumbojets auf der Startbahn überzeugt, ohne zu bemerken, dass dieser bereits zu einem dynamischen Flug angesetzt hat.«[47]

Wenn wir im letzten Kapitel dieses Buchs einen Ausblick vom Jahr 2000 aus geben, sollten wir uns daher an all jene erinnern, die vor zweihundert Jahren viel zu pessimistische Voraussagen gemacht haben, und an Keynes' weit zutreffendere Vorhersagen denken, auch wenn sein Optimismus manchmal an heillose Euphorie grenzte. Auch der Historiker Thomas Babington Macaulay soll nicht vergessen werden, denn er schrieb schon 1830, also genau hundert Jahre vor Keynes' Jahrhundertprognose: »Wenn wir prophezeien würden, dass im Jahre 1930 eine Bevölkerung von fünfzig Millionen, besser genährt, gekleidet und behaust als die Engländer unserer Zeit, auf diesen Inseln leben werden, dass Sussex und Huntingdonshire reicher sein werden, als es die reichsten Teile von West Riding in Yorkshire heute sind ... dass es in jedem Haushalt Maschinen geben wird, die nach bislang unentdeckten Prinzipien gebaut sind ... würden uns viele Menschen für irrsinnig halten.«[48]

Und auch Marshall hat vor einem Jahrhundert großen Weitblick bewiesen: »Das System großer Geschäftsbetriebe, die von den besonderen Fähigkeiten kapitalistischer Unternehmer gelenkt werden ... hätte rasch Verbreitung gefunden, auch wenn es keine Fabriken gegeben hätte; und es wird noch größere Verbreitung finden, auch wenn die Verteilung von Kraft [sein Wort für Energie] aus elektrischen oder anderen Quellen dazu führen sollte, dass ein Teil der heute in Fabriken geleisteten Arbeit in die Häuser der Arbeiter verlegt wird.«[49] Das sind Telearbeit und die IT-Revolution auf den Punkt gebracht.

Aber eine Frage bleibt. Wenn Crafts Recht hat mit seiner

Annahme, dass die Welle von Erfindungen, die den Anstieg der Kapitalrendite gekennzeichnet und ausgelöst hat, von exogenen (das heißt aus den bestehenden Verhältnissen nicht vorhersehbaren) Umständen ausgelöst wurde, lässt sich dann wenigstens eine plausible Erklärung dafür finden, warum sich das Wachstum in einem bestimmten Zeitraum und an einem bestimmten Ort vollzogen hat?

Eine mögliche Antwort auf diese Frage lautet, dass Großbritannien zu Beginn des 18. Jahrhunderts eine außerordentlich wohlhabende, betriebsame und erfindungsreiche Gesellschaft war. Dies führte nicht nur bis zur Jahrhundertmitte zu einer Art Urindustrialisierung, sondern auch zur anschließenden Flut von technischen Innovationen, die von späteren Geschichtsschreibern als industrielle Revolution bezeichnet wurde. Crafts fasst zusammen:

> »... die lange Zeit industrieller Entwicklung in den Jahrhunderten vor der industriellen Revolution führte zu einem großen Vorrat an Expertenwissen. Zu einer Zeit, in der Produktivitätsverbesserungen oft durch Versuch und Irrtum und durch kontinuierliche, schrittweise Verbesserungen auf der Basis der Erfahrungen im Umgang mit Erfindungen erzielt wurden, besaß Großbritannien einen deutlichen Vorteil im Hinblick auf die Realisierung potentieller Gewinne, als der technologische Wandel eintrat.«[50]

McCloskey folgt dagegen Kirzners abweichender These, dass eine generelle Regsamkeit die eigentliche Ursache des unternehmerischen Erfolgs sei.[51] Aber, so fügt er hinzu, diese Regsamkeit setze Überzeugungskraft voraus, denn der Erfinder müsse jemanden mit den finanziellen Mitteln oder einer anderen Fähigkeit dazu überreden, seine Erfindung umzusetzen:

> »Die Grundlage für technologischen Fortschritt ist ... ein Umfeld, in dem sich Erfinder Gehör verschaffen können ...

Diese Hypothese beinhaltet, dass Redefreiheit und Offenheit für überzeugende Vorschläge zum Reichtum führt … Als die Europäer, oder zumindest einige von ihnen, damit aufhörten, sich gegenseitig zu foltern, köpfen und verbrennen, blühte die Wirtschaft auf. Kein Wunder, dass die Nationen, in denen nach zeitgenössischen Maßstäben Redefreiheit herrschte, als erste reich wurden: die Niederlande, Schottland, England, Belgien und die Vereinigten Staaten.«[52]

Für unsere prosaischeren Zwecke muss die Feststellung genügen, dass die Erfindungen gemacht wurden, dass sie das erste gesicherte Glied in der Kausalkette darstellen, die zunächst in Großbritannien und dann in ganz Nordwesteuropa und Nordamerika zur industriellen Revolution geführt hat. Darüber hinaus können wir nicht mit Gewissheit eine einzelne Voraussetzung nennen, die für die Häufung der Erfindungen verantwortlich war. Eine Reihe von Umständen haben sich günstig ausgewirkt und waren vielleicht sogar notwendig. Aber jede von ihnen war auch zu anderen Zeiten und an anderen Orten gegeben, ohne eine solche Welle von Erfindungen auszulösen.

Wenn es sich hier wirklich um einen Fall für die Chaostheorie handeln sollte, bei der kleinste Unterschiede in den Ausgangsbedingungen weit reichende Folgen haben, werden wir der wahren Ursache der industriellen Revolution vielleicht nie auf die Spur kommen. Aber das schmälert weder die Faszination dieses Geschehens noch den Wunsch, zu einem umfassenderen Verständnis der Zusammenhänge zu gelangen. Wahrscheinlich war es wie so oft im Leben nur eine Frage des richtigen Orts, der richtigen Zeit und der richtigen Portion Glück. Aber nach Keynes' vierzig Jahrhunderten ohne »große Veränderungen im Lebensstandard des durchschnittlichen Menschen« hätte sicher niemand auf einen zwölffachen Anstieg in den nächsten zwei gesetzt, nur mit der Begründung einer innovationsfreundlichen Kultur, die sich schließlich nicht so grundlegend von jener unterschied, die schon Griechenland und Rom in der Antike, das mittelalterliche Europa, das alte und moderne China, das muslimische Arabien, Indien in der Mogul-Dynastie und einige andere Länder erlebt hatten.

Pomeranz hat diese Parallelen ebenfalls gesehen: »Im 18. Jahrhundert gibt es eine grobe Vergleichbarkeit zwischen den fortschrittlicheren Elementen Chinas und Europas.«[53] Damit widerspricht er der gängigen Auffassung, dass Europa und China bereits völlig verschiedene Wege eingeschlagen hatten. Seiner Meinung nach war die divergierende Entwicklung – Industrialisierung in Europa und Stagnation in China – auf einen Aufbruch in Europa zurückzuführen, für den die vorhandenen Bedingungen keine ausreichende Erklärung darstellen.

Das »natürliche Wachstum des Wohlstands«, dessen Ursachen Adam Smith in der Arbeitsteilung und in der effizienteren Verteilung der Ressourcen unter dem Druck des Marktes sah, war im 18. Jahrhundert in China genauso wirksam wie in Europa. Was den Unterschied in Europa oder zumindest in Großbritannien ausmachte, waren vor allem die Erfindungen, Kohle als Energiequelle und die Ressourcen der Neuen Welt. Ohne diese Faktoren hätte Europa nicht der Ressourcenknappheit entgehen können, die Smith, Malthus und andere Denker des 18. Jahrhunderts für eine unüberwindliche Wachstumsschranke hielten. Wenn de Vries die industrielle Revolution als Aspekt einer breiteren und längeren »Revolution des Fleißes« in ganz Europa bezeichnet, in deren Rahmen die Menschen schon lange vor den berühmten Erfindungen ausdauernder und effizienter arbeiteten,[54] so beschreibt er damit eine wichtige Vorbedingung der Industrialisierung, die aber genauso im China des 18. Jahrhunderts zu finden war, nur dass dort eben *kein* industrieller Aufbruch stattfand. Wrigley verweist auf die »atemberaubenden Dimensionen« und die Bedeutung der Kohlevorräte in Großbritannien:

»1800 erreichte die Kohleproduktion in Großbritannien rund 15 Millionen Tonnen pro Jahr, während die gesamte Produktion auf dem europäischen Kontinent wahrscheinlich 3 Millionen Tonnen nicht überstieg. 1700 lag die britische Förderung mit 2,5 bis 3 Millionen Tonnen nach Schätzungen fünfmal so hoch wie die Produktion der gesamten übrigen Welt ... Eine Jahresförderung von beispielsweise einer Million Tonnen erzeugte soviel Wärme, wie man mit 400 000 Hektar Waldland erzielen konnte. Der Übergang zur teilweisen Nutzung anorganischer statt organischer Energievorräte gestattete der englischen Wirtschaft in der frühen Neuzeit eine Expansion ohne schwächenden Druck auf die Landwirtschaft. Schon weit vor der Zeit also, auf die die industrielle Revolution üblicherweise datiert wird, waren die Abhängigkeit der englischen Wirtschaft von organischen Rohstoffen deutlich reduziert und die Schranken des Wachstums entsprechend gemindert worden. Von den vier Lebensnotwendigkeiten, die Malthus aufgelistet hatte, schied die Wärme mit zunehmender Nutzung der Kohle aus dem Wettbewerb mit den anderen dreien aus.«[55]

China verfügte zwar ebenfalls über Kohle, aber sie befand sich am falschen Ort und ließ sich nur schwer abbauen. Pomeranz zieht einen anschaulichen Vergleich: »Wenn man sich Europas Kohle an einem analogen Ort denkt, zum Beispiel also in den Karpaten, dann erscheint ein glatter Übergang von der Urindustrialisierung zur Industrialisierung und ein Umgehen der Beschränkungen einer auf organischer Energie beruhenden Wirtschaft schwer vorstellbar.«[56]

An zweiter Stelle nach der Kohle folgte die Baumwolle als Rohstoff für die Baumwolltextilindustrie. Diese hatte ihren ursprünglichen Anstoß durch die stark protektionistischen »Calico Acts« (Kattungesetze) von 1700 und 1721 erhalten, die den Import und sogar das Tragen ostindischer Drucke und Farben verboten. Baumwolle war Asiens Hauptrohstoff für Textilfasern, aber ihr Anbau verdrängte die Lebensmittelproduktion von großen Landflächen.[57] Großbritannien dagegen konnte seinen Bedarf an Rohbaumwolle durch Importe aus den Südstaaten der USA decken, ohne die Lebensmittelproduktion einschränken zu müssen. Auch andere Güter wie zum Beispiel Zucker (dessen Produktion in England vierhunderttausend Hektar bestes Ackerland erfordert hätte) kamen aus Übersee, was die Belastung für das Land verringerte und die von Malthus konstatierten Schranken des Wachstums aufhob. Der Fernhandel war ein wesentliches Ventil für den Druck auf die lokalen Ressourcen, der ansonsten das Produktionswachstum durch wachsende Kosten begrenzt hätte. Auf die Frage, worin sich England vom Jangtsedelta unterschied, wo es solche Wachstumsschranken gab, antwortet Pomeranz:

»Ohne entscheidende und erhebliche Diskontinuitäten, die durch fossile Brennstoffe sowie den Zugang zu Ressourcen der Neuen Welt verursacht wurden und die zusammengenommen die Notwendigkeit einer intensiven Landbewirtschaftung verringerten, hätte sich vielleicht auch Europa auf dem arbeitsintensiven Weg Ostasiens wiedergefunden. Die neuen Technologien aus der Zeit von 1750 bis 1850 können die Belastung der Landwirtschaft nicht ausreichend reduziert haben, um ein tragfähiges Wachstum zu erzeugen. Zudem ist es durchaus denkbar, dass sich die innovativen Ansätze ohne Kohlevorräte und die Ressourcen der Neuen Welt auf ganz andere Dinge konzentriert hätten.«[58]

Aufgrund der großen Bedeutung, die hier der Baumwolle, dem Zucker und den Anbauflächen der Neuen Welt beigemessen wird, stellt sich erneut die alte Frage, inwieweit die Sklaverei durch ihren Beitrag zur Produktion und durch die Gewinne der Sklavenhändler die industrielle Revolution angeregt hat. Von 1662 bis 1807, als der britische Sklaventransport gesetzlich verboten wurde, wurden über 3,4 Millionen Sklaven – rund

3,5 Prozent der afrikanischen Gesamtbevölkerung – von britischen Schiffen aus Afrika in die Neue Welt verschleppt. Am meisten betroffen waren die westafrikanischen Gemeinschaften zwischen den Flüssen Senegal und Orange (ein Gebiet, das sich vom heutigen Senegal bis zum heutigen Angola erstreckt).[59] Die Zahl der Sklaven war drei- bis viermal so hoch wie die der freiwilligen weißen Siedler, die in dieser Zeit den britischen Teil Amerikas einschließlich der Westindischen Inseln erreichten. Die langfristigen negativen Folgen der Verschleppung großer Teile der gesunden und arbeitstauglichen Bevölkerung – zwei Drittel der Sklaven, die auf britischen Schiffen in britische Kolonien gebracht wurden, waren männlich und zwischen fünfzehn und dreißig Jahre alt[70] – auf die afrikanischen Gemeinwesen stehen im Mittelpunkt einer wachsenden Literatur über die Wirtschaftsgeschichte Afrikas. Rund dreizehn Prozent der Verschleppten (413 000 Menschen) starben, bevor sie ihren Bestimmungsort erreichten. Seinen Höhepunkt hatte der Menschenhandel in den Anfangsjahren der industriellen Revolution, etwa zwischen 1763 und 1793, als pro Jahr 40 000 Sklaven aus Afrika abtransportiert wurden.[71] Sklavenhändler anderer Nationen ließen die Gesamtzahl der Verschleppten im 18. Jahrhundert auf 5,8 Millionen steigen. In dem Jahrzehnt zwischen 1780 und 1790 wurde eine traurige Rekordmarke von jährlich 75 000 erreicht.[62] O'Brien resümiert: »Fast der gesamte Handelszuwachs – ohne den Handel mit Silber und Gold – zwischen Europa und der Neuen Welt von 1600 bis 1800 bezog sich direkt oder indirekt auf tropische Nahrungsmittel, Tabak und industrielle Rohstoffe, die in der Hauptsache durch Sklavenarbeit erzeugt und gegen Fertiggüter und kommerzielle Dienste der Europäer getauscht wurden.«[63]

Eric Williams, der spätere Premierminister von Trinidad und Tobago, stellte erstmals die These auf, die industrielle Revolution sei zu einem wesentlichen Teil durch Gewinne aus dem Sklavenhandel finanziert worden: »Es gibt kaum eine Stadt in England, die nicht mittelbar oder unmittelbar am Kolonialhandel beteiligt war. Die so erzielten Gewinne trugen maßgeblich zur Bildung von Kapital in England bei, mit dem die industrielle Revolution finanziert wurde.«[64] Aber diese These wird durch die Zahlen nicht bestätigt. Sklaventransporte warfen gegen Ende des 18. Jahrhunderts wahrscheinlich einen Jahresgewinn von hundertfünfzigtausend Pfund ab. Wäre ein Drittel dieses Betrags in neue Unternehmungen investiert worden, so hätte dies weniger als ein Prozent der gesamten damaligen Inlandsinvestitionen Großbritanniens ausgemacht und dürfte kaum ausgereicht haben, um eine industrielle Revolution oder ein Wirtschaftswunder auszulösen.[65] Das schließt jedoch keineswegs die von Pomeranz angedeutete Möglichkeit aus, dass die mit Sklavenarbeit produzierten Güter eine dynamische und strategische Bedeutung besaßen, die weit über die erzielten Gewinne hinausging. Das britische Handelsimperium ruhte sicherlich auf einem »afrikanischen Fundament«, wie es Malachy Postlethwayt schon 1745 ausgedrückt hat.[66] Unbeschadet der Tatsache, dass kommerzielle und politische Eliten in West- und Zentralafrika einen nicht unerheblichen Teil der durch die amerikanische Nachfrage nach Sklaven erzielten Gewinne einstrichen, drängt sich doch der Schluss auf, dass die unfreiwillige und, abgesehen vom Unterhalt, unbezahlte Arbeit von Millionen Männern und Frauen und deren Nachkommen wesentlich zur Versorgung und zum Reichtum nicht nur ihrer Eigentümer, sondern auch der Gesellschaften und Großstädte beigetragen hat, die sie versklavt hatten. Inwiefern dies als signifikante Voraussetzung oder gar als auslösendes Moment der industriellen Revolution zu werten ist, hängt davon ab, wie viel Gewicht man Pomeranz' Feststellung beimisst, dass die Beschränkungen eines normalen Wirtschaftswachstums wie des chinesischen in Großbritannien durch die Importe aus der Neuen Welt weitgehend aufgehoben wurden.

Pomeranz' Befund, dass die Kohle und das Land der Neuen Welt zumindest eine Teilerklärung dafür bieten, weshalb Eng-

land und Europa nicht den gleichen Weg wie China eingeschlagen haben, lässt sich durchaus vereinen mit Crafts' These
über den »exogenen« Einfluss der Erfindungen. Beide Deu-
tungen können nebeneinander bestehen. Die Erfindungen erklären vielleicht besser als alles andere den plötzlichen Tempo-
wechsel des britischen und nach einiger Zeit auch des
europäischen Wirtschaftswachstums Anfang des 19. Jahrhunderts. Aber vielleicht hätte sich dieses Tempo nicht unbegrenzt
durchhalten lassen, wenn der zusätzliche Spielraum durch die
Kohle und die Ressourcen der Neuen Welt nicht die üblichen
Rückkopplungseffekte eines Anstiegs der Einkommen, der
Konsumtion und der Produktion verhindert hätte.

Im Gegensatz zu den Menschen des 18. Jahrhunderts wissen wir heute, dass begrenzte jährliche Kapitalinvestitionen im
Verein mit einem nicht versiegenden Strom technischer Innovationen letztlich jeden Versorgungsengpass überwinden und
damit auf der Basis des Zinseszinsfaktors ein anscheinend endloses Wirtschaftswachstum tragen können. Dieses Wachstum
hat, wenn es sich über Jahrhunderte erstreckt, auch bei bescheidenen Jahresraten spektakuläre Konsequenzen. Im letzten Kapitel wird davon die Rede sein, dass es vielleicht dennoch Wachstumsgrenzen gibt. Aber diese sind ganz anderer Art
und auf einem viel höheren Niveau der Gesamt- und der Pro-
Kopf-Produktion, als es die Nationalökonomen des 18. Jahrhunderts angenommen hatten. Im 19. und 20. Jahrhundert haben
sich diese Grenzen noch nicht nennenswert ausgewirkt.

Sobald die Menschen in Großbritannien und Nordwesteuropa über dieses Instrument verfügten – Wachstum durch
technischen Wandel und kontinuierliche Investitionen –, konnten weit reichende Folgen nicht ausbleiben. Die Gesetze des Zinseszinses waren der Garant dafür, solange die Menschen nicht,
wie es oft genug der Fall war, durch unentwegte politische und
militärische Konflikte über die Aufteilung der Erträge und andere Angelegenheiten den gesamten Prozess zum Entgleisen
brachten.

Dieser Entwicklung werden wir uns im nächsten Kapitel zuwenden. Zunächst jedoch wollen wir den individuellen und gesellschaftlichen Auswirkungen dieses beschleunigten Wachstums nachgehen. Immerhin erlebte das 19. Jahrhundert in Großbritannien und Europa einen Sturm von Klagen und Protesten wegen der angeblichen Verschlechterung und Ungerechtigkeit der Lage des Menschen oder zumindest gewisser sozialer Schichten. Auch die wichtigsten politischen Bewegungen des nächsten Jahrhunderts haben ihren Anstoß vor allem von solchen Ideen erhalten. In den vierziger Jahren des 19. Jahrhunderts kam es zu außerordentlichen wirtschaftlichen und sozialen Turbulenzen: einem Konjunktureinbruch[67] – einem der ersten seiner Art;[68] einer Rezession in der Landwirtschaft; einer Hungersnot in Irland; der Aufhebung der Getreidegesetze und dem Marsch der Chartisten auf das Parlament. Und es erschienen einige folgenreiche Publikationen: *Die Lage der arbeitenden Klassen in England* von Friedrich Engels,[69] *Manifest der kommunistischen Partei* von Marx und Engels,[70] *Grundsätze der politischen Ökonomie* von John Stuart Mill.[71] All dies spielte sich vor dem Hintergrund der revolutionären Erhebungen im Jahr 1848 ab, die fast alle despotischen Regierungen in Europa stürzten, wenn auch nur für kurze Zeit.[82] Im gleichen Jahr starben in Großbritannien dreiundfünfzigtausend Menschen an der Cholera; ein Jahr später forderte die Krankheit in Frankreich ähnlich viele Opfer.[83]

Die eindringlichste Anklage gegen eine zügellose Industrialisierung und Urbanisierung findet sich wahrscheinlich immer noch in Charles Dickens' Buch *Schwere Zeiten*, das auf einem persönlichen Besuch des Autors in Preston in Lancashire fußt. Im Roman trägt die Stadt den Namen Coketown:

»Es war eine Stadt der Maschinen und der hohen Schornsteine, aus denen immer und ewig endlose Rauchschlangen krochen, die sich niemals ganz entrollten. Es gab einen schwarzen Kanal und einen Fluss, dessen Wasser purpurrot waren von stinkender Farbe. Es gab riesige Gebäudemassen voller Fenster, durch die den ganzen Tag ein Rattern und Zittern ging und in denen der Kolben der Dampfmaschine eintönig auf und ab fuhr wie der Kopf eines dem melancholischen Wahnsinn verfallenen Elefanten. Es gab einige große Straßen, die einander alle sehr ähnelten, und viele kleine Straßen, die einander noch mehr ähnelten. Darin wohnten Menschen, die sich ebenso sehr ähnelten, die alle zur gleichen Zeit kamen und gingen, die alle im selben Schritt über dasselbe Pflaster gingen, um dieselbe Arbeit zu tun. Menschen, für die jeder neue Tag genauso war wie der gestrige und der morgige und jedes Jahr ein Ebenbild des vergangenen und des nächsten.«[74]

»In jenem Teil Coketowns, in dem am schwersten gearbeitet wurde; in den innersten Befestigungen dieser hässlichen Zitadelle, aus denen man die Natur ebenso unnachgiebig aus- wie tödliche Dünste eingesperrt hatte; im Herzen des Labyrinths aus engen Höfen und nochmals Höfen, aus schmalen Straßen und nochmals Straßen, die stückweise entstanden waren, jedes Stück in wilder Hast für das Bedürfnis irgendeines einzelnen Menschen, das Ganze eine widernatürliche Familie, deren Mitglieder einander zu Tode drängten und trampelten und drückten; ... inmitten der großen Menschenmasse von Coketown, gemeinhin die Hände genannt – einer Rasse, die in den Augen mancher Leute mehr Gnade gefunden hätte, wenn es dem Schicksal gefallen hätte, ihr nichts weiter als Hände oder, wie den niedrigen Geschöpfen des Meeres, nichts weiter als Hände und Mägen mit auf die Welt zu geben –, lebte ein gewisser Stephen Blackpool ...«[75]

Ob damit die Gefühle der »Hände«, sprich der Arbeiter, über ihre Lage authentisch wiedergegeben sind und ob ihre Abwanderung vom Land in die Stadt sie wirklich so verstört hat wie die Beobachter aus der Mittelschicht, die darüber schrieben, lässt sich nicht mit Gewissheit sagen. Fest steht, dass Großbritannien wegen der raschen Urbanisierung in bezug auf Kindersterblichkeit und Lebenserwartung im Vergleich zum übrigen Europa schlecht abschneidet, und es gibt auch keinen Zweifel daran, dass man mit öffentlichen Ausgaben und Eingriffen viel für eine Verbesserung der allgemeinen Gesundheit und durch eine solche Investition sogar noch einen guten Ertrag hätte erzielen können. Aber neuere Untersuchungen zeigen auch, dass die damalige Lebensqualität in Großbritannien im Vergleich zu anderen europäischen Ländern recht hoch war, egal, ob man engere Einkommens- oder umfassendere Lebensstandardindikatoren (wie Körpergröße, Alphabetisierung, Schulbildung, bürgerliche und politische Rechte) anlegt.[76]

Möglicherweise trat eine entscheidende Verbesserung des Lebensstandards aber auch erst nach 1820 ein.[77] Manche Historiker vertreten die Auffassung, das Ende der von schlechten Lebensbedingungen geprägten Ära müsse, wenn man die notleidenden Frauen und Kinder berücksichtigt, auf 1870 datiert werden. Erst in den folgenden beiden Jahrzehnten seien deutliche Verbesserungen eingetreten.[78]

Internationale Wirtschaft und wirtschaftlicher Nationalismus

Überblick

Dieses Kapitel behandelt hauptsächlich die Entstehung der internationalen Ökonomie, die die wichtigsten Regionen der Welt umfasste und große, noch kaum berührte Landmassen durch ein Netz von Seerouten erschloss und alle an Küsten und Flüssen gelegenen Zentren miteinander verband. Der Handel, vor allem der mit Europa, erlebte einen noch nie da gewesenen Aufschwung. So konnte die von Großbritannien ausgehende industrielle Revolution bald auf weite Teile Europas, Nordamerika und schließlich auch auf Japan übergreifen. Deutschland und die Vereinigten Staaten entwickelten sich zu wirtschaftlichen Weltmächten, die mit Großbritannien konkurrierten, das dennoch sein weltweites Imperium festigen konnte.

Im Zuge einer zweiten industriellen Revolution kam es durch die systematische Anwendung der Naturwissenschaften und die Ausbreitung der Massenproduktion zu einem explosionsartigen Wachstum der Fertigungsindustrien, welche die neu entstehenden Massenmärkte bedienten. Billige Elektrizität, die auf Knopfdruck zur Verfügung stand, veränderte jeden Aspekt des Alltags. Moderne Verkehrsmittel erschlossen vor allem in Amerika riesige Gebiete, die der gewerblichen Wirtschaft nutzbar gemacht wurden, und drangen weit in die Territorien eingeborener Jäger und Sammler vor, deren Zahl durch den Verlust ihres Lebensraums immer weiter abnahm. Auch China, Indien, Australien, Ozeanien und Afrika erlebten einen allmählichen Wandel durch Dampfschiffe, Telegrafie und Eisenbahn, wenngleich sie im 19. Jahrhundert noch nicht industrialisiert wurden.

Aufgrund ihrer Währungsverfassung war die Weltwirtschaft durch eine zunehmende Öffnung und Integration gekennzeichnet. Garant dieser Währungsverfassung war der Goldwert des Pfund Sterling, das immer noch zu dem Kurs gehandelt wurde, den John Locke und Sir Isaac Newton anderthalb Jahrhunderte vorher festgesetzt hatten. Die meisten anderen Länder verwendeten einen Silber- oder Bimetall-Standard (Gold und Silber). Das neue deutsche Reich führte den Goldstandard 1870 ein, und die Vereinigten Staaten folgten de facto 1879.[1] In den letzten vierzig Jahren vor dem Ersten Weltkrieg entschieden sich die meisten an der internationalen Wirtschaft beteiligten Länder für feste Wechselkurse.[2] Damit beruhte der weltweite Handel zum ersten Mal in der Geschichte auf einem System fester Paritäten ohne nennenswerte Wechselkursrisiken.[3]

Als jedoch die Goldvorräte im Verhältnis zur enorm gestiegenen Leistungsfähigkeit der europäischen Industrienationen knapp wurden, führten das Beharren auf einer »gesunden Währung« als oberster Priorität und eine strikte Geldpolitik zu einer wirtschaftlichen Depression, die Europa ab 1873 ein Vierteljahrhundert lang beherrschte.[4] Wie auch oft in späteren Zeiten ließ die positive Wirkung der monetären Stabilität auf sich warten, da die Befürworter einer harten Währung auf Biegen und Brechen die Stabilität oder gar eine Senkung der Preise erreichen wollten.

Nach dem Wegfall der Malthusschen Zwänge auf die Bevölkerungsentwicklung setzte sich das schnelle Bevölkerungswachstum in Europa fort und beschleunigte sich nach 1850 sogar noch. In nur vierundsechzig Jahren (bis 1914) stieg die Zahl der Menschen in Europa von 266 Millionen auf 450 Millionen – eine Zunahme von nahezu 70 Prozent.[5] Das war eine noch nie da gewesene explosionsartige Vermehrung. In den

280

zehntausend Jahren zwischen der agrarischen und der industriellen Revolution hatte sich die Weltbevölkerung ungefähr alle tausend Jahre verdoppelt. Im 19. Jahrhundert hingegen verdoppelte sich die Bevölkerung von Europa in weniger als hundert Jahren.[6] Die größten Zuwächse zwischen 1850 und 1900 verzeichneten Großbritannien (um 20,9 Millionen auf 37,1 Millionen), Deutschland (um 35,9 Millionen auf 56,4 Millionen) und Russland (um 60,2 Millionen auf 111 Millionen).[7]

Aber selbst diese Zahlen geben nicht das Ausmaß der tatsächlichen Bevölkerungsexplosion wieder. Ohne die Massenauswanderung in die Neue Welt hätte Europa rund 50 Millionen Einwohner mehr gehabt und damit insgesamt eine Zahl von 500 Millionen erreicht.[8] Zwischen 1492 und 1845 verließen rund fünf Millionen Menschen Europa. Von 1845 bis 1914 waren es zehnmal so viele. Ermöglicht wurde diese Massenmigration durch Eisenbahn und Dampfschiff, und die Aussicht auf bessere Lebensmöglichkeiten tat ein Übriges.[9] Die britischen Inseln und Russland steuerten jeweils rund zehn Millionen Auswanderer bei. Deutschland, Italien und Österreich-Ungarn waren mit jeweils etwa fünf Millionen Menschen an diesem Massenexodus beteiligt.[10] Die meisten wanderten aus eigenem Antrieb aus, angelockt von der zunehmenden wirtschaftlichen Zugkraft der Vereinigten Staaten (in den acht Jahren nach der großen Hungersnot in Irland von 1845 übersiedelten mehr als 1,2 Millionen Iren in die USA). Andere Emigranten zog es nach Kanada, Australien und Neuseeland (vor allem Briten), Lateinamerika (Deutsche und Italiener) und Sibirien (Russen).[11]

Der sprunghafte Anstieg der Bevölkerung der Neuen Welt von 59 auf 150 Millionen Einwohner zwischen 1850 und 1914 veränderte den gesamten Kontinent.[12] Der Anteil Amerikas an der Weltbevölkerung erhöhte sich von fünf auf neun Prozent und verdoppelte sich damit nahezu.[13] Hauptursache dieser demographischen Umwälzung war, dass die Vereinigten Staaten ab 1870 zur stärksten Wirtschaftsmacht der Welt wurden. Von den 41 Millionen Menschen, die zwischen 1845 und 1914 nach Amerika auswanderten, ließen sich 33 Millionen in den USA nieder. Zwischen 1845 und 1914 verfünffachte sich die Bevölkerung der Vereinigten Staaten von 20 auf 100 Millionen Menschen, und der US-Anteil an der Gesamtbevölkerung des Kontinents stieg von 40 auf 55 Prozent.[14] Diese Entwicklung hatte erhebliche Auswirkungen auf die ethnische Zusammensetzung der Bevölkerung. Während die Europäer 1700 nur rund 10 Prozent und ein Jahrhundert später 30 Prozent der Einwohner des Kontinents ausmachten, waren es 1900 bereits 60 Prozent.[15]

Weder Afrika noch Asien konnten Ende des 19. und im ersten Jahrzehnt des 20. Jahrhunderts mit dem rasanten Bevölkerungszuwachs Europas Schritt halten. Die afrikanische Bevölkerung stieg zwischen 1850 und 1914 von 81 auf rund 115 Millionen.[16] Zwar wurde dem Sklavenhandel schließlich ein Ende gesetzt, aber der Kontinent wurde von den europäischen Mächten kolonisiert. Im Vergleich zu Amerika blieb die Zahl weißer Siedler verschwindend gering, doch bis 1900 wurden rund fünfzig Millionen Afrikaner (das heißt etwa die Hälfte aller Einwohner des Kontinents) zu Untertanen von Königin Viktoria und weitere zehn Millionen zu Untertanen des deutschen Kaisers.[17]

Mit einem Anstieg von 795 Millionen auf eine Milliarde zwischen 1850 und 1914 blieb Asien der bevölkerungsreichste Kontinent. Allerdings wuchs die Bevölkerung langsamer als in Afrika, und zugleich lässt sich aus diesen Zahlen ablesen, dass das Tempo der Entwicklung der Weltwirtschaft nunmehr von Europa und Nordamerika bestimmt wurde. Die Verlangsamung auf dem asiatischen Kontinent war in erster Linie auf die Entwicklung in China zurückzuführen, das aufgrund innerer Probleme und äußerer Angriffe – vor allem vonseiten der Briten und Russen – als stärkste Wirtschaftsmacht der Welt abgelöst wurde. In den ersten fünfzehn Jahren des in diesem Kapitel behandelten Zeitraums kostete der Taiping-Aufstand China bis zu 20 Millionen Menschenleben.[18] So stieg Chinas Bevölkerung zwischen 1850 und 1915 lediglich von 420 auf 460 Millionen. Der südasiatische Subkontinent hatte 1850 etwa 230 Millionen Einwohner, deren Zahl in den nächsten fünfzig Jahren um rund 30 Prozent stieg, sodass Königin Viktoria gegen Ende ihrer Regentschaft etwa 300 Millionen indische Untertanen hatte. Japan dagegen erlebte eine Entwicklung, die eher der Europas glich. Kommodore Perrys Expedition von 1853 zwang die hermetische Gesellschaft Japans, sich mit der Möglichkeit ausländischer Handelskontakte auseinander zu setzen, und die Meiji-Restauration fünfzehn Jahre später führte zu einer umfassenden Modernisierung des Landes. Nach zwei Jahrhunderten der Stagnation wuchs die japanische Bevölkerung bis 1850 langsam auf 32 Millionen an und verzeichnete bis 1910 einen Anstieg auf 46 Millionen.

Macht und Erfolg Großbritanniens, die auf der Londoner Weltausstellung von 1851 zur Schau gestellt wurden, wurden andernorts, vor allem in Deutschland, den Vereinigten Staaten und Japan, aufmerksam registriert. In zunehmendem Maße setzte sich die Auffassung durch, dass wirtschaftlicher Erfolg einen wesentlichen Bestandteil politischer und militärischer Stärke darstelle. Das Ziel, sich im Wettstreit mit anderen politischen Mächten durchzusetzen, gehörte von nun an zum Programm von Regierungen. Vor allem in der Förderung von Wissenschaft, Bildung, Infrastruktur und neuen Industrien sah man ein geeignetes Mittel, um Stärke und Ansehen der eigenen Nation zu steigern. In der zweiten Hälfte des 19. und zu Beginn des 20. Jahrhunderts trat diese Form des nationalen Selbstbewusstseins immer mehr in den Vordergrund, und die Regierungen erklärten industriellen Erfolg und Wirtschaftswachstum zu ihren zentralen politischen Zielen. Dies bildete die Grundlage des modernen kapitalistischen Staats, der ebenso von einem starken privaten Unternehmertum wie von einer Regierung und Politik geprägt war, die eng mit Unternehmern zusammenarbeitete, um gemeinsam mit ihnen durch Subventionen, Verträge, Verordnungen, Schutzzölle und den Ausbau der Infrastruktur die ausländische Konkurrenz zu bekämpfen.

Obwohl die Staatsausgaben gering blieben, wurden die nationalen Regierungen immer mehr zum Motor der wirtschaftlichen Erneuerung. In Deutschland und den Vereinigten Staaten waren die Erneuerungsbestrebungen Bestandteil der jeweiligen Strategie zur Bildung einer Nation. Das deutsche Modell umfasste einen traditionell interventionistischen Staat und starke gewerbliche Institutionen. Der wirtschaftliche Erfolg war Grundlage der nationalen Macht, und auch die Anwendung der Naturwissenschaften in der Industrie diente diesem Ziel. Auch die Vereinigten Staaten waren bestrebt, auf der Basis ihrer Industrie eine nationale Wirtschaft aufzubauen. Dabei verfolgten sie eine protektionistische Strategie, während der große Binnenmarkt gleichzeitig die durch die Entwicklung billiger Elektrizität möglich gewordene Massenproduktion begünstigte. In Asien trugen Handelskontakte mit den USA zum Ende der japanischen Isolation bei, und nach der Meiji-Restauration begann der japanische Staat mit Hilfe autokratischer Methoden, die Agrarwirtschaft des Landes in eine moderne Industriewirtschaft umzuwandeln.

Dieser ökonomische Nationalismus rivalisierender Staaten entwickelte sich innerhalb eines internationalen Gefüges, das von der Goldwährung und einer an das römische Vorbild angelehnten Pax Britannica bestimmt wurde. Letztlich erwies sich dieses Gefüge jedoch als zu schwach, um das wachsende Konfliktpotential beherrschen zu können. Die letzten Dekaden des 19. und die ersten Jahre des 20. Jahrhunderts erlebten eine Apotheose von Nationalismus und Imperialismus, und die Rivalität zwischen den Staaten führte zum Wettrüsten. Deutschland hielt sich für wirtschaftlich benachteiligt, weil es kein Weltreich besaß. Frankreich war seit der Niederlage bei Sedan im Jahr 1870 von der Angst vor der deutschen Bedrohung gelähmt. Für Briten war es nach wie vor selbstverständlich, dass die Weltkarte hauptsächlich aus britischen Kolonien bestand, während die Vereinigten Staaten dem britischen Empire zutiefst misstrauten. Japan strebte nach der Vorherrschaft in Asien. Kaum hatten sich die Briten an ihre Rolle als Weltmacht gewöhnt, als das Empire schon von allen Seiten bedroht schien. Da die Staaten internationale ökonomische Aktivitäten als zwischenstaatliche Rivalitäten verstanden, strebten sie nach Autarkie, was die politischen Spannungen zwischen ihnen verschärfte und Konflikte wahrscheinlicher machte. Die Welt bewegte sich unaufhaltsam in eine Sackgasse. Weit entfernt davon, die Hoffnung auf das goldene Zeitalter des Friedens und des Wohlstands zu erfüllen, die man mit der ersten internationalen Wirtschaft mit gesunden Währungen und raschem technischem Fortschritt verknüpft hatte, führte das Krebsgeschwür des Nationalismus die Welt in das blutigste und verheerendste halbe Jahrhundert ihrer Geschichte.

Die Geschichte

Als Beginn der starken wirtschaftlichen Expansion Großbritanniens im viktorianischen Zeitalter gilt gemeinhin die Aufhebung der Getreidegesetze im Jahr 1846. Zweifellos leitete diese Entscheidung eine Ära des britischen Freihandels ein, die bis zum Ersten Weltkrieg andauerte. Gleichzeitig stellte sie jedoch auch ein politisches Trauma für die englische Konservative Partei dar, die erst achtundzwanzig Jahre später wieder die Mehrheit gewann.[19] Die Getreidegesetze reichten mindestens bis ins 17. Jahrhundert zurück, in dem die Landwirtschaft der vorherrschende Wirtschaftszweig war und auch großen Einfluss auf die Politik ausübte. Als Reaktion auf den Albtraum der Landbesitzer, sie – und mit ihnen die ganze Nation – könnten durch das Gespenst des Überflusses vom Aussterben bedroht sein, wurde durch so genannte Corn Bounty Acts der

Export gefördert. Der bis in die siebziger Jahre des 18. Jahrhunderts in England erzielte Überschuss im Kornhandel verdankte sich einem System, das einerseits Exporte subventionierte und andererseits Importe mit Zöllen belegte. Dabei galt eine Tarifstaffelung, nach der Subventionen und Zölle bei steigenden Inlandspreisen sanken. Die Landbesitzer verdienten, und die Verbraucher bezahlten.

In der Zeit der Napoleonischen Kriege existierten die Getreidegesetze (die 1773 und 1791 novelliert worden waren) nur dem Buchstaben nach, da die Kriegsnachfrage die Preise deutlich über das Niveau steigen ließ, ab dem die Schutzmaßnahmen griffen. Aber nach Ende der Kriege entstand eine Situation, die den Protektionsdruck noch verschärfte. Man befürchtete, dass die Friedensbedingungen zu einer Flut von Importen vom Kontinent führen würde. Die Ökonomen waren wie stets geteilter Meinung. In einem Aufsatz von 1815 führte Thomas Robert Malthus aus, die nationale Wirtschaft benötige einen prosperierenden Bauernstand, da das Einkommen und die Ausgaben der Nation mindestens zu einem Drittel auf die Landwirtschaft entfielen.[20] David Ricardo hingegen vertrat die Auffassung, dass man neuen Erfindungen und effizienteren Wirtschaftszweigen die Möglichkeit geben sollte, die Landwirtschaft zu ersetzen.

Nach einem beliebten rhetorischen Strickmuster machten die Interessenvertreter der Landbesitzer geltend, die bisherigen Schutzzölle und Exportsubventionen hätten Investitionen und Anbau auf kaum rentablem Land zur Folge gehabt, und dies in einem Ausmaß, das nun noch stärkere Schutzmaßnahmen erforderlich mache, um die Rentabilität dieser Investitionen zu gewährleisten. Chambers und Mingay fassen dies treffend zusammen:

»Achtzig Shilling pro Quarter, was in der guten alten Zeit der achtziger Jahre [des 18. Jahrhunderts] einen Hungerpreis dargestellt hätte, wurde allseits als angemessene

Schwelle für die Verhängung eines Importverbots genannt. Es wurde darauf verwiesen, dass während der Kriege hohe Kapitalbeträge für die Ausweitung des Anbaus und die Verbesserung der Produktion aufgewandt worden seien, während sich zugleich die Anbaukosten seit 1795 verdoppelt hätten und der Anteil der Grundbesitzer am Bruttoertrag gefallen sei ...«[21]

Schutzzölle

1815 untersagte daher das Parlament den Verkauf von importiertem Weizen, wenn der Preis unter achtzig Shilling pro Quarter fiel, und führte auch für andere Getreidesorten entsprechende Schwellen ein. Die Folgen waren ein instabiler Markt, da Importe abwechselnd erlaubt und verboten waren, und eine starke Überproduktion von Getreide auf ungeeignetem Boden, so dass 1828 eine Tarifstaffelung eingeführt wurde, die ab einem Preis von dreiundsiebzig Shilling pro Quarter einsetzte.[22] Von Grundbesitzern wurden diese Gesetze als Garant ihres Wohlstands betrachtet, von Industriellen, die die Vorteile des Freihandels erkannt hatten, jedoch in zunehmendem Maße abgelehnt, und in der Mittelschicht und der Arbeiterklasse lösten sie große Verbitterung aus, da die Lebensmittelpreise sprunghaft anstiegen.

Anfang der vierziger Jahre gelangte der konservative Premierminister Sir Robert Peel zu der Überzeugung, dass die Getreidegesetze abgeschafft werden müssten. Als Stütze für die Landwirtschaft waren sie in einer durch die Industrialisierung expandierenden Volkswirtschaft überflüssig. Und eine Steuer zugunsten der Reichen auf die Nahrungsmittel der Armen, die die Not der Industriearbeiter noch verschärfte, war politisch und moralisch unerträglich.[23] Peels stark mit dem Landadel verbundene Partei wollte davon nichts wissen, sodass man sich erst angesichts der Hungersnot in Irland 1845, die mit einer Missernte in England zusammenfiel, zur Abschaffung der Getreidegesetze gezwungen sah, um ein Massensterben zu vermeiden. Nach 1846 war die Entwicklung in

England generell von einer Liberalisierung des Handels und einem umfassenden Wandel der Ökonomie zulasten der Landwirtschaft geprägt. Die Aufhebung der Getreidegesetze wurde für die Landwirtschaft nur langsam spürbar, weil die Landbesitzer in den dreißig folgenden Jahren dem freien Getreidehandel noch nicht in vollem Ausmaß ausgesetzt waren. Kriege und Transportprobleme schirmten sie eine Zeit lang vor der Konkurrenz des rasch wachsenden und potentiell verfügbaren Angebots in Amerika, Russland und anderswo ab. Erst im letzten Viertel des Jahrhunderts, nachdem der amerikanische Sezessionskrieg beendet war und Eisenbahn sowie Dampfschifffahrt ihre Kinderkrankheiten überwunden hatten, erhielten britische Verbraucher Zugang zu den großen Kornkammern. So fiel zum Beispiel von 1870 bis zum Ende des Jahrhunderts der Preis für den Transport von Getreide von Chicago nach Liverpool um nahezu fünfundsiebzig Prozent. Stammten 1800 noch vierzig Prozent der Gesamtproduktion und ein Drittel der Beschäftigten aus der Landwirtschaft, so lagen die entsprechenden Werte hundert Jahre später unter zehn Prozent. Die Inlandsproduktion, die noch 1868 vier Fünftel des Nahrungsmittelbedarfs gedeckt hatte, lieferte in den ersten Jahren des 20. Jahrhunderts nur noch knapp der Hälfte des Verbrauchs.[24]

Unmittelbarer zu spüren waren die Folgen der Aufhebung der Getreidegesetze als Präzedenzfall für die britische Gesetzgebung. 1849 wurde die Navigationsakte aufgehoben,[25] und 1860 folgten Gladstones Haushalt und der daran geknüpfte Cobden-Chevalier-Vertrag zwischen Großbritannien und Frankreich, der den Weg für eine Reihe von Handelsvereinbarungen ebnete, die europäischen Staaten einen »Meistbegünstigtenstatus« gewährleisteten.[26] Durch diesen Vertrag wurden die Zölle auf vierhundert Artikel abgeschafft, was das Ende des alten protektionistischen Systems bedeutete. In der Hauptsache wurden nur noch Zucker, Tee, Kaffee, Tabak, Spirituosen und Wein mit Zöllen belegt. Die Importzölle, die 1841 fünfunddreißig Prozent des Werts der Einfuhren ausgemacht hatten, fielen bis 1881 auf sechs Prozent (diese Zahl wurde übrigens auch 1967 bei den GATT-Gesprächen der Kennedy-Runde über Zollsenkungen als weltweiter Durchschnittswert genannt).[27] Diese Liberalisierung wurde durch den Umstand erleichtert, dass die Abhängigkeit der Staatsfinanzen von Zolleinnahmen zurückgegangen war, weil zum einen die Liberalisierung selbst dazu beitrug, dass die Einfuhren von zwölf Prozent auf dreißig Prozent des Nationaleinkommens stiegen, und weil zum anderen die Staatsausgaben von neun auf sechs Prozent des Nationaleinkommens sanken.[28] Großbritannien stand somit im Zentrum einer aufstrebenden internationalen Wirtschaft, deren Rahmenbedingungen Foreman-Peck beschreibt:

»… Europa dominierte den Handel und die Erträge, aber nicht die Bevölkerungsentwicklung der Welt. Um die Jahrhundertmitte zählte Europa ungefähr ein Sechstel bis ein Viertel der Weltbevölkerung, kontrollierte jedoch nahezu siebzig Prozent des Welthandels. Einer Schätzung zufolge vereinte Nordwesteuropa mit kaum mehr als einem Zehntel der Einwohner der Erde fast ein Drittel des Welteinkommens auf sich. Innerhalb Europas erzielte Großbritannien das höchste Pro-Kopf-Einkommen und verfügte über ein Drittel der weltweit in Fabriken genutzten Dampfkraft. Auch am Welthandel war Großbritannien überproportional beteiligt. Wahrscheinlich ging rund ein Fünftel des gesamten Welthandels nach, durch oder von Großbritannien aus, obgleich Mitte des 19. Jahrhunderts weniger als zwei Prozent der Weltbevölkerung auf den Inseln des Vereinigten Königreichs wohnten.«[29]

Großbritanniens beherrschende Position in der neuen internationalen Wirtschaft ging auf die Erfolge seiner Handelsmarine im 18. Jahrhundert und auf die industrielle Revolution zurück und beruhte nach 1815 nicht mehr auf einer militärischen Vormachtstellung in Europa. Der britische Liberalismus des 19. Jahrhunderts sah die Rolle der Wirtschaft nicht darin, lediglich dem politischen und militärischen Ruhm der Nation zu dienen. Zumindest war dies so, bis gegen Ende des Jahrhunderts für kurze Zeit ein viktorianischer Imperialismus aufflackerte.[30]

Wie in den USA ein Jahrhundert später waren die Erfolge und das Wohlergehen der Nation durch scheinbar unumstößliche und allgemein gültige Prinzipien untermauert: Frieden, eine vom Staat durch niedrige Steuern begünstigte Wirtschaft, freier Handel und die Freiheit des Einzelnen, mit seinem Privateigentum nach Gutdünken zu verfahren. Diese Prinzipien waren im viktorianischen Selbstbild durchaus mit der politischen Herrschaft über ein Kolonialreich vereinbar, das von 1815 bis 1865 jährlich um rund eine Viertelmillion Quadratkilometer wuchs.[31] Verstärkt wurde dieses stolze Nationalbewusstsein noch durch die unangefochtene Herrschaft der Royal Navy über die Weltmeere, die durch die Trafalgarschlacht 1805 gesichert worden war und fast ein Jahrhundert Bestand hatte.

Ein weiterer auffälliger und wahrscheinlich ausschlaggebender Faktor für die britische Vormachtstellung in der Mitte des 19. Jahrhunderts waren deren geringe Kosten für den Steuerzahler und die Gewinnträchtigkeit für britische Investoren. Mit einem Staatshaushalt, der knapp ein Zehntel des Bruttosozialprodukts betrug, und einem Militärhaushalt von lediglich zwei oder drei Prozent konnte man die Belastungen vermeiden, mit denen Hegemonialmächte schon immer zu kämpfen hatten, solange die anderen potentiellen Weltmächte bereit waren, sich, zumindest was Frieden, Handel und die Beschränkung nationaler Ambitionen anging, an die gleichen Regeln zu halten. Die Royal Navy beherrschte die Meere, auch wenn es sich rein rechtlich um internationale Gewässer handelte. So war es Britanniens vergangenem Ruhm, der halbherzigen Seefahrtspolitik anderer Nationen und dem großen

Selbstvertrauen der Briten nach der Schlacht von Waterloo (1815) zu verdanken, dass keine große britische Landarmee in Europa notwendig war, um das Mächtegleichgewicht aufrechtzuerhalten, das nach wie vor einen Grundpfeiler britischer Sicherheitspolitik darstellte.

Außerdem profitierte die Wirtschaft von dem Grundsatz, dass die Kolonien, vor allem Indien, die Kosten der politischen Verwaltung des Empire zu tragen hatten. Und schließlich kam Großbritannien durch seine zentrale Stellung in der internationalen Wirtschaft in den Genuss von hohen Erträgen, die einen erheblichen Beitrag zum Nationaleinkommen und zur Liquidität des Landes leisteten.

Die entstehende Weltwirtschaft, in deren Mittelpunkt Großbritannien und das europäische Festland sowie deren Verbindungen nach Amerika standen, fußte auf drei technischen Errungenschaften: dem Dampfschiff, der Eisenbahn und der Telegrafie. Die erste Eisenbahnstrecke für den Personenverkehr wurde 1830 zwischen Liverpool und Manchester eingeweiht. Ehrengast war der höchste Repräsentant des endenden Pferdewagenzeitalters, der Sieger der Schlacht von Waterloo und damalige Ministerpräsident, der Herzog von Wellington. Dass der Schauplatz seines großen Sieges zweihundert Jahre später als Name eines großen Londoner Bahnhofs im allgemeinen Bewusstsein weiterlebt, hätte ihn wahrscheinlich ebenso überrascht, wie ihn der Tod von William Huskisson, einem früheren Kabinettskollegen und fanatischen Verfechter des Freihandels, erschüttert haben dürfte, der bei der Einweihung der Lokomotive *Rocket* überfahren wurde.[32]

1840 umfasste das britische Schienennetz fast 2400 Kilometer. Das der USA war doppelt so groß, während es auf dem europäischen Kontinent, einschließlich Russland, kaum mehr als 1400 Kilometer Eisenbahngleise gab. 1870 lauteten die entsprechenden Zahlen 21 450, 84 160 beziehungsweise 70 400, und bis 1914 stiegen sie auf 32 500, 408 000 beziehungsweise 403 000.[33] In den USA wuchs der Frachtverkehr von 24 000

Millionen Tonnen pro Kilometer im Jahr 1866 bis 1900 auf 88 000 Millionen Tonnen pro Kilometer.[34]

Der erste offensichtliche Vorzug der Eisenbahn war ihre Geschwindigkeit, was vor allem in Großbritannien zu Beginn einen großen Anstieg des Personenverkehrs mit sich brachte. Dieser übertraf die Erwartungen der Eisenbahnpioniere, die hauptsächlich mit Frachtverkehr gerechnet hatten, bei weitem. In Großbritannien dauerte es Jahrzehnte, bis die Frachteinnahmen zu den Einnahmen aus dem Personentransport aufgeschlossen hatten.

Zweitens ermöglichte die Eisenbahn den Überseehandel mit Gütern, die früher auf lokale Märkte beschränkt waren, und erschloss bisher abgeschnittene Regionen. Vor der Eisenbahn konnten größere Ladungen nur auf dem Wasser transportiert werden – das heißt, auf dem Meer, auf Flüssen, Seen und Kanälen. Märkte, die über keine Wasserverbindung verfügten, blieben isoliert und verlangten unterschiedliche Preise. Die Eisenbahn brachte eine Vereinheitlichung mit sich, und da manche Märkte bereits durch die Seeschifffahrt erschlossen waren, wurden die von der Eisenbahn vereinheitlichten Märkte an jene der ganzen Welt angebunden. Dadurch rückte ein einziger globaler Markt in greifbare Nähe, der ein viel größeres Spektrum an Waren zu bieten hatte als nur eine kleine Liste hochwertiger und wenig Platz erfordernder Artikel wie Seide und Gewürze.

Reisende konnten nun unzugängliches und gefährliches Gelände durchfahren und große Entfernungen zurücklegen, deren Bewältigung früher viel zu teuer gewesen wäre. Ab 1869 konnte man mit einer einzigen Fahrkarte in wenigen Tagen Nordamerika durchqueren, nur sechzig Jahre, nachdem Meriwether Lewis und William Clark anderthalb Jahre gebraucht hatten, um von St. Louis am Mississippi zum Pazifik zu gelangen.[35]

Auf dem europäischen Festland hatte die Eisenbahnrevolution ein größeres Ausmaß und zog weiter reichende Konsequenzen nach sich, als dies auf den britischen Inseln möglich war. Alfred Chandler hat die Entwicklung in Großbritannien, Deutschland und den USA verglichen:

»Das Aufkommen der Eisenbahn (und der Telegrafie) war für Deutschland weit folgenreicher als für Großbritannien. In Deutschland waren die Entfernungen größer, das Gelände war unwegsamer, und die mit Küsten-, Kanal- und anderer Schifffahrt erreichbaren Gebiete waren kleiner. Die Verkehrsrevolution wirkte sich stark auf das Wirtschaftswachstum Deutschlands und die begleitenden institutionellen Veränderungen aus. Wie in den USA, aber eben nicht wie in Großbritannien, war der rasche Ausbau des Eisenbahnnetzes integraler Bestandteil sowohl der beginnenden Industrialisierung als auch des fortgesetzten industriellen Wachstums des Landes. J. H. Clapham zitiert dazu den bekannten Historiker [Heinrich von] Treitschke, der feststellte: ›Die Eisenbahn hat die Nation aus ihrer wirtschaftlichen Trägheit gerissen – und mit erstaunlicher Plötzlichkeit.‹[36] ... In den achtziger Jahren des 19. Jahrhunderts genossen die deutschen wie die US-amerikanischen Industriellen die Vorteile eines neuen Verkehrssystems, das die Weiterleitung von Rohstoffen, Gütern und Nachrichten mit einer noch nie da gewesenen Pünktlichkeit und Geschwindigkeit über den gesamten Kontinent gestattete – die wesentliche Voraussetzung für Einsparungen durch Größen- und Breitenvorteile, wie sie bei kapitalintensiven Massenfertigungstechnologien erforderlich sind. Das kontinentale Eisenbahnnetz ... verschaffte deutschen Unternehmern einen besseren Zugang zu Investitionsgütermärkten, als ihn britische oder auch französische Hersteller hatten. Auf diese Weise beschleunigte das kontinentale Schienennetz den Übergang des deutschen Exporthandels von Verbrauchs- zu Investitionsgütern.«[37]

293

Dampfschiffe konnten die älteren Formen der Schifffahrt nur allmählich verdrängen.[38] Robert Fultons *Clermont*, die als das erste dampfbetriebene Schiff gilt, machte 1807 ihre Jungfernfahrt auf dem Hudson River in New York. Aber es dauerte noch bis 1845, ehe I. K. Brunels *Great Britain* die erste Atlantiküberquerung mit Schraubenantrieb schaffte, die zusammen mit der Entwicklung der leistungsfähigen Verbund-Dampfmaschine (1854) und des Schiffsrumpfs aus Stahl (sechziger Jahre) das Zeitalter des Dampfschiffverkehrs auf den Ozeanen einläutete.[39] 1869 wurde der Sueskanal eröffnet, wodurch sich der Seeweg zwischen Liverpool und Bombay halbierte. Kurz vor dem Ersten Weltkrieg war eine Reise von Großbritannien nach Indien und zurück, die zu Beginn des 19. Jahrhunderts noch bis zu zwei Jahre gedauert hatte, innerhalb eines Monats zu bewältigen.[40] Die Seefrachtkosten sanken in der ersten Hälfte des Jahrhunderts um fast ein Prozent jährlich; in der zweiten Hälfte gingen sie trotz steigender Lohnkosten sogar um anderthalb Prozent pro Jahr zurück.[41] In den sechziger und siebziger Jahren wuchs das Exportvolumen weitaus schneller als die europäischen Volkswirtschaften. Dies führte zu einer stärkeren Öffnung und einer Intensivierung des Wettbewerbs auf diesen Märkten, wenngleich die Expansion hauptsächlich auf innereuropäischen Handel zurückzuführen war, der über die neuen Eisenbahnstrecken und Wasserwege sowie mit traditionellen Transportmitteln abgewickelt wurde.[42]

Auch im Bereich der Nachrichtenübertragung vollzog sich im 19. Jahrhundert durch den Einsatz von Elektrizität und Funk eine Revolution. 1800 stellte Alessandro Volta die erste chemische Batterie her. Das wirtschaftliche Potential wurde schon in der ersten Dekade erkannt, als Humphrey Davy 1808 erstmals einen elektrischen Lichtbogen erzeugte.[43] 1809 konstruierte Samuel Thomas von Sömmerring einen elektrochemischen Telegrafen.[44] 1820 beobachtete der dänische Physiker Hans Christian Oersted das Phänomen des Elektromagnetismus. Im folgenden Jahr baute Michael Faraday einen elektrischen Motor und 1831 den ersten Dynamo.[45] Ebenfalls in den dreißiger Jahren schufen William Cooke und Charles Wheatstone in Großbritannien und unabhängig von ihnen Samuel Morse in den USA den elektromagnetischen Telegrafen, der aus einem sehr langen Draht bestand, durch den nach einem bestimmten Muster, zum Beispiel dem Morsealphabet, elektrische Impulse gesandt werden konnten, die Nachrichten fast in Lichtgeschwindigkeit übertrugen.[46]

Die auf dem Land- oder Seeweg nach England gelangenden Meldungen waren bei ihrem Eintreffen mehr oder weniger veraltet. 1845 waren Berichte aus Kapstadt acht Wochen, aus Rio sechs Wochen, aus New York vier Wochen und aus Berlin eine Woche alt.[47] Mit dem Aufkommen der Telegrafie änderte sich dies grundlegend. Am schnellsten verbreitete sie sich in den USA, ausgehend von der fünfundsechzig Kilometer langen Versuchsverbindung, die Morse 1846 von Baltimore nach Washington legte. Sechs Jahre später erstreckten sich Telegrafenleitungen über 37 000 Kilometer, und weitere 10 000 Kilometer waren im Bau.[48] Die erste britische Leitung verlief neben den Schienen der Great Western Railway von Paddington nach West Drayton und später nach Slough und wurde im August 1844 für die Bekanntgabe der Geburt von Königin Viktorias zweitem Sohn in Windsor eingesetzt. Binnen weniger als einer Stunde erschien die Nachricht in der *Times*.[49] 1850 verfügte Großbritannien über Telegrafenleitungen von über 3200 Kilometern Länge. Zwei Jahre später verbreitete sich das System rund um die Welt mit atemberaubendem Tempo: Berlin richtete ein Netz ein, und auch in Österreich, Kanada, Italien, Süddeutschland, Spanien, Russland, den Niederlanden, Australien, Kuba und Chile wurden Leitungen verlegt.[50]

Die erste unterseeische Telegrafenleitung wurde 1851 durch den Ärmelkanal verlegt.[51] 1866 folgte die erste funktionierende transatlantische Leitung,[52] nachdem Königin Viktoria schon 1858 mit dem amerikanischen Präsidenten Nachrichten durch eine Transatlantikleitung ausgetauscht hatte, die kurz danach jedoch versagte.[53] 1864 wurde San Francisco über die erste transkontinentale Leitung mit New York verbunden.[54] Im gleichen Jahr wurde Großbritannien über Land- und Küstenleitungen mit Indien verbunden. Der Anschluss mit unterseeischen Kabeln via Gibraltar, das Mittelmeer, das Rote Meer und den Indischen Ozean folgte sechs Jahre später.[55]

1874 gab es über eine Million Kilometer Drahtleitungen und 48 000 Kilometer unterseeische Leitungen. 20 000 Städte und Dörfer waren zusammengeschaltet. Die Nachrichtenübertragung von London nach Bombay und wieder zurück dauerte nur noch vier Minuten. Standage schreibt: »›Die Zeit wird ins Nichts telegrafiert‹, erklärte die Zeitung *Daily Telegraph*, die sich ihren Namen gegeben hatte, um die schnelle Lieferung neuester Nachrichten zu suggerieren. Die Welt schrumpfte schneller als je zuvor … 1880 gab es bereits annähernd 160 000 Kilometer unterseeische Leitungen.«[56]

1876 meldete Alexander Graham Bell das Patent für das Telefon an, das zunächst aber nur über kurze Distanzen funktionierte, bis Thomas Edisons verbessertes System eingeführt wurde.[57] Das Telefon verbreitete sich noch schneller als die Telegrafie. Ein Jahr nach Bells Patentanmeldung und nur einen Monat nach der ersten Werbeankündigung waren in den USA zweihundertdreißig Telefone in Gebrauch; fünf Monate später waren es bereits mehr als fünfmal so viele. 1886 gab es weltweit über eine Viertel Million Telefone, und fünf Jahre später besaß jeder zehnte amerikanische Haushalten ein Telefon.

Nachdem James Clerk Maxwell 1865 die Theorie der elektromagnetischen Wellen aufgestellt hatte, gelang es Heinrich Hertz 1880, deren Existenz nachzuweisen.[58] Davon ausgehend, erfand Guglielmo Marconi 1895 die drahtlose Telegrafie mit Funkwellen, und schon 1901 wurde die erste Funknachricht über den Atlantik gesendet.[59] 1906 wiesen Lee DeForest und R. A. Fessenden nach, dass nicht nur Morsesignale, sondern auch Schallwellen per Funk gesendet werden konnten, ein wichtiger Schritt in der Telekommunikation.[60]

296

Dass die Welt immer kleiner wurde und die internationalen Wirtschafts- und Finanzaktivitäten sich zunehmend beschleunigten, ist zu einem wesentlichen Teil auf die Möglichkeit der direkten Kommunikation zurückzuführen. Mokyr schreibt zusammenfassend: »Die Telegrafie hatte enorme Konsequenzen für die Gesellschaft des 19. Jahrhunderts – wahrscheinlich nicht weniger als die Eisenbahn. Neben ihrem riesigen militärischen und politischen Wert stand ihr Beitrag zur Koordinierung der Finanz- und Warenmärkte ...«[61] Foreman-Peck ergänzt, die Telegrafie habe größere Sicherheit für internationale Geschäftstransaktionen gebracht, sodass Großkaufleute ihre Lagerbestände weitgehend auflösen und ihre Warenvorräte über die Geldmärkte finanzieren konnten. »Trotz eines ungleich höheren Geschäftsvolumens waren die Rohbaumwollbestände in britischen Häfen und Fabriken nach der Verbreitung der Telegrafie viel geringer als noch in den vierziger Jahren.«[62]

Nachdem 1846 die britischen Getreidegesetze aufgehoben worden waren, was Folgen für ganz Europa hatte, erhielt die Liberalisierung des Handels zwischen 1850 und 1870 auch vonseiten der Legislative weitere starke Impulse. Abgaben für die Nutzung internationaler Wasserwege in Europa wurden gesenkt und die Nutzungsbeschränkungen gelockert. Der Trend zu lokalen Währungen – eine logische Folge der historischen und politischen Entwicklung – wurde durch die Einführung des Talers im gesamten Deutschen Bund, des Guldens in ganz Österreich und der Lateinischen Münzkonvention von 1865 zwischen Frankreich, Belgien, Italien und der Schweiz umgekehrt.[63] In mehreren bilateralen Verträgen zwischen Großbritannien, Frankreich, Belgien, Preußen und dem Deutschen Zollverein wurde die Senkung der Zölle vereinbart.[64] David Landes bemerkt dazu: »Es schien, als hätten die Expansionskraft der Wirtschaft und der Wohlstand die Nationen und die Menschen derart euphorisiert, dass sie gewillt waren, die Kontrolle gegen die Freiheit, die Kirchturmspolitik gegen den Universalismus, die Tradition gegen den Wandel und die

Sicherheit gegen die Gefahren, aber auch die potentiellen Gewinne der offenen Welt einzutauschen.«[65]

Dabei beschränkte sich die Liberalisierung durchaus nicht auf den internationalen Handel. Auch im Inland erhielt die Wirtschaft neue Freiheiten. Tatsächlich war die europäische Geschäftswelt Mitte des 19. Jahrhunderts auf Bürokratismus genauso schlecht zu sprechen wie die heutige, und sie schöpfte die Möglichkeiten der politischen Einflussnahme dagegen genauso konsequent aus, wie dies zu Beginn des neuen Jahrtausends der Fall ist. Die wohl größte Neuerung bei den Gewerbevorschriften war die Einführung der beschränkten Haftung. Nach dem entsprechenden englischen Gesetz von 1856 mussten die Inhaber ihr Unternehmen nur noch als Gesellschaft eintragen lassen. Damit hafteten Gesellschafter und Geschäftsführer, selbst bei offensichtlichem Missmanagement, nicht mehr mit ihrem privaten Vermögen für Schulden und nichtbetrügerischen Konkurs des Unternehmens. Dieses Privileg, das seither das Fundament der gewerblichen Wirtschaft darstellt, wurde bis 1870 schrittweise von Frankreich und Deutschland übernommen.[66] Weitere Deregulierungen folgten. So wurden in Großbritannien und Nordeuropa die gesetzlichen Bestimmungen über Wucher, Geschäfte mit dem Ausland, Schecks, Patente und allgemeine Geschäftsbeziehungen sowie Strafen für Schulden und Bankrott gelockert und/oder vereinfacht oder aufgehoben.[67]

Mitte des 19. Jahrhunderts erhoben die USA relativ niedrige Zölle. Dies war vor allem auf den politischen Einfluss der Baumwoll- und Tabakpflanzer zurückzuführen, die im Exportgeschäft tätig und entsprechend sensibel für die Stimmung in den Nationen waren, an die sie verkauften. Doch im Allgemeinen war die US-Regierung mehr auf Zolleinkünfte angewiesen als etwa Großbritannien, und als die Ausgaben während des Sezessionskriegs drastisch stiegen, wurden nicht nur riesige Kredite aufgenommen, sondern auch die Zölle erhöht. Nach dem Ende des Krieges hatten die Baumwoll- und Tabaklobbyisten aus den Südstaaten ihren Einfluss verloren. Die Fabrikanten und Wollerzeuger des Landes wurden mit hohen Schutzzöllen (fünfunddreißig bis vierzig Prozent) vor ausländischer Konkurrenz abgeschirmt, was eine rasche Expansion des produzierenden Gewerbes nach sich zog. Die Eisen- und Stahlindustrie profitierte sogar von noch höheren Schutzzöllen. Liberale Nationalökonomen auf beiden Seiten des Atlantiks waren sich darin einig, dass das allgemeine Steuerniveau niedrig gehalten werden musste. Daher scheint der Wunsch nach Maximierung der Staatseinnahmen eine mindestens ebenso gute Erklärung für die vergleichsweise hohen amerikanischen Zölle zu sein wie der Einfluss von Lobbyisten.[68]

Die höhere Kapazität und Geschwindigkeit der Transport- und Kommunikationsmöglichkeiten schuf in der zweiten Hälfte des 19. Jahrhunderts im Verein mit dem expandierenden Handel und der zunehmenden Integration der Volkswirtschaften größere Chancen und stärkere Mobilitätsanreize für Kapital und Arbeitskräfte. Sowohl das Geld als auch die Arbeiter zog es in Gegenden, die mehr Chancen boten und höhere Erträge versprachen.

Im Fall der Arbeitskräfte war dies nicht unbedingt mit einem Vorteil für die Besitzer der Arbeitskraft, sprich für die Arbeiter, verbunden. Wenn sie durch Versklavung oder die schlechte Wirtschaftslage in ihrer Heimat zum Weggang gezwungen waren, konnten sie dabei vom Regen in die Traufe geraten, entweder weil die materiellen Verhältnisse anderswo noch schlechter waren oder weil sich der Verlust der ideellen Vorzüge der Heimat durch materielle Verbesserungen in der Fremde nicht wettmachen ließ.

Diese Faktoren spielten bei den Auswandererwellen von Europa nach Nordamerika im 19. Jahrhundert zweifellos eine Rolle. Zusammen mit den gleichzeitig stattfindenden Migrationen indischer und chinesischer Plantagenarbeiter war dies die bis dahin größte Völkerwanderung der Geschichte. Aber es gab einen ausgleichenden Faktor, nämlich den großen Zugewinn an Wohlstand, den die neuen Siedler durch die schier grenzenlosen Ressourcen – vor allem an Land – erfuhren. Ihr Gewinn war ein Verlust für die Urbevölkerung, die diese Ressourcen vorher besessen oder genutzt hatte. Aber nach deren Vertreibung stiegen die Bevölkerungszahlen und der Lebensstandard, der von diesem Land getragen wurde, stark an, weil die neuen Siedler das Land weit intensiver nutzten. In der Folge stieg auch der weltweite wirtschaftliche Ertrag für die industrialisierten Staaten sowohl absolut als auch pro Kopf.

Das soll keineswegs eine Rechtfertigung für das Unrecht sein, das der amerikanischen Urbevölkerung angetan wurde. Es erklärt nur, weshalb Wirtschaftswissenschaftler in der Verbindung der großen Zahl europäischer Einwanderer mit den natürlichen Ressourcen Amerikas – des Nordens in höherem Maße als des Südens – eine Hauptursache des globalen Wirtschaftswachstums und steigenden Lebensstandards in dem Jahrhundert zwischen 1850 bis 1950 erkennen. Daher kann, trotz unbestreitbarer Vorbehalte gegen die allgemeine Theorie, dass eine Öffnung des Handels zu einer Einkommensverbesserung für alle führe, kein Zweifel an Foreman-Pecks Einschätzung bestehen, dass die »Ausweitung der internationalen Handelsbedingungen ... es Europa und den in jüngerer Zeit von Europäern besiedelten Regionen [gestattete], eine größere Bevölkerung, die zudem eine höhere Lebenserwartung hatte, zu ernähren«.[69]

Wie die Migration der Arbeitskräfte erreichten auch die Kapitalflüsse in diesem Zeitraum einen noch nie da gewesenen Umfang, und die junge amerikanische Volkswirtschaft trug zusammen mit den weniger bedeutenden Satelliten Europas in Südamerika, Australien und Asien viel zu dieser Entwicklung bei. Bei den amerikanischen Geldanlagen im Ausland dominierten die Direktinvestitionen, also Investitionen, deren Nutzung vom Investor direkt kontrolliert wird, wie im Fall eines Großunternehmens, das im Ausland ein Zweigwerk errichtet. Der Grund dafür lag vor allem darin, dass sich diese großen

Industriekonzerne mit vielen Niederlassungen zuerst in den USA entwickelten. Ende des 19. Jahrhunderts gab es auch in Großbritannien, Deutschland und Frankreich Großfirmen, deren Verbreitung durch den wachsenden ökonomischen Nationalismus weiter vorangetrieben wurde, da staatliche Aufträge nur ungern an ausländische Unternehmen vergeben wurden, wenn diese nicht mit einer Filiale im Land des Auftraggebers vertreten waren. Daher versorgten bereits 1914 große multinationale Hersteller die Weltmärkte nicht mehr nur durch Exporte, sondern zunehmend auch durch Direktinvestitionen. Auf diese Weise wollten sie zum einen das Kapital so rentabel wie möglich in kostengünstige Arbeitsplätze und Standorte investieren und zum anderen informelle Handelsschranken umgehen, die nichts mit Zöllen zu tun hatten.

Im Bereich der Portfolio-Investition, bei der ein Anleger Aktien eines ausländischen Unternehmens erwirbt, sich aber nicht in dessen Geschäftstätigkeit einmischt, sah es anders aus. Die großen Kapitalflüsse zeigten im Wesentlichen, wie weit die Finanzinstitute der Alten Welt entwickelt waren. Diese mobilisierten die Spareinlagen, um ausländische Regierungen und Unternehmen mit Krediten zu versorgen und den Kapitalbedarf der europäischen Siedlungen in Übersee zu decken, wo ungeheure Infrastrukturinvestitionen nötig waren, damit die riesigen Reichtümer an Ressourcen ausgeschöpft werden konnten. Obwohl der Bevölkerungsanteil junger Erwachsener in diesen Volkswirtschaften überproportional hoch war, reichte die in diesem Lebensalter besonders hohe Sparquote nicht aus, um die erforderlichen Investitionen aufzubringen. Außerdem wurde der demographische Vorteil wieder zunichte gemacht, weil die Pioniere in Regionen wie Amerika, wo das Land unbegrenzt und die Arbeitskräfte knapp waren, große Familien hatten, deren Unterhalt die Erträge aufzehrte, so dass kaum Spielraum fürs Sparen blieb.[70]

Vor 1914 war Großbritannien der mit Abstand größte Anleger in Übersee, meist in Form von Portfolio-Investitionen.

Der lange Frieden nach 1815, der hohe Entwicklungsstand der Banken und Kapitalmärkte sowie die im Vergleich zu anderen europäischen Ländern hohen Einkommen bewogen britische Bürger dazu, zu sparen und ihre Ersparnisse in Übersee zu investieren. Manche Nationalökonomen sehen darin die Ursache des relativen wirtschaftlichen Niedergangs, den Großbritannien nach der ersten Welle der industriellen Revolution erlebte. Doch neuere Untersuchungen haben ergeben, dass die Kapitalbeschaffung für britische Unternehmen nicht besonders schwierig war, obwohl die Investitionen in Großbritannien insgesamt eher niedrig und die britischen Anleger weniger geneigt waren, ihr Geld in Inlandsunternehmen zu stecken, während etwa amerikanische und deutsche Banken sich aktiv in heimischen Industrien mit neuester Technologie engagierten.[71] Die britischen Überseeinvestitionen stiegen nach den Napoleonischen Kriegen von sechs Millionen Pfund jährlich bis 1850 auf über 30 Millionen Pfund und nach 1870 auf über 75 Millionen Pfund.[72] Am Vorabend des Ersten Weltkriegs bezog Großbritannien ein Zehntel seines Nationaleinkommens aus den Erträgen vergangener Auslandsinvestitionen – Reserven, die in den nächsten dreißig Jahren hauptsächlich durch die Finanzierung von Kriegen aufgezehrt wurden. 1914 beliefen sich die britischen Auslandsinvestitionen auf über zwei Fünftel der weltweiten Gesamtsumme; sie waren mehr als doppelt so hoch wie die deutschen oder französischen und übertrafen die der USA trotz deren führender Rolle im Bereich der Auslandsdirektinvestitionen um das Fünffache.[73]

Bislang haben wir eine sich rasch entwickelnde internationale Wirtschaft beschrieben, in der die »alten« europäischen Nationen, vor allem Großbritannien, und die europäischen Siedlungen in den »neuen« Ländern, vor allem in Nordamerika, die Hauptrolle spielten. Auf Asien entfiel in dieser Zeit immer noch mehr als die Hälfte der Weltbevölkerung, aber kaum ein Fünftel des Welteinkommens.[74] Zu den Triebfedern der neuen Ordnung zählte die Entstehung des materiellen und institutionellen Rahmens einer immer stärker zusammenwachsenden internationalen Wirtschaft. Nach 1830 nahm das Handelsvolumen explosionsartig zu: bis 1840 um dreißig Prozent pro Jahrzehnt und danach bis 1880 um über fünfzig Prozent pro Jahrzehnt.[75] Grundlage des internationalen Handels waren Dampfkraft und elektrische Energie, die für Schifffahrt, Eisenbahn und Telegrafie nutzbar gemacht wurden, sowie eine relativ liberale Einstellung der Staaten gegenüber Handel, Kapitalflüssen und Migration. Kriege zwischen großen Nationen hatte die Welt nach 1815 nur selten erlebt.

Ein weiterer Baustein der Rahmenbedingungen des internationalen Handels war das Währungssystem. Am Ende der Napoleonischen Kriege spiegelten sich die politischen Machtverhältnisse in Europa in einem Flickenteppich unterschiedlicher Währungen wider. Die Gültigkeit einer Währung beruht auf ihrem von einer politischen Autorität festgelegten Wert und der Bereitschaft ihrer Benutzer, diesen zu akzeptieren. Die wirtschaftlich entwickelte Welt unterteilte sich in Länder, die zur Sicherung der Währungsparität Silber wählten, in solche, die Gold bevorzugten, und jene, die beide Metalle verwendeten (Bimetallismus). In Großbritannien hatten John Locke und Isaac Newton, wie gesehen, 1717 den Bimetall-Standard eingeführt. In der zweiten Hälfte des 18. Jahrhunderts verschwanden die Silbermünzen jedoch aus dem Umlauf, so dass de facto ein Goldstandard galt, der 1774 mit der Aufhebung des Status von Silber als legalem Zahlungsmittel für Transaktionen über fünfundzwanzig Pfund bestätigt wurde. Ab 1821 schließlich war Silber überhaupt nicht mehr als Zahlungsmittel zugelassen.[76]

Während der Napoleonischen Kriege war der britische Goldstandard ausgesetzt worden, was beweist, dass Devisenwerte letztlich vom politischen Willen abhängen und alle gegenteiligen Behauptungen nur eine freundliche Friedensfiktion darstellen, die mit Glück so lange anhält wie der Frieden. In diesem Fall wurde der Goldstandard 1819 wieder eingeführt und hatte bis 1914 Bestand; von 1925 bis 1931 wurde er durch einen Sieg der Nostalgie über die Vernunft für kurze Zeit und mit verheerenden Folgen noch einmal hergestellt.

Frankreich und andere Länder kämpften bis ins späte 19. Jahrhundert um die Aufrechterhaltung ihrer Bimetall- oder Silberstandards, aber die dominierende Stellung Großbritanniens in der Weltwirtschaft zwang eine Nation nach der anderen zur Anpassung an den Goldstandard. Deutschland führte ihn 1871 ein, unmittelbar nach dem Sieg über Frankreich und der Reichsgründung. Dänemark, die Niederlande, Norwegen und die Länder der lateinischen Münzunion (Frankreich, Belgien, Italien und die Schweiz) folgten diesem Beispiel, und auch die USA vollzogen 1879 de facto diesen Schritt.[77] 1897 gingen Russland und Japan zum Goldstandard über; Indien, Ceylon und Siam (das heutige Thailand) zogen kurz darauf nach. Selbst in Lateinamerika, der Hochburg der Silberproduktion, garantierte ein Land nach dem anderen – Argentinien, Mexiko, Peru, Uruguay – offiziell die Konvertibilität seiner Währung gegen Gold.[78]

Diese Entwicklung bot dem internationalen Handel einen Wertstandard, der eine Abwicklung der Geschäfte mit begrenztem und kalkulierbarem Wechselkursrisiko gestattete. Durch die Erleichterung des globalen Vergleichs von Kosten und Preisen wurden die Marktkräfte gestärkt und mehr Transparenz geschaffen, was sich in einer höheren Effizienz der Weltwirtschaft und größerer Zufriedenheit der Verbraucher niederschlug.

Dies waren die klassischen mikroökonomischen Auswirkungen der Angebotsseite in der Hochzeit des Goldstandards, der von 1875 bis 1914 zugleich das erste System fester Wechselkurse ermöglichte. Aber es gab auch makroökonomische Auswirkungen, die weniger positiv waren. Sind die nationalen Währungen zu einem festen Kurs an Gold gebunden, wird das Verhalten der Preise – vor allem jener von weltweit gehandelten Artikeln – dem Auf und Ab des globalen Goldbestands folgen, der von 1873 bis 1896 schrumpfte und dann wieder zunahm,[79] mit der Folge, dass die Preise zunächst sanken und dann stiegen. Bei Goldknappheit wird die monetäre Lage angespannt. Die Zinssätze steigen, Kreditaufnahme und Investitionen werden erschwert, Ausgaben und Produktion verlangsamen sich, mit dem Ergebnis, dass die Preise sinken. Ein Goldüberschuss hat die gegenteiligen Folgen. Die Unveränderlichkeit des Verhältnisses der Preise zum Goldbestand wird also mit belastenden Schwankungen der Wirtschaft und der wirtschaftlichen Lage der Menschen erkauft.

Der Vorrang nomineller Stabilität (der Preise im Verhältnis zur Goldmenge und damit zur Menge der nationalen Währung) vor der realen Stabilität der Wirtschaft hat noch eine andere Folge. Landeswährungen können zur festgesetzten Goldparität überbewertet sein, wie zum Beispiel geschehen, als der Wertverfall des Silbers die an Silber gebundenen Währungen entwertete. Dies gab den betreffenden Volkswirtschaften einen Wettbewerbsvorteil gegenüber jenen Währungen, die auf dem Goldstandard beruhten. Wollten die Goldstandardländer das Gleichgewicht wiederherstellen, mussten sie entweder ihre Preise und Löhne senken oder eine permanent hohe Arbeitslosigkeit hinnehmen,[80] wie es beispielsweise Frankreich als Folge seiner Politik des *franc fort* nach 1983 getan hat.

Zweifellos haben starke Schwankungen die neue internationale Wirtschaft in der zweiten Hälfte des 19. Jahrhunderts geschwächt. Vor allem Großbritannien erlebte Einbrüche (1878, 1882/83 und 1907), als Wirtschafts- und Finanzkrisen in Deutschland, Frankreich sowie in Nord- und Südamerika bei der Bank von England zu Goldabflüssen führten.[81]

Die 1873 einsetzende internationale Rezession war die größte und schwerste vor der Weltwirtschaftskrise der dreißiger Jahre des 20. Jahrhunderts.[82] Offensichtlich wurde sie von einer Finanzkrise in Deutschland ausgelöst (die ausgerechnet auf den Erhalt riesiger Reparationszahlungen nach dem Sieg über Frankreich zurückging), die rasch auf ganz Europa, die

Vereinigten Staaten und Südamerika übergriff. In den USA kletterte die Arbeitslosenzahl auf über eine Million, und ein Fünftel der Eisenbahngesellschaften gingen Bankrott oder standen kurz davor. In Brasilien und Argentinien vergaben die Banken keine Kredite mehr, und die Grundstückswerte fielen um ein Drittel.[83]

Es liegt auf der Hand, dass Währungspolitik und Wechselkurssysteme einen großen Einfluss auf die Ausbreitung von Konjunkturwellen über den ganzen Erdball ausüben. Feste Wechselkurse wie bei der Goldbindung beschleunigen die Verbreitung, während es bei flexiblen Wechselkursen eher möglich ist, dass einzelne Volkswirtschaften die Krise vermeiden können. Schwerer zu bestimmen ist, was die Lawine ins Rollen bringt.

Vielleicht hat das scheinbar unumgängliche Auf und Ab, das in allen entwickelten Volkswirtschaften seit der industriellen Revolution zu beobachten ist (auch wenn US-Notenbankchef Alan Greenspan in den neunziger Jahren des 20. Jahrhunderts den ökonomischen Schwerkraftgesetzen hartnäckig getrotzt hat), seine Wurzel in einem massenpsychologischen Moment, das bewirkt, dass Optimismus in Euphorie umschlägt, bis diese von ihren hässlichen Konsequenzen zerstört wird, und dass Sorge zu Panik wird, bis die von dieser ausgelösten Aktivitäten sie mildern. Wenn dies zutrifft, kann auch eine perfekt gesteuerte Währungspolitik Euphorie und Panik nicht immer im Zaum halten, und je länger es ihr gelingt, desto heftiger werden beide ausfallen. Greenspan, der währungspolitische Ausschuss der Bank von England und die Europäische Zentralbank sollten sich das zu Herzen nehmen.

Aber Rezessionen können auch reale Ursachen haben, wie es Foreman-Peck im Hinblick auf die siebziger Jahre des 19. Jahrhunderts feststellt.[84] Beispiele wären die Eröffnung des Sueskanals 1869 und die Verbreitung der Eisenbahn. Diese Phänomene brachten eine Erleichterung und Verbilligung des Transports mit sich, die zu einem unerwarteten Verfall der

Preise für landwirtschaftliche Erzeugnisse und Rohstoffe führten, mit der Folge, dass die Kapitalflüsse in aufstrebende Märkte zum Erliegen kamen und eine Krise ausgelöst wurde, die jener der neunziger Jahre des 20. Jahrhunderts auf vergleichbaren Märkten ähnelte. Und schließlich wurden durch die Mechanismen von Finanzpsychologie und Währungsübertragung andere in den Strudel der rezessiven Panik hineingezogen.

Die allgemeine Tendenz der Volkswirtschaften – auch wenn sie zu einer internationalen Wirtschaft zusammengewachsen sind –, vom Boom zur Baisse zu jagen, könnte aber auch eine rein geldpolitische Erklärung haben: Manchmal nämlich steigen die Geldbestände zu schnell und lösen dadurch Boom und Inflation aus, und manchmal steigen sie zu langsam und verursachen dadurch Rezession und Deflation. Wenn dies zutrifft, könnten geschickte Währungshüter oder Zentralbanken zumindest theoretisch die Schwankungen ausbügeln und genau die richtige Balance wahren. Dann wäre Greenspans Wunder doch möglich.

Diese Frage ist von Wirtschaftshistorikern vorerst nicht zu klären. Was sie allerdings feststellen können, ist, dass die Rezession der siebziger Jahre des 19. Jahrhunderts nicht nur Ansporn für die Untersuchung des Wirtschaftskreislaufs war, sondern auch einen Prozess in Gang gesetzt hat, der die Wahrnehmung von Staatsmännern und ihren Ratgebern nachdrücklicher beeinflusst hat, als dies durch rein akademische Einsichten möglich gewesen wäre. Foreman-Peck beschreibt den neuen Trend:

»Allmählich verbreitete sich die Überzeugung, dass der internationale Markt den Lebensstandard nicht erhöhen oder bewahren könne. Stattdessen erwartete man von den Regierungen oder anderen Organisationen, wie etwa Gewerkschaften und Kartellen, dass sie Präventivmaßnahmen gegen das Wirken der Marktkräfte ergriffen. Selbst in

Großbritannien schienen die Gesetze des Freihandels nicht mehr ewig gültig zu sein … Das Land hatte nicht mehr die dominierende Stellung in der internationalen Wirtschaft inne wie noch in den fünfziger Jahren des 19. Jahrhunderts. In der anbrechenden neuen Ära waren die industriellen Kapazitäten zwischen den führenden Nationen gleichmäßiger verteilt, der Handel war weniger frei, und die internationale Wirtschaft wurde zunehmend genutzt, um außenpolitische Ziele zu verwirklichen.«[85]

Aus der Tatsache, dass sich eine Welt herausbildete, in der sich Güter, Kapital und Arbeitskräfte dank verbesserter Verkehrs- und Kommunikationsmittel sowie liberaler Regelungen in einer noch nie da gewesenen Größenordnung und Freiheit zwischen verschiedenen Märkten bewegen konnten, darf man nicht schließen, dass es nur noch eine einzige globale Wirtschaft ohne klar abgegrenzte regionale und nationale Ökonomien gab. Selbst heute wäre dies noch eine Übertreibung, obwohl die Globalisierung inzwischen viel weiter fortgeschritten ist, als es in der zweiten Hälfte des 19. Jahrhunderts möglich und abzusehen war.

Durch wirtschaftliche Entwicklung, Wachstum und Industrialisierung entstand ein Bewusstsein des nationalen Fortschritts im Vergleich zu anderen Ländern. Die Nationalökonomie trat in den Vordergrund, als die industrielle Revolution in Großbritannien und ihr offensichtlicher Beitrag zur englischen Vormachtstellung auch Beobachter aus anderen Ländern beeindruckte. Dabei spielt es keine wesentliche Rolle, ob die Regierungen die wirtschaftliche Entwicklung und die industrielle Aufholjagd in den betreffenden Ländern – vor allem Deutschland, die USA und Japan – tatsächlich vorantrieben. Entscheidend ist vielmehr, dass wirtschaftliche und industrielle Faktoren für die Regierungsarbeit wichtiger wurden und dass dies zur Entstehung einer von nationaler Konkurrenz, Rivalität und schließlich Feindseligkeit geprägten Stimmung beitrug, die an die Stelle der liberalen Ideologie trat, von der die Politik bis weit ins 19. Jahrhundert bestimmt worden war.

Die Industrialisierung – vornehmlich der Einsatz von Dampfkraft zur Gewinnung ungeheurer Mengen nutzbarer Kohleenergie – veränderte die Länder und ihre Einwohner, indem sie ein scheinbar endloses Wachstum ankurbelte. Durch die Industrialisierung unterschieden sich die Menschen von den vorangegangenen Generationen und von den Bewohnern jener Länder, in denen diese Entwicklung erst im 20. Jahrhundert oder überhaupt noch nicht in Gang gekommen ist. Sogar das Malthussche Dilemma schien aufgehoben zu sein, da die industrialisierten Gesellschaften in der Lage waren, durch unaufhörlich fortschreitende technische Entwicklung und die entsprechend gestiegene Produktivität eine kontinuierlich wachsende Bevölkerung zu ernähren, ohne dass das Anwachsen der Bevölkerung das Anwachsen der Produktion einholen würde. Mit der aus Kohle gewonnenen Energie hätten in Großbritannien im Jahre 1870 fast dreißig Mal so viele Menschen ernährt werden können, wie tatsächlich dort lebten. Um so viel Energie zu erzeugen wie mit Hilfe der Dampfmaschinen (die keine Nahrung benötigten), wäre ein Arbeitsheer nötig gewesen, das die gesamte damalige Bevölkerung von Großbritannien um zehn Millionen Menschen übertroffen und das Dreifache der jährlichen Weizenernte des Landes verzehrt hätte.[86] Kennedy zitiert T. S. Ashtons prägnanten Vergleich mit dem Schicksal der großen nicht industrialisierten Volkswirtschaften in Asien: »Es gibt heutzutage auf den Ebenen Indiens und Chinas Männer und Frauen, geplagt und hungrig, ein Leben lebend, das nach außen wenig besser als das des Viehs erscheint, welches tagsüber mit ihnen schuftet und nachts ihre Schlafstätte teilt. Solche ... nicht mechanisierten Schrecken sind das Los derjenigen Länder, deren Bevölkerung zunimmt, ohne eine Industrielle Revolution zu durchleben.«[87]

Das führt uns zurück zu McCloskeys zwölffacher Steigerung des Lebensstandards in den industrialisierten Volkswirtschaften seit 1780.[88] Kennedy führt aufschlussreiche, wenngleich nicht unumstrittene Berechnungen von Bairoch an, die die unterschiedlichen Fortschritte der Industrialisierung einzelner Volkswirtschaften und den scharfen Gegensatz zwischen industrialisierten und anderen Nationen zeigen. Ausgehend von der Indexzahl 100 als Ausdruck des Industrialisierungsgrades in Großbritannien im Jahr 1900, belegen diese Berechnungen den jeweiligen Entwicklungsstand der Nationen: Danach erreichte Großbritannien 1860 einen Wert von 64, kamen die USA auf 21, Frankreich auf 20, Deutschland auf 15, Europa insgesamt auf 16, Japan auf 7 und Indien sowie China auf 3 oder 4. 1900 lag Großbritannien bei 100, und die USA erreichten 69, Deutschland 52, Frankreich 39, Europa insgesamt 35, Japan 12 und Indien sowie China 1 bis 3.[89]

Die USA, Europa und das noch im Anfangsstadium der Industrialisierung befindliche Japan holten also auf, während China und vor allem Indien immer weiter zurückfielen. Die Weltausstellung »der Industriewerke aller Nationen« im Kristallpalast im Londoner Hyde Park wurde 1851 sowohl zum Ausdruck britischen Nationalstolzes als auch zum Ansporn für all jene, die den internationalen Wettbewerb unter nationalistischen Vorzeichen sehen wollten, so sehr sich Wirtschaftstheoretiker darüber mokieren mochten. Der englische Romancier Charles Kingsley schwärmte wie so mancher vom Glück Begünstigte, dass der britische Erfolg ein Beweis göttlicher Gnade sei: »Die Spinnmaschine und die Eisenbahn, Cunards Passagierdampfer und der elektrische Telegraf sind für mich ... Zeichen, dass wir, zumindest in manchen Punkten, mit dem Universum in Einklang sind; dass ein mächtiger Geist unter uns wirkt ... der Ordnende und Erschaffende Gott.«[90]

Zwanzig Jahre nach der Weltausstellung mischten andere Volkswirtschaften bei diesem Spiel munter mit. Zwar waren sie weniger weit fortgeschritten als Großbritannien, aber sie verfügten über Kenntnisse und Mittel, um im Wettbewerb zu bestehen. Wie alle Nachfolger konnten sie sich die Erfolge des

Pioniers zum Vorbild nehmen, ohne dessen Fehler zu wiederholen, und sie besaßen ein mindestens ebenso großes Wachstumspotential.[91] Wie Crafts bewiesen hat,[92] brauchte Großbritannien nicht zu versagen, um seinen Vorsprung allmählich zu verlieren. Vielmehr brauchten die anderen nur den gleichen Weg zu beschreiten und dabei Verbesserungsmöglichkeiten zu finden, wenngleich Historiker wie Cameron die Ursache dieser Entwicklung durchaus auch im Versagen britischer Unternehmer sehen.[93]

Wir brauchen die zweite industrielle Revolution – so die Bezeichnung der voranschreitenden Industrialisierung in der zweiten Hälfte des 19. Jahrhunderts vor allem in Deutschland, den USA und Japan – nicht so ausführlich nachzuzeichnen wie die erste. Für den Historiker interessant sind bestimmte Faktoren dieses Prozesses, die zu einem höheren Industrialisierungsgrad und zu größerer Leistungsfähigkeit und Produktion führten, sowie ihre Folgen für die Rivalität zwischen den Nationen.

Die Eisenbahn eröffnete den Zugang zum Innern Europas und Amerikas. Wie die Textilindustrie in der ersten industriellen Revolution spielte sie die Vorreiterrolle, zog den Löwenanteil des Kapitals auf sich und wurde zum größten neuen Einsatzgebiet für Arbeitskräfte und Produktionsmittel. Diese Auswirkungen verstärkten sich gegenseitig und strahlten auf die gesamte Wirtschaft aus.

Die Entdeckung und Ausbeutung von Kohlelagerstätten in Frankreich, Deutschland und den USA erlaubte diesen Ländern die Überwindung der oben erläuterten biologischen Grenzen menschlicher und tierischer Arbeitskraft.

Die rasche Verbreitung von Privatbanken in Frankreich, Deutschland, Belgien und Amerika nach 1850 mobilisierte Ersparnisse und Bargeld eines riesigen finanziellen Hinterlandes für die zentralen Kapitalmärkte und stärkte entscheidend deren Kapazität zur Unterstützung der industriellen Entwicklung. Auch Investmentbanken und Finanzierungsgesellschaften trugen zur Kanalisierung der Industrieinvestitionen auf dem gesamten europäischen Kontinent bei.

Die Technologie wurde an vielen Fronten schrittweise verbessert, zum Beispiel bei Textilherstellung und Eisenerzschmelzung, aber vor allem durch den Ersatz von knapper Holzkohle durch reichlich vorhandenen Koks.

Zu den strategisch bedeutsamsten Fortschritten zählte das 1856 in England entwickelte Bessemer-Verfahren zur Herstellung von Stahl ohne den schwierigen und kostspieligen Puddelprozess. Als diese Erfindung mit dem neuen Siemens-Martin-Ofen und dem basischen Verfahren von Thomas Gilchrist zur Neutralisierung überschüssiger Säure in phosphorhaltigen Eisenerzen verbunden wurde, schnellte die Weltproduktion von Stahl in dem halben Jahrhundert vor dem Ersten Weltkrieg um mehr als das Hundertfache in die Höhe. Die Festigkeit, Haltbarkeit und kostengünstige Herstellung dieses neuen Materials verwandelte die Industrien, von denen die zweite industrielle Revolution geprägt wurde: Eisenbahn, Schifffahrt und Schiffbau sowie Hoch- und Tiefbau (Brücken, Wolkenkratzer).[94]

Elektrizität oder zumindest ihre Erscheinungsformen sind wahrgenommen worden, seit der Mensch zum ersten Mal über Donner und Blitz gestaunt hat. Aber ihr allgemeiner Einsatz als Energiequelle für Industrie und Haushalt musste auf die Erfindung der Dampfturbine warten, mit der aus Kohle große Mengen Strom erzeugt werden konnten. Anfangs wurde die Elektrizität hauptsächlich zur Beleuchtung genutzt, obwohl ihre Fähigkeit zur Wärmeerzeugung und die leichte Handhabbarkeit sie zu einem potentiellen Ersatz für die traditionellen Energiequellen der gesamten Fertigungsindustrie machte. Elektromotor und elektrischer Telegraf, die beide auf einer genaueren Kenntnis des Elektromagnetismus beruhten, eröffneten der wirtschaftlichen Entwicklung schier grenzenlose Möglichkeiten.[95]

Die Anwendung der Naturwissenschaften in der Industrie war ein Merkmal, das die zweite der ersten industriellen Revolution voraus hatte. Dies galt nach 1870 nicht nur für die Elektrizität, sondern auch für Optik und Chemie in den wachsenden Industriezweigen, die Glas, Metall und Agrarprodukte verarbeiteten.[96] Andrew Carnegie (1835–1919), der die amerikanische Stahlindustrie aufbaute und das rapide wachsende Eisenbahnnetz der USA versorgte, hatte erlebt, wie sein Vater in Schottland wegen der Erfindung des dampfbetriebenen Webstuhls seine Arbeit als Weber und damit seinen Lebensunterhalt verlor. Er war daher entschlossen, immer auf der Höhe des technologischen Fortschritts zu sein, und beschäftigte als einer der ersten großen Industriellen Wissenschaftler in seinen Unternehmen.

Auch in Bezug auf zwei andere hervorstechende Merkmale der zweiten industriellen Revolution – Größe und Konzentration – war Carnegie ein Pionier. Es zeigte sich, dass – einen ausreichenden Markt vorausgesetzt – Größenvorteile und monopolistische Chancen entstehen, wenn man riesige Fabriken, die mehrere Hektar Land bedeckten, errichtete und alle Produktionsstadien, vom Rohmaterial angefangen, in einer Hand zusammenfasste. So entstanden die Riesenkonzerne dieser Ära, wie etwa Standard Oil in den USA oder Bayer, Hoechst und BASF in Deutschland.

Daraus ging später die Theorie der Reife hervor, die sich auf den Kapitalmärkten und bei deren »Analysten« immer noch großer Beliebtheit erfreut. Nach dieser Theorie erreicht eine Industriebranche erst dann das Stadium der Reife, wenn die anfängliche Vielzahl miteinander konkurrierender Unternehmen, so sehr sie den klassisch geschulten Nationalökonomen erfreuen mag, von einer Handvoll mächtiger, oligopolistischer Konzerne verdrängt worden ist, die infolge ihrer Größenvorteile oder der Anwendung anderer Gesetze des Finanzdschungels das Auftauchen neuer Konkurrenten verhindern können. Chandler betrachtet den Wettbewerb dennoch nach wie vor als feste Größe von Gesetzgebung und Wirtschaftsleben der USA und sieht in ihm einen wesentlichen Beitrag zur unverwechselbaren Form eines auf Aktiengesellschaften beruhenden Kapitalismus, der sich von der britischen und deutschen Spielart unterscheidet:

»In den Vereinigten Staaten hatte sich in den neuen Industrien mit wenigen Ausnahmen eine oligopolistische, aber nicht monopolistische Struktur herausgebildet. Das lag zum einen an der Größe des Marktes und zum anderen an der Kartellgesetzgebung, in der die Bedeutung des Wettbewerbs für die Amerikaner und ihr Misstrauen gegen Machtkonzentrationen zum Ausdruck kam. In diesen Oligopolen konkurrierten die neuen von Managern geleiteten Unternehmen weiterhin sachorientiert und strategisch um Marktanteile und Gewinne. Zu Beginn des Ersten Weltkriegs unterschied sich diese Form eines von Managern gesteuerten Kapitalismus in kapitalintensiven Branchen der Vereinigten Staaten bereits deutlich von dem traditionell in Großbritannien praktizierten Kapitalismus der Familienunternehmen und dem entstehenden kooperativen oder genossenschaftlichen Kapitalismus in Deutschland.«[97]

Der hauptsächlich nach industriellen Gesichtspunkten definierte wirtschaftliche Erfolg wurde immer mehr zum bestimmenden Moment der Politik von Nationen, die voller Neid mitangesehen hatten, wie stark sich die erste industrielle Revolution auf die Stellung Großbritanniens ausgewirkt hatte. In dieser nachvollziehbaren Betrachtungsweise lag jedoch der Keim einer Haltung, die in scharfem Gegensatz zum liberalen Credo der internationalen Wirtschaft der Mitte des 19. Jahrhunderts stand. Wenn Nation und industrielle Macht als Einheit angesehen werden, deren Größe und Leistungskraft im Wettbewerb mit anderen nationalen Einheiten zum Selbstzweck werden, der vom prosaischen Geschäft der Erfüllung von Verbraucherbedürfnissen losgelöst ist, dann werden Grundvorgaben der klassischen Ökonomie – Markt, Wettbe-

werb, Verbrauchervorrang, Preismechanismus, Gewinnmaximierung, begrenzte staatliche Eingriffe – rasch von hehren
Staatsaufgaben außer Kraft gesetzt. Diese können das Militär
betreffen, aber auch die Errichtung öffentlicher Gebäude und
Monumente, die Bildung von Währungsreserven (die beispielsweise die Bank von Frankreich in den achtziger Jahren
des 19. Jahrhunderts als eine Art Kriegsschatulle betrachtete)[98]
und den Aufbau von Großunternehmen, die im Kampf um die
weltweite Vormacht die nationale Sache vertreten können. Mit
der ökonomischen Auffassung von Wettbewerb, nach der alle
oder zumindest die meisten zu den Gewinnern zählen können, hat dies nichts zu tun; es entspricht vielmehr der in der
Geopolitik oder im Sport vorherrschenden Auffassung eines
Wettkampfs, bei dem alle bis auf einen verlieren müssen.

Dieser Wirtschaftsnationalismus infizierte in den letzten
Jahrzehnten vor dem Ersten Weltkrieg in einem schleichenden
Prozess die Politik der führenden Staaten. Kennedy hat diese
halb bewusste Umwälzung untersucht, die schließlich unter
anderem Großbritannien, Deutschland, die USA und Japan
erfasste. Nach seinen Beobachtungen sprachen und schrieben
Meinungsführer und Tagespolitiker 1885 »in der Sprache eines
vulgären Sozialdarwinismus von einer Welt des Kampfes, des
Erfolgs und des Versagens, des Wachstums und des Niedergangs«.[99] Sie befürchteten, dass das nächste Jahrhundert von
der wirtschaftlichen Macht der USA und dem militärischen
Gewicht Russlands dominiert werden könnte. Größe und Bevölkerungszahl Amerikas und Russlands schienen diesen beiden Ländern beim Eintritt ins 20. Jahrhundert einen unfairen
Vorteil zu geben.

In Großbritannien machten sich der radikale Politiker Joseph Chamberlain und der Historiker J. Robert Seeley aus
Cambridge für das britische Empire als dritten Kandidaten
stark. Auf dem Kontinent führte Otto von Bismarck, der Architekt der deutschen Reichsgründung, 1879 Schutzzölle für
Industrie und Landwirtschaft ein.[100] Er handelte unter starkem

315

politischem Druck, ließ sich aber auch von strategischen Argumenten der Industrie beeinflussen. Das nationale Interesse erforderte einen geschützten Binnenmarkt mit leicht zu erzielenden Gewinnen, damit die Expansion kaum profitabler Exporte finanziert werden konnte. Admiral Tirpitz sagte dem Kaiser, dass Deutschland eine große Marine benötige, um neben den USA, Russland und Großbritannien den Platz der vierten Weltmacht einnehmen zu können. Auch in Frankreich trat man dafür ein, den wirtschaftlichen Fortschritt voranzutreiben, um der Nation einen Platz unter den Großen zu sichern. Kennedy fasst die Stimmung zusammen, wenn er schreibt, dass »in den Kreisen der regierenden Eliten, des Militärs und der imperialistischen Organisationen ... eine Sicht der Weltordnung vor[herrschte], die Kampf, Wandel, Wettbewerb, Einsatz von Gewalt und die Mobilisierung nationaler Ressourcen zur Verstärkung der Staatsmacht betonte«.[101] Der britische Imperialist Leo Amery drückte die Essenz des Wirtschaftsnationalismus aus, als er 1904 erklärte: »Diejenigen Mächte werden erfolgreich sein, welche die größte industrielle Basis besitzen ... [Sie] werden in der Lage sein, alle anderen zu besiegen.«[102]

Die USA wurden nie so stark vom Wirtschaftsnationalismus infiziert wie Europa, aber Protektionismus, Sozialdarwinismus und eine Spielart des Imperialismus, die sich auf die westliche Hemisphäre beschränkte, verbanden die Fortschritte der amerikanischen Wirtschaft mit der potentiellen Weltmachtrolle des Landes. Wie bereits angemerkt, wurde die amerikanische Fertigungsindustrie Mitte des 19. Jahrhunderts mit Einfuhrzöllen geschützt, auch wenn diese in erster Linie höheren Staatseinnahmen dienten.[103] Diese Zölle wurden 1890 (McKinley-Tarif), 1897 und 1909 noch einmal speziell für Fertigerzeugnisse erhöht.[104]

Wer sich für eine ausführlichere Darstellung der Ursprünge des amerikanischen Imperialismus interessiert, der sei auf eine in Kürze erscheinende Untersuchung von Walter Zimmermann verwiesen, in die er mich freundlicherweise Einblick nehmen ließ.[105] Die Schlüsselfigur bei der Neudefinition der amerikanischen Position war Captain Alfred Thayer Mahan von der US Navy, der in seinem 1890 erschienenen klassischen Werk *Der Einfluss der Seemacht auf die Geschichte* für eine aggressive Seemachtstrategie der USA eintrat, die durch den Ausbau der Flotte, schwere Kriegsschiffe und geeignete Stützpunkte getragen werden sollte.[106] Er wurde von dem jungen Theodore Roosevelt gefördert, auf den er großen Einfluss ausübte.

Seemacht

Mahans These beruhte auf der bekannten Mischung aus Nationalinteresse und hohem moralischem Anspruch, die in der US-Außenpolitik so häufig anzutreffen ist. Gegen Ende des 19. Jahrhunderts schien sie auch völlig schlüssig zu sein, da die Welt nicht mehr von einem globalen Markt dominiert wurde, wie er sich noch um die Jahrhundertmitte abgezeichnet hatte, sondern vom Wettbewerb und von der Rivalität mächtiger Nationen in strategischen wie in kaufmännischen und wirtschaftlichen Angelegenheiten. Mahan schrieb:

»Beginnen wir bei der grundlegenden, von der Geschichte vielfach belegten Wahrheit, dass die Herrschaft über die Meere, vor allem über die für das nationale Interesse oder den nationalen Handel wichtigen Verbindungen, das bedeutsamste der rein materiellen Bestandteile von Macht und Wohlstand der Nationen ist. Dies ist so, weil das Meer das größte Verkehrsmedium der Welt darstellt. Daraus folgt die unbedingte Notwendigkeit, dass zur Erreichung dieser Herrschaft diejenigen maritimen Stellungen in Besitz genommen werden müssen – sofern dies auf gerechte Weise geschehen kann –, die zu einer gesicherten Machtausübung beitragen.«[107]

Wann genau die USA zur größten Volkswirtschaft der Welt aufgestiegen sind, ist eher eine Frage für Statistiker als für Historiker. Auf jeden Fall hat das Land in der zweiten Hälfte des

19. Jahrhunderts und bestimmt nicht später als 1890 alle Konkurrenten in der industriellen Produktion überholt, auch wenn seine Bevölkerung kaum halb so groß wie die Russlands war und weniger als ein Fünftel der Einwohner Chinas ausmachte.[108] In den fünfunddreißig Jahren vor dem Ersten Weltkrieg erhöhten die USA ihr Bruttosozialprodukt um etwa das Fünffache. Im Vergleich dazu betrug die Zunahme in Deutschland das Dreieinhalbfache und in Großbritannien wenig mehr als das Zweifache. Damit stieg die Pro-Kopf-Produktion trotz des rasanten Bevölkerungswachstums in den USA schneller (um das 2,4fache) als im sich industrialisierenden Deutschland (um das Doppelte) und im industrialisierten Großbritannien (um das 1,5fache).[109]

Durch den Krieg mit Spanien im Jahr 1898 gewannen die Vereinigten Staaten in Gestalt der Philippinen, Puerto Ricos und Guams neue Kolonien sowie uneingeschränkte Handelsmöglichkeiten mit dem nun unabhängigen Kuba. Ein Jahr später verkündete der amerikanische Außenminister John Hay die Politik der »offenen Tür«, die gleichen Zugang für alle Nationen zu Chinas Märkten forderte, um die USA neben den Europäern als gleichberechtigte imperialistische Macht beim Wettlauf um die Dominanz in Fernost zu etablieren.[110]

Zusammenfassend lässt sich sagen, dass sich der amerikanische Nationalismus von seinem europäischen Pendant unterschied. Er war weniger staats- und wirtschaftsorientiert, wenngleich stark ausgeprägt und zudem von einer gewaltigen industriellen Umwälzung getragen. Allerdings kann man sich kaum eine entschiedenere staatliche Unterstützung wirtschaftlicher Ziele vorstellen als die Entsendung von Kanonenbooten in die Bucht von Tokio im Jahr 1853, wo ihr Kommandeur, Kommodore Matthew Perry, im Namen von Präsident Franklin Pierce die Öffnung Japans für ausländische Produkte sowie diplomatische Beziehungen forderte; andernfalls werde die Hauptstadt unter Beschuss genommen.[111]

Dieses Ereignis löste eine von der Regierung gesteuerte

Umstrukturierung der japanischen Wirtschaft aus, durch die Japan während des nächsten halben Jahrhunderts aus einer isolierten Agrargesellschaft, die nur wenig Handel trieb, in ein ansatzweise industrialisiertes Land mit einem umfangreichen Außenhandel verwandelt wurde.[112] Die bereits erwähnten Berechnungen Bairochs zeigen, dass die japanische Wirtschaft ab 1860 einen Aufwärtstrend verzeichnete und allmählich das niedrige Niveau der industriellen Pro-Kopf-Kapazität der vorangegangenen hundert Jahre hinter sich ließ.[113] Die Machtgeste von Kommodore Perry, der Japan nichts entgegenzusetzen vermochte – er verfügte über Schiffe, darunter sogar Dampfschiffe, und Kanonen, während Japan nicht einmal eine Marine besaß –, brachte das herrschende Tokugawa-Shogunat, das Japan zweieinhalb Jahrhunderte von der Außenwelt abgeschottet hatte, zu der Einsicht, dass es höchste Zeit war, sich zu öffnen und zum internationalen Entwicklungsstand aufzuschließen, nicht zuletzt im Bereich von militärischer und industrieller Technologie.[114]

Doch dies wurde als Eingeständnis früheren Versagens des Schogunats gewertet, was alle Veränderungsbemühungen des letzten Schoguns zunichte machte und schließlich zu seinem Sturz führte. Seine stärksten Gegner waren die Erbbeamten, die alle der Kriegerkaste der Samurai entstammten und entschlossen waren, Japan aus seiner Rückständigkeit herauszuführen und seine Ehre wiederherzustellen.[115] Zu diesem Zweck wurde 1868 der Meiji-Kaiser wieder eingesetzt, der unter den Schoguns nur noch eine repräsentative Funktion gehabt hatte. Er nutzte seine Macht, um einen stark zentralisierten Staat zu schaffen und die Wirtschaft zu modernisieren. Die Reformen im ersten Jahrzehnt der Meiji-Restauration holten die Ergebnisse der europäischen Revolutionen der vorangegangenen hundert Jahre nach und hatten die Emanzipation der Mittelschicht zur Folge, wenngleich das japanische Bürgertum an diesem Wandel kaum beteiligt war.[116] Hauptinstrument des japanischen Aufschwungs war von 1870 bis 1885 das Kôbushô, das Ministerium für Industrie (oder Technik oder Bau, je nach Geschmack des Übersetzers), ein Vorläufer des heutigen MITI (Ministerium für internationalen Handel und Industrie), dem während des japanischen Wirtschaftswunders nach dem Zweiten Weltkrieg geradezu übernatürliche Kräfte zugeschrieben wurden. Laut Itô Hirobumi, seit 1872 Chef des Kôbushô, hatte sein Ministerium die Aufgabe, »rasch die Stärken der westlichen Industrie zu erfassen und dadurch Japans Mängel zu beheben; in Japan technische Anlagen nach westlichem Vorbild zu schaffen, etwa in den Bereichen Schiffbau, Eisenbahn, Telegrafie, Kohlebergbau und Bauindustrie; und Japan damit in einem großen Sprung mit den Ideen der Aufklärung vertraut zu machen«.[117]

All dies wurde dann auch in Angriff genommen. Westliche Beobachter waren sich allerdings nicht sicher, ob die japanischen Abbilder amerikanischer und europäischer Einrichtungen wirklich den Originalen entsprachen oder das Ganze nur eine gespenstische Parodie darstellte, in der die Institutionen einer pluralistischen Gesellschaft einem konformistischen Gemeinwesen lediglich aufgepfropft wurden. Das Klischee von der orientalischen Farce ist jedoch zu platt, um wirklich stichhaltig zu sein. Wir sollten es bei der Schlussfolgerung belassen, dass zwar eine Reihe besonderer Umstände, wie etwa der Auftritt Kommodore Perrys, dafür entscheidend waren, wann und wie Japan wie die anderen Weltmächte den Weg der Industrialisierung und Modernisierung einschlug, dass aber diese Entwicklung und der aus dem größeren Spielraum für Marktkräfte und Privatinitiative erwachsende Impetus sich in dieser asiatischen Gesellschaft nicht viel anders ausgewirkt haben als in anderen Regionen. Und auch die zunehmende Gleichsetzung von nationalem Erfolg und wirtschaftlichem Fortschritt wurde wie im Westen zum Leitgedanken der Meinungsführer und derjenigen, die an den Schalthebeln der Macht saßen. Was das japanische Modell vor allem vom amerikanischen unterschied, war das Ausmaß, in dem dieses Umdenken tatsächlich zu greifbaren Ergebnissen geführt hat, auch wenn diese immer noch umstritten sind.[118]

Bis 1910 entwickelte sich Japan mehrere Jahrzehnte lang im gleichen Tempo wie die europäischen Volkswirtschaften. Der Fertigungssektor verzeichnete eine jährliche Wachstumsrate von fünf Prozent, die auch in Rezessionsjahren nicht sank; heute macht er ein Fünftel der nationalen Gesamtproduktion aus.[119] Schienen- und Telegrafennetze erstreckten sich über das ganze Land. Japan besaß eine große Handelsflotte, und seine Streitkräfte waren die stärksten in Asien. Fast eine Million Arbeiter waren in Zehntausenden von Fabriken verschiedener Größe beschäftigt, in denen über fünftausend Dampfmaschinen und nahezu dreitausend elektrische Maschinen eingesetzt wurden.[120]

Diese Stärken spielte das Land in Kriegen gegen China 1894/95 (siegreich, aber ohne das Ziel der Einnahme Koreas zu erreichen) und Russland 1904/05 (siegreich) und 1910 bei der Annexion Koreas aus.[121] Dennoch war Japan keine Weltmacht. Einen Teil seiner militärischen Erfolge hatte das Land durch den Import von Schiffen und Kanonen erzielt, die es sich kaum leisten konnte.[122] Aber seine regionale Vormachtstellung war damit etabliert, und die japanischen Nationalisten sahen darin eine Bestätigung des unter dem wieder eingesetzten Meiji-Kaiser eingeschlagenen Kurses der wirtschaftlichen und kulturellen Erneuerung.[123] Im nächsten Jahrhundert sollte diese Überzeugung in die Katastrophe führen, aber nicht, weil dem japanischen Wirtschaftspotential irgendwelche Grenzen gesetzt waren (zumindest bis zur letzten Dekade dieses Jahrhunderts), sondern weil sich der übertriebene Nationalismus rächte.

In Russland setzte ab 1855 unter den Zaren Alexander II. und III. eine Modernisierung ein. 1861 wurde die Leibeigenschaft abgeschafft, und die Regierungspolitik förderte zumindest in den letzten zwanzig Jahren des 19. Jahrhunderts aktiv die Industrialisierung. Fabriken, Bergwerke und Banken waren die sichtbaren Zeichen einer kapitalistischen Entwicklung. Im letzten Jahrzehnt des 19. Jahrhunderts stieg die Produktion in der Fertigungsindustrie und im Bergbau jährlich um acht Prozent und in den letzten sieben Jahren vor dem Ersten Weltkrieg um jeweils sechs Prozent. Ein Eisenbahnnetz von nahezu fünfzigtausend Kilometern erstreckte sich vom Baltikum bis zum Pazifik.[124] Zudem hatte Russland mit hundertfünfundsiebzig Millionen Menschen eine größere Bevölkerung als die beiden nächstgroßen Nationen, die USA und Deutschland, zusammen.[125] Doch das war nicht unbedingt ein Vorteil, da diese riesige Bevölkerung ernährt werden musste; diese Aufgabe band fast alle Arbeitskräfte des Landes und konnte dennoch nicht erfolgreich erfüllt werden. Die Nutzung von Kohle, Eisen und Dampfkraft brachte die russische Wirtschaft voran, obwohl das wirtschaftliche Potential kaum ausgeschöpft wurde. 1913 betrug die russische Kohleförderung nur ein Zehntel derjenigen von Großbritannien, und die Stahlproduktion erreichte nur knapp die Hälfte der britischen.[126]

1891 eingeführte Schutzzölle und andere Anreize für die Industrie ließen Russlands Produktion bis 1910 im Vergleich zum Stand von 1860 um das Zehnfache anwachsen. Diese Steigerung lag deutlich über dem weltweiten Durchschnitt, beruhte allerdings auf einem sehr niedrigen Ausgangsniveau. Das Pro-Kopf-Einkommen (1913 weniger als ein Viertel des britischen und etwa ein Drittel des deutschen) nahm nur langsam zu, weil die Landwirtschaft die russische Ökonomie dominierte und die Bevölkerung schnell wuchs.[127] Trotz der demütigenden Niederlage gegen die Japaner war Russland aufgrund der Größe seiner Bevölkerung und seines Territoriums am Vorabend des Ersten Weltkriegs eine Weltmacht. Der Wirtschaftsnationalismus hatte nur insofern auf Russland übergegriffen, als die Zaren die industrielle Entwicklung nach westeuropäischem Vorbild durch Schutzzölle und andere Anreize voranzubringen versuchten. Aber die Niederlage gegen Japan und neue politische Kräfte bedrohten die Monarchie.[128] Die Politik des zaristischen Russland war mehr aufs Inland als aufs Ausland gerichtet und war vergleichsweise wenig von dem aggressiven Nationalismus und Imperialismus anderer Staaten geprägt.

Nach 1870 setzte auch in China eine Modernisierung und moderate Industrialisierung nach europäischem Vorbild ein, die von den Kaisern der Ch'ing-Dynastie gefördert wurde.[129] Die wirtschaftliche und technische Entwicklung führte zu relativem Wohlstand und soliden Staatseinnahmen.[130] Doch ab 1890 erschütterten militärisch überlegene Feinde wie Japan und Großbritannien die zweitausend Jahre alte kaiserliche Staatsmacht, und Peking hatte hohe Reparationszahlungen aufzubringen, während das Land unter ausländischen Mächten aufgeteilt wurde. Anfang des 20. Jahrhunderts wurde die Wirtschaft des Landes insbesondere von ausländischen Banken dominiert.[131] Zwischen 1800 und 1900 war Chinas Anteil an der weltweiten Industrieproduktion von einem Drittel auf sechs Prozent gefallen,[132] während die chinesischen Bauern in einer Agrarkultur lebten, in der es nicht nur, um noch einmal Keynes zu zitieren, von »den frühesten Zeiten ... bis hin zum Anfang des 18. Jahrhunderts ... keine großen Veränderungen im Lebensstandard des durchschnittlichen Menschen« gegeben hatte,[133] sondern dies noch am Anfang des 20. Jahrhunderts galt.

Indien wurde nach einem großen Aufstand, den die Briten »Meuterei« nannten, die Inder hingegen zutreffend als ihren »ersten Unabhängigkeitskrieg« bezeichnen,[134] unmittelbar der britischen Krone unterstellt. Ab 1853 wurden Eisenbahnen gebaut, und 1900 hätte das indische Schienennetz um die ganze Erde gereicht. Die Dampfschifffahrt und die ab 1869 bestehende Verbindung durch den Sueskanal verknüpften Indien immer enger mit der internationalen Wirtschaft. Doch die indische Industrie wurde nicht weiterentwickelt. Die Textilindustrie litt erheblich unter der britischen Konkurrenz, die den dampfbetriebenen Webstuhl einsetzte; seit 1853 überstieg die Einfuhr britischer Stoffe die Ausfuhr.[135] Am Ende des Jahrhunderts war Indiens Anteil an der weltweiten Produktion von Fertigungsgütern von einem Fünftel auf ein Fünfzigstel gesunken.[136] Die industrielle Entwicklung Europas und Amerikas im 19. Jahrhundert ging an der indischen Landbevölkerung weitgehend vorbei, und so entstanden später als unter- oder wenig entwickelt bezeichnete Regionen. Kaufleuten, Landbesitzern und Akademikern ging es besser. Sie profitierten von der Bildungsreform, durch die Thomas B. Macaulay in den dreißiger Jahren des 19. Jahrhunderts die Ideen der Aufklärung nach Indien gebracht hatte. Der Subkontinent war sicherlich ein Juwel und vielleicht auch ein wirtschaftlicher Aktivposten des britischen Empire, das sich 1911, als Georg V. zum Kaiser von Indien gekrönt wurde, auf der Höhe seiner Macht wähnte. Aber Indien war weder ein Schrittmacher der globalen Wirtschaftsentwicklung noch eine Großmacht, noch eine Quelle des Wohlstands für seine über dreihundert Millionen Einwohner.

Generell waren die erst seit dem späten 19. Jahrhundert zum Empire gehörenden Besitzungen nicht eben profitabel. Dies galt insbesondere für die afrikanischen Kolonien, die auf der Berliner Kongo-Konferenz von 1884/85 aufgeteilt wurden. Auf dieser Konferenz wurde die Doktrin der »effektiven Besatzung« festgeschrieben, die den Anspruch der europäischen Mächte auf das Hinterland ihrer Küstenbesitzungen bekräftigte.[137] 1914 war praktisch ganz Afrika auf diese Weise aufgeteilt.[138]

Viele Wirtschaftstheorien sind herangezogen worden, um Kolonialismus und Imperialismus zu erklären, zu rechtfertigen oder zu verdammen. Viktorianische Imperialisten führten gern eine zivilisierende Mission im Munde, während Lenin von einem ökonomischen Determinismus sprach. Die Plünderung Afrikas durch europäische Eindringlinge, die auf der Suche nach Sklaven, Gold und anderen profitträchtigen Dingen waren, folgt einer einfachen wirtschaftlichen Logik. In den Augen der Geschäftemacher mochte das hohe Risiko die enormen Gewinnspannen rechtfertigen, doch die einheimische Bevölkerung, die versklavt, verschleppt und ihrer Geburtsrechte beraubt wurde, konnte nur verlieren. Tatsächlich dürfte diese

Ausbeutung nicht selten auch für die Europäer ein Verlustgeschäft gewesen sein, zumal dann, wenn die jeweilige Kolonie ein Gebiet mit geringem wirtschaftlichem Potential und hoher sozialer Anfälligkeit war.

Südafrika allerdings war mit seinen reichen Bodenschätzen mit Sicherheit ein Land, in dem die Kolonialherren echte Gewinne erzielen konnten. Der Preis, den die Afrikaner dafür zu zahlen hatten, indem sie von ihrem Land vertrieben und als Arbeitssklaven gezwungen wurden, Gold und Diamanten für europäische Investoren abzubauen, muss jedoch jedem modernen Beobachter unerträglich hoch erscheinen. Daran ändert auch die Tatsache nichts, dass ein Stammesmitglied, das vorher ein einfacher Bauer oder Viehtreiber gewesen war, dem Anschein nach nicht viel zu verlieren hatte und dass die Geldsummen, die in manchen Fällen in sein Dorf flossen, den Lebensstandard seiner Familienangehörigen verbesserten.

Für die Kolonialmacht waren die Verwaltungskosten oft eine finanzielle Belastung. Die französischen Kolonialausgaben lagen gegen Ende des 19. Jahrhunderts weit über den kolonialen Einkünften, und die deutschen Aufwendungen für die Kolonien waren in den zwanzig Jahren vor dem Ersten Weltkrieg, selbst ohne Berücksichtigung der Verteidigungskosten, höher als der Gesamtwert des Kolonialhandels. Sogar Großbritannien fiel es zunehmend schwerer, die Kolonien zu finanzieren. Neuere Untersuchungen deuten darauf hin, dass der Wert des Empire für Großbritannien in dieser Zeit niedriger veranschlagt werden muss, als bisher angenommen wurde.[139] Der geringe Handelsumfang mit den während des imperialen Wettlaufs in den achtziger Jahren erworbenen Kolonien steht in deutlichem Widerspruch zu der These, dass die Kolonien als Absatzgebiete für die Überproduktion des europäischen Kapitalismus gebraucht wurden.[140]

Wenn es schon einer Theorie bedarf, um Imperialismus und Kolonialismus zu verurteilen, dann sollte die Berufung auf das schlichte Prinzip genügen, dass kein Volk gegen seinen Willen von einem anderen beherrscht werden darf. Von 1800 bis 1914 wuchs das Territorium unter europäischer Besatzung oder Kontrolle von einem Drittel auf über vier Fünftel des Festlands der Welt an.[141] Dabei waren die potentiellen ökonomischen Vorteile wahrscheinlich zu gering, um den Ansturm auf die noch nicht kolonisierten Gebiete in den Jahrzehnten vor dem Ersten Weltkrieg zu erklären.

Die eigentliche Erklärung liegt in der wachsenden Überzeugung von Regierenden und Meinungsführern, dass die Nationen der Welt oder zumindest jene, die im nächsten Jahrhundert als bedeutende und unabhängige Mächte agieren wollten, in einem gnadenlosen Wettbewerb miteinander standen, in dem industrielle Stärke im Inneren und globaler Territorialeinfluss im Äußeren den Ausschlag gaben. Dieser Nationalismus, der den starren Regeln eines Sportwettkampfs folgend verlangte, dass es Sieger und Verlierer geben musste, verdrängte die offene internationale Wirtschaft, die sich Mitte des Jahrhunderts entwickelt hatte, zugunsten einer Schlacht um die wirtschaftliche Vormacht und trieb die Regierungen dazu, in der Kolonialpolitik nach einem strategischen Vorteil und – wie sie vielleicht glaubten – nach Märkten für ihre neuen Industrien zu suchen.

Wenn sie ihre Wirtschaftslehrbücher genauer studiert hätten, dann hätten sie vielleicht begriffen, dass sie ihren Vorteil gemeinsam mit ihren Partnern in einem freien und wettbewerbsorientierten, nicht aber in einem kontrollierten und rivalitätsbetonten Austausch hätten suchen müssen. Und sie hätten erkannt, dass Frieden und Stabilität die Voraussetzung für wirtschaftlichen Erfolg sind. Aber 1910 schien dieses Wissen in Vergessenheit zu geraten. Der Krieg war nicht unvermeidlich, aber viele Menschen glaubten an einen darwinistischen Überlebenskampf zwischen den Nationen, der letztlich in einen Krieg münden konnte. Und viele Nationen waren zu diesem Krieg bereit und überzeugt davon, dass sie dank ihrer neuen industriellen Stärke die Oberhand behalten würden.

In der Sackgasse:
1910 bis 1945

Überblick

Zwischen 1900 und 1950 wuchs die Weltbevölkerung um mehr als die Hälfte von 1,6 auf 2,5 Milliarden Menschen.[1] Dieser Anstieg wurde jedoch von der Weltwirtschaftsleistung noch übertroffen, die zwischen dem Doppelten und Vierfachen (zwischen 160 und 270 Prozent) lag.[2] Entsprechend erhöhte sich auch die Pro-Kopf-Produktion um 70 bis 150 Prozent,[3] je nachdem, wie man die Relevanz neuer Produkte bewertet, die den Menschen eine größere Entscheidungsfreiheit gegeben und ihre Bedürfnisse besser befriedigt haben. Bewertet man sie hoch, so ermöglicht ein bestimmtes Einkommen 1950 trotz gleicher angenommener Kaufkraft einen höheren Lebensstandard als 1900.

Dies mag auf den ersten Blick beeindruckend erscheinen. Doch die Ereignissen in den fünfunddreißig Jahren nach 1910 müssen als einer der furchtbarsten Rückschritte in der gesamten Menschheitsgeschichte betrachtet werden. Diese Epoche umfasst die einzigen bisher geführten Weltkriege, den spanischen Bürgerkrieg, die Zwangskollektivierungen und Säuberungen unter Stalin und das schrecklichste Verbrechen in der Geschichte der Menschheit, den Holocaust.

In dieser Epoche extremer Konflikte wuchsen die Weltbevölkerung, die weltweite Wirtschaftsproduktion und die Pro-Kopf-Produktion rapide an. Offensichtlich überwogen die Folgen des technologischen Fortschritts die Auswirkungen des Krieges. Die fast überall auf der Welt steigende Produktionsleistung pro Arbeiter zog ein zunehmendes Bevölkerungswachstum nach sich. Dies änderte sich erst nach 1945. Als das am Bruttoinlandsprodukt gemessene jährliche Pro-Kopf-Einkommen (nach Kaufkraft) über tausendfünfhundert Dollar stieg, setzte trotz der Möglichkeit, noch mehr Münder zu ernähren, eine allmähliche Verlangsamung des Bevölkerungswachstums ein.[4] Die Ursache dafür lag wahrscheinlich darin, dass der Wohlstand auf diesem Niveau mehr Möglichkeiten der Empfängnisverhütung mit sich brachte.

Dieses Kapitel behandelt die letzte Phase vor dem Ersten Weltkrieg, die Verheerungen des Krieges, die Bemühungen um den wirtschaftlichen Wiederaufbau nach 1918, die vielfältigen Gründe für deren Scheitern, das Wiedererstarken des Nationalismus und den neuerlichen Kriegsausbruch. Die gesamte Epoche war eine Sackgasse in der Wirtschaftsgeschichte, aus der die Menschheit nach 1945 einen Ausweg finden musste, um abermals einen Versuch zur Schaffung einer besseren Welt zu unternehmen.

Die industrielle Revolution war ebenso wie die frühere agrarische ein großer Fortschritt für die ökonomischen Möglichkeiten der Menschheit – der erste Walzerschritt. Die Industrialisierung weckte Begehrlichkeiten bei denen, die nicht in ihren Genuss ihrer Errungenschaften kamen, und schürte so Konflikte zwischen den Besitzenden und den Besitzlosen, die sich in ihrer extremsten Form in Krieg und Vernichtung manifestierten – der zweite Schritt. Die erfolglose Suche nach einem dritten Schritt, um diese Konflikte beizulegen und die Voraussetzungen für die Ausschöpfung der Möglichkeiten des ersten Schritts zu schaffen, ist die Geschichte der Zwischenkriegsjahre. Der Zweite Weltkrieg war eine Wiederholung des zweiten Schritts und verschob die Suche nach dem dritten Schritt bis 1945.

Die nach dem Ersten Weltkrieg geschlossenen Friedensverträge, vor allem der Versailler Vertrag, schufen keine internationale Wirtschaftsordnung, die es vermocht hätte, nationale politische Ambitionen im Streben der gesamten Menschheit nach Wohlstand aufgehen zu lassen und durch freien Handel und makroökonomische Stabilität abzustützen. Stattdessen erlegte der Versailler Vertrag Deutschland unerträgliche finanzielle Lasten auf. Die Bemühungen um eine stabile internationale Geldpolitik blieben den einzelnen Nationen überlassen, die sich nur darauf einigen konnten, dass der Goldstandard möglichst zu Vorkriegskursen wieder eingeführt werden sollte.

Durch die Revolution von 1917 blieb Russland von der Pariser Friedenskonferenz ausgeschlossen, deren Protagonisten bald energisch, aber erfolglos versuchten, das neue kommunistische Regime militärisch zu unterwerfen.[5] Leider scheiterte die russische Suche nach einer Alternative zum ökonomischen Nationalismus des frühen 20. Jahrhunderts ebenso wie die Bemühungen der anderen Mächte, einen friedlichen und gedeihlichen Ausweg aus der Sackgasse von 1914 zu finden. Stattdessen führte die Russische Revolution rasch zu einer besonders bösartigen Form der Tyrannei. Das Land litt unter einem zentralen Entscheidungsmonopol, zunächst in einer Oligarchie und später in einer fast dreißigjährigen Diktatur, die nacheinander Phasen der Überlastung, der Paranoia, der Korruption, des Verfalls und schließlich der Lähmung durchlebte.

Ein gewisses Maß an Glaubwürdigkeit bezog das russische Experiment aus den offensichtlichen Mängeln des Kapitalismus. Die unerträglichen Reparationen, die Deutschland nach 1918 auferlegt wurden, trugen zur deutschen Hyperinflation der zwanziger Jahre bei, und diese wiederum erschütterte das soziale Gefüge eines Landes, das dringend einen neuen inneren Zusammenhalt benötigte. In Großbritannien wurde 1925 durch die Wiedereinführung des Goldstandards zum Vorkriegskurs eine Rezession erzeugt, um die Lohnkosten auf das Niveau von 1914 zu drücken, was 1926 zum Generalstreik führte und die hohe Arbeitslosigkeit der dreißiger Jahre nach sich zog.

Der Weg der USA zum Börsenkrach von 1929 und zur Depression der dreißiger Jahre wurde durch die Rückkehr zum

Goldstandard im Jahr 1919 und die Anfälligkeit der Kapitalmärkte für Stimmungsschwankungen der Anleger und unge-
eignete ökonomische Steuerungsmaßnahmen nach Beginn des
Börsenkrachs bereitet.[6] Aufgrund unzureichender internationaler Zusammenarbeit konnte sich die Krise von einer Volkswirtschaft zur nächsten ausbreiten und dabei weiter verstärken. Angesichts dieser Bedrohung versuchten alle Staaten,
möglichen Schaden für Arbeitsmarkt und Wohlstand des eigenen Landes auf ihre Handelspartner abzuwälzen. Diese man-
gelnde Bereitschaft, zum Aufbau einer funktionierenden offenen Weltwirtschaft beizutragen, war Wasser auf die Mühlen
eines neu erwachenden Nationalismus, der den als ungerecht
empfundenen Vereinbarungen nach dem Ersten Weltkrieg sowie ganz allgemein ausländischen Machenschaften die Schuld
an der wirtschaftlichen Not gab und eine militante Durchsetzung nationaler Interessen favorisierte. 1939 brach der Sturm
los, und Ende 1941 befand sich die ganze Welt im Krieg.

Die Geschichte

Ein einziges Kapitel in einem Buch über die Geschichte der
Menschheit kann keine umfassende Darstellung der Ereignisse
einer Epoche bieten, zumal wenn es sich um einen Zeitraum
der jüngeren Vergangenheit handelt, über den es umfangreiche
Aufzeichnungen und eine Fülle von Literatur gibt. In diesem
Buch werden die Ereignisse nur im Zusammenhang der Geschichte des menschlichen Strebens nach Wohlstand betrachtet. Auf den nachstehenden Seiten soll ein allgemeiner Eindruck davon vermittelt werden, in welche Katastrophe der
Nationalismus führte und welche vergeblichen Anstrengungen
zwischen den Weltkriegen unternommen wurden, um die
Weltwirtschaft zu fördern.

Die Zerstörungen des Ersten Weltkriegs in Dollar zu messen ist nur von begrenztem Wert. Auf diese Weise kann man kaum eine wirkliche Vorstellung von ihnen gewinnen. Dennoch soll dieser Aspekt nicht unterschlagen werden. Die Kosten aller beteiligten Staaten werden auf bis zu zweihundertsechzig Milliarden Dollar geschätzt – das Sechseinhalbfache der auf der ganzen Welt zwischen 1800 und 1914 aufgelaufenen Staatsschulden.[7] Andere Schätzungen, welche die Sach- und Infrastrukturschäden mit berücksichtigen, nennen eine Summe von bis zu dreihundertachtzig Milliarden Dollar (zu Preisen von 1914).[8] Die Agrarproduktion war nach dem Krieg um ein Drittel geringer als 1914, und die Industrieproduktion lag in Europa um über ein Fünftel und in Russland sogar um sieben Achtel niedriger, während sie in den USA und der übrigen Welt eine deutliche Zunahme verzeichnete.[9] Die Gesamtproduktion Europas wurde um rund acht Jahre und die weltweite um nahezu fünf Jahre zurückgeworfen.[10] Häuser, Bauernhöfe, Vieh, Schiffe, Straßen, Bahnlinien, Brücken, Telegrafenlinien, Fabriken, Bergwerke, Land und Gebäude wurden durch den Krieg zerstört. Doch es war der Verlust an Menschenleben – der sinnlose Tod so vieler junger Menschen –, der sich einer Generation und eines Kontinents ins Bewusstsein einbrannte.

Der Krieg hatte zwei dauerhafte wirtschaftliche Folgen. Die erste war der relative und absolute Fortschritt in den USA. Zwischen 1913 und 1925 stieg die Produktionsleistung des Landes um nahezu die Hälfte, während sie in Europa (trotz der kurzfristigen Erholung unmittelbar nach dem Krieg) praktisch unverändert blieb.[11] Der US-Anteil am Welthandel erhöhte sich von einem Fünftel auf ein Drittel.[12] Das Land blieb von den finanziellen und materiellen Schäden des Krieges fast völlig verschont und konnte das riesige Potential einer wachsenden Bevölkerung, einer gewaltigen Landmasse, technischen Knowhows und unternehmerischer Energie für ein ungebrochenes Wachstum nutzen. 1929 lag die Produktionsleistung der USA um achtzig Prozent über dem Stand von 1913, während sie in

Deutschland nur um siebzehn Prozent und in Großbritannien überhaupt nicht gestiegen war. Demgegenüber erzielten Russland beziehungsweise die UdSSR und Italien ebenfalls eine Steigerungsrate von achtzig Prozent, die allerdings von einem geringen Ausgangsniveau ausgingen. Japan konnte seine Produktion mehr als verdreifachen.

Die zweite Konsequenz des Krieges war das Ende des auf dem Goldstandard beruhenden internationalen Freihandels des 19. Jahrhunderts. Mehr als ein Jahrzehnt hatte dieses Wirtschaftssystem bereits Abnutzungserscheinungen gezeigt und war durch den aufkommenden ökonomischen Nationalismus und Protektionismus bedeutender neuer Mächte wie der USA, Deutschlands und Japans ausgehöhlt worden. Aber erst der Weltkrieg erzwang die Aufhebung des Goldstandards in Großbritannien, erschütterte die Grundsätze der makroökonomischen Stabilität, da eine Regierung nach der anderen ihr Heil in der Defizitwirtschaft suchte, und zerstörte das siebzig Jahre zuvor von Großbritannien eingeführte Gefüge des Freihandels.[13]

In Russland wurde im November 1917 (Oktober nach dem lokalen nicht reformierten Kalender) die Romanow-Dynastie gestürzt, und nach dem nur siebenmonatigen Zwischenspiel einer quasi-parlamentarischen Regierung ging die Macht an die junge bolschewistische Partei über.[14] Die russische Revolution war nicht nur ein Aufstand gegen ein unterdrückerisches Regime, sondern wurde auch von einer umfangreichen Theorie angetrieben, die der angestrebten revolutionären Umwandlung von Wirtschaft und Gesellschaft und der späteren »Diktatur des Proletariats« sowie ihrer Absicherung durch den »roten Terror« als Rechtfertigung und Gestaltungsprinzip diente. Endresultat der Umwälzungen sollte der Kommunismus sein, in dem jeder »nach seinen Fähigkeiten« mitwirken und »nach seinen Bedürfnissen« versorgt sein sollte,[15] in dem alles Eigentum in gemeinschaftlichen Besitz übergehen und alle in einer klassenlosen Gesellschaft gleich sein sollten.[16]

Diese Gesellschaftsform sollte alle Ungerechtigkeiten und Widersprüche ihres Vorgängers, des bürgerlichen Kapitalismus, beseitigen. Dieser schöpft Mehrwert aus der Arbeitskraft, für die der Arbeiter mit weniger als dem wahren Wert seiner Arbeit entlohnt wird. Dem historischen Materialismus zufolge, der alle gesellschaftlichen Vorgänge in der Ökonomie und vor allem in der Produktionsweise (zum Beispiel Feudalismus oder Kapitalismus) begründet sah, war der Zusammenbruch des Kapitalismus unvermeidlich. Dies änderte allerdings nichts daran, dass äußerste Anstrengungen notwendig waren, um die Revolution voranzubringen. Aufgrund der starken Machtinteressen, die der Schaffung kommunistischer Gerechtigkeit entgegenstanden, war in der Übergangsphase vom Sturz des Kapitalismus zur endgültigen Einführung des Kommunismus äußerste Rücksichtslosigkeit geboten, die vom Staat ausging, der seinerseits von der Partei gelenkt wurde, bis er mit dem Anbrechen des Kommunismus allmählich verschwinden konnte.

Der Kommunismus – und die sozialistische Gesellschaft, die diesem nach der marxistischen Auffassung den Weg ebnete – würde dem Arbeiter nicht den wahren Wert seiner Arbeit vorenthalten und damit seine moralische Überlegenheit gegenüber dem Kapitalismus beweisen. Dabei muss man freilich bedenken, dass die Zusammenarbeit zwischen Marx und Engels bereits 1844 begann und beide stark unter dem Eindruck des sozialen Elends standen, das der Manchesterkapitalismus in Großbritannien verursacht hatte.[17]

Aber der Kommunismus und der sozialistische Weg dorthin sollten auch effizienter, weil unbelastet von den Widersprüchen des Kapitalismus sein. Dazu zählte man den Konjunkturzyklus, periodische »Überproduktion« und sinkende Kapitalrenditen, welche die Kapitalisten zur Suche nach immer entlegeneren Investitionsmöglichkeiten für die sich anhäufenden Profite zwangen und sie so in Kolonialismus, Imperialismus und Krieg führten. Die russischen Revolutionäre und ihre Bewunderer in der Ferne waren überzeugt, den Schlüssel zu einem besseren Wirtschaftssystem als dem zu besitzen, das die Welt in einen Krieg gestürzt und das zaristische Russland in den Konflikt verstrickt hatte, bis sich die neuen Herrscher im März 1918 mit dem Vertrag von Brest-Litowsk aus dem Krieg zurückzogen.

Die Geschichte des russischen Kommunismus lässt sich unter vier Hauptüberschriften zusammenfassen: Stalins Diktatur; der wirtschaftliche Aufbau zwischen den Kriegen; der Große Vaterländische Krieg; die Ära des Kalten Krieges. Letztere wird im nächsten Kapitel behandelt; die anderen drei Themen sollen im Folgenden knapp skizziert werden.

Unmittelbar nach der Revolution war man mit enormen Schwierigkeiten konfrontiert. Die russische Wirtschaft stand 1917 infolge des Krieges kurz vor dem Kollaps. Schon seit den demütigenden Niederlagen zu Lande und zur See gegen Japan bei Mukden und Tsushima im Jahr 1905 war dem zaristischen Regime immer mehr die Kontrolle über die Staatsgeschäfte entglitten. Nikolaus II. hatte abwechselnd versucht, sein Land zu modernisieren und liberalisieren und dann wieder seine Macht zu behaupten.[18] Während des Ersten Weltkriegs war das russische Verkehrssystem an der deutschen Ostfront beinah zusammengebrochen, die Kapazitäten einer noch im Entstehen begriffenen Industrie waren in die Kriegsproduktion umgelenkt worden, das Land war von Importen abgeschnitten gewesen, und es war zu akuter Lebensmittelknappheit, starker Inflation und Streikwellen gekommen.[19] Die ersten Bemühungen der Bolschewiken, der Lage Herr zu werden, indem sie die großen Fabriken und sämtliche Banken verstaatlichten, den Außenhandel zentraler staatlicher Aufsicht unterstellten und alle bis dahin aufgelaufenen Staatsschulden strichen, stürzten die Landwirtschaft und die Industrie in ein noch tieferes Chaos.[20] Der Friede von Brest-Litowsk zwang die neue sowjetische Regierung zur Aufgabe von zwei Fünfteln der Industrie des Landes und bedeutender Getreideanbaugebiete, die in den abgetretenen Territorien der Ukraine, Weißrusslands und der baltischen Region lagen.[21] Unmittelbar darauf brach im Land ein erbittert geführter Bürgerkrieg aus. Das neue Regime kämpfte gegen die konterrevolutionäre »weiße« Armee und ausländische Truppen, die zur Niederschlagung der Revolution entsandt worden waren. In diesem Kampf ließen zehn Millionen Menschen ihr Leben, etwa so viele, wie im Ersten Weltkrieg auf allen Seiten gefallen waren.[22]

Ende 1920 brach die russische Wirtschaft zusammen. Die Industrieproduktion sank auf ein Achtel des Standes von 1913. Produktion und Verteilung von Lebensmitteln lagen völlig darnieder. Der Ernteertrag fiel um zwei Fünftel niedriger aus als der Durchschnittswert der fünf Jahre vor dem Krieg. In den Städten herrschte Hunger. Verkehr und Nachrichtenwesen waren völlig unzulänglich. Gewaltige Bauernaufstände drohten.[23]

Angesichts dieser Situation entschied sich Lenin für einen taktischen Rückzug. Durch Verordnungen und Befehle, Beschlagnahmungen und den Einsatz der Geheimpolizei konnte der wirtschaftliche und soziale Zerfall nicht aufgehalten werden. In Reaktion darauf führte die Partei Anfang 1921 die so genannte Neue Ökonomische Politik ein, die auf lokaler Ebene den Spielraum für Marktkräfte und Privatunternehmen sowohl in der Industrie als auch in der Landwirtschaft vergrößerte. Mit dieser bei den Kommunisten äußerst umstrittenen Maßnahme wurde die Funktionsfähigkeit der Wirtschaft so weit wiederhergestellt, dass das neue Regime die Katastrophe vermeiden konnte und an der Macht blieb. Allerdings wurde der Produktionsstand von 1913 in der Landwirtschaft erst 1926 und in der Industrie erst zwei Jahre später wieder erreicht.[24]

Aber zu diesem Zeitpunkt war bereits eine verhängnisvolle Veränderung eingetreten. Lenin war 1924 gestorben. Die politische Macht blieb in Händen der Zentralorgane der Partei, vor allem des Politbüros. Schon 1922 war ein Georgier namens Jossif Dschugaschwili (1879–1953),[25] der sich weniger durch intellektuelle Brillanz als durch List in der Parteihierarchie hochgearbeitet hatte, zum Generalsekretär der Partei aufgestiegen. Schon damals war er sich wohl darüber im Klaren gewesen, dass die Macht letztlich dem zufiel, der im Politbüro und in anderen wichtigen Parteigremien die meisten Stimmen auf sich vereinigte, und dass dies am leichtesten zu bewerkstelligen war, indem man eigene Gefolgsleute in diese Gremien einschleuste. Mit dieser Methode gelang es dem heute unter dem Namen Stalin bekannten Generalsekretär bis 1929, seine absolute Diktatur über die Partei zu etablieren, nachdem er all seine Rivalen diskreditiert und verdrängt hatte (die meisten von ihnen fielen später dem Großen Terror von 1936 bis 1938 zum Opfer). Im Lauf des folgenden Jahrzehnts führte er eine das ganze Land umspannende politischen Überwachung ein, deren Rücksichtslosigkeit und Ausmaß beispiellos waren.

Es stellt sich nun die Frage, inwiefern die wirtschaftliche Leistung der Sowjetunion in den ersten zwanzig Jahren die Behauptung rechtfertigt, das Modell der zentralen Planwirtschaft und des Staatseigentums habe zwar keine größere Gerechtigkeit, aber doch höhere Effizienz erreicht. Wer eine Bilanz des sowjetischen Wirtschaftswachstums in dieser Epoche ziehen will, sieht sich jedoch mit unklaren Statistiken konfrontiert. Mittlerweile besteht jedoch kein Zweifel mehr daran, dass die damals und später von der kommunistischen Regierung veröffentlichten Zahlen die tatsächlichen Leistungen stark übertrieben.

Andererseits besteht auch kein Zweifel daran, dass Außerordentliches geleistet wurde – oft mit schrecklichen Folgen für die Menschen. Eine Wirtschaft, die sich von einem niedrigen Ausgangsniveau aus rasch entwickeln will, benötigt in der Regel kräftige Kapitalspritzen von außen. Diese blieben der Sowjetunion sowohl wegen der eigenen ideologischen Vorbehalte als auch wegen der ablehnenden Haltung des Auslands gegenüber dem sowjetischen Wirtschaftssystem vorenthalten. Die einzige andere Möglichkeit, die erforderlichen Einsparungen vorzunehmen, bestand darin, den Abstand zwischen Verdienst und Konsum der Bürger zu vergrößern. Zu diesem

Zweck musste Letzterer von seinem ohnehin niedrigen Niveau noch weiter nach unten gedrückt werden. Offensichtlich gelang dieses Vorhaben. Der Konsum sank von den in den meisten modernen Gesellschaften üblichen achtzig Prozent des Nationaleinkommens auf wenig mehr als die Hälfte – ein Vorgang, der nur unter einer totalitären Herrschaft denkbar ist.[26]

Entsprechend groß waren die Ressourcen, die für die industrielle Entwicklung und für Militärausgaben frei wurden. So entstanden in vielen Teilen der Sowjetunion riesige Fabriken. Die Industrieproduktion erreichte 1938 schätzungsweise das Achtfache des Standes von 1913. Die USA und Deutschland verzeichneten im gleichen Zeitraum eine Steigerung um ungefähr die Hälfte, Großbritannien um ein Siebentel und Japan um das Fünfeinhalbfache, wobei alle Länder mit Ausnahme von Japan von einem weit höheren Ausgangsniveau als die Sowjetunion ausgingen.[27] Die UdSSR zog mit ihrer Industrieproduktion wahrscheinlich Ende der dreißiger Jahre an Großbritannien, dem Pionier der industriellen Revolution, vorbei.[28] Im Kriegsjahr 1941 produzierte die sowjetische Wirtschaft mehr Panzer, Munition und Flugzeuge als Deutschland.

All dies stellt ebenso wenig einen Beleg für ein hohes Wachstumspotential des sowjetischen Wirtschaftssystems dar, wie Michail Gorbatschows freiwilliger Teilrückzug aus der Planwirtschaft in den achtziger Jahren deren Perspektivlosigkeit beweist. Durch die Bündelung aller nationalen Kräfte können eine Zeit lang außerordentliche Wirtschaftsleistungen erreicht werden, wenn dies in einer Ausnahmesituation erforderlich scheint. Doch Regierungen büßen viel von ihrer Effektivität ein, wenn sie abgeschnitten von den Signalen und Informationen agieren, die Veränderungen von Verbrauchervorlieben, Technologien, Leistungsfähigkeit und wirtschaftlichen Chancen anzeigen. Die Marktanreize, die normalerweise für eine möglichst effiziente Versorgung der Verbraucher sorgen, müssen dann von einer Regierung ausgehen, die dies immer weniger zu leisten vermag, auch wenn sie äußerst wirksame Anreize für politischen Gehorsam geben kann.

Es steht außer Frage, dass ein Staat in dem Maße, in dem er seiner Bevölkerung Sparmaßnahmen aufzwingen kann – ob durch Steuern, Inflation oder Rationierung –, zumindest nominell seine Investitionen steigern kann. Dies wiederum kann zu einer drastischen Steigerung der Wirtschaftskapazität führen, vor allem wenn sich diese leicht auflisten und materiell messen lässt, wie im Falle einer weiteren Stahlfabrik des gleichen Typs. Viel schwieriger wird es allerdings, wenn die sekundären Folgen einer solchen Zwangspolitik berücksichtigt werden.

Ohne eine angemessene Konsummöglichkeit ziehen es die Menschen vielleicht vor, gar nicht zu arbeiten, da sie keinen Sinn darin sehen, Geld zu verdienen, das sie nicht ausgeben können. Und wenn der Mangel sich bis auf die Versorgung mit Lebensmitteln erstreckt, sind sie vielleicht aufgrund von Unterernährung nicht arbeitsfähig. Dieses Syndrom, das treffend in dem Spruch »Sie tun so, als würden sie uns bezahlen, und wir tun so, als würden wir arbeiten« zusammengefasst wird, bildet die Ursache dafür, dass Wirtschaftssysteme, die auf zentralen strategischen Zielvorgaben und administrativen Hierarchien beruhen, die deren Einhaltung kontrollieren, mit hoher Wahrscheinlichkeit zum Scheitern verurteilt sind. Ohne Marktinformationen fällt es auch immer schwerer zu erkennen, welche Investitionen getätigt werden sollten, und so kann es zur Verschwendung umfangreicher Ressourcen durch Investition in veraltete oder überflüssige Einrichtungen kommen.

Aber dies sind langfristige Probleme, die sich ein oder zwei Generationen lang nicht unbedingt als verhängnisvolle Schwächen erweisen müssen, vor allem, wenn konkurrierende Systeme zur gleichen Zeit an noch gravierenderen Mängeln leiden. An dem kurz- bis mittelfristigen Zeitrahmen der angestrebten industriellen Modernisierung gemessen, waren die quantitativen Leistungen der Sowjetunion bis 1938 – auch wenn man die Übertreibungen der Propaganda abzieht – gewaltig und in vieler Hinsicht erstaunlich. Die Sowjetunion mag ein Koloss auf tönernen Füßen gewesen sein, aber sie war eben auch ein Koloss. 1941 musste dieser Riese alle Kraft und Entschlossenheit aufbieten, um einem anderen dämonischen Riesen zu trotzen: dem Dritten Reich, das einen Krieg vom Zaun brach, der Tod und Vernichtung von beispiellosem Ausmaß über die sowjetische Bevölkerung brachte.

Das dritte Schlüsselereignis in der Reihe gescheiterter Versuche, die wirtschaftlichen Angelegenheiten wieder auf Kurs zu bringen und den Irrweg des Wirtschaftsnationalismus zu verlassen, war der Friede von Paris samt dem Versailler Vertrag, den die Alliierten und Deutschland 1919 aushandelten.[29] Der Wirrwarr alliierter Ziele, die Uneinigkeit der Hauptakteure und die schädlichen Auswirkungen der eingegangenen Kompromisse hat Keynes in seinem Bestseller *Die wirtschaftlichen Folgen des Friedensvertrages* auf prägnante Weise zusammengefasst: »Das waren die Persönlichkeiten von Paris … Clemenceau, der nach seiner Erscheinung Edelste; der Präsident [Woodrow Wilson], der moralisch Bewundernswerteste; Lloyd George, der geistig Feinfühligste. Aus ihren Verschiedenheiten und Schwächen wurde der Vertrag geboren, Spross der unwürdigsten Eigenschaften seiner Väter, ohne Edelmut, ohne Moral und ohne Geist.«[30]

Die Pariser Vorortverträge – wie auch die mit Österreich, Ungarn, Bulgarien und der Türkei, den Nachfolgestaaten der anderen besiegten Feinde der Alliierten, geschlossenen Abkommen – beruhten weder auf einer schlüssigen Analyse der Kräfte, die zum Krieg geführt hatten, noch auf einem realistischen Entwurf einer besseren Welt, in der solche Katastrophen ausgeschlossen wären. Sicherlich war Präsident Wilson erfüllt vom Traum einer besseren Welt freier demokratischer Staaten, in der es keinen Krieg gab, und seine 1918 verkündeten Vierzehn Punkte sollten die Bausteine dieser Welt bilden. Aber sie waren viel zu abstrakt und idealistisch und trugen nur wenig dazu bei, einen auf wirksamer Zusammenarbeit beruhenden Wohlstand zu schaffen. Genau dies wäre jedoch nötig gewesen, um der Menschheit und vor allem den Europäern Alternativen zu Nationalismus und Krieg aufzuzeigen.

Der Völkerbund sollte Nationen, die sich nicht an die Regeln hielten, disziplinieren, verfügte aber nur über geringe Macht, zumal die Vereinigten Staaten ihm nicht beitraten. Auch zur Förderung einer konstruktiven Wirtschafts- und Währungspolitik stand ihm kein wirksames Instrumentarium zur Verfügung. Die Ursachen des nächsten Krieges lagen jedoch nicht darin, dass der Völkerbund nicht den Weltpolizisten spielen konnte, sondern in den massiven wirtschaftlichen Fehlentwicklungen der zwanziger und dreißiger Jahre, die ganze Bevölkerungen für Lehren anfällig machten, die den Krieg zum Heilsbringer und einzigen Ausweg erklärten.

Verstärkt wurde dieses Manko im Plan der Nachkriegsordnung nach Ansicht einiger Nationalökonomen durch das Fehlen einer Hegemonialmacht, die sich und anderen Strukturen vorgegeben, gewisse Vorrechte genossen, aber auch einen Teil der Kosten getragen hätte. Nach dieser Auffassung hatte Großbritannien Mitte des 19. Jahrhunderts als eine solche Macht fungiert und auf der Basis eines einheitlichen globalen Handels und der Währungsstabilität des Goldstandards den Zusammenhalt der internationalen Wirtschaft garantiert. Nach 1918 war Großbritannien jedoch nicht mehr stark genug, und die Vereinigten Staaten sahen keine Notwendigkeit, diese Rolle zu übernehmen. So blieb sie unbesetzt, während man auf einer Reihe kurzfristig anberaumter Wirtschaftskonferenzen des Völkerbunds sporadisch versuchte, die Aufgaben einer Hegemonialmacht kollektiv wahrzunehmen. Ansonsten verließ man sich darauf, dass die Wiedereinführung des Goldstandards alle Probleme lösen würde.[31]

Aus heutiger Sicht würde man sagen, dass es damals kein hinreichendes Verständnis makroökonomischer Stabilität und der für deren Verwirklichung erforderlichen Zusammenarbeit gab. Es fehlte ein Mechanismus, der die Welt wieder zu einem freien und offenen Handel zurückgeführt hätte, der durch den Nationalismus der Vorkriegszeit und die Kontrollen während des Krieges zerstört worden war. Des Weiteren mangelte es an einem währungspolitischen Rahmen, der eine ausreichende Liquidität sowie einen angemessenen Zahlungsbilanzausgleich gewährleistet hätte, von Preisstabilität im Inland ganz zu schweigen.

Diese Schwachstellen wurden durch die unheilvollen Folgen anderer Elemente des Friedensschlusses noch verschärft. Artikel 231 des Versailler Vertrags machte Deutschland und seine Verbündeten verantwortlich »für alle Verluste und Schäden … die die alliierten Regierungen und Staatsangehörigen infolge des ihnen … aufgezwungenen Krieges erlitten haben«.[32] Aus dieser »Kriegsschuld« leiteten sich die Reparationen ab, die Deutschland als Wiedergutmachung und Schadenersatz an die Siegermächte zu leisten hatte.[33] Zwar waren Frankreich nach den Niederlagen von 1815 und 1871 ähnlich harte Zahlungen auferlegt worden,[34] aber die wirtschaftlichen Konsequenzen von derart hohen Zahlungen, wie Deutschland sie leisten sollte, wurden nur unzureichend berücksichtigt. Während des Krieges hatten Großbritannien und Frankreich Kredite bei den USA aufgenommen, und diese Schulden konnten sie nur mit dem Geld aus Deutschland begleichen. Die USA pochten auf ihren Anspruch auf Rückzahlung und weigerten sich, die Schuld zu erlassen.[35]

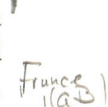

An dieser Haltung scheiterte Lloyd Georges Vorschlag, alle Kriegsschulden und Reparationen zu streichen, so dass Frankreich seine Maximalforderung gegen Deutschland durchsetzen konnte: dreiunddreißig Milliarden Dollar, rund das Doppelte des deutschen Nationaleinkommens.[36] Um diese Schuld durch Sachlieferungen und Goldzahlungen zu begleichen, musste Deutschland in seiner Zahlungsbilanz einen entsprechenden Überschuss erwirtschaften. Die Deutschen mussten also arbeiten, um die Exporte zu produzieren, durften aber, um den nötigen Überschuss zu erzielen, nur ein weit geringeres Maß an Importen konsumieren. Dies erforderte einen derart großen Abstand zwischen ihren Einkommen und dem niedrigen Lebensstandard, der ihnen zugestanden werden sollte, dass die Steuern nach einer damals von Keynes angestellten Berechnung nahezu die Hälfte des deutschen Nationaleinkommens verschlingen mussten.[37] Das war nach seiner Ansicht politisch untragbar und wirtschaftlich so unsinnig, dass die Regelung oder die deutsche Wirtschaft oder beide zum Zusammenbruch verurteilt waren.

Tatsächlich erreichten die von Deutschland geleisteten Reparationen nie den vorgesehenen Umfang. Die deutsche Bevölkerung war zu den dafür nötigen Opfern nicht bereit, und die Empfängerländer waren alles andere als glücklich über die Vernichtung von Arbeitsplätzen durch billige Importe aus Deutschland. Stattdessen brachte Deutschland die Mittel für die Zahlungen aus privaten Kapitalzuflüssen auf. Bis 1924 stammten diese von ausländischen Anlegern, die darauf setzten, dass die Mark sich rasch von ihrem hohen Wertverfall erholen würde, und nach 1924 folgten amerikanische Investitionen im Rahmen des im selben Jahr verabschiedeten Dawesplans zur Stabilisierung der deutschen Wirtschaft.

Damit schloss sich ein finanzieller Kreislauf, in dem die Gelder zuerst von Deutschland nach Frankreich, Großbritannien und in die USA und dann wieder zurück nach Deutschland flossen. Daher sind die Reparationen in Wirklichkeit nie geleistet worden und können somit auch nicht die Ursache der späteren Wirtschaftskrise in Europa gewesen sein. Anders sieht es hingegen bei den politischen Folgen der Reparationen und der Kriegsschulden der Alliierten aus. Foreman-Peck hält sie für gravierend: »... die Frage der Kriegsschulden und der Reparationen führte im Verlauf der zwanziger Jahre zu politischer Instabilität und staatlicher Deflation. Diese Entwicklung gipfelte in der deflationären deutschen Politik der frühen drei-

342

ßiger Jahre, die Hitler zur Macht verhalf, und trug vielleicht sogar zum Zusammenbruch der Österreichischen Credit-Anstalt 1931 bei.«[38]

Der Kausalzusammenhang bestand also darin, dass Deutschlands anfängliche Versuche, seinen Verpflichtungen durch Sachlieferungen nachzukommen, scheiterten, weil die Regierung der Weimarer Republik zu schwach war, den Deutschen die erforderlichen Opfer abzuringen, und weil die britische und die französische Volkswirtschaft zu schwach waren, um die arbeitsmarktpolitischen Auswirkungen einer Flut von deutschen Exporten in den Griff zu bekommen. Die Devisenhändler erkannten, dass Deutschland seine Reparationen mit Gold leisten würde, das weder durch einen echten Überschuss der Zahlungsbilanz noch durch einen Zufluss von Privatkapital verdient worden war. Daher wurde auf den Devisenmärkten gegen die Mark spekuliert, deren Wert daraufhin rasant verfiel.[39] Dies erzeugte zwar den kurzfristigen Kapitalzufluss, der die erwartete Erholung der Mark ausnutzen sollte, aber Ende 1922 sah sich die deutsche Regierung durch diese Entwicklung veranlasst, sämtliche Zahlungen einzustellen.[40]

Frankreich und Belgien nahmen dies im Januar 1923 zum Anlass für die Besetzung des Ruhrgebiets, um die überfälligen Zahlungen durch Abbau von Kohle zu ersetzen.[41] Die deutschen Arbeiter leisteten passiven Widerstand und sabotierten Produktion und Vertrieb. Um die Katastrophe abzuwenden, war die deutsche Regierung zur Quadratur des Kreises genötigt: Sie musste Geld sowohl für die Löhne der nicht produzierenden Arbeiter als auch für die Entschädigung der enteigneten Minenbesitzer aufbringen.[42] Allerdings wurde auch schon der Verdacht geäußert, dass die Regierung vorsätzlich so gehandelt habe, um ihre Zahlungsunfähigkeit im Hinblick auf die Reparationen zu beweisen.[43]

Aus welchem Grund auch immer, es wurden riesige Mengen von Papiergeld gedruckt und in Umlauf gesetzt, mit der unvermeidlichen Folge, dass die Kaufkraft des Geldes schwand oder – anders ausgedrückt – die Preise in die Höhe schnellten, und zwar nicht nur um das Doppelte oder Dreifache, das Zehn- oder Hundertfache, sondern um das Fünfhundertmilliardenfache binnen eines Jahres.[44] Ein Fünfhundertmarkschein, der 1922 noch rund einen Dollar wert gewesen war, hatte ein Jahr später nur noch die Kaufkraft von 0,000 000 001 Dollar, also von einem Milliardstel Dollar. Das Geld war nicht nur weniger wert als das Papier, auf dem es gedruckt war, es war praktisch gar nichts mehr wert. Jeglicher aus nominellen Geldwerten bestehende Besitz war vernichtet worden.

Bei einer derartigen Hyperinflation verändern sich Besitzverhältnisse und gesellschaftlicher Status innerhalb von Monaten, Wochen oder gar Tagen. Die Deutschen, die noch unter den Kriegsfolgen und einem demütigenden Friedensschluss litten, mussten nun auch noch erleben, wie ihre Lebensgrundlage völlig umgewälzt wurde. Wohlhabende Bürger verarmten. Ein hoffnungslos verschuldeter Mensch war auf einen Schlag jede Bürde los, und ein Spekulant konnte zu einem vermögenden Mann werden. Die Arbeiter waren meist besser geschützt; ihre Löhne wurden im Endstadium der Krise sogar täglich angepasst, während ein Unternehmer, der seine Preise nicht schnell genug anglich, im Handumdrehen zum Tagelöhner werden konnte. All dies geschah so schnell, dass die Betroffenen nicht zur Besinnung kamen. Verschwörungstheorien und Verfolgungswahn lagen in der Luft, und durch die so geschürten extremen Ängste und Hassgefühle war der Boden für Demagogen bereitet. Das eigentlich Erstaunliche ist, dass sich die deutsche Demokratie nach diesem Schock noch ein Jahrzehnt halten konnte.[45]

Diese schreckliche Erfahrung prägte für lange Zeit die Wahrnehmung und das Verhalten der Deutschen. Wer den deutschen Albtraum von 1923 erlebt hatte, der fürchtete die Inflation so sehr, dass alle anderen Erwägungen in den Hintergrund traten. Als mit der Depression das entgegengesetzte

Übel heraufzog, war niemand in der Lage, es zu begreifen, zu verhindern und zu steuern.[46] Nicht nur die Deutschen hatten während und nach dem Krieg unter einer Inflation zu leiden. Alle kriegführenden Nationen hoben bis 1918 de facto die Konvertierbarkeit ihrer Währungen gegen Gold auf. Der nur zum Teil (in Großbritannien beispielsweise lediglich zu einem Viertel)[47] mit Steuern finanzierte Anstieg der Staatsausgaben, den der Krieg verursachte, trieb den Nachfragedruck auf die verfügbaren Ressourcen in die Höhe, was zur Folge hatte, dass die Preise anzogen. Unmittelbar nach dem Krieg führten der Wiederaufbau und große Reserven von angehäuftem Bargeld zu einem kurzen Boom, der die Preise weiter in die Höhe trieb.[48] Es kam nicht überall zu einer galoppierenden Inflation, aber in Österreich, Ungarn, Polen, Bulgarien und Griechenland stiegen die Preise explosionsartig (im Vergleich zum Vorkriegsniveau um das 14 000fache in Österreich, das 23 000fache in Ungarn und das 2,5-Millionenfache in Polen), was den Wert der jeweiligen Landeswährung praktisch auf null reduzierte.[49]

Die USA erlebten im und unmittelbar nach dem Krieg eine weniger inflationäre Entwicklung als Europa,[50] weil sie vom Krieg weniger betroffen waren (obwohl sie den stärksten Nachkriegsboom verzeichneten) und weil sie mit ihren riesigen, unerschlossenen Ressourcen an Land, Arbeitskräften und Material besser als der europäische Kontinent auf die rasant steigende Nachfrage reagieren konnten. Doch die Hochkonjunktur mündete rasch in einen klassischen Nachkriegsabschwung, als die Regierung Streitkräfte demobilisierte, Rüstungskäufe einstellte und sich um eine Einschränkung ihrer Haushaltsausgaben bemühte.[51] Die zweijährige Depression von 1921/22 mit drastisch fallenden Preisen und Löhnen griff auf Großbritannien und fast die gesamte übrige Welt über, nicht aber auf Kontinentaleuropa, wo die Inflation anhielt.[52]

1924 war der Boden für das vierte wirtschaftliche Hauptereignis der Zeit von 1910 bis 1950 bereitet: den Versuch zur Wiederherstellung der Stabilität in einer von heftigen zyklischen Schwankungen gebeutelten Weltwirtschaft. Frühere Bemühungen um eine Stabilisierung der Weltwährungen auf Konferenzen in Brüssel (1920), Genua (1922) und andernorts hatten große Kredite mobilisiert und in mehreren Ländern eine Neuordnung der Währung herbeigeführt. Aber erst der Dawesplan von 1924, benannt nach Charles Dawes (1865–1951), dem Direktor des US-Budgetbüros, gab den Kurs für die allgemeine Rückkehr zum Goldstandard vor.[53] Die neue Reichsmark wurde durch einen großen internationalen Kredit, Haushaltskürzungen und die Wiederherstellung der Vorkriegsgoldparität erfolgreich stabilisiert; der Umtauschkurs zur alten Mark betrug eins zu einer Billion.[54]

Der Dawesplan regelte auch die deutschen Reparationen auf realistischere Weise. Doch die Gründe dafür, dass die Zahlungen letztlich erfolgen konnten, lagen, wie erwähnt, im wieder erwachenden Optimismus in Deutschland und im Zufluss von amerikanischem Kapital. Die Zahlungen wurden fortgesetzt, bis der Optimismus Ende der zwanziger Jahre wieder schwand und sie zunächst unterbrochen und 1932 offiziell eingestellt wurden.[55]

Andere Währungen kehrten rasch zum Goldstandard zurück. 1929 hatten praktisch alle europäischen und auch viele Länder außerhalb Europas eine Goldparität eingeführt. Manche Länder wie Großbritannien, Schweden, die Niederlande, die Schweiz, Dänemark und Norwegen setzten wieder den Vorkriegswert an. Andere wie Frankreich, Italien und Belgien waren realistischer und berücksichtigten in einer Abwertung von siebzig bis fünfundachtzig Prozent den Anstieg der Einzelhandelspreise seit 1913. Wieder andere wie Deutschland und die meisten mittel- und osteuropäischen Länder, aber auch Portugal führten neue Währungen ein, deren Einheiten nur noch einen Bruchteil der Pendants aus der Vorkriegszeit wert waren und damit der Hyperinflation der frühen zwanziger Jahre Rechnung trugen.[56]

Die Folgen der allgemeinen Rückkehr zum Goldstandard sind nach wie vor umstritten. Damals wie heute behaupten puristische Verfechter dieses Schrittes, dass er sich positiv auf die Leistung der realen Wirtschaft (Produktion, Arbeitsmarkt und Lebensstandard) auswirke, da er das Geld als Stütze der realen Ökonomie begünstige. Diese förderliche Wirkung erziele der Goldstandard, weil er es skrupellosen Politikern schwer oder unmöglich mache, die geldschöpfende Funktion des Staates zu missbrauchen, und weil er damit das Vertrauen schafft, dass jede auf dem Goldstandard basierende Währung ihren Wert bewahren wird. Dieses Vertrauen wiederum diene dem effizienten Einsatz der Währung als Reserve, Wertmaßstab und Zahlungsmittel. Zudem verhindere der Goldstandard ineffizientes ökonomisches Verhalten, das auf Veränderungen bei rein nominellen oder monetären Werten spekuliert, und zwinge auf diese Weise die Hauptakteure der Wirtschaft dazu, sich auf die Erträge aus realen ökonomischen Fortschritten zu konzentrieren, die auf Investitionen, Verbraucherpräferenzen und Kostenkontrolle beruhen.

Das Geld müsse ehrlich sein, den Rest würden die Marktkräfte erledigen – so lautet hier die Maxime. Und wie so oft bei solchen Glaubenssätzen, hat sie, wie David Hume überzeugend dargelegt hat, genügend Wahrheitsgehalt, um von ihren Mängeln abzulenken.[57] Es ist eine ebenso einfache wie faszinierende Tatsache, dass in den Preisen jeder Währung letztlich eine grundsätzliche Beziehung zwischen der Menge des Geldes und der Menge der Dinge – den echten Werten – bestehen muss, für die das Geld ausgegeben werden kann. Dies ist das Fundament der Quantitätstheorie des Geldes.

Weil es diese Beziehung gebe, argumentierten die Befürworter des Goldstandards und vor allem die der zwanziger Jahre, die von der Erinnerung an die großen Inflationen geprägt waren, müsse man die Menge des Geldes an etwas binden, das nur begrenzt verfügbar ist und sich somit allen politischen Manipulationen entzieht, um stabile Preise zu erhalten oder zumindest Preisschwankungen, die von einem zuverlässigen Mittelwert ausgehen. Gold war traditionell der nahe liegende Standard, zumal Silber im 19. Jahrhundert seine Bedeutung verloren hatte.

Die Gegner dieses Symbols britischer Geldintegrität und Wirtschaftsmacht wandten ein, dass seine Mechanismen grob und aufwendig seien und zu Unrecht der nominellen Stabilität der Preise den Vorzug gäben gegenüber der tatsächlichen Stabilität von Ausgaben, Produktion und Arbeitsplätzen. Die Preise könnten nur durch ein Konjunkturtief und/oder ein Konjunkturhoch auf ihr früheres Niveau zurückgebracht werden, und eben diese Krisen löse der Mechanismus des Goldstandards aus, sobald die Preise zu stark in Bewegung gerieten. Darüber hinaus waren die Goldreserven oder, genauer gesagt, die für währungspolitische Zwecke verfügbaren Goldreserven nicht stabil. Manchmal nahmen sie schnell zu oder ab, und manchmal waren sie im Überfluss vorhanden oder zu knapp. Letzteres veranlasste die amerikanischen Verfechter des Bimetall-Standards Ende des 19. Jahrhunderts zu der Forderung, neben Gold auch Silber zur Deckung des US-Dollars heranzuziehen, um durch ausreichende Geldzirkulation einen angemessenen Ausgabenfluss in der amerikanischen Wirtschaft zu erreichen. Diese These fand ihren Ausdruck in einer Erklärung von William Jennings Bryan (1860–1925), der viermal erfolglos für das Amt des US-Präsidenten kandidierte und sich 1925 als Vertreter der Anklage in dem berüchtigten antidarwinistischen »Affenprozess« in Dayton, Tennessee, hervortat:

»Wenn sie uns sagen, der Bimetallismus ist gut, aber wir können ihn erst einführen, wenn uns andere Nationen dabei unterstützen, antworten wir, dass wir, statt den Goldstandard zu haben, weil ihn England hat, den Bimetallismus wiederherstellen, und dann kann England ihn einführen, weil die Vereinigten Staaten ihn haben. Wenn sie es wagen, den Goldstandard offen als etwas Gutes zu verteidigen, werden wir sie bis zum Äußersten bekämpfen. Hinter uns stehen die werktätigen Massen dieser Nation und der Welt, unterstützt von den Handeltreibenden, den Gewerkschaften und den Arbeitern aller Länder, und so werden wir ihrer Forderung nach einem Goldstandard mit den Worten entgegentreten: Ihr sollt der Arbeiterschaft nicht diese Dornenkrone aufsetzen, ihr sollt die Menschheit nicht auf ein Kreuz aus Gold nageln.«[58]

Nach Auffassung einer breiten Koalition in Großbritannien, die von John Maynard Keynes bis hin zu den Gewerkschaften reichte, tat Winston Churchill als britischer Schatzkanzler genau dies, als er das Pfund wieder auf den Goldstandardwert der Vorkriegszeit festlegte.[59] Charles P. Kindleberger, der diese Problematik eingehend analysiert hat, stellt zunächst fest, dass es in einer echten Goldstandardtheorie keine Arbeitslosen geben könne, weil diese immer bereit sein werden, für weniger Geld als die Beschäftigten zu arbeiten, sodass die Löhne so weit sinken, bis alle Arbeit haben. Dies habe sich jedoch nach dem drastischen Lohnverfall in der Rezession der Nachkriegszeit entscheidend geändert: »Zum ersten Mal entwickelte sich im Wirtschaftssystem eine Asymmetrie von größerer Bedeutung: bei einer Expansion aus der Vollbeschäftigung heraus kam es zu Preis- und Lohnerhöhungen in der Industrie; bei einer Schrumpfung sah man sich hartnäckigem Festhalten an Preisen und Löhnen und Arbeitslosigkeit gegenüber.«[60]
Die Gründe für diese Entwicklung erklärte Keynes in einer Passage, die auch den Kern späterer heftiger Debatten zwischen Verfechtern der These vom »gesunden Geld« und Keyneseanern enthält, das heißt zwischen Befürwortern und Gegnern einer Politik, die unverrückbare Wechselkurse und große Währungsregionen – wie etwa Euroland – mit einer hohen Beschäftigungsquote in der gesamten Region für vereinbar hält:

»Wenn Bergarbeiter frei wären, in ein anderes Gewerbe zu wechseln, wenn ein arbeitsloser oder unterbezahlter Kumpel sich als Bäcker, Maurer oder Gepäckträger zu einem niedrigeren Lohn anbieten könnte, als er zur Zeit in diesen Gewerben üblich ist, so wäre es eine andere Sache. Aber diese Freiheit haben sie, wie bekannt ist, nicht. Gleich anderen Opfern wirtschaftlicher Wandlungen in vergangenen Zeiten wird den Bergleuten angeboten, zwischen Hunger und Unterwerfung zu wählen, wobei der Ertrag ihrer Unterwerfung dem Wohl anderer Gruppen zufließen wird. Im Hinblick auf das Ende wirksamer Freizügigkeit der Arbeit und eines ausgleichenden Lohnwettbewerbs zwischen verschiedenen Gewerben bin ich nicht einmal sicher, dass sie in manchen Beziehungen nicht schlechter daran sind, als es ihre Großväter waren … Sie sind die Opfer der wirtschaftlichen Dampfwalze. Sie stellen im Fleische die grundlegenden Anpassungen dar, die das Schatzamt und die Bank von England bewerkstelligt haben, um zur Befriedigung der City-Väter die bescheidene Lücke zwischen 4,40 Dollar [der damalige echte Wert des Pfund] und 4,86 Dollar [der Wert nach dem Goldstandard] zu überbrücken. *Sie* (und andere, die folgen werden) sind das bescheidene Opfer, das noch nötig ist, um die Festigkeit des Goldstandards zu gewährleisten. Die Not der Kohlenarbeiter ist die erste, aber – sofern wir nicht sehr viel Glück haben – nicht die letzte der wirtschaftlichen Folgen des Herrn Churchill.«[61]

1931 hatte die Mehrheit der souveränen Staaten der Welt den Goldstandard eingeführt und sich seinen Zwängen unterworfen. Unter den bedeutenden Nationen bildeten nur die Sowjetunion, China und Spanien eine Ausnahme. Großbritannien schaffte den Goldstandard jedoch im September desselben Jahres wieder ab, und im nächsten Jahr folgten Dutzende anderer Länder. Die Entwicklung gipfelte im April 1933 darin, dass der neu ins Amt gewählte US-Präsident Roosevelt die Goldbindung des Dollars aufhob.[62] 1934 hielten nur noch knapp zehn Länder am Gold fest und 1937 keines mehr.[63]

Wie ist zu erklären, dass solch ein weithin anerkanntes Prinzip der nationalen und internationalen Wirtschaftspolitik trotz seiner offenkundigen, mehr als zwei Jahrhunderte währenden Erfolge innerhalb eines knappen Jahrzehnts zunächst zum allgemein gültigen Gesetz erhoben und dann wieder vom Thron gestoßen wurde? Die kurze Antwort lautet: durch die Weltwirtschaftskrise. Deren Ursache sahen viele im Goldstandard; zumindest hielt man ihn für unvereinbar mit den Methoden zur Bekämpfung der Depression.

Um eine ausführlichere Antwort zu finden, müssen wir uns der Zeit nach Churchills Entscheidung, den Goldstandard in Großbritannien wieder einzuführen, zuwenden. Das Pfund war um fünf bis zehn Prozent überbewertet.[64] Die in Exportbranchen beschäftigten britischen Arbeiter konnten nur konkurrenzfähig bleiben, wenn ihre Löhne um diesen Betrag gesenkt wurden. »Kein Wunder, dass unser Exporthandel in Nöten ist!« schimpfte Keynes.[65]

Binnen eines Jahres erlebte Großbritannien seinen ersten – und einzigen, wie sich herausstellen sollte – Generalstreik, nachdem sich der Widerstand der Bergarbeiter gegen beabsichtigte Lohnkürzungen, die der Logik des Goldstandardwertes des Pfundes folgten, zu einer massiven Konfrontation zwischen Regierung und organisierter Arbeiterschaft ausgeweitet hatte. Die Überbewertung des Pfund verstärkte die Rückschläge, die Großbritannien in jüngster Vergangenheit im Konkurrenzkampf mit jüngeren Industrienationen erlitten hatte. Das bedeutete, dass das Konjunkturhoch in den USA und auf dem europäischen Kontinent in der zweiten Hälfte der zwanziger Jahre an Großbritannien vorüberzog. Die Eisen- und Stahlindustrie, der Schiffbau und die Textilbranche waren allesamt angeschlagen und produzierten 1929 weniger als 1913.[66]

Die anderen europäischen Staaten profitierten davon, dass sie bei der Rückkehr zum Goldstandard nach den Inflationen für ihre Währungen weitaus realistischere Goldwerte ansetzten. Und die USA stellten zwar für den Dollar wieder die volle Parität von 1914 her, aber das Land war weit weniger als Großbritannien auf den internationalen Handel angewiesen, denn seine Wirtschaftskraft hatte während des Krieges weniger unter inflationären Lohn- und Preissteigerungen gelitten. In den zwanziger Jahren entstanden in den USA große Binnenmärkte, die durch das damals neue Modell der Ratenzahlung weiteren Auftrieb erhielten. Autos und ihr Zubehör, elektrische Geräte wie Radios, Staubsauger und Kühlschränke wurden zu Verkaufschlagern im großen amerikanischen Boom von 1926 bis 1929, der von großem Optimismus, technologischer Dynamik und dem für einen starken Aufschwung immer wichtigen billigen Geld getragen wurde.[67] Die Gesamtproduktion der USA wuchs zwischen 1922 und 1929 um 5,5 Prozent pro Jahr, und die Arbeitslosigkeit sank von 11 Prozent im Jahre 1921 auf 3,5 Prozent in der zweiten Hälfte des Jahrzehnts.[68]

Der Höhenflug der amerikanischen Wirtschaft bildete den Auftakt zum fünften Hauptereignis der Epoche: dem Börsenkrach in den USA Ende der zwanziger Jahre und die nachfolgende Depression. Die Euphorie aufgrund der ökonomischen Expansion und die Erwartung, dass die aus dem Wachstum resultierenden Gewinne anhalten würden – oder letztlich nur der blinde Glaube an einen unaufhaltsamen und immer schnelleren Anstieg der Aktienkurse – fachten einen noch nie da gewesenen Boom an der Wall Street an.[69] Die Aktienkurse legten im Durchschnitt um achtzehn Prozent pro Jahr zu und erhöhten sich zwischen März 1926 und Oktober 1929 auf mehr als das Doppelte.[70] In einer zunehmend aufgeheizten Atmosphäre erreichte der tägliche Börsenumsatz mit 8,2 Millionen Aktien im März 1929 einen Höhepunkt.[71] Die falsche Hoffnung, dass die guten Zeiten ewig dauern würden, wurde noch dadurch verstärkt, dass zwei Kurseinbrüche schnell wieder wettgemacht wurden.

Aber die spekulative Illusion zerplatzte wie eine Seifenblase. Am Donnerstag, dem 24. Oktober 1929, sackte der Dow-Jones-Aktienindex der New Yorker Börse am Vormittag um 40 Punkte ab (von 312,76 auf 272,32), das heißt um 13 Prozent. Am folgenden Dienstag – dem Schwarzen Dienstag, wie er später genannt wurde – rutschte der Index um weitere 40 Punkte ab und beendete den Tag bei einem Stand von 230.

Der große Börsenkrach fand zwar 1929 statt, aber was das amerikanische Selbstvertrauen wirklich erschütterte, war die unerbittliche Talfahrt in den nächsten drei Jahren. Am 8. Juli 1932 war der Dow-Jones, der am 3. September 1929 mit 386,10 seinen Höhepunkt erreicht hatte, auf einen Tiefstand von 40,56 gefallen.[72] Die großen Industrieunternehmen der USA hatten innerhalb von weniger als drei Jahren nahezu neunzig Prozent ihres Aktienwerts eingebüßt.

Wenige Fragen der Wirtschaftsgeschichte sind intensiver diskutiert worden als die nach dem tatsächlichen Kausalzusammenhang zwischen dem Boom (sowohl der Wirtschaft als auch der Börse), dem Zusammenbruch des Aktienmarktes und der Wirtschaftsdepression. Christopher Dow bemerkt in seiner umfassenden Untersuchung großer Rezessionen seit 1925 trocken: »Die Nationalökonomen streiten sich seit Jahrzehnten über die Weltwirtschaftskrise von 1929, weil sie von nie da gewesenen Ausmaßen war und weil unter diesen Umständen alle normalen Deutungsansätze scheitern. Es gab keine exogenen Schocks, die so groß waren, dass sie eine Erklärung bieten würden; und Volkswirtschaften erleben in der Regel auch keine endogenen Fluktuationen dieser Größenordnung.«[73]

Dow gelangt zu der Schlussfolgerung, dass der Hauptfaktor »ein Vertrauensverlust bei Verbrauchern und in der Geschäftswelt« war. Mechanistische Erklärungsversuche, die in erster Linie auf geldpolitisches Missmanagement hinwiesen und dessen Ursachen in der Rückkehr der USA zum Goldstandard oder in der Zins- und Geldmengenpolitik der US-Notenbank sahen, weist Dow ausdrücklich zurück. Stattdessen führt er den Beginn der Wirtschaftskrise auf die vorangehende Überhitzung, den Krach an der Wall Street und verschiedene negative äußere Einflüsse zurück, wie etwa eine Rezession in Deutschland und eine schwache Nachfrage in rohstofferzeugenden Ländern. Die Gründe für Dauer und Ausmaß der Krise lagen seiner Meinung nach in der Welle von Bankenschließungen, die die logische Folge des jähen Absturzes nach dem Höhenflug an der Börse und einer »schwachen lokalen Bankenstruktur ohne Anbindung an ein Zentralbanksystem« waren.[74]

Der gesunde Menschenverstand ist in Bezug auf die Wirtschaft oft ein schlechter Ratgeber, vor allem bei makroökonomischen Vorgängen, da allzu leicht vom Detail aufs Ganze geschlossen wird. So hat Milton Friedman einmal zu Recht bemerkt: »Man kann normalerweise davon ausgehen, dass das, was für den Einzelnen zutrifft, genau das Gegenteil dessen ist, was für die Gesellschaft gilt.«[75] Dieser Aspekt seiner Lehren scheint Margaret Thatcher entgangen zu sein. Was den Boom an der Wall Street von 1929 angeht, kommt man fast unweigerlich zu dem Schluss, dass dieser allein schon eine hinreichende Voraussetzung für den Börsenkrach war.

Wenn die Kurse, nur von dem Glauben getragen, dass sie weiterhin steigen werden, astronomische Höhen erklimmen, die durch keinerlei Unternehmenserträge gerechtfertigt sind, obwohl doch die Aktien ihren Wert langfristig aus diesen beziehen, dann liegt es auf der Hand, dass der den Boom antreibende Glaube früher oder später ins Wanken gerät und in der Folge die Kurse einbrechen. Je höher die Kurse steigen und je mehr sie sich von der realen Wirtschaftsentwicklung entfernen, desto tiefer wird der Fall und desto unangenehmer das Erwachen sein. Dieser Gemeinplatz traf zweifellos auf die Sommermonate des Jahres 1929 zu – und dürfte auch siebzig Jahre später gelten, obwohl die heutige Entwicklung noch nicht abzusehen ist.

Der Börsenkrach kam nicht aus heiterem Himmel. Die reale Wirtschaft – Produktion, Arbeitsplätze, Einkommen

354

und Ausgaben – schrumpfte in den USA schon ab dem Sommer 1929. Die Automobilproduktion erreichte ihren Höhepunkt im März.[76] Von Juni an sank die Industrieproduktion, und von August bis Oktober kam es zu einem starken Rückgang der Privateinkommen und Preise. Die Einkommen in der Landwirtschaft stagnierten wegen der Lage auf dem Weltmarkt seit 1925,[77] und die Preise für Agrarerzeugnisse in den USA sanken zwischen 1929 und 1932 um fünfzig Prozent.[78]

Diese Belege für einen Abschwung der realen Wirtschaft vor dem Börsenkrach haben manche Nationalökonomen zu der Überzeugung gebracht, dass der Zusammenbruch des Aktienmarktes nur eine vom Konjunkturzyklus verursachte Begleiterscheinung war, die ihrerseits keinen nennenswerten Einfluss auf die reale Wirtschaft ausgeübt hat. Diese Einschätzung ist jedoch zu mechanistisch. Sicherlich mögen die ersten Anzeichen einer sinkenden Wirtschaftsleistung dazu beigetragen haben, dass die Seifenblase im Oktober platzte, aber angesichts der starken Überhitzung an der Börse reichte schon der geringste Anlass, um die Krise auszulösen. Zudem lässt diese Ansicht die historische Dimension außer Acht. Ein derart gewaltiger Finanzschock wie der Zusammenbruch der amerikanischen Börse hat sich unmittelbar und mittelbar auf das Bewusstsein der Menschen und auf die Liquidität vieler großer und kleiner Akteure in Industrie und Handel der USA ausgewirkt. Kindleberger hat den Vorgang beschrieben:

»Der Zusammenbruch der Börse führte zu einem Gerangel um Liquidität, sowohl bei den Gläubigern am Tagesgeldmarkt als auch bei den Aktienbesitzern. Aufträge wurden zurückgezogen, Kredite gekündigt … Unterdessen hatte sich … die Deflation auf die anfälligen Warenmärkte und die Gebrauchsgüter-Industrie übertragen. Der Börsenkrach … [löste] einen Prozess aus, der seine eigene Dynamik entwickelte.«[79]

Die nachfolgende Welle von Bankenzusammenbrüchen war nach allgemeinem Dafürhalten ein wesentliches Glied in der Kausalkette, die in der Depression mündete. In welchem Ausmaß der Börsenkrach zum Auslöser dieser Welle wurde, ist allerdings schwer zu sagen. Banken machen Konkurs, wenn das Vertrauen der Öffentlichkeit in sie schwindet, wenn sie nicht groß genug sind, nicht genügend Rücklagen gebildet haben oder zu wenig Unterstützung durch die Zentralbank erhalten, um die schweren Zeiten durchzustehen. Im mittleren Westen der USA waren schon seit 1925, seitdem Einkommen und Preise in der Landwirtschaft absackten, Banken zusammengebrochen. Aber diese Pleiten blieben im wirtschaftlichen Geschehen zunächst unbeachtet. Erst die Zusammenbrüche von Caldwell and Co. in Tennessee und der Bank of the United States in New York Ende 1930 lösten eine größere Panik aus.[80] Doch Konkurse waren nicht die einzige Form, in der die Banken den Vertrauensverlust gegenüber den Finanzmärkten an die reale Wirtschaft weitergaben. Daneben reduzierten sie ihre Kredite und kündigten bestehende Darlehen, weil auch ihr Vertrauen in die Zahlungsfähigkeit ihrer Kunden schwand.

Diese unterschiedlichen Faktoren – die reale Wirtschaft, die Stimmung der Geschäftswelt und der Verbraucher sowie das Verhalten der Banken – bildeten einen Komplex, dessen Elemente aufeinander einwirkten und in der Summe zu einer drastischen Abwärtsspirale führten. Aber was genau löste diese Spirale aus, und wie wurde sie aufgehalten? Milton Friedman und Anna Schwartz nennen in ihrem Buch *A Monetary History of the US 1867–1960* das Versäumnis offizieller amerikanischer Stellen (Notenbank und Finanzministerium), einer Abnahme der Geldmenge vorzubeugen, als Auslöser.

Dagegen ist eingewandt worden, dass das Geldvolumen erst ab November 1930 und noch bis März 1931 nur leicht abgenommen hat[81] und dass die US-Notenbank die widerstrebenden Banken nicht dazu hätte zwingen können, ihre Kredite auszuweiten, selbst wenn es ihre Politik gewesen wäre, die Geldmenge zu erhöhen.[82] In gewisser Hinsicht ist das Argument von Friedman und Schwartz auch reine Rhetorik, da man bei einem negativen Ereignis die Ursache immer im Missmanagement suchen kann, indem man der simplen Überlegung folgt, dass dieses Ereignis nicht eingetreten wäre, wenn die Verantwortlichen wirksame Gegenmaßnahmen ergriffen hätten.

Dem Historiker hingegen geht es mehr um die Frage, ob solche vorbeugenden Maßnahmen zur damaligen Zeit Usus waren und inwiefern der Verzicht so ungewöhnlich war, dass er die nachfolgenden Ereignisse erklärt. Gewiss lässt sich die Beteiligung der Notenbank an der Entstehung des Booms nicht von der Hand weisen. Galbraith hat dies eindrucksvoll belegt und auf die Furcht der Verantwortlichen hingewiesen, mit dämpfenden Maßnahmen einen Einbruch an der Börse auszulösen.[83] Aber es war in den späten zwanziger Jahren nicht herrschende Meinung, dass die noch relativ junge US-Notenbank (gegründet 1913) über die Steuerung des Zinssatzes und den Einfluss auf die Rücklagen und damit das Verhalten der Banken das Geldvolumen stabilisieren und dadurch große Schwankungen in der Wirtschaft ausbügeln könnte.

Die Ursachen der Depression lagen in erster Linie in der Euphorie des Booms in seiner Endphase und in der Anfälligkeit des Bankensystems für einen allgemeinen Vertrauensverlust. Gemessen an den Konjunkturzyklen seit Anfang des 19. Jahrhunderts erlebten die USA ihre bei weitem tiefste Depression. Von 1929 bis 1932 sank die Gesamtproduktion der USA jährlich um zehn Prozent und verzeichnete einen absoluten Rückgang um zweiunddreißig Prozent. Die Industrieproduktion fiel um nahezu die Hälfte, eine in den Industrieländern noch nie da gewesene Schrumpfung.[84] Im Vergleich zu einer angenommenen Fortsetzung des vorherigen Trends war das Produktionsniveau 1932 sogar um sechsundvierzig Prozent gesunken,[85] was den mit Abstand stärksten Rückschlag darstellt, den ein entwickeltes Land in der jüngeren Geschichte zu Friedenszeiten hinnehmen musste. Erst die Sowjetunion und ihre Nachfolgestaaten haben zwischen 1989 und 1998 einen absoluten Rückgang von fünfundvierzig Prozent erlitten (mehr dazu im nächsten Kapitel). Gleichzeitig schnellte die Arbeitslosigkeit von 3,1 Prozent im Jahr 1929 auf 23,6 Prozent im Jahr 1932 hoch[86] und erreichte damit eine bis heute in Friedenszeiten unübertroffene Rekordmarke.

In anderen Teilen der Welt fiel die Schrumpfung weniger stark aus. Die deutsche Produktion lag 1932 um 15,8 Prozent unter dem Niveau von 1929, und in ganz Europa betrug der Rückgang gegenüber dem historischen Trend lediglich zwölf Prozent.[87] Betrachtet man die nationalen Zahlen, sieht man, dass die Entwicklung in Großbritannien weit weniger dramatisch verlief, wobei allerdings berücksichtigt werden muss, dass das Land im Ausgangsjahr 1929 keinen Boom erlebt hatte. Der Produktionsrückgang bis 1931 war daher geringer als in den meisten anderen entwickelten Volkswirtschaften mit Ausnahme Italiens, und der Spitzenwert von 1929 wurde schneller wieder erreicht.[88]

Dessen ungeachtet gelten die dreißiger Jahre bei den meisten Briten als Jahrzehnt der Massenarbeitslosigkeit und großer sozialer Not. Tatsächlich jedoch sank die Arbeitslosigkeit zwischen 1932 und 1937 von 15,6 Prozent auf acht Prozent.[89] Diese Marke wurde erst 1981 wieder überschritten, und fünfzehn Prozent wurden selbst in der Talsohle der Rezession in den achtziger Jahren nicht erreicht (11,2 Prozent 1986).[90]

1933 war das Jahr der Wende in der Zwischenkriegszeit. Franklin Delano Roosevelt löste Herbert Hoover als Präsident der Vereinigten Staaten ab. Die USA gaben die Goldbindung auf und begannen die Politik des New Deal. Der Welthandel[91] und die Rezession in den USA erreichten ihren Tiefststand,[92] während es in Großbritannien und Deutschland schon ein Jahr früher wieder aufwärts ging.[93] Im Januar 1933 wurde Adolf Hitler Reichskanzler und erhielt am 24. März, drei Wochen nach Roosevelts Amtseinführung, durch das Ermächtigungsgesetz die Generalvollmacht zur Regierung per Verordnung.

Roosevelt analysierte den verlorenen Optimismus der Amerikaner psychologisch:

»Diese große Nation wird fortbestehen, wie sie es immer getan hat, sie wird wieder aufleben und gedeihen. Daher möchte ich zuerst meiner tiefen Überzeugung Ausdruck verleihen, dass wir nur eins fürchten müssen, nämlich die Furcht selbst. Diese namenlose, unvernünftige, grundlose Angst lähmt die Anstrengungen, die notwendig sind, um den Rückschritt in einen Fortschritt zu verwandeln … Die Menschen der Vereinigten Staaten haben nicht versagt. In ihrer Not haben sie ein Mandat für schnelles, entschlossenes Handeln erteilt. Sie wünschen sich eine Führung, die sie zur Disziplin anhält und ihnen den Weg weist.«[94]

Einen Monat zuvor hatte Hitler in einer Rundfunkansprache die Schuld an der Wirtschaftskrise einer politischen Verschwörung zugeschoben, aber wie Roosevelt hatte auch er eine verzweifelte Stimmung konstatiert und die Erneuerung von entschlossenem Handeln abhängig gemacht: »Soll aber Deutschland diesen politischen und geistigen Wiederaufstieg erleben … dann setzt dies eine entscheidende Tat voraus: die Überwindung der kommunistischen Zersetzung Deutschlands.«[95]

Es dauerte neun Jahre, bis sich die Weltwirtschaft ganz von der Depression erholt hatte, und da lagen die USA und das Dritte Reich bereits miteinander im Krieg. Doch begonnen hatte der lange, mühsame Aufstieg 1933.[96] In den USA nahmen Nachfrage und Produktion rund doppelt so schnell zu wie die langfristige Wachstumsentwicklung. Verlorener Boden wurde gutgemacht, die Rezession wurde überwunden, und die Arbeitslosigkeit sank. Die Erholung verlief ungleichmäßig, aber stetig. Auch ein Rückschlag im Jahr 1938 änderte nichts daran, obwohl die Arbeitslosenquote 1939 noch bei über elf Prozent lag, während es 1929 nur drei Prozent gewesen waren.[97]

Zu den Hauptursachen der Erholung zählt mit Sicherheit die

natürliche Tendenz einer Volkswirtschaft, nach extremen Störungen wieder zur ursprünglichen Wachstumsentwicklung zurückzukehren. Aber die US-Wirtschaft kehrte nicht nur zum alten Wachstum zurück, sondern wuchs stärker als zuvor. Die zwingendste Erklärung dafür ist in der Politik der Regierung Roosevelt zu suchen, die den Goldstandard aufgab, die Staatsausgaben im Rahmen des New Deal deutlich erhöhte, die Zinssätze senkte und durch die Einführung der Einlagenversicherung das Bankensystem stabilisierte. Ein weiterer, vielleicht genauso wichtiger Faktor war der Stimmungswandel, den Roosevelt mit seiner Tatkraft und seinem Führungsstil auslöste – was belegt, dass seine Analyse der Probleme in Amerika zutraf.[98] Allmählich kehrte der Glaube an die Zukunft zurück.

In Europa kam die Erholung zu spät, um die Fehler und Versäumnisse des Friedensschlusses von Paris beheben zu können. Es wäre damals die Aufgabe gewesen, die Weltwirtschaft wieder auf eine gesunde Grundlage zu stellen, die den Verlockungen nationalistischer Statussymbole und Rivalitäten widerstanden hätte und offen für die Geschäfte von Einzelnen und Unternehmen gewesen wäre. Auf diese Weise hätte man einen Ausweg aus der Sackgasse finden können, die schon einmal zum Krieg geführt hatte.

Wie gesehen, hatten der Irrsinn der Reparationen und Kriegsschulden, der leichtfertige Verzicht auf eine förderliche Währungs- und Wirtschaftsordnung und die gescheiterte Wiederherstellung des Goldstandards erheblichen Anteil an der europäischen Hyperinflation, der nachfolgenden Rückkehr zur ökonomischen Orthodoxie und der Depression.[99] Eine deflationäre Politik trieb den Welthandel in eine Abwärtsspirale und ließ ihn von 1929 bis 1932 auf vierzig Prozent seines Wertes und fünfundsechzig Prozent seines Volumens schrumpfen.[100] Obgleich Amerika die Folgen der Weltwirtschaftskrise zu rund achtzig Prozent allein trug, sank die Industrieproduktion in Europa in diesem Zeitraum um ein Viertel. Protektionistische Maßnahmen, etwa die Smoot-Hawley-Zölle von 1930, waren die klassische Reaktion auf eine Wirtschaftskrise und verstärkten die eigennützige Nationalpolitik, die versuchte, das eigene Arbeitslosigkeitsproblem auf die Handelspartner abzuwälzen.

Man kann kaum umhin festzustellen, dass der erbärmliche Zustand der europäischen Wirtschaft zwischen 1928 und 1932 eine Folge von Missmanagement auf internationaler Ebene war. Natürlich war kein einzelnes Land oder irgendeine Instanz dafür zuständig, auf globaler Ebene zu steuern und offene Währungs- und Handelsstrukturen zu gewährleisten, und noch weniger dafür, die Nachfrage zu lenken, um übermäßige Konjunkturschwankungen zu vermeiden. Kein Staat war fähig und willens, die Rolle der Vormacht zu spielen, die den anderen eine bestimmte Ordnung auferlegt. Dennoch bleibt aus Sicht des Historikers festzustellen, dass dieser Mangel an wirtschaftlicher Lenkung auf globaler Ebene – trotz aller gut gemeinten Bemühungen des Völkerbundes – ein Grund für die späteren Fehlentwicklungen war.

Als die Erholung einsetzte, war der Schaden nicht mehr gutzumachen. Und damit kommen wir zum sechsten und letzten Hauptereignis der in diesem Kapitel behandelten Periode, der Machtergreifung Hitlers, die zum Zweiten Weltkrieg führte. 1933 konnte Hitler eine ausreichende Zahl von Deutschen davon überzeugen, dass ihre Leiden die Folgen eines ungerechten Friedens seien und dass sie ihr Heil im Nationalsozialismus finden würden. Charles Feinstein und seine Koautoren schreiben: »Die Schrecken des Naziregimes müssen zu den schlimmsten Folgen der Weltwirtschaftskrise gerechnet werden.«[101]

Dies mindert in keiner Weise die historische Verantwortung Hitlers und der anderen Naziführer für ihre Taten. Doch man kann sich nur schwer vorstellen, dass sie an die Macht gekommen wären, wenn die Weimarer Republik das gleiche Maß an Wohlstand und Stabilität genossen hätte wie Westdeutschland in den fünfziger und sechziger Jahren. Insofern gehen die Auseinandersetzungen zwischen Historikern über die Frage, wie man den Beitrag der Nationalsozialisten zur wirtschaftlichen Erholung Deutschlands in den dreißiger Jahren veranschlagen soll, am Kern der Sache vorbei. Sobald Hitler an die Macht gekommen war, war die weitere Entwicklung vorgezeichnet, und zwar unabhängig von seinen Erfolgen beim Wiederaufbau der Wirtschaft. Manche Historiker haben ihn mit Roosevelt verglichen und als Kopf einer Regierung gesehen, die Arbeitsplätze schuf und der Wirtschaft durch erhöhte Staatsausgaben nolens volens eine Art keyneseanischen Auftrieb gab.[102] Aber Hitler verfolgte völlig andere Absichten. Die wirtschaftlichen Folgen seiner Politik waren nur ein Nebenprodukt seiner Pläne für den deutschen Endsieg. Den Menschen wieder Arbeit zu geben oder zumindest die Kosten ihrer Arbeitslosigkeit zu beseitigen stellte gewiss ein frühes Ziel dar, das auch mit bedeutenden statistischen Resultaten umgesetzt wurde. Aber der eigentliche Zweck der nationalsozialistischen Vierjahrespläne war die Kriegsvorbereitung durch Förderung der Schwerindustrie sowie der Flugzeug- und Rüstungsproduktion und durch strategische Verbesserungen der Infrastruktur, wie zum Beispiel den Bau der Autobahnen. Während der auf den Privatkonsum entfallende Anteil an der Gesamtproduktion sank, wuchs der Anteil von Investitionen in das Militär und mit ihm verbundene Wirtschaftszweige.[103]

Hier ist nicht der Ort, um der häufig erörterten Frage nachzugehen, ob man die Nazis hätte aufhalten können, wenn die Regierungen anderer führender Nationen Hitlers Ziele früher erkannt und entschlossen gehandelt hätten. Vielleicht hätten sie Erfolg gehabt, vielleicht auch nicht. Der Historiker kann nur konstatieren, dass sie nicht eingeschritten sind und dass Hitler seine Absichten umsetzen konnte, weil das Weltwirtschaftssystem nach Versailles so schlecht funktionierte, dass ein zügelloser Nationalismus breite Zustimmung fand. Darin lag das wesentliche Scheitern der Zwischenkriegszeit, das Europa und die ganze Welt 1939 dorthin zurückwarf, wo sie 1914 gestanden hatten.

Falsche Verheissungen?
1945 bis 1999

Überblick

In den letzten fünfzig Jahren des zweiten Jahrtausends n.Chr. wuchs die Menschheit wie nie zuvor. Die Weltbevölkerung stieg von zweieinhalb Milliarden im Jahr 1950[1] auf sechs Milliarden im Oktober 1999.[2] Seit 1960 hat sich die Zahl der Menschen auf dem Planeten in nur neununddreißig Jahren verdoppelt,[3] und seit 1987 ist sie in nur zwölf Jahren um eine Milliarde gewachsen. Das Ausmaß dieser Bevölkerungsexplosion legt den Schluss nahe, dass die Welt dem Beispiel Nordwesteuropas aus dem späten 18. und frühen 19. Jahrhundert gefolgt ist und sich durch scheinbar grenzenloses Wirtschaftswachstum den Malthusschen Zwängen wie Hunger, Krankheit und Krieg entzogen hat.

Gegen Ende des 20. Jahrhunderts wuchsen die Zweifel an den Möglichkeiten eines grenzenlosen Wachstums. Zugleich nahm jedoch auch die Hoffnung zu, dass ein steigender Lebens- und Bildungsstandard den Frauen vermehrt die Möglichkeit der Geburtenkontrolle geben wird. Dies bedeute, so wurde argumentiert, dass sich die Bevölkerungszahl der Erde im Jahr 2050 bei rund neun Milliarden einpendeln werde, sobald die Zahl der Frauen im gebärfähigen Alter wieder auf einen normalen Anteil an der Gesamtbevölkerung gesunken sei.[4]

Damit bleibt die Möglichkeit bestehen, dass sich die Frauen langfristig wieder anders entscheiden, wenn zum Beispiel mit wachsendem Wohlstand die gesellschaftliche Unterstützung für die Kindererziehung zunimmt. Immer noch lauert also der Argwohn, dass Malthus auf lange Sicht doch Recht behalten wird mit seiner These, dass die Fortpflanzungsquote tendenziell geometrisch ansteigt, während sich zumindest einige lebensnotwendige Dinge höchstens arithmetisch vermehren. Wenn die Weltbevölkerung so stark wachsen würde, wäre auch die bisherige Taktik der Menschen keine Lösung mehr. Bisher war man bestrebt, die produktive Kapazität des globalen Ökosystem maximal zu nutzen, obwohl dessen Reserven nicht unerschöpflich sind und es unter dieser Übernutzung leidet. Optimisten erwidern darauf, dass der Wirtschaftsproduktion durch die beschränkten materiellen Reserven des Planeten nicht unbedingt Grenzen gesetzt sind, vor allem nicht im Zeitalter der virtuellen Wirtschaft. Pessimisten halten dem entgegen, dass man Bits und Bytes nicht essen kann und Lebensmittel immer Masse haben müssen.

Das Bevölkerungswachstum war jedoch ungleichmäßig verteilt. In Europa stieg die Gesamtzahl von 393 Millionen im Jahr 1950 auf 511 Millionen im Jahr 2000. Das bedeutete eine Verlangsamung der jährlichen Wachstumsrate auf 0,5 Prozent. Auf dem Territorium der ehemaligen Sowjetunion nahm die Zahl von 182 Millionen auf 296 Millionen zu, was einer Jahresrate von knapp unter einem Prozent entspricht. In anderen Regionen vermehrte sich die Bevölkerung schneller. Mit einer Jahresrate von zwei Prozent verdreifachte sich die ohnehin bereits riesige Gesamtbevölkerung Asiens in diesem halben Jahrhundert nahezu von 1376 Millionen auf 3736 Millionen. Die afrikanische Bevölkerung wuchs von 224 Millionen auf 832 Millionen. Damit erreichte der Kontinent praktisch eine Vervierfachung sowie eine erstaunliche jährliche Wachstumsrate von 2,6 Prozent und überholte Amerika, dessen Gesamteinwohnerzahl sich bei einer Wachstumsrate von 1,8 Prozent jährlich von 332 Millionen auf 830 Millionen erhöhte.[5]

In diesen fünfzig Jahren wuchs der Wohlstand der Menschen noch schneller als die Weltbevölkerung. Die Weltwirtschaft konnte ihr Volumen mehr als verfünffachen, und das durchschnittliche Pro-Kopf-Einkommen erreichte mit einem

Anstieg um das 2,6fache einen Stand von fünftausend Dollar jährlich.[6] Eine Folge des gestiegenen Lebensstandards ist die Vermehrung der Kraftfahrzeuge auf den Straßen der Welt um das Siebzehnfache, von vierzig Millionen im Jahr 1945 auf sechshundertachtzig Millionen im Jahr 1997.[7] Die verbesserte Gesundheitsfürsorge führte dazu, dass die Lebenserwartung von fünfunddreißig Jahren auf achtundfünfzig Jahre anstieg,[8] was für sich genommen schon eine der Hauptursachen der Bevölkerungsexplosion darstellt.

Obwohl diese eindrucksvollen Zahlen echte Verbesserungen im Leben der Menschen belegen, verbergen sich dahinter große und zunehmende Unterschiede in der Verteilung des Wohlstands. Zwischen 1960 und 1995 stieg das Einkommensverhältnis zwischen den reichsten und den ärmsten zwanzig Prozent der Welt von 30:1 auf über 80:1.[9] Geschätzte 1,3 Milliarden Menschen – also fast ein Viertel der Menschheit – lebten in den neunziger Jahren des 20. Jahrhunderts von weniger als einem US-Dollar pro Tag, während das weltweite Durchschnittseinkommen 14 Dollar pro Tag und das der reichen Volkswirtschaften über 50 Dollar pro Tag erreichte.[10]

Die wirtschaftliche Erfolgsgeschichte des Westens wurde von der Einsicht getragen, dass sich die jüngste Vergangenheit niemals wiederholen dürfe. Dieser Leitgedanke und eine neue Sicht auf die erste Jahrhunderthälfte als einer Zeit, die von nationalistisch und ideologisch motivierten Fehlleistungen in Politik und Wirtschaft geprägt war, bildeten die Grundlage internationaler Institutionen und nationaler Wirtschaftspolitik.

Aber dieser Konsens zerbrach schon wenige Jahre nach dem Ende des Zweiten Weltkriegs, und die Welt teilte sich in drei ideologisch und ökonomisch definierte Gruppen auf: Nordamerika, Westeuropa und Japan (die »freie Welt«); die Sowjetunion, Osteuropa und China (der »kommunistische Block«); und die Entwicklungsländer (die »Dritte Welt«). Im Lauf der Jahre kam es in diesen Gruppierungen zu zahlreichen Verschiebungen und Veränderungen, deren Ursachen zum einen der ideologische Kampf um die Vormacht zwischen dem von den USA geführten »Westen« und dem von der Sowjetunion geführten »Osten« (der »Kalte Krieg«) und zum anderen der Kampf des »Südens« um Unabhängigkeit (entlang dem »Nord-Süd-Gefälle«) war. China gehörte, je nach Sichtweise, manchmal zum Osten und manchmal zum Süden, ging aber immer seinen eigenen Weg. Der Süden zerfiel bald in eine Vielzahl von Regionen und Staaten unterschiedlicher Leistungskraft und Orientierung ohne nennenswerten Zusammenhalt.

Weniger als fünfzig Jahre später müssen alle drei Hauptmodelle in Frage gestellt werden. Die »freie Welt« hat das hohe Beschäftigungsniveau nicht halten können. Der Kommunismus hat, bis auf wenige Ausnahmen, abgedankt. Und der Versuch, die Wirtschaftsentwicklung der »Dritten Welt« durch große Kapitalzuflüsse aus dem Ausland voranzutreiben, hat seine Befürworter enttäuscht.

Staatliche Eingriffe in die Wirtschaft wurden zu einem beargwöhnten und wenig geschätzten Instrument. Ab 1990 zog sich der Staat zunehmend zurück, und überall auf der Welt setzten sich Privatisierung, Deregulierung und wirtschaftliche Liberalisierung durch. Im Zentrum dieser Bewegung stand die US-Hauptstadt Washington, die zugleich Sitz von IWF und Weltbank ist. Diese Entwicklung, für die bald der Begriff »Globalisierung« geprägt wurde, führte dazu, dass Schranken für Handel, Investitionen und transnationale Konzerne fielen und Nationen samt ihren Regierungen sich vom Ausmaß und von der Gewalt riesiger internationaler Kapitalströme überrollt fühlten.

Optimistische Betrachter erblickten darin eine Art endgültige Antwort auf die Suche der Menschheit nach einer gesunden Weltwirtschaftsordnung, die eine langfristige politische und ökonomische Stabilität garantieren kann. Pessimisten hingegen befürchteten, dass gewaltige, unkontrollierte und undurchsichtige Marktkräfte in vielen Volkswirtschaften eine

Spur der Verwüstung hinterlassen würden; insbesondere nahmen sie an, dass die Globalisierung in jenen Volkswirtschaften der »Ersten Welt«, in denen ungelernte Arbeiter jahrzehntelang wesentlich mehr verdient hatten als vergleichbare Arbeitskräfte in der Dritten Welt, eine Angleichung der Löhne auf niedrigem Niveau mit sich bringen würde.

Als Japan in den neunziger Jahren eine Rezession erlebte,[11] sorgte dies für wachsende Unruhe, da der Abschwung sich nicht als bloßer Konjunkturrückgang erwies und nicht Mitte des Jahrzehnts wie in den USA, Großbritannien und auf dem europäischen Kontinent in einen erneuten Aufschwung überging. Die Unruhe wurde zur Sorge, als im Sommer 1997 in den Tigerstaaten Südostasiens eine Finanzpanik ausbrach. Privatkapital wurde in großem Umfang abgezogen, und die gesamte Region einschließlich einiger entwickelter Volkswirtschaften, wie Südkorea und das jüngst an China zurückgefallene Hongkong, schienen vom wirtschaftlichen Zusammenbruch bedroht. Man sprach allgemein von einer »Asienkrise«.

Ein Jahr später stellte Russland seine Schuldenzahlungen ein, die südamerikanische Wirtschaft geriet ins Wanken, und die Befürchtung wuchs, die Asienkrise könnte sich auf die ganze Welt ausweiten. Wieder ein Jahr später, am Vorabend des dritten Millenniums (dessen Beginn üblicherweise, wenn auch nicht korrekt, auf den 1. Januar 2000 datiert wird) schienen sich die Wolken verzogen zu haben. Zu verdanken war dies dem Schwung der US-Wirtschaft und der risikofreudigen, aber stabilen amerikanischen Börse, der relativen Widerstandsfähigkeit der westeuropäischen Länder und der Robustheit der chinesischen Währung sowie einigen schnellen Reaktionen von Politik und Wirtschaft der USA.

Doch als die Zahl der Menschen auf der Erde unmittelbar vor Anbruch des Jahres 2000 zum ersten Mal die Grenze von sechs Milliarden überschritt, schien eine dauerhafte politische, wirtschaftliche, soziale und ökologische Stabilität unerreichbarer denn je zu sein. Die Weltproduktion, sowohl insgesamt als auch pro Kopf, lag höher als je zuvor.[12] Der durchschnittliche Lebensstandard war gestiegen, die Kindersterblichkeit gesunken.[13] Zugleich hatte aber auch die Ungleichheit zugenommen; und wahrscheinlich gab es mehr arme Menschen als jemals zuvor.[14]

Die Geschichte

Im Krieg von 1939 bis 1945 war die Welt in zwei Blöcke geteilt. Auf der einen Seite standen Deutschland, Italien und Japan, auf der anderen Seite die Sowjetunion und die englischsprachigen Alliierten, die phasenweise von China und verschiedenen europäischen Widerstandsbewegungen unterstützt wurden. Nach der bedingungslosen Kapitulation der einen Seite bot sich die Gelegenheit zum Aufbau einer neuen Ordnung. Bis zu einem gewissen Grad wurde diese mit der Gründung der Vereinten Nationen verwirklicht, die der Rolle der Siegermächte (Sowjetunion, USA und Großbritannien) und ihrer Verbündeten (Nationalchina, das bald kommunistisch werden sollte, und Frankreich) Rechnung trug. Diese Institution regelte die internationalen Beziehungen und sollte einen kollektiven Schutz gegen einseitige Aggressionen wie den deutschen Angriffskrieg gewährleisten.

Aber schon bald erstickte die ideologische Feindschaft zwischen den USA und der Sowjetunion jegliche Solidarität. Der Westen hatte bereits ein Programm zum Wiederaufbau der Welt in die Wege geleitet, um die Fehler der ersten Jahrhunderthälfte zu vermeiden. Die Sowjetunion war als Sieger aus dem mit Abstand verlustreichsten Krieg hervorgegangen, den jemals eine Nation geführt hat, und Stalin wollte als erstes sicherstellen, dass Deutschland seine Heimat nie wieder bedrohen konnte, und zweitens die Macht und den Einflussbereich der UdSSR ausdehnen. Dies führte schon nach kurzer Zeit zu einer Auseinandersetzung der ehemaligen Verbündeten über Berlin, die 1948/49 in der Blockade des Westteils der Stadt gipfelte, auf die die Alliierten mit der Berliner Luftbrücke reagierten. Dies war der Beginn des Kalten Kriegs, der anfangs zu einem heißen zu werden drohte. Am 4. April 1949 wurde der Nordatlantikpakt geschlossen, um auf die vermeintlich drohende kommunistische Expansion über jene Linie hinaus zu reagieren, auf der sich die beiden Seiten am Ende des Krieges getroffen hatten und die Winston Churchill bereits als »Eisernen Vorhang« definiert hatte.[15]

Das westliche Programm für eine bessere Welt war bei mehreren Gesprächen zwischen Churchill und Roosevelt skizziert worden, die sie mit einem für das 20. Jahrhundert nicht gerade üblichen staatsmännischen Weitblick bereits im August 1941 auf dem britischen Schlachtschiff *Prince of Wales* und anderen Schiffen in der Bucht von Placentia in Neufundland geführt hatten. Zu dieser Zeit waren die britischen Truppen vom europäischen Festland vertrieben, nachdem sie bei Dünkirchen nur knapp der völligen Vernichtung entgangen waren, und die drohende deutsche Invasion und die endgültige Niederlage Großbritanniens waren nur durch Fehler der Deutschen und eigene Tapferkeit in der Luftschlacht um England vermieden worden. In Nordafrika befanden sich die britischen Truppen auf dem Rückzug, und Schiffskonvois aus Amerika wurden von deutschen U-Booten bedroht. Außerhalb des Empire und des Commonwealth besaß Großbritannien keine aktiven Verbündeten. Churchill schrieb in seinen Memoiren, Großbritannien habe sich zu Kriegsbeginn »allein, beinahe waffenlos« gesehen, »Deutschland und Italien triumphierend an unserer Kehle, ganz Europa in Hitlers Gewalt und Japan auf der anderen Seite der Erdkugel Unheil brütend«.[16] An einen Sieg Großbritanniens war zu diesem Zeitpunkt nicht zu denken. In den USA stand man einem Eingreifen in diesen europäischen Krieg generell ablehnend gegenüber, und daher bestand wenig Aussicht, dass die USA eingreifen würden.

Dennoch kamen Churchill und Roosevelt an diesem entlegenen Winkel des Nordatlantiks zusammen und hielten in einer Atlantik-Charta die Prinzipien fest, nach denen nach dem gewonnenen Krieg eine bessere Welt aufgebaut werden sollte.[17] Churchills vorrangiges Ziel war es natürlich, die Unterstützung der USA und, wenn möglich, ihren Kriegseintritt zu erreichen. Auf der amerikanischen Seite herrschte der Wunsch vor, den Fehler von 1918 zu vermeiden, als Woodrow Wilson die Vierzehn Punkte, auf denen die neue Friedensordnung beruhen sollte, nach Kriegsende aufstellte und mit den anderen Siegermächten aushandeln musste. Zudem brachten die USA dem britischen Empire traditionell wenig Wohlwollen entgegen und lehnten vor allem die Vorzugszölle für Commonwealth-Importe ab, wie sie 1932 im Ottawa-Abkommen zwischen Großbritannien und den selbstverwalteten Dominions festgelegt worden waren.[18]

Dennoch war die liberale Tradition der angelsächsischen Wirtschaftspolitik seit Adam Smith und David Hume eine gemeinsame Basis, auch wenn dies britischen Imperialisten und linksgerichteten Dirigisten bitter aufstieß.[19] Neben allgemeinen politischen Grundsätzen, die jede territoriale Expansion ächteten, das Recht auf nationale Selbstbestimmung bestätigten und einen Gewaltverzicht aller Nationen anstrebten, entschieden sich Churchill und Roosevelt für eine multilaterale Verfassung der Nachkriegswelt.[20] Damit bekannten sie sich zum Ideal des Freihandels und zur wirtschaftlichen Zusammenarbeit aller Nationen, um den Lebensstandard zu steigern, die Entwicklung zu fördern und soziale Sicherheit zu gewährleisten.

Im Februar 1942, nach Pearl Harbor und Hitlers Kriegserklärung an die USA, wurden diese allgemeinen Prinzipien mit dem Abkommen über gegenseitige Unterstützung, die Amerika zum kriegführenden Alliierten gemacht hatten, genauer definiert. In Artikel 7 des Abkommens wurde die Grundlage der Wirtschaftsplanung nach dem Krieg festgeschrieben. Darin wurde der Wunsch erkennbar, die Fehler von Versailles, etwa in der Frage von Reparationen und Kriegsschulden, zu vermeiden. Als gemeinsame Nachkriegsziele aller Länder, die sich ihnen anschließen wollten, wurden Wirtschaftswachstum und Freihandel genannt.[21]

Hier müssen nicht im Detail die Verhandlungen der nächsten Jahre nachgezeichnet werden, die im Sommer 1944 zum Abkommen von Bretton Woods führten, durch das der Internationale Währungsfonds (IWF) und die Internationale Bank für Wiederaufbau und Entwicklung (Weltbank) ins Leben gerufen wurden.[22] 1947 folgte in Genf der Abschluss des Allgemeinen Zoll- und Handelsabkommens (GATT).[23] Entscheidend für unser Thema ist, dass die Urheber dieser Vereinbarungen trotz zahlreicher Meinungsverschiedenheiten von dem gemeinsamen Streben beseelt waren, eine Wirtschaftspolitik für die Nachkriegswelt zu erreichen, die durch die Betonung wirtschaftlicher Expansion, währungspolitischer Stabilität und liberaler Handelsprinzipien eine Wiederholung der Irrtümer und Katastrophen der Zwischenkriegszeit vermeiden sollte.

Die so entstandenen Institutionen und Abkommen waren einerseits Ausdruck der wirtschaftlichen Überlegenheit der USA, enthielten andererseits auch etliche Kompromisse. Eherne Prinzipien trafen auf nationale Ängste vor allem der Europäer hinsichtlich ihrer Liquidität und Beschäftigungszahlen nach dem Krieg. Dennoch wurde eine neue liberal, multilateral und wachstumsorientiert geprägte Ordnung geboren.[24] Eine wesentliche Voraussetzung dafür bildete der Marshallplan, der riesige Dollarbeträge (über elf Milliarden Dollar von 1948 bis 1951) nach Westeuropa pumpte (die Sowjetunion und Osteuropa lehnten das Angebot ab). Auf diese Weise konnte Westeuropa in der Phase der Erholung und des Wiederaufbaus seine Abhängigkeit von Dollarimporten finanzieren. 1949 wurde durch deutliche Währungsanpassungen wie der dreißigprozentigen Abwertung des britischen Pfund die Unterbewertung des Dollars beendet. Die fünfziger Jahre begannen für die Erste Welt als ein Jahrzehnt der Vollbeschäftigung, großer Preisstabilität und im kriegsgeschüttelten Europa und Japan als eine Zeit des rasanten Wirtschaftswachstums, auch wenn der Boom durch den Koreakrieg und das nachfolgende Absinken der Militärausgaben eine gewisse Instabilität verursachten.

In vielen dieser Entwicklungen erkannten Zeitgenossen den Einfluss und die Handschrift des britischen Nationalökonomen John Maynard Keynes, der den Versailler Vertrag und Winston Churchills Rückkehr zum Goldstandard als wirtschaftlich unsinnig angeprangert hatte. 1936 erschien seine *Allgemeine Theorie der Beschäftigung, des Zinses und des Geldes*, die, so fanden jedenfalls die Nationalökonomen in den folgenden dreißig Jahren, die Weltwirtschaftskrise erklärte und das geeignete Mittel gegen ihre Wiederholung benannte: die Lenkung der Staatsausgaben und Steuern zur Gewährleistung einer ausreichenden Nachfrage, um den Einsatz der gesamten Ressourcen einer Volkswirtschaft zu erreichen. 1940 stellte sich Keynes dem britischen Schatzamt als unbezahlter Berater zur Verfügung und war der Verhandlungsführer der Briten bei den Kreditgesprächen mit den Amerikanern und auf der Konferenz von Bretton Woods.

Zwar konnte er viele seiner Vorstellungen nicht durchsetzen, so etwa seinen Plan für eine Weltwährung, für eine quasiautonome, supranationale Zentralbank und für ein internationales Währungssystem, das Überschuss- und Defizitländer gleichermaßen zu einer Anpassung gezwungen hätte, statt diese Last fast ausschließlich den Defizitländern aufzubürden. Aber dank seines Rufs und seiner intellektuellen Fähigkeiten konnte er Teilerfolge erzielen, die andernfalls vielleicht nicht möglich gewesen wären. Doch vor allem sein wegweisendes Buch und die Tatsache, dass die Nachkriegsleser meinten, es enthalte den Schlüssel zur Vollbeschäftigung, trugen dazu bei, dass er als Architekt einer ganzen Ära galt.

Die USA, Großbritannien und das übrige Europa verpflichteten sich dem Grundsatz der Vollbeschäftigung. Dabei folgten sie zumindest teilweise der keyneseanischen These, hohe Arbeitslosigkeit werde durch fehlende Nachfrage verursacht und es liege in der Macht der Regierungen, einem solchen Mangel abzuhelfen oder ihm vorzubeugen, indem sie entweder die Staatsausgaben steigern oder Steuern erlassen, um den Privatsektor zu höheren Ausgaben zu ermuntern. Währungs- und Zinspolitik betrachtete man als untergeordnete und für die Bekämpfung von Rezessionen unwirksame Instrumente. In der europäischen Version dieser Strategie wurden ein Wohlfahrtsstaat mit allgemeiner sozialer Absicherung und ein starker öffentlicher Sektor, der Versorgungsunternehmen und andere Schlüsselbranchen umfasst, als notwendige Bestandteile einer gemischten Wirtschaftsform angesehen, die allen extremen politischen Anschauungen, wie sie zwischen den Kriegen aufgekeimt waren, den Boden entzog.

Die britische Koalitionsregierung bekannte sich, wenn auch mit vielen Vorbehalten und Floskeln, 1944 im Weißbuch *Employment Policy* zur Vollbeschäftigung. Und 1946 verabschiedete der US-Kongress ein Beschäftigungsgesetz, das die Regierung mit darauf verpflichtete, »Bedingungen zu fördern und zu pflegen, unter denen all jene eine nützliche Beschäftigung finden, die zur Arbeit fähig und willens sind und danach suchen«. Dies wurde in späteren Jahren insbesondere von Demokraten zumindest als abgeschwächte Form einer keyneseanischen Strategie interpretiert.

Kontinentaleuropa, das von den Verheerungen des Krieges am stärksten betroffen war, maß der Erreichung und der Bewahrung der Vollbeschäftigung einen mindestens ebenso hohen Stellenwert bei. Doch dort übten andere Traditionen als der angelsächsische Liberalismus und die keyneseanische Nachfragelenkung einen starken Einfluss aus. In Frankreich und Italien wurde die politische Debatte von einer intensiven – marxistischen wie anti-marxistischen – Beschäftigung mit der

Eigentumsfrage beherrscht; und in Westdeutschland standen sich Sozialdemokraten, die für eine Misch- und Planwirtschaft eintraten, und Christdemokraten gegenüber, die eine soziale Marktwirtschaft bevorzugten. Im Lauf der Zeit verwischten sich die ideologischen Grenzen, und in der Praxis behielt Ludwig Erhards überwiegend marktwirtschaftliche Orientierung die Oberhand, auch als die Sozialdemokraten 1969 mit Willy Brandt als Bundeskanzler an die Regierung kamen.

In Frankreich stand die politische Kultur einer zentralisierten Gesellschaft, die schon seit Jahrzehnten von ihrem Kapital und ihrer leistungsfähigen Regierungselite dominiert wurde, den Marktkräften weniger freundlich gegenüber und bot einen idealen Schauplatz für die Wirtschaftsplanung. Diese lief 1946 in Gestalt des Monnetplans mit großem Erfolg an.[25] Trotz technischer Schwächen verlieh dieser Plan Frankreich Zielgerichtetheit und Selbstvertrauen, was nach den Demütigungen des Krieges und angesichts der Instabilität der Vierten Republik, in der die Regierungen im Eiltempo kamen und gingen, durchaus heilsam gewesen sein mag. Das französische Wirtschaftswunder – ob es nun auf dem Monnetplan beruhte oder, was wahrscheinlicher war, auf der Tatkraft französischer Unternehmer, die von einer Wettbewerbsstrategie frühzeitiger und häufiger Abwertungen angespornt wurden – übertraf mit seinen jährlichen Produktionssteigerungen sogar noch das deutsche Vorbild. Diese Entwicklung wurde 1957 allerdings von Charles de Gaulle jäh unterbrochen. Der Präsident der neuen Fünften Republik entschied, dass ein schwacher Franc der französischen *amour propre* schade.

Auch Italien stützte sich auf seine politische Kultur, um eine gemischte Wirtschaftsform zu etablieren, in deren Rahmen neben einem gewissen Maß an klassischem Privatkapitalismus im Norden des Landes vor allem eine Spielform des Staatskapitalismus vorherrschte. Die Planung wurde im Wesentlichen von den großen Institutionen des öffentlichen Sektors umgesetzt wie etwa dem IRI (Istituto per la Ricostruzione Industriale) und dem ENI (Ente Nazionale Idrocarburi).[26]

Es ist jedoch kaum anzunehmen, dass die leidenschaftlichen politischen Debatten über Institutionen, Ideologie und Eigentum in Europa für die spektakulären wirtschaftlichen Erfolge der Ersten Welt in den beiden Jahrzehnten nach dem Zweiten Weltkrieg – vor allem im Vergleich zu den Jahren 1918 bis 1938 – auch nur annähernd so bedeutsam waren wie die grundlegenden makroökonomischen Rahmenbedingungen. Die hohe Beschäftigungsquote und der schnelle Wiederaufbau waren in weit stärkerem Maße als irgendwelchen Ideologien den Friedenszeiten und der wachstumsorientierten Wirtschaftspolitik sowie amerikanischer Toleranz gegenüber äußerst wettbewerbsorientierten Wechselkursen der kontinentaleuropäischen und japanischen Währungen geschuldet. Westdeutschland, Frankreich, Italien und Japan erzielten hervorragende Ergebnisse. Dies lag zum einen daran, dass sie als Kriegsverlierer die verheerendsten Schäden erlitten und daher am meisten aufzuholen hatten. Zum anderen lag es daran, dass sie unter sehr unterschiedlichen ideologischen Vorzeichen in den Genuss eines auf dem Export aufbauenden Wirtschaftswachstums kamen, ohne sich wie Großbritannien, das auf den Binnenmarkt als Wachstums- und Beschäftigungsmotor setzte, mit größeren Zahlungsbilanzschwierigkeiten herumschlagen zu müssen.

Die Geschichte der »freien Welt« besteht aus zwei Abschnitten: dem vor und dem nach 1975. Für die erste Phase war, wie gesehen, die allgemein als keyneseanisch geltende Auffassung prägend, dass das wirtschaftliche Versagen in der Zwischenkriegszeit in der Massenarbeitslosigkeit begründet war und dass Vollbeschäftigung oder ein hohes Beschäftigungsniveau für die Wirtschaftspolitik der neuen Nachkriegswelt absolute Priorität haben müsse. Diese Prämisse bestimmte die Entwicklung nach 1945 in den USA, in Großbritannien und auf dem europäischen Kontinent sowie den internationalen Rahmen, der geschaffen wurde. Der Wiederaufbau nach dem Krieg, der Marshallplan, die Steuer- und Währungspolitik in den USA und Europa, der Glaube an die Möglichkeit der direkten Beeinflussung von Preisen und Löhnen, unabhängig von den Marktkräften, die Rolle des öffentlichen Sektors als Arbeitgeber und Zahlmeister und auch der komplexe Apparat der internationalen Wirtschaftszusammenarbeit: all dies beruhte auf der Überzeugung, dass die Beschäftigung auf einem hohen Niveau stabilisiert werden müsse und dass jedes Versäumnis in dieser Richtung inakzeptable Risiken in sich berge und eine Wiederholung des Albtraums der dreißiger Jahre samt seinen Folgeerscheinungen wie Nationalismus und Krieg heraufbeschwören könnte.

Drei Merkmale erscheinen kennzeichnend für die allgemeine Entwicklung der führenden Volkswirtschaften der Ersten Welt in dem Vierteljahrhundert nach dem Zweiten Weltkrieg: Erstens erlebten sie ein außerordentlich rasches Wachstum, sowohl im Vergleich zu früheren als auch zu späteren Zeiten; zweitens hatten sie außerordentlich stabile Wirtschaftsbedingungen, das heißt milde Konjunkturzyklen; und drittens hatten sie eine (in Friedenszeiten) außerordentlich niedrige Arbeitslosigkeit.

Das Wirtschaftswachstum in den USA, das in allen Phasen stark vom Bevölkerungswachstum beeinflusst wurde, hatte in den viereinhalb Jahrzehnten vor dem Ersten Weltkrieg einen Jahresschnitt von 4,3 Prozent erreicht; zwischen den Kriegen lag er bei 2,9 und in den siebziger Jahren bei 3,0 Prozent. In den fünfziger und sechziger Jahren verzeichneten die USA ein Wachstum von 3,2 beziehungsweise 4,3 Prozent. Für Großbritannien lauteten die entsprechenden Werte 2,2, 1,7 und 1,8 Prozent sowie 2,7 und 2,8 Prozent.

Andernorts fällt der Vergleich noch spektakulärer aus. In Westdeutschland betrugen die Zahlen 2,9, 1,2 und 2,8 Prozent, im Vergleich zu 7,8 und 4,8 Prozent; in Frankreich 1,6, 0,7 und 3,7 Prozent, im Vergleich zu 4,6 und 5,8 Prozent; in Japan 2,4, 1,8 und 4,9 Prozent, im Vergleich zu 9,5 und

10,5 Prozent; und in Italien 1,4, 1,3 und 3,2 Prozent, im Vergleich zu 5,8 und 5,7 Prozent. Es liegt auf der Hand, weshalb die fünfziger und sechziger Jahre bisweilen als »goldene Zeit« beschrieben wurden.[27]

Auch die Stabilität in dieser Periode war bemerkenswert. Die Konjunkturschwankungen, gemessen anhand der Differenz zwischen Höchst- und Tiefststand des Bruttosozialprodukts (BSP) oder (sofern Daten darüber vorliegen) der Industrieproduktion (IP), reichten in den USA in der Zeit vor dem Ersten Weltkrieg bis zu 8 Prozent, zwischen den Kriegen bis zu 28 Prozent und in den siebziger Jahren bis zu 9 Prozent (IP), gegenüber 0,5 Prozent in den fünfziger und sechziger Jahren. In Westdeutschland stehen Einbrüche von 4, 16 und 5 (IP) Prozent lediglich 0,2 Prozent gegenüber. In Frankreich gab es Einbrüche von 19 und 8 (IP) Prozent in der Zwischenkriegszeit und in den siebziger Jahren, gegenüber 0 Prozent von 1948 bis 1970. Auch Japan und Italien erlebten in der goldenen Zeit keinerlei Schwankungen, im Vergleich zu 3 Prozent im Jahrzehnt bis 1938 und nahezu 10 (IP) Prozent in den siebziger Jahren (Japan) sowie über 5 Prozent vor dem Ersten Weltkrieg und zwischen den Kriegen und über 9 Prozent (IP) in den siebziger Jahren (Italien).[28]

Die Arbeitslosigkeit in den USA betrug von 1930 bis 1938 durchschnittlich 18 Prozent und in den siebziger Jahren 6,3 Prozent, im Vergleich zu unter 5 Prozent in den fünfziger und sechziger Jahren. In Westeuropa kontrastierten Durchschnittswerte von über 7 und über 4 Prozent mit unter 3 und 1,5 Prozent in den goldenen Jahrzehnten. Für Japan liegen die Zahlen aus der Vorkriegszeit nicht vor, und in den sechs Jahren nach 1973 kam es zu einem Anstieg von unter 1,5 Prozent auf 1,9 Prozent. Die USA hatten in den achtziger Jahren durchschnittlich 7,2 Prozent Arbeitslose, 6,4 Prozent in der ersten Hälfte der neunziger Jahre und seither weniger. Westeuropa verzeichnete in beiden Zeitabschnitten nahezu 9 Prozent, und in Japan ist die Zahl auf 2,5 Prozent gestiegen.[29]

Was die genauen Gründe für die außerordentliche Wirtschaftleistung der goldenen Zeit angeht, sind die Nationalökonomen geteilter Meinung, wenngleich die Standpunkte nicht so unversöhnlich sind wie bei den Ursachen der Weltwirtschaftskrise. Für unsere Zwecke mag es genügen, einige Kernpunkte herauszuheben: das Nachkriegsmotto »Nie Wieder Krieg!«; die Erinnerung an das Elend und die hohe Arbeitslosigkeit der Zwischenkriegsjahre; Keynes' Ideen, die für den politischen Alltagsgebrauch vereinfacht wurden und für fast alle politischen Richtungen akzeptable Mechanismen zur Sicherung der Vollbeschäftigung boten; der Wiederaufbau in den vom Krieg zerstörten Ländern; die Bereitschaft der USA, als aufgeklärte Vormacht zuzulassen, dass Europa und Japan bei hoher Inlandsnachfrage dennoch Zahlungsbilanzüberschüsse erzielten; und die Kraft der »Geldillusion« (der Glaube, dass man sich bei ökonomischen Entscheidungen keine Sorgen wegen einer Inflation machen muss) nach der Deflation der dreißiger Jahre, die es mit sich brachte, dass alle Beteiligten ihre starke Position in einem allgemein vorherrschenden Verkäufermarkt kaum ausnutzten, was vor allem für den Arbeitsmarkt galt, auf dem die Gewerkschaften ihre Verhandlungsposition nicht ausschöpften.

Anfang der siebziger Jahre, wenn nicht schon früher, zeigte sich allmählich ein Makel dieser perfekten Ordnung. Dieser bestand in der unvorhergesehenen Nebenwirkung der Vollbeschäftigungsstrategie, die offenbar die Inflation beschleunigte. Man hatte schon lange vermutet, dass ein sehr oder zu hohes Beschäftigungsniveau eine Inflation verursachen konnte. Aber man hatte es für möglich und auch für notwendig erachtet, diese Situation zu vermeiden, ohne das Ziel der Vollbeschäftigung außer Acht zu lassen. Gegen Ende der sechziger und zu Beginn der siebziger Jahre zeichnete sich jedoch zum ersten Mal ab, dass die Spitzenwerte von Arbeitslosigkeit und Inflation mit jedem der rund vier Jahre umfassenden Konjunkturzyklen immer höher stiegen. Dadurch wurde die Gratwanderung zwischen beiden Gefahren zunehmend schwieriger, und es erwachten Zweifel daran, ob solch ein Balanceakt selbst mit einer ausgeklügelten Preiskontrolle und Einkommenspolitik zu bewerkstelligen sei.

Manche Länder hatten mehr unter diesen Problemen zu leiden als andere. In Kontinentaleuropa und Japan, wo die Wirtschaft nach dem Wiederaufbau allmählich den Anschluss an die führenden Industrieländer fand, verdeckten hohe Wachstumsraten eine Zeit lang die Gefahr der Inflation, die in der Nachfragesteuerung zum Zweck der Vollbeschäftigung lag. Aber in den sechziger Jahren stiegen die Löhne in Frankreich und Deutschland so rapide, dass das Vertrauen in die Vollbeschäftigungsstrategie erschüttert wurde. Japan hing mit seinem exportgeführten Wachstum noch mehr als Kontinentaleuropa von der Bereitschaft der USA ab, um den Preis eines überbewerteten Dollars die japanischen Exportüberschüsse durch ein entsprechendes Defizit mitzutragen.

1971 erreichten die Auswirkungen dieser Überbewertung auf die Geschäftswelt und den Arbeitsmarkt der USA einen Punkt, an dem die Verantwortung, die die Hegemonialmacht USA für das Funktionieren der Weltwirtschaftsordnung trug, selbst für die stärkste Volkswirtschaft der Welt zu kostspielig wurde. Um die Wettbewerbsfähigkeit der US-Produkte wiederherzustellen, musste der Dollar gegenüber anderen führenden Währungen abgewertet werden. Dies wurde trotz europäischer Rückzugsgefechte zur Wahrung eigener Wettbewerbsvorteile im Dezember 1971 durch das Smithsonian-Abkommen besiegelt.

Damit entfiel die Prämisse des Bretton-Woods-Systems, dass die USA durch ein ausreichendes Zahlungsbilanzdefizit Überschüsse anderer Länder abdeckten. Schon im folgenden Sommer waren die Wechselkurse der meisten führenden Währungen freigegeben, und mit einem Schlag war die Furcht vor einer Währungskrise beseitigt, die das zurückliegende Jahrzehnt beherrscht hatte. Aber damit war auch der nach allgemeinem Dafürhalten beste Schutz vor der Inflation verschwunden.

Die Inflation musste erst noch einmal ansteigen, ehe sich bei den Regierungen die Erkenntnis durchsetzte, dass eine expansive Steuer- und Währungspolitik zur Förderung des Arbeitsmarktes inakzeptable Folgen für die Preise nach sich zog. Die Auswirkungen dieser Politik wurden durch den Schock vom November 1973 verzerrt, als die OPEC die Listenpreise für Öl um das Vierfache anhob. Manche Beobachter sahen darin die Hauptursache für den inflationsbedingten Zusammenbruch der Beschäftigungsstrategie Mitte der siebziger Jahre.

Aber zahlreiche Daten belegen, dass sich diese Krise schon in den vorangegangenen zwei Jahrzehnten zusammengebraut hatte, während die Geldillusion allmählich ihre Wirkung verlor. Die Preiserhöhung der OPEC war wenig mehr als eine Simulation der Steuererhöhung, die westliche Staaten den Verbrauchern hätten auferlegen müssen, um dem 1973 einsetzenden Boom zu begegnen, der von den Reflationsmaßnahmen der USA und Großbritanniens in den vorangegangenen ein oder zwei Jahren ausgelöst worden war. Dies widerlegt jedoch keineswegs Dows Feststellung, dass die beiden Ölschocks von 1973/74 und 1978 bis 1980 die Hauptursache der nachfolgenden Rezessionen darstellten.[30]

Endgültig vorbei war die Ära des hohen Beschäftigungsniveaus, als der damalige britische Premierminister 1976 erklärte, dass die Option, eine Rezession durch vermehrte Ausgaben zu überwinden und die Beschäftigungslage durch Steuersenkungen und Erhöhung der Staatsausgaben zu verbessern, nicht mehr existiere, falls es sie je gegeben habe. Drei Jahre später gab US-Präsident Jimmy Carter dem neuen Chef der US-Notenbank Paul Volcker den Auftrag mit auf den Weg, mittels der Währungspolitik die Preise zu stabilisieren.

Das war der Beginn einer neuen Orthodoxie, die manchmal mit den Vorlieben erzkonservativer Politiker wie Ronald

Reagan und Margaret Thatcher verwechselt wird, die jedoch in Wirklichkeit wenig Interesse an der Makroökonomie hatten und für die selbst die Mikroökonomie eher eine Frage der Ideologie als eine Sache der Effizienz war. Die neue Orthodoxie erhob die Preisstabilität zum obersten Ziel, das nicht durch Kompromisse zugunsten einer höheren Beschäftigung oder anderer wirtschaftlicher Interessen gefährdet werden durfte. Die Preisstabilität galt als das einzig richtige Ziel der Währungspolitik; und umgekehrt galt die Währungspolitik als das einzig richtige Instrument, um dieses Ziel zu erreichen. Die Steuerpolitik hatte durch gewissenhafte Haushaltsplanung zur makroökonomischen Stabilität beizutragen und möglichst auch Strategien zur Schrumpfung des öffentlichen Sektors und zur Ausweitung jener Bereiche der Wirtschaft zu unterstützen, in denen sich, angetrieben von den Marktkräften, die Ressourcen konzentrierten.

Die augenfälligste unmittelbare Folge dieses Strategiewandels war ein deutlicher Anstieg der Arbeitslosenzahlen, der in Japan und Kontinentaleuropa, wo eine schnelle Nachkriegserholung stattgefunden hatte, mit einer Verlangsamung des Wachstums einherging. Weniger eindeutig ist, dass auch die Wirtschaftsentwicklung ab Mitte der siebziger Jahre sprunghafter wurde. Für Großbritannien lässt sich dies aber mit Sicherheit feststellen. Christopher Dow behandelt die Zeit von 1945 bis 1973 in seinem Buch *Major Recessions – Britain and the World, 1920–1995* als »lange Zwischenphase ohne große Rezessionen«. Zu Rezessionen mit abrupt sinkender Produktion und einer Dauer von etwa zwei Jahren kam es wieder am Anfang und Ende der siebziger Jahre sowie mit zumindest in Großbritannien zunehmender Schärfe am Anfang der neunziger Jahre.[31] Dow stellt fest, dass alle bedeutenden Industrieländer in den drei Perioden 1920–1938, 1950–1973 und 1973–1990 das Muster eines erst langsamen, dann schnellen und schließlich wieder langsamen Wachstums wie auch ein ähnliches Muster hoher, niedriger und wieder hoher Arbeitslosigkeit aufwiesen.[32] In fast allen Ländern war die erste Nachkriegszeit eine Phase stetigen Wachstums ohne größere Schwankungen.

In anderen Regionen der Welt setzte man nach dem Zweiten Weltkrieg in hohem Maß auf staatliche Planung als Wachstumsmotor der Wirtschaft. Dies galt vor allem für die Sowjetunion und Osteuropa sowie weite Teile Südamerikas, Asiens und Afrikas. Man war überzeugt, dass sich die Wirtschaftsentwicklung in der Dritten Welt mit einer Kombination aus innenpolitischem Sparkurs und internationaler Unterstützung finanzieren lasse und die Entwicklungsländer daher allmählich zur entwickelten Welt aufschließen würden. Diese Erwartung erwies sich als genauso irrig wie die Ausrichtung der Ersten Welt am Standard der Vollbeschäftigung als Grundpfeiler der wirtschaftlichen Steuerung. Es ist eine Ironie der Wirtschaftsgeschichte im 20. Jahrhundert, dass die Spaltung der siegreichen Allianz gegen Hitler in zwei rivalisierende Wirtschaftsblöcke ausgerechnet von der britischen Botschaft in Washington aus den letzten entscheidenden Anstoß erhielt. Dort stimmten britische und amerikanische Planer den späteren Marshallplan ab, um den drohenden wirtschaftlichen Zusammenbruch in Westeuropa zu vermeiden. Von der dortigen Botschaftskanzlei wurde ein Telegramm abgeschickt, das aber nicht an das britische oder amerikanische Außenministerium oder einen anderen befreundeten Staat ging, sondern nach Moskau an den Generalsekretär der Kommunistischen Partei der Sowjetunion Josef Stalin.

Zu diesem Zeitpunkt – kurz nachdem Georg C. Marshall am 5. Juni 1947 in einer berühmten Rede in Harvard seinen Plan vorgestellt hatte – hielt sich der sowjetische Außenminister Wjatscheslaw Molotow in Paris auf. Er sollte mit den westlichen Alliierten bei der Umsetzung des Marshallplans zusammenarbeiten, der nicht nur Westeuropa, sondern auch der Sowjetunion und Osteuropa finanzielle Mittel in Aussicht stellte. Das Telegramm aus Washington, dessen Verfasser der später berüchtigte Spion Donald Maclean war, überzeugte Stalin jedoch davon, dass der Marshallplan ein feindliches Komplott darstelle und die deutschen Reparationen, auf die die Sowjetunion für ihren Wiederaufbau angewiesen war, durch amerikanische Entwicklungshilfe ersetzt werden sollten, deren Verwendung nicht der sowjetischen, sondern einer internationalen Kontrolle unterliegen würde. Stalin erteilte Molotow neue Anweisungen, der daraufhin aus den Pariser Gesprächen ausschied.

Ohne die Hilfe durch den Marshallplan waren die osteuropäischen Staaten vollkommen von Ressourcen abhängig, deren Zuteilung von Moskau kontrolliert wurde, und ihre Zukunft war unausweichlich mit dem Schicksal der Sowjetunion verbunden. Sechs Monate später wurde das Mehrparteiensystem in Osteuropa endgültig abgeschafft, und der Ostblock entstand, der über vierzig Jahre lang das Wirtschaftssystem der Region bestimmte.[33] Ob das Verhältnis Osteuropas und der Sowjetunion zum Westen ohne Macleans Eingreifen weniger feindselig ausgefallen wäre, ist fraglich. So jedenfalls brach 1948, nachdem der Westen die Marshallplanhilfe in Reaktion auf die sowjetische Ablehnung auf West-Berlin ausgedehnt hatte, die Berlinkrise aus.[34]

Die Frage, ob das Wirtschaftssystem des Ostblocks mehr oder weniger effizient als das westliche war, galt fast während des gesamten Kalten Kriegs als unentschieden. Man vermutete sogar, dass in den Bereichen Wachstum, Preisstabilität, Vollbeschäftigung, Konjunkturschwankungen, technischer Fortschritte und Industrieinvestitionen bessere Leistungen erzielt wurden, weil die Wirtschaft weniger den Wechselfällen des freien Markts ausgesetzt war. Nikita Chruschtschow konnte behaupten,[35] der Kommunismus werde den Kapitalismus eines Tages begraben,[36] und letzteren mit einem »toten Hering im Mondlicht« vergleichen, »der hell leuchtet, während er verrottet«,[37] ohne dass man ihm mehr als eine moderate Übertreibung vorwerfen konnte. In einem viel beachteten Buch, das die britische Wirtschaft scharf kritisierte, konnte der Journalist

Shanks

und Regierungsberater Michael Shanks 1961, ohne dass es als lächerlich zurückgewiesen wurde, die Einschätzung abgeben, die Wachstumsraten der sowjetischen Wirtschaft überträfen die des Westens bei weitem, und es sei abzusehen, dass die Pro-Kopf-Produktion Russlands die westliche überholen würde. Um dies zu verhindern, müsse die Wirtschaft des Westens effizienter gelenkt werden. Als Vorbild stellte er die Planwirtschaft im damals im Westen fast noch unbekannten Bulgarien hin, wo er sein Buch verfasst hatte:

> »Wie in anderen kommunistischen Staaten wird das Leben beherrscht vom Konzept des Planes. Alle Aspekte des öffentlichen Lebens müssen auf ihn abgestimmt werden … in dieser disziplinierenden Ausrichtung der Gesellschaft auf bestimmte soziale und ökonomische Ziele liegt etwas … Anständiges, Ehrliches und Inspirierendes. Was ihr auch sonst fehlen mag, diese Gesellschaft verfügt über ein ausgeprägtes Zielbewusstsein. Und dies ist gegenüber dem Westen eine große Stärke.«[38]

Shanks war kein Kommunist, und er stand nicht allein da mit seiner Überzeugung, dass der Überlebenskampf des Westens gegen den rücksichtslos effizienten und zweckgerichteten Osten vergleichbar sei mit dem Kampf des glorreichen, aber verweichlichten Athen gegen das entschlossene Sparta. Bei seiner Ankunft in Wien stellte Shanks schockiert fest, dass die westlichen Zeitungen überquollen »von den Konflikten der Gesellschaft: Übernahmeangebote, Arbeitskämpfe, Morde, Sexualverbrechen, politische Skandale«. Das stand im krassen Gegensatz zu Bulgarien, wo »sich alle Kräfte auf den Aufbau des Sozialismus konzentrierten« und wo der durchschnittliche Beamte nicht unserer »naiven Vorstellung eines kommunistischen Teufels« entsprach, sondern sich als »nüchterne Gestalt von begrenzter Intelligenz und Vorstellungskraft« erwies, »die zumeist absolut ehrlich war und eine fast puritanische Moral besaß«.[39]

Die Wahrheit sah anders aus. Der sowjetische Kommunismus, der von Stalin und, weniger blutig, von seinen Nachfolgern praktiziert wurde, wies folgenschwere Schwächen auf, die einen langfristigen Erfolg ausschlossen. So herausragend die Bemühungen Stachanows und anderer auch waren, mit denen sie die sowjetische Wirtschaft besonders während und kurz nach dem Zweiten Weltkrieg angekurbelt hatten, die »vier I« – Information, Impuls (Anreiz), Investition und Innovation – blieben unberücksichtigt, was sich letztlich als verhängnisvoll herausstellte. Aber das ließ sich zum damaligen Zeitpunkt kaum beweisen. Denn erstens handelte es sich um immanente Schwächen, die nur allmählich erkennbar wurden und leicht durch kurzfristige und einmalige Leistungen kaschiert werden konnten. Zweitens waren die meisten statistischen Angaben über die sowjetische Wirtschaft schlicht und ergreifend falsch, wenn auch das Ausmaß der Lügen erst spät erkannt wurde. Und drittens wurde die Interpretation der vorhandenen Informationen durch politisches Wunschdenken erschwert.

Während Militärausgaben und Beschäftigungszahlen in der Sowjetunion nach 1945 sanken, verdoppelte die Schwerindustrie in den ersten fünf Jahren nach Kriegsende ihre Produktion.[40] Das Hochgefühl des Erfolgs hielt zumindest bei den Herrschenden bis in die frühen sechziger Jahre an. In einer Zeit, als der britische Premierminister Harold Macmillan seinen Wählern gesagt haben soll, ihnen sei es noch nie so gut gegangen,* und der neue, junge US-Präsident John F. Kennedy unentwegt davon sprach, die Wirtschaft wieder in Schwung zu bringen, konnte Chruschtschow stolz auf den gestiegenen Le-

---

* Macmillans Worte aus einer Rede am 20. Juli 1957 in Bedford werden meist falsch zitiert. Die Formulierung »Euch ging es noch nie so gut« war eine Schlagzeile des *Daily Mirror*. Macmillan dagegen wollte warnen: Zwar sei es »den meisten Menschen noch nie so gut gegangen«, aber der neue, von einer Politik des Wirtschaftswachstums geschaffene Wohlstand könnte »zu gut sein, um anzudauern«, wenn die Inflation nicht aufgehalten werde.

bensstandard der Sowjetbürger verweisen: Hochhaussiedlungen in allen Städten, bessere Ernährung (der Fleischkonsum war in sieben Jahren um mehr als die Hälfte gestiegen), Kühlschränke, Fernsehgeräte und Waschmaschinen, kostenlose Gesundheitsversorgung und Ausbildung für jedermann, niedrige Mieten, keine Arbeitslosigkeit, steigende Löhne. All dies erklärt vielleicht die euphorische Stimmung, die 1961 im Kreml herrschte. Robert Service fasst sie so zusammen:

> »Das Parteiprogramm ... beschrieb die UdSSR als einen Staat aller Menschen, der keine diktatorischen Methoden mehr anwenden musste ... Ende der sechziger Jahre sollte nach den Voraussagen des Programms die Pro-Kopf-Produktion der USA übertroffen werden; bis 1980 sollte die technisch-materielle Basis der kommunistischen Gesellschaft gelegt sein. Den vollendeten Kommunismus vor Augen ... würde die Sowjetunion in ein Zeitalter beispiellosen menschlichen Glücks eintreten.«[41]

Doch nach und nach wurde eine bedrückendere Realität erkennbar. Trotz des kurzen Aufschwungs unter Chruschtschow, der die übelsten Exzesse von Stalins politischer und ökonomischer Tyrannei rückgängig machte, hatte die Landwirtschaft zunehmend Mühe, Menschen und Tiere mit Nahrungsmitteln zu versorgen, und die Industrie konnte mit der Entwicklungen der westlichen Marktwirtschaften nicht mehr Schritt halten.

Ende der siebziger Jahre musste sich die sowjetische Industrie auf einen langfristigen Rückgang einstellen. Nach den beiden Ölpreisanhebungen der OPEC in den siebziger Jahren konnte die Sowjetunion zwar Öl, Benzin und Gas ins Ausland verkaufen, um den Haushalts und die Zahlungsbilanz zu entlasten. Letztlich aber war die sowjetische Wirtschaft wieder genauso vom Rohstoffexport abhängig wie das zaristische Russland. Und inzwischen konnte sie nicht einmal mehr einen

Getreideüberschuss für die Ausfuhr in die europäischen Nachbarländer erzielen.[42]

Aber noch war das Ausmaß des Versagens von außen nicht zu erkennen. Offizielle Statistiken sprachen Ende der siebziger Jahre von einem jährlichen Anstieg der Industrieproduktion um vier Prozent, selbst wenn diese Lüge im Vergleich zur doppelten Wachstumsrate, die man ein Jahrzehnt zuvor vermeldet hatte, relativ bescheiden wirkt. Auch innerhalb der Sowjetunion wurde die Wahrheit verschleiert. Der Lebensstandard der Arbeiter war wahrscheinlich so hoch wie noch nie, da Leonid Breschnew den Konsumgütern in den amtlichen Investitionsplänen eine ausreichend hohe Priorität einräumen ließ. Kühlschränke und Fernsehgeräte waren 1980 in mehr als drei Vierteln aller sowjetischen Haushalte zu finden, und die Preise für Lebensmittel, Kleidung, Miete und Heizung wurden nahezu auf Vorkriegsniveau gehalten. Später sollte die Breschnew-Ära im Vergleich zu der Armut nach dem Fall des Kommunismus sogar als ein goldenes Zeitalter gelten.

Aber das grundlegende Versagen des sowjetischen Wirtschaftssystems in allen Bereichen mit Ausnahme der Militärtechnologie war für Eingeweihte nicht zu übersehen. Zu diesen gehörte als Vertreter der nächsten Führungsgeneration auch Michail Gorbatschow, der bei seinem Amtsantritt 1985 kaum noch Illusionen über die ökonomische Leistungsfähigkeit der Sowjetunion gehegt haben dürfte. Der technologische Abstand zwischen Ost und West wurde immer größer und erreichte Dimensionen, die auch durch die größten Anstrengungen des KGB in der Industriespionage nicht mehr wettgemacht werden konnten.

Die sowjetischen Staatsfinanzen hingen immer stärker vom Öl- und Gasverkauf ab, der 1984 über die Hälfte aller Exporte des Landes ausmachte, sowie von einem Wodkaabsatz in ozeanischen Mengen an eine labile Bevölkerung.[43] Vierzig Prozent der Importe, die in harter Währung bezahlt werden mussten, entfielen auf Tiernahrung, sodass für die dringend benötigten Anlagegüter und Hochtechnologien entsprechend wenig übrig blieb. In den nächsten fünf Jahren geriet die sowjetische Wirtschaft in eine tiefe Krise. Während Gorbatschows Politik von Perestroika und Glasnost offenlegte, wie marode das System war, wurden seine häufig inadäquaten Reformversuche von der Implosion des gesamten Regierungs- und Kontrollsystems der Sowjetunion und ihrer Satellitenstaaten zunichte gemacht.

Hier kann keine ausführliche Darstellung dieses Zusammenbruchs gegeben werden. Es lässt sich darüber spekulieren, ob er durch das Eingreifen des Westens nach dem sowjetischen Einfall in Afghanistan beschleunigt wurde. Und hier ist auch nicht der Ort, um die Frage zu beantworten, ob man Gorbatschow wie Robert Service als »heiligen Narr« sehen muss, der mit seinen Handlungen unabsichtlich den Zerfall eines Systems auslöste, das er modernisieren wollte, oder ob er nicht vielmehr ein historischer Pragmatiker wie Franklin Roosevelt war, dessen Fähigkeit, Nichtfunktionierendes zu erkennen, ihn zu immer radikaleren Experimenten trieb. Sicher ist nur, dass die »vier I« das Sowjetsystem schließlich einholten. Zum vielleicht ersten Mal in der Geschichte löste sich ein totalitäres Reich auf, ohne dass es dabei zu dem blutigen Todeskampf kam, mit dem üblicherweise bei einem solchen Ereignis zu rechnen ist. Das Verdienst daran darf zu einem großen Teil Gorbatschow für sich in Anspruch nehmen, der sich wiederholt geweigert hat, die stalinistische Option zu wählen.

Die »vier I« hängen eng miteinander zusammen. Eine gut funktionierende Marktwirtschaft erzeugt Informationen über Verbrauchervorlieben und die Kosten verschiedener Möglichkeiten der Deckung dieses Bedarfs. Sie erlaubt eine Überprüfung dieser Vorlieben und Produktionslösungen in feinsten Abstufungen, um innerhalb der Grenzen der Einkommensverteilung in der betreffenden Volkswirtschaft zu »optimalen« Kombinationen zu gelangen. Diese Informationen, die sich in Preisen und Ausgaben niederschlagen, geben Impulse und sorgen dafür, dass die Mittel bereitgestellt werden, um diesen Impulsen folgen zu können. Der Dollar, den ein Verbraucher für einen Kauf ausgibt, trägt zum Gewinn des Anbieters bei und ermöglicht es ihm, die Kosten der Angebotsbereitstellung zu tragen.

Diese Informationen und Impulse lenken und finanzieren die Investitionen des Anbieters, und im Lauf der Zeit führen sie zu Innovationen, die dem Wunsch der Verbraucher nach einem höheren Gegenwert für ihr Geld besser Rechnung tragen. So ist die gesamte Maschinerie einer Wirtschaft ständig dazu gezwungen, durch Millionen von Entscheidungen, die Tag für Tag von Millionen Menschen getroffen werden, auf die Wünsche des souveränen Verbrauchers einzugehen.

Natürlich stellt diese idealisierte Skizze eine grobe Vereinfachung einer Realität dar, die voller Mängel, Missstände und Ineffizienz ist, ganz zu schweigen von Problemen wie der Umweltbelastung, die womöglich gar keine Berücksichtigung finden. Aber zumindest löst diese Realität eine Dynamik aus, die in Richtung einer effizienten Versorgung der Menschen mit den hauptsächlich gewünschten Dingen zielt. Und sie lastet nicht einem administrativen oder politischen Apparat die Bürde auf, a priori wissen zu müssen, was die Menschen wünschen, und dann per Dekret die Erfüllung dieser Wünsche von ihnen zu fordern, ohne dass dies von angemessenen finanziellen Anreizen getragen wird und die Interessen jener berücksichtigt werden, die zur Herstellung und Verteilung der Produkte gebraucht werden. Das Resultat wird mit dem bereits zitierten Bonmot treffend beschrieben: »Sie tun so, als würden sie uns bezahlen, und wir tun so, als würden wir arbeiten.«

Wenn es immer weniger Arbeit für immer weniger Lohn gibt, entsteht ein Teufelskreis, in dem Informationen über Verbrauchervorlieben und Sparpotentiale der Produktion nicht von Preisen signalisiert werden, die sich über Angebot und Nachfrage bestimmen; die vorhandenen Informationen nicht automatisch in Handlungsimpulse umgesetzt werden; Investitionen aufgrund politischer Dogmen oder administrativer Vorschriften beschlossen werden, welche die zahllosen Alternativen über einen Kamm scheren; und Innovationen von einer ausgelaugten und überalterten Führungsriege nur zögernd zugelassen werden, nachdem mit großer Verspätung die Kunde von diesen Innovationen aus einer misstrauisch beobachteten Außenwelt zu ihnen durchgedrungen ist. Man muss kein blauäugiger Befürworter der Marktwirtschaft und auch nicht blind für die Mängel des Laisser-faire-Kapitalismus sein (wie etwa Ungleichheit, Instabilität und monopolistische Ausbeutung), um zu begreifen, dass jedes System, das Produktion, Investitionen und Löhne auf einer zentralen Kommandoebene festlegt, immer mehr den Kontakt zu den Wünschen der Menschen verliert. Es übersieht die am besten geeigneten Versorgungsmöglichkeiten, wird zunehmend davon abhängig, die angeblich unterlegene Außenwelt zu studieren, und ist immer weniger in der Lage, Menschen zu finden und zu motivieren, die sich die übermenschliche Aufgabe einer allwissenden zentralen Führung zumuten wollen.

Nachdem Stalin die Marshallplanhilfe für die Sowjetunion und die von der Roten Armee kontrollierten Staaten Osteuropas abgelehnt hatte, blieb diesen in der ersten Nachkriegsphase keine andere Wahl, als zu Satelliten Moskaus zu werden. Ihre wirtschaftliche Entwicklung musste zurückstehen, denn Priorität hatte das Ziel des Kremls, Osteuropa zu kontrollieren und das eigene Land wieder aufzubauen. Die wirtschaftliche Freiheit wurde fast genauso rigoros unterdrückt wie die politische. Bis zum Anfang der sechziger Jahre waren Bergbau, Landwirtschaft, Verkehrswesen, Handel und Finanzinstitute verstaatlicht worden, sodass in Bulgarien, der Tschechoslowakei, der DDR, Ungarn und Rumänien fünfundneunzig Prozent des Nationaleinkommens aus dem öffentlichen Sektor stammten. Die Landwirtschaft Polens und Jugoslawiens blieb weitgehend in privater Hand, und auch der öffentliche Sektor blieb dort auf fünfundsiebzig Prozent der Gesamtwirtschaft beschränkt.[44] Die zentrale Planung legte fest, wie viel investiert und wie viel konsumiert werden sollte und wie die Ressourcen zwischen den Sektoren und Branchen aufzuteilen waren. Oberste Priorität besaß die Schwerindustrie. Die Strategie zur Förderung des Wachstums und der Industrialisierung mittels Zuteilung großer Kapitalbeträge für von den zentralen Planern bestimmte Ziele brachte es mit sich, dass diese Mittel ohne Rücksicht auf Effizienz und wechselnde Erfordernisse eingesetzt wurden.

Wie in der Sowjetunion wurden auch in den Satellitenstaaten die besten Leistungen wahrscheinlich am Anfang erreicht, als die industriellen Schwerpunkte feststanden und der absolute Vorrang der Investitionen gegenüber dem Konsum zu greifbaren Ergebnissen führten. Bis in die siebziger Jahre erzielten einige der osteuropäischen Planwirtschaften in Bezug auf Produktion, Beschäftigung und Produktivität eindrucksvolle Ergebnisse. Die ausgewiesenen Daten bescheinigen dem Ostblock während der fünfziger und sechziger Jahre eine jährliche Wachstumsrate von sieben Prozent, im Vergleich zu unter fünf Prozent im Westen, und ein fast sechsprozentiges Wachstum der Pro-Kopf-Produktion, im Vergleich zu unter vier Prozent im Westen.[45]

Aus heutiger Sicht stellt sich natürlich die Frage, wie weit man diesen Zahlen Glauben schenken kann. Quantitativ mögen sie korrekt gewesen sein, aber im Hinblick auf den Wert der Produkte waren sie in zunehmendem Maß irreführend. Dies fügt sich ins Bild der zentralen Wirtschaftsplanung, die bekanntermaßen bei der Umsetzung kurzfristiger Ziele Außerordentliches zu leisten vermag, durch längerfristige Veränderungen und Innovationserfordernisse aber vor eine unlösbare Aufgabe gestellt wird. So mag die Produktionsmenge in Kategorien wie Energie, Wohneinheiten, Maschinen bestimmter Bauart und grundlegenden Konsumartikeln in den ersten Jahrzehnten nach dem Krieg tatsächlich stark gestiegen sein, doch diese Leistungen wurden im Vergleich zu den freien

Märkten des Westens, wo sich die Preise für die vorhandenen Güter nach den tatsächlichen Verbrauchervorlieben und Produktionskosten richteten, immer irrelevanter.

Im Lauf der Zeit traten die Mängel des Systems deutlicher zutage. Ziele und Methoden ließen sich immer schwerer steuern, weil es wie in der Sowjetunion an Informationen und Impulsen fehlte, die zu Investitionen und Innovationen geführt hätten. So musste der Ostblock verstärkt auf die Nachahmung westlicher Projekte bauen, während er gleichzeitig die Überlegenheit seiner Ideologie zu beweisen suchte. Die Marshallplanhilfe im Westen wurde weitgehend durch die Organisation für europäische wirtschaftliche Zusammenarbeit (OEEC) umgesetzt, die offenbar die Bildung des osteuropäischen Rats für gegenseitige Wirtschaftshilfe (RGW, englisch: Comecon) anregte. Der RGW erzielte nur bescheidene Erfolge. Möglicherweise verhinderte er die schlimmsten Auswüchse des Autarkiestrebens der einzelnen Ostblockländer und förderte die widerwillig angenommene Einsicht, dass die Mitglieder der kommunistischen Familie aufeinander angewiesen waren und mit der Abstimmung von Plänen und Arbeitskräfteeinsatz einen Vorteil erzielen konnten. Aber der RGW schnitt die osteuropäischen Volkswirtschaften vom normalen Austausch mit der Außenwelt ab und verhinderte damit die Veränderungen, die nötig gewesen wären, um mit der Wirtschaftsentwicklung im Westen Schritt zu halten.

Zudem zwang die UdSSR als Vormacht des kommunistischen Blocks die Satellitenstaaten zu einem Güteraustausch, bei dem Bedarf und Angebot der Sowjetunion Vorrang besaßen. Auf diese Weise wurde das Handelsgefüge verzerrt und das Wachstum von Volkswirtschaften wie jenen der DDR und der Tschechoslowakei behindert, die ohne eine solche Belastung wahrscheinlich deutlich bessere Leistungen erzielt hätten. Von Zeit zu Zeit wurden alle, die sich der politischen Kontrolle der Sowjetunion zu entziehen suchten, brutal auf den Boden der Tatsachen zurückgeholt, wie beim Aufstand in Ungarn

1956 und beim Prager Frühling 1968. Dennoch, obwohl Reformbemühungen zur Einführung marktwirtschaftlicher Elemente in den osteuropäischen Ländern prinzipiell unterdrückt wurden, setzte sich der Preismechanismus in verschiedenen Bereichen durch – etwa in Form von systematischer Korruption in den pragmatischeren Staaten wie Ungarn –, und die Fassade der Planwirtschaft bekam immer größere Risse.

Als die Ostblockländer in der technischen Entwicklung ständig weiter hinter den Westen zurückfielen, versuchten viele von ihnen, die Kluft durch den Import von Investitionsgütern zu überbrücken, die sie für die Produktion hochwertiger Fertigerzeugnisse zur Wiederausfuhr nutzen wollten. Diese Strategie scheiterte jedoch aus zwei Gründen. Zum einen wurden die osteuropäischen Länder durch billiges sowjetisches Öl und billige westliche Kredite, die beide auf politischem Kalkül (mit entgegengesetzten Intentionen) beruhten, zu Energieverschwendung und hoher Schuldenaufnahme verleitet, und zum anderen waren sie, was ihr technisches Know-how anging, noch nicht in der Lage, die von den staatlichen Planern erträumte Rolle auszufüllen.

Der Widerstand, der den sowjetischen Kommunismus letztlich zu Fall brachte – oder ihn zumindest in eine Krise stürzte, die ein Mann wie Michail Gorbatschow nicht mit den Methoden seiner Vorgänger unterdrücken wollte –, begann in den osteuropäischen Satellitenstaaten, wo man den zunehmenden Kontrast zwischen der eigenen Lebensweise und jener der westlichen Nachbarn hautnah erlebte. Einige von ihnen hatten in jüngerer Zeit Erfahrungen mit demokratischen und pluralistischen Institutionen sammeln können, und alle machten die sowjetische Unterdrückung für ihre Rückständigkeit verantwortlich. Als Gorbatschow verkündete, dass er auf den Einsatz von Panzern verzichten werde, brach sich der Drang nach Freiheit Bahn, und in erstaunlich kurzer Zeit löste sich das gesamte Gefüge der Kommandowirtschaft in Luft auf, lange bevor man darüber nachdenken konnte, was an seine

Stelle treten sollte. In der Sprache der Institutionen der alten Ersten Welt wurden die Ostblockstaaten zu »Übergangsländern«, die einen möglichst raschen Anschluss an den Westen anstrebten. Damit mündete ihre Entwicklung im letzten Jahrzehnt des Jahrtausends in die wirtschaftliche Globalisierung.

Für Russland und die anderen Republiken der ehemaligen Sowjetunion erwies sich dieser Weg als eine weitere falsche Verheißung. Aber für die meisten anderen Länder des früheren RGW schien sie sich zu erfüllen, auch wenn sich marktwirtschaftliches Wachstum in einigen Ländern wie Polen und Ungarn schneller einstellte als etwa in den baltischen Staaten, in Bulgarien und in Rumänien. Allerdings konnte nur Polen sein Bruttoinlandsprodukt von 1989 bis 1998 deutlich steigern;[46] das durchschnittliche BIP der anderen osteuropäischen Länder (einschließlich der baltischen Staaten) lag 1998 immer noch knapp unter dem von 1989, während die Sowjetunion einen Rückgang von fünfundvierzig Prozent hinnehmen musste – zweifellos der schlimmste wirtschaftliche Rückschlag in Friedenszeiten, den eine bedeutende Wirtschaftsregion jemals erlitten hat.

Das zweite große Experiment des Kommunismus fand in China statt. Es folgte einer anderen Chronologie als die Entwicklung im Ostblock und führte auch zu einem anderen Ergebnis. Das Ende der japanischen Besatzung nach dem Krieg und der anhaltende Kampf zwischen Tschiang Kai-scheks Nationalisten und Mao Tse-tungs Kommunisten hatten das Land verarmen lassen und die Bevölkerung demoralisiert. Der Bürgerkrieg wurde mit der Eroberung Nankings durch Maos Truppen im Jahr 1949 und Tschiang Kai-scheks Flucht nach Taiwan beendet. Maos Sieg wurde als kommunistische Revolution gefeiert, und noch heute wird er in Peking offiziell als Gründungsakt der Volksrepublik China gewürdigt.

Im Kapitel Internationale Wirtschaft und wirtschaftlicher Nationalismus wurde erwähnt, dass das Leben der chinesischen Bauern zu Beginn des 20. Jahrhunderts etwa dem von ungelernten Arbeitern in Europa bis zum Jahr 1800 entsprach und sich seit 2000 v. Chr. nicht nennenswert geändert hatte. Michael Lipton und Martin Ravallion haben in jüngerer Zeit sogar angemerkt, dass die Armut in Asien bis 1945 kaum abgenommen habe.[47] Zu Beginn des 20. Jahrhunderts lag China am Boden und wurde von ausländischen Banken ausgebeutet. Dies begünstigte die Entstehung der Kommunistischen Partei Chinas im Jahr 1921, neun Jahre nach der Gründung der chinesischen Republik unter Führung Sun Yatsens und der Abdankung des letzten Mandschu-Kaisers. Nach fast vierzig Jahren Anarchie und Bürgerkrieg, nur unterbrochen von der zwölfjährigen japanischen Besatzung, war die chinesische Wirtschaft zerrüttet wie die der USA während der großen Depression oder die Europas am Ende des Zweiten Weltkriegs, nur dass China noch viel ärmer war. Die Sehnsucht nach einem Neuanfang, nach einer besseren Zukunft war groß. Und mit der Gründung der Volksrepublik schien sich diese Hoffnung zu erfüllen:[48]

»Auf einmal gab es eine Armee von disziplinierten, höflichen und hilfsbereiten Bauernburschen, die das ganze Gegenteil der plündernden Kriegsherrentruppen und der zurückweichenden Nationalisten waren. Auf einmal gab es eine engagierte Regierung, die wirklich aufräumte – nicht nur auf den Straßen, sondern auch bei Bettlern, Prostituierten und Kleinkriminellen, die allesamt zur Umerziehung geschickt wurden. Auf einmal gab es ein neues China, auf das man stolz sein konnte, das die Inflation eindämmte, ausländische Privilegien abschaffte, das Opiumrauchen, die verbreitete Korruption ausrottete und die Bürger in eine Vielzahl gemeinnütziger Aktivitäten einband, um öffentliche Bauten zu reparieren, die Alphabetisierung voranzutreiben, sich mit dem niederen Volk zu verbrüdern sowie die Neue Demokratie und Mao Tse-tungs Gedanken zu studieren. All diese Aktivitäten öffneten einer idealistischen und ehrgeizigen Jugend neue Türen.«[49]

Die ersten acht Jahre nach der Revolution standen im Zeichen von Wiederaufbau und Wachstum. Das besondere Geschick chinesischer Händler und Handwerker trug während des ersten Fünfjahrplans zu einer jährlichen Wachstumsrate von fast neun Prozent bei. Allerdings erlauben die üblichen Schwierigkeiten bei kommunistischen Statistiken bis auf den heutigen Tag keine sichere Interpretation dieser Zahlen. Nach offiziellen Angaben wuchs die Agrarproduktion rund 1,5 Prozent schneller als die Bevölkerung, die Löhne nahmen in den Städten um ein Drittel und die Einkommen der Bauern um ein Fünftel zu. Wenn diese Werte auch nur zur Hälfte zuträfen, würden sie im Vergleich zur langen Geschichte der Armut in China in der Tat eine gewaltige Leistung signalisieren.

Als Kommunisten folgten die neuen Herrscher dem üblichen Programm der Enteignung und Unterdrückung von Kapitalisten in den Städten und Grundbesitzern auf dem Land. Eine neue Verfassung, die sich an der sowjetischen orientierte, schrieb die unangefochtene Macht der zentralen Parteiführung fest. Wie in der Sowjetunion konnten mit dieser extremen Form sozialer und ökonomischer Reglementierung anfangs beeindruckende Produktionszuwächse erzielt und notwendige Investitionen durchgeführt werden. Aber es stellte sich bald heraus, dass sich die Prinzipien des ersten Fünfjahrplans nicht ohne Weiteres auf den zweiten übertragen ließen.

Der zweite Fünfjahrplan sollte die weniger praktikablen Aspekte seines Vorläufers modifizieren, vor allem im Hinblick auf die ländlichen Regionen, in denen die Produktion durch Kollektivierung, massive staatliche Bürokratie und die Bevorzugung der Schwerindustrie behindert wurde, was die unerwünschte Abhängigkeit Chinas von sowjetischer Hilfe vergrößerte.[50] China wurde mit der historischen Wahrheit konfrontiert, dass Industrialisierung einen Wandel in der Landwirtschaft voraussetzt, damit der von der wachsenden Stadtbevölkerung benötigte Nahrungsmittelüberschuss gewährleistet ist. Und solch eine Umwälzung erfordert Anreize für die Bauern, vor allem in Form von Konsumgütern, was wiederum eine ausgewogene Balance zwischen Schwer- und Leichtindustrie erfordert.[51]

Der »Große Sprung nach vorn« von 1958 zählt unter den bewusst getroffenen Entscheidungen politischer Führer hinsichtlich ihrer Folgen für die Menschen zu den schlimmsten, die jemals getroffen worden sind. Zwischen 1958 und 1960 starben zwanzig bis dreißig Millionen Chinesen an Unterernährung, wofür die chaotischen Zustände verantwortlich waren, die ein politischer Führer mit einem Mangel an Einsicht und einer bemerkenswerten Fähigkeit zur politischen Mobilisierung herbeigeführt hatte.[52] Quasi per Dekret ließ Mao ein Dreißigstel einer Bevölkerung von sechshundertfünfzig Millionen Menschen um einer Theorie willen verhungern.[53] Nach dieser Theorie konnten, vereinfacht gesagt, unterbeschäftigte Landarbeiter durch politische Ermahnungen zu Höchstleistungen angespornt werden, um gleichzeitig die Modernisierung der Landwirtschaft und den Aufbau einer Leichtindustrie zu bewerkstelligen, die landwirtschaftliches Gerät und Konsumgüter herstellen sollte.

Die moderne städtische Wirtschaft sollte weiterhin Exportgüter produzieren, um die benötigten Importe von Investitionsgütern zu finanzieren. Diese irrsinnige Theorie wurde in Slogans wie »Lang lebe der große Sprung nach vorn!« und »Alle machen mit bei der Stahlproduktion!« zusammengefasst. In jedem Dorf wurden Kleinsthochöfen errichtet, um aus sämtlichem Alteisen, das irgendwie aufzutreiben war, und seien es auch die Woks aus der Küche, Stahl zu produzieren.[54] Während gleichzeitig die Nahrungsmittelerzeugung vernachlässigt wurde, meldeten übereifrige Parteifunktionäre fantastische Produktionszahlen nach Peking. Ausgehend von diesen Berichten requirierte Peking den größten Teil der erzeugten Lebensmittel, mit der Folge, dass die Dorfbewohner hungerten und für Krankheiten anfällig wurden.[55]

Ab 1963 flaute dieser Wahnsinn etwas ab, und es kam zu

einer gewissen Belebung der Produktion. Dies galt vor allem für die Landwirtschaft, wo der Anbau von Nahrungsmitteln auf privaten Grundstücken für den Verkauf auf lokalen Märkten wieder zugelassen wurde. Diese von Deng Xiaoping und Liu Schao-tschi eingeleitete pragmatische Wende stärkte die Macht der zentralen Bürokratie in Peking und der herrschenden Kaste in den Dörfern. 1966 griff Mao wieder zu der einzigen Waffe, die er kannte: der politischen Mobilisierung der Landbevölkerung, um die traditionellen Autoritäten auf dem Lande in die Schranken zu weisen und zugleich seine eigene Vormachtstellung in der kommunistischen Partei wiederzuerlangen. Das Ergebnis war die Kulturrevolution, die China bis zu Maos Tod im Jahre 1976 in ein entsetzliches Chaos warf, wovon die Wirtschaft jedoch weniger betroffen war.[56]

Getragen von umfangreichen Investitionen, nahm die Industrie zwischen 1969 und 1976 nach offiziellen Angaben jährlich um 13,5 Prozent zu. Die Bevölkerung, die von der »grünen Revolution« und von Verbesserungen in der Gesundheitsversorgung profitierte, wuchs zwischen 1965 und 1975 von 725 Millionen auf 919 Millionen. Die Genauigkeit dieser Zahlen gibt Anlass zur Skepsis, aber die meisten Fachleute gehen ungeachtet der chaotischen politischen und sozialen Verhältnisse von einem raschen Wachstum von Produktion und Bevölkerung Chinas in diesem Zeitraum aus. Nutznießer dieser Entwicklung waren vor allem neue lokale Führungseliten, während die Landbevölkerung von dem Produktionsanstieg kaum etwas hatte.[57] Zudem wurde das hohe Produktionswachstum, laut Weltbank, durch eine »Steigerung der Einsatzgüter« erreicht, also im Wesentlichen durch Investitionen in Fabriken und Technologie. Kaum etwas deutete allerdings darauf hin, dass diese Ressourcen mit wachsender Effizienz genutzt wurden. Im Gegensatz zu dem, was sich sonst in Ostasien und später auch in China ereignen sollte, verzeichnete die Produktivität von Arbeitskraft, Land und Kapital keine Zunahme.[58]

Nach Maos Tod und dem politischen Nachfolgekampf vollzog sich in China mit ungeheurer Geschwindigkeit eine Entwicklung, die man nur als chinesisches Wirtschaftswunder bezeichnen kann.[59] Deng Xiaoping ersetzte Ideologie durch Pragmatismus und veränderte die Machtverhältnisse in der chinesischen Gesellschaft. Er stärkte die Kompetenzen zentraler und lokaler Behörden bei der Durchsetzung von Gesetz und Ordnung, verringerte aber zugleich ihren Einfluss auf das Wirtschaftsleben. Seine Reformen im Sinne eines »Sozialismus mit chinesischen Merkmalen« begannen auf dem Land, wo die Mao-Ära am meisten Chaos und Stillstand verursacht hatte. Merle Goldman fasst das Resultat zusammen:

»In der Ära nach Mao entwickelte sich China von einem isolierten, armen, ländlichen und politisch unruhigen Staat zu einem relativ offenen, stabilen Staat, der sich urbanisiert und modernisiert. Mit einem jährlichen Wachstum von neun Prozent in den letzten beiden Jahrzehnten des 20. Jahrhunderts wurde China zur am schnellsten wachsenden Volkswirtschaft der Welt … [Nach einem Bericht der Weltbank wuchs sie] schneller als jede andere Wirtschaft in der Geschichte. Nachdem in dem Land noch vor zwanzig Jahren sechs von zehn Menschen mit weniger als einem Dollar am Tag auskommen mussten und damit unterhalb der international anerkannten Armutsgrenze lebten, hat China inzwischen den Wandel zu einer Nation vollzogen, in der sich das Pro-Kopf-Einkommen vervierfacht hat.«[60]

Überall dort, wo Beschränkungen für den Einfallsreichtum und das Wettbewerbsstreben des Menschen wegfallen, kommt es zu einem »natürlichen Wachstum des Wohlstands«, so die These von Adam Smith, und nichts hätte diese These besser belegen können als die Entwicklung in China. (Auch Smith interessierte sich übrigens für die in seiner Zeit herrschende Stagnation Chinas, für die er politische und ökologische Einflüsse verantwortlich machte.) Aber bevor wir uns von der Bewunderung für Dengs Leistungen übermannen lassen, sollten wir daran denken, dass das kommunistische Machtmonopol weiterhin Bestand hatte – ein Demokratiedefizit, das Dengs China mit dem goldenen Wirtschaftszeitalter des alten Rom von Augustus bis Mark Aurel gemeinsam hat.

Fast zeitgleich mit Chinas Wirtschaftswunder erlebte Russland paradoxerweise den größten ökonomischen Rückschritt der Geschichte, und zwar offenbar infolge der gleichen wirtschaftlichen Liberalisierung, die China das schnellste Wachstum der Geschichte beschert hat. Viele Erklärungen bieten sich an: eine nicht funktionierende Regierung, kulturelle Unterschiede, schlechte Steuerung des Übergangs zum freien Markt. Keiner dieser Gründe kann den Unterschied zwischen der besten und der schlechtesten Wirtschaftsleistung der modernen Geschichte jedoch hinreichend erklären.

Der durch die katastrophalen Folgen von Maos Politik und den rasanten Fortschritt einiger ostasiatischer Nachbarländer entstandene große Abstand zur Wirtschaftsleistung anderer Staaten kann sicherlich als wesentlicher Grund für Chinas wirklichen Sprung nach vorn angesehen werden. Aber auch Russland hatte viel aufzuholen, und dennoch ist das Wachstum des Wohlstands ausgeblieben. Vielleicht kann ein chinesischer Bauer oder Geschäftsmann eher als sein russisches Pendant darauf vertrauen, dass er einen bedeutenden Teil des Wohlstands, den er mit Einfallsreichtum, Wettbewerbsstreben und harter Arbeit erworben hat, behalten und genießen kann. Und dies ist schließlich zusammen mit einer angemessenen Steuerdisziplin, die in Russland ebenfalls fehlt,[61] das Kennzeichen einer guten Regierung.

Die Frage der Selbstbestimmung steht auf einem anderen Blatt. Im neuen Jahrhundert wird China mit dem gleichen Problem zu ringen haben, das dem alten Rom zugesetzt hat und das jedem absolutistischen Regime zu schaffen macht: Wie kann man trotz der Sterblichkeit der Herrscher den Fortbestand des Systems sichern, ohne sich einer Volksabstimmung zu stellen? Russland hingegen wird mit dem Problem der Anarchie zu kämpfen haben und dafür hoffentlich eine akzeptablere Lösung finden als den »starken Mann« nach dem Vorbild der Cäsaren. Wenn diese Lösung gefunden ist, wird auch in Russland vielleicht das sehnlichst erwartete Wirtschaftswunder beginnen. Jedenfalls belegen sowohl Russland als auch China die Hauptthese dieses Buches, dass die Wirtschaftsleistung von der Regierung abhängt, die nicht zu viel, nicht zu wenig und auch nicht auf die falsche Art, sondern genau richtig steuern muss, um das elementare Streben nach wachsendem Wohlstand freizusetzen.

Die Geschichte der beiden Hauptausprägungen des Kommunismus, die auf ihre Weise versuchten, die Fehler der damals jüngsten Vergangenheit zu vermeiden, endete damit, dass die mit großen Hoffnungen verknüpfte Erfolgsformel aufgegeben wurde. In der Sowjetunion glaubten die eigenen Führer nicht mehr an diese Formel und verwarfen sie zugunsten einer Alternative, die bis zum Ende des Jahrhunderts noch keine viel versprechenden Ergebnisse gezeigt hat. In China wurde die Formel aus dem gleichen Grund, aber bisher mit weit eindrucksvolleren Konsequenzen fallen gelassen.

Nach 1945 gab es auch noch eine Dritte Welt. Diese gehörte weder zu den Industrienationen, die sich um die Weltmacht USA scharten, um nach dem Krieg eine bessere Wirtschaftsordnung zu schaffen, noch zum kommunistischen Block, an dessen Spitze, zumindest anfangs, die Sowjetunion stand. Die Dritte Welt stellte nie ein festes Gefüge dar. Zu ihr gezählt wurden die lateinamerikanischen Länder, in denen eine tiefe Kluft zwischen Volks-, Militär- und Unternehmerparteien herrschte, während die wirtschaftliche Entwicklung von Privatkapital, das zum Teil aus den USA stammte, und von staatlichen Investitionen abhing. Andere Länder, vor allem die jüngst in die Unabhängigkeit entlassenen ehemaligen Kolonien in Asien und Afrika, orientierten sich zumeist an Indien, das aus dem britischen Empire ausgeschieden war und einen nichtkapitalistischen, staatsgeführten und zentral geplanten Weg in eine bessere Zukunft eingeschlagen hatte.

Das Kapital für diesen Weg stammte nicht von ausländischen Investoren – die als ausbeuterisch verdächtigt wurden – und auch nicht gänzlich aus den erzwungenen Einsparungen der eigenen Bevölkerung, wie in den kommunistischen Modellen. Durch offizielle Entwicklungshilfe – staatliche Investitionsmittel, die aus den wohlhabenderen Ländern des industrialisierten Nordens in den unterentwickelten Süden flossen – sollten die reichen Länder gleichzeitig die Wirtschaftsentwicklung fördern und ihrer moralischen Verpflichtung zur Unterstützung der Armen nachkommen. Im ideologischen und geopolitischen Konflikt zwischen Ost und West sollten die Entwicklungsländer nicht Partei ergreifen und blockfrei bleiben.

Man hoffte, durch eine erzwungene Industrialisierung im Schnellverfahren ausreichend Arbeitsplätze schaffen, die Armut lindern und ein Minimum an unvermeidlichen Importen finanzieren zu können. Der Plan scheiterte zum Teil daran, dass er nicht Hand in Hand ging mit einer entsprechenden Agrarentwicklung, um den für die Versorgung einer wachsenden Industriearbeiterschaft in den Städten erforderlichen Nahrungsmittelüberschuss zu erzeugen. Zudem verhinderte er den Handel und brachte damit die Entwicklungsländer um den Nutzen »komparativer Kostenvorteile«. Der Bedarf an Entwicklungshilfe wurde nie ganz erfüllt, und darüber hinaus war sie nur selten mit einem Management- und Technologietransfer verbunden, wie dies bei Privatinvestitionen von Großunternehmen der Fall ist, die in diesen sich entwickelnden Volkswirtschaften lange als unerwünscht galten.

Ferner berücksichtige der Plan die »vier I« nur unzureichend und bot keine Problemlösungsansätze für die Probleme einer staatlich gelenkten Gesellschaft. Diese bestanden darin, dass die Regierung korrupt und zur Vertreterin von Partikular- und

Privatinteressen werden kann, die dem allgemeinen Interesse der Gesellschaft zuwiderlaufen. Amartya Sen bemerkt dazu:

»Wirtschaftliche Initiativen wurden fast gänzlich von offiziellen Genehmigungen abhängig gemacht. Die Wettbewerbsfähigkeit der indischen Industrie wurde durchweg zugunsten geschützter Märkte für ausgewählte Geschäftsleute geopfert. Eine Vielzahl von schlecht geführten öffentlichen Unternehmen machte chronisch Verluste und stellte eine Belastung nationaler Wirtschaftsressourcen dar, statt diese zu vermehren. Und es wurden kaum Anstrengungen unternommen, um Indien am allgemeinen Wirtschaftswachstum der Welt teilhaben zu lassen.«[62]

Dies galt natürlich vor allem für Indien. Aber die Absurditäten autarker Industrialisierungsstrategien in einer geschlossenen Wirtschaft traten nach dem Ende des Kolonialzeitalters in den späten fünfziger Jahren in den viel kleineren Volkswirtschaften Afrikas noch deutlicher hervor. Ihre Grenzen waren durch die Zufälle der Kolonialgeschichte festgelegt worden, und ihre besten industriellen Aussichten hätten wohl darin gelegen, sich nach Maßgabe ihrer Bedürfnisse untereinander mit speziellen, massengefertigten Gütern zu versorgen, die sich von den stereotypen, im hochindustrialisierten Norden hergestellten Artikeln unterschieden.

Vor allem Robert McNamara, von 1968 bis 1981 Präsident der Weltbank, aber auch andere haben immer wieder Anstrengungen zur Reformierung dieses Prozesses unternommen, um ihn effektiver auf die »ärmsten vierzig Prozent« auszurichten und die einseitige Bevorzugung der Städte zu korrigieren. Die grüne Revolution trug maßgeblich dazu bei, dass eine große Bevölkerung nach dem beispiellosen demographischen Wachstum in der zweiten Hälfte des 20. Jahrhunderts ernährt werden konnte.[63] Aber spätestens Anfang der achtziger Jahre konnte kein Zweifel mehr daran bestehen, dass dieses Modell der

Wirtschaftsentwicklung, ob es nun auf Wachstum, auf Verringerung der Armut oder auf beides zielte, im Wettbewerb nicht bestehen und keine effektiven Verbesserungen erreichen konnte. In den fünfundzwanzig Jahren bis 1985 verzeichnete das Pro-Kopf-BIP Indiens lediglich einen Anstieg von 0,25 Prozent pro Jahr. In fast allen afrikanischen Ländern sank die Pro-Kopf-Produktion im gleichen Zeitraum sogar.

In Asien hingegen erzielten die Tigerstaaten jährliche Wachstumsraten von fünf Prozent oder mehr. Und in den meisten Fällen ging diese Entwicklung mit steigender Gleichberechtigung und enormen Verbesserungen der Lebensbedingungen einher.[64] Diese eindrucksvollen Erfolge beeinflussten die Diskussion über das indische Modell einer Entwicklung durch staatliche Planung, Importe und ausländische Finanzhilfen. Die Weltbank betrachtete die Leistungen der asiatischen Tigerstaaten spätestens seit 1990 als Paradigma für jegliche Entwicklung. Nach ihrer Einschätzung lag die Chance, dass eine derartige regionale Konzentration von wirtschaftlich erfolgreichen Ländern rein zufällig zustande gekommen war, bei eins zu zehntausend.[65]

Aber damit waren die Meinungsverschiedenheiten über die Strategien für eine Erfolg versprechende Entwicklungspolitik keineswegs beigelegt. Einige Beobachter schrieben die positiven Ergebnisse in Asien dem Wirken von Marktkräften in einem großen Privatsektor zu, während andere die Rolle der Regierungen betonten. Taiwan und Südkorea zum Beispiel, die beide hohe Wachstumsraten aufwiesen und die Armut wirkungsvoll bekämpften, setzten die staatliche Macht gezielt und effektiv ein, um den wirtschaftlichen Wandel zu lenken. Durch Abwertungen und direkte Eingriffe wurde der Export gefördert. Eine radikale Landreform kam den ärmeren Bauern zugute. Mit Bildungs- und Gesundheitsprogrammen investierte der Staat ins »menschliche Kapital«. Und die Einsparungen, die den Bauern durch staatliche Steuern und Preisstrategien abgerungen wurden, flossen in Form von Infrastrukturinvestitionen, agrarwissenschaftlicher Forschung und Subventionen für nichtbäuerliche Unternehmen zumindest teilweise wieder in die ländlichen Regionen zurück.[66]

Die Weltbank, die in dieser Zeit weitgehend von amerikanischen Wirtschaftstheorien beherrscht wurde, führte den Erfolg – »Wachstum mit Eigenkapital« – der acht besonders leistungsfähigen asiatischen Volkswirtschaften (Japan, Hongkong, Südkorea, Singapur, Taiwan, Indonesien, Malaysia und Thailand) hauptsächlich darauf zurück, dass sie solide ökonomische Grundsätze befolgten. Was sie auszeichnete, waren ein durch niedrige Inflation geschaffenes günstiges Umfeld für Märkte, Preise und Wettbewerb, konkurrenzfähige Wechselkurse, Investitionen in Humankapital, starke Finanzsysteme, Offenheit für Importe von ausländischen Technologien sowie Berücksichtigung der entscheidenden Rolle der Landwirtschaft. Den positiven Effekt direkter Markteingriffe zur Lenkung von Industrie, Handel und Finanzen auf die Volkswirtschaften von Japan, Südkorea und Taiwan führte die Weltbank auf »höchst ungewöhnliche historische und institutionelle Umstände« zurück. Grundlage des Erfolg war eine Mischung aus soliden ökonomischen Prinzipien und staatlichen Eingriffen. Obwohl immer mehr und immer größere Volkswirtschaften diesen Ansatz nutzen und die Aufnahmekapazität der übrigen Welt für Importe im Vergleich mit dem außerordentlich hohen Niveau der Nachkriegsjahrzehnte sinkt, muss dies nach Auffassung der Weltbank nicht zu Problemen führen. Zum einen machten nämlich die Exporte aus den betreffenden Ländern immer noch einen verschwindend geringen Anteil der großen Märkte im entwickelten Norden aus, und zum anderen zeichneten sich bereits Möglichkeiten eines »Süd-Süd-Handels« zwischen Entwicklungsländern ab, die ihre jeweiligen Vorteile ausnutzen.[67]

Die Asienkrise von 1997/98 brachte diese optimistische These ins Wanken, und auch die Stärke des Finanzsektors in den ostasiatischen Volkswirtschaften wurde nun angezweifelt.

Im Rückblick hätten die Autoren des Berichts von 1993 Folgendes vielleicht nicht geschrieben:

»... grundlegende Ansätze spielten in allen acht Volkswirtschaften eine bedeutende Rolle. Dazu gehörte ... die Schaffung sicherer Finanzsysteme auf Bankenbasis ... Die Regulierung umfasste die Förderung umsichtiger Verhaltensweisen, wie etwa die Begrenzung spekulativer Darlehen ... [Die Regierungen] stärkten das Vertrauen in das Bankensystem durch die Einrichtung von Notprogrammen ... [und] auch die Renten- und Aktienmärkte, um die Finanzsektoren sicherer zu verankern ... Es wurden spezialisierte Entwicklungsbanken geschaffen ... [die] das Wachstum des Finanzsektors durch die Einführung von Verfahren zur Projektfinanzierung und -überwachung förderten, die dann von kommerziellen Banken übernommen wurden ... Ihre Kreditausfälle standen in der Regel eher im Zusammenhang mit Konjunkturrückgängen als mit willkürlichen Zahlungseinstellungen, die häufig auftreten, wenn Regierungsbeamte stark ins Tagesgeschäft eingebunden sind.«[68]

Diese Darstellung passt nicht so recht zu einer realistischen Diagnose der Finanzpanik, des Wechselkursverfalls, der Börsenzusammenbrüche und Bankenkonkurse, von denen die sich ausweitende Asienkrise nach der Abwertung des thailändischen Baht im Sommer 1997 gekennzeichnet war. Erklärt wurde die gesamte Entwicklung vom IWF mit der fehlenden Reife des ostasiatischen Finanzsektors, der schwachen Verankerung der Finanzmärkte und Institute und der viel zu engen Beziehung zwischen Banken und politischer Führung, die eine angemessene Umstrukturierung zu verhindern wusste, um an der Macht zu bleiben.

Aber damit greifen wir den Ereignissen vor. Das letzte Jahrzehnt des 20. Jahrhunderts kann aus dem Blickwinkel der Ersten, Zweiten und Dritten Welt betrachtet werden, deren Geschichte hier mehr oder weniger ausführlich nachgezeichnet worden ist. Doch in der letzten Etappe des Jahrtausends trat auch eine ganz andere Auffassung des wirtschaftlichen Wandels hervor, nach der der Planet nicht in drei oder mehr Welten zerfällt, sondern zu einer einzigen »globalisierten« Wirtschaft zusammenwächst. Daher ist es angebracht, etwas zum Phänomen der Globalisierung zu sagen.

Häufig wird die etwas schlichte Auffassung geäußert, die Globalisierung bedrohe den Nationalstaat und dieser habe angemessen auf diese Gefahr zu reagieren. Diese Auffassung begreift die Globalisierung als eine Art außerirdische Kraft, die der Mensch mit Hilfe des Nationalstaats unter Kontrolle bringen muss. Diese Aufgabe, so der Tenor, kann nur erfolgreich gemeistert werden, wenn die Nation sehr stark und sehr groß ist.

Doch das trifft nicht zu. Die Globalisierung – im Sinne einer modernen Weltwirtschaft, die mit hoher Mobilität von Gütern, Dienstleistungen, Kapital, Technologie und Management auf Marktchancen reagiert – ist unsere eigene Schöpfung. *Wir* haben in aufeinander folgenden GATT-Runden, mit der Gründung der Welthandelsorganisation (WTO) und mit der im November 1999 vereinbarten Aufnahme Chinas in die WTO den Welthandel liberalisiert. *Wir* haben durch die fortschreitende Umsetzung der Ziele des IWF den weltweiten Zahlungsverkehr liberalisiert, die interne und externe Konvertierbarkeit der Währungen eingeführt, Devisenkontrollen vermindert oder abgeschafft und der freien Bewegung des Kapitals den Weg geebnet. *Wir* haben die Entwicklung großer multi- und transnationaler Konzerne gefördert, die die fähigsten Manager, das billigste Kapital und die neueste Technologie einsetzen, um zusammen mit den effektivsten Arbeitskräften an den kostengünstigsten Standorten die handelsfähigsten Güter und Dienstleistungen herzustellen, um sie auf den besten und tatsächlich auf fast allen Märkten absetzen. *Wir* haben darauf gedrungen und es begrüßt, dass die ehemaligen kommunistischen und andere isolierte Volkswirtschaften samt ihrem riesigen Reservoir von Arbeitskräften wieder in den Weltmarkt aufgenommen wurden.

Und all dies haben wir getan, weil wir, die Regierungen und Völker der alten Ersten Welt in Nordamerika, Europa und Japan, die wir die Architekten der globalen Wirtschaftsordnung nach dem Kriege und die Förderer ihrer jüngeren Entwicklung waren, davon überzeugt sind, dass dieser Liberalismus den wirtschaftlichen Wohlstand fördert. Wenn wir es nicht für eine Lösung, sondern für ein Problem gehalten hätten, eine nicht hinnehmbare Bedrohung für den Nationalstaat, eine Gefahr für unseren Lebensstandard, eine Quelle weltweiter Unruhe, hätten wir es nicht tun müssen. Aber es ist unsinnig, zu bedauern, was wir getan haben, und ein Trugschluss, die Rückkehr zum autarken Nationalstaat könnte die entfesselten Kräfte bannen.

Wir haben erwartet, dass die Globalisierung den Wohlstand der Welt fördert, und das hat sie auch getan. Die Chance, Kapital und Arbeitskräfte, Management, Technologie und Märkte auf die effizienteste Weise miteinander zu verbinden, trägt zweifellos zur Beschleunigung des Wachstums und zur besseren Verteilung des Wohlstands bei. Es wäre töricht, diesen Sprung nach vorn wieder rückgängig machen zu wollen, selbst wenn es ebenso zutrifft, dass wir einen weiteren Sprung nach vorn benötigen, um im freien Spiel der Marktkräfte auch Umweltgüter zu berücksichtigen. Wir müssen sozusagen die »unsichtbare Hand« für den Schutz und die Förderung solcher Güter nutzen.

Dennoch gibt es ein Globalisierungsproblem, und es ist wichtig zu erkennen, worin es besteht und worin nicht. Zum Beispiel trifft es nicht zu, dass die Verfügbarkeit von billigen Arbeitskräften in Südostasien zu einer weitgehenden Verlagerung der globalen Produktion in diese Region und somit zu katastrophalen Folgen für die alten Industriestaaten und ihre Arbeitskräfte führt. Wäre dies der Fall, müsste man es an gewaltigen Exportüberschüssen in den Ländern der Dritten Welt und an unerträglichen Defiziten samt Schrumpfung und Krise der Wirtschaft in der Ersten Welt erkennen. Solche Überschüsse gibt es jedoch kaum, und zwar aus dem einfachen Grund, weil die aufstrebenden Volkswirtschaften in Asien und anderswo ihre Exportgewinne für Luxusgüter, Technologie und andere Waren ausgeben, die sie noch nicht produzieren.

In dieser Hinsicht hat der Welthandel genauso funktioniert, wie es in den Lehrbüchern steht. Verschiedene Volkswirtschaften nutzten ihre komparativen Kostenvorteile, wodurch es zu einem allgemeinen Anstieg des Wohlstands kam. Aber es ist noch etwas anderes geschehen, das ein Problem heraufbeschwört. Binnen kurzer Zeit sind die disziplinierten, tüchtigen und armen Arbeiter Indiens, Chinas und anderer Länder auf den globalen Arbeitsmarkt gedrängt, was das Gleichgewicht von Angebot und Nachfrage auf diesem Markt und damit auch die Verhandlungsposition von Arbeitgebern und Arbeitnehmern verändert hat.

Unter dem Vorzeichen von globaler Unternehmensführung, ungehinderten Kapitalbewegungen und Freihandel wird auch der Arbeitsmarkt immer mehr zu einem einzigen Markt, auf dem Preisunterschiede Anomalien darstellen, die durch Arbitrage tendenziell abgebaut werden – ein Prozess, der in der Fachsprache als Kostenfaktorangleichung bezeichnet wird. Die Entwicklung geht also in Richtung eines Weltpreises für bestimmte Arbeitskategorien. Für viele Menschen ist das eine gute Nachricht, zum einen für Kapitaleigner, die ihre Mittel mit kosteneffektiverer Arbeit zusammenbringen und somit bessere Erträge erzielen können, zum anderen aber auch für Arbeitnehmer, die früher nicht in dem Maße mobil sein konnten wie das weltweit operierende Kapital, und für Verbraucher in aller Welt, die in den Genuss niedrigerer Preise gelangen. Eine schlechte Nachricht ist es für Arbeitnehmer, deren Arbeit ebenso wie das Kapital früher an die Heimatwirtschaft gebunden war, denn dieses Kapital kann jetzt neue

Allianzen eingehen, wo immer die kostengünstigsten Bedingungen locken.

Anders ausgedrückt, es ist eine positive Nachricht für reiche Leute in reichen Ländern, weil sie investieren können, wo Arbeit billiger ist, oder aber weil sie zu Hause für sie günstigere Bedingungen durchsetzen können. Aus dem gleichen Grund werden sich auch reiche Leute in armen Ländern über diese Nachricht freuen. Auch arme Leute in armen Ländern haben eventuell Grund zur Freude, weil man ihnen Jobs und Einkommen anbietet, die vorher für sie unerreichbar waren. Aber für arme Leute in reichen Ländern ist es möglicherweise eine äußerst schlechte Nachricht. Der hohe Lebensstandard der einfachen Arbeiterschicht in Ländern der Ersten Welt beruhte nicht auf besonderen Qualifikationen dieser Menschen, wenngleich sie bestimmte soziale und kulturelle Eigenschaften besaßen, die nach Auffassung vieler Arbeitgeber manche Regionen und auch Länder zu ausgesprochen attraktiven Produktionsstandorten machten.

Der Grund für den Wohlstand der europäischen und noch mehr der US-amerikanischen Arbeiter im 20. Jahrhundert lag im Wesentlichen darin, dass in diesen Volkswirtschaften mehr Kapital mit den einzelnen Arbeitern verbunden war als anderswo. Dies wiederum beruhte auf der erfolgreichen Ansammlung von Ersparnissen in diesen Regionen. Hinzu kamen die (bis in jüngste Zeit) inakzeptablen kommerziellen und politischen Risiken großer Direkt- oder Portfolio-Investitionen außerhalb der Ersten Welt, von direkten staatlichen Verboten solcher Investitionen ganz zu schweigen. Heute hat das Kapital der wohlhabenden Länder dieses Korsett abgestreift, und ein global orientiertes Management in transnationalen Unternehmen hat die Gunst der Stunde genutzt. Verstärkt wurde diese Tendenz noch durch die Öffnung ehemals abgeschotteter Volkswirtschaften wie Indien und China.

All dies hat den realen Weltpreis für Arbeit mit niedrigem Ausbildungsniveau drastisch gedrückt. Aus einem anderen

410

Grund geriet gleichzeitig auch das herstellende Gewerbe in den Volkswirtschaften der Ersten Welt unter Druck. Mit dem wachsenden Wohlstand trat nämlich eine relative Verschiebung weg von Fertigerzeugnissen hin zu Dienstleistungen und anderen Formen des Konsums ein. Parallel dazu kam es zu einem überaus rasanten Anstieg der Produktivität in der Fertigung. Dadurch sank die Zahl der für die Herstellung von Fertigerzeugnissen erforderlichen Arbeiter, und es wurde ein Prozess der Deindustrialisierung in Gang gesetzt, der allerdings nur die Arbeitskräfte, nicht aber die Gesamtproduktionsmenge der Ersten Welt betraf.

Wäre dies die einzige neue Entwicklung gewesen, hätten sich daraus allenfalls einige unangenehme Anpassungsschwierigkeiten für die Industriearbeiter in Nordamerika und Europa ergeben. Aber in Kombination mit der sich weltweit verschlechternden Verhandlungsposition der ungelernten Arbeiter und dem daraus resultierenden Absinken des Weltpreises für ihre Leistungen hat diese Entwicklung zu einem Problem geführt, das gleichfalls unter den Begriff der Globalisierung fällt. Konkret bedeutet dies, dass in den USA eine große Unterschicht mit ihren Einkünften nur das Existenzminimum erreicht, während eine vergleichbare Gruppe von Menschen in Europa, die auf dem globalen Arbeitsmarkt keinen für die Erste Welt normalen Lebensstandard erreichen können, von einer Form betrieblicher und staatlicher Fürsorge abhängt, die sich selbst Deutschland immer weniger leisten kann.

All dies bedeutet keineswegs, dass die Volkswirtschaften der alten Ersten Welt aufgrund dieses Wandels ärmer sind, als es ohne ihn der Fall gewesen wäre. Denn während die gering qualifizierten Arbeitskräfte ein Absinken ihres realen Weltpreises hinnehmen müssen, profitiert das Kapital von kostengünstigerer Arbeit, und zwar nicht nur in Asien, sondern auch im eigenen Land, weil sich die Verhandlungsbasis verändert hat. Im Extremfall könnte also das Bruttoinlandsprodukt einer solchen Volkswirtschaft im Vergleich zu normalen Wachstumstrends sinken, während ihr Bruttosozialprodukt, das Investitionseinkünfte aus dem Ausland einschließt, unverändert bleibt oder sogar steigt.

Die daraus erwachsende Aufgabe besteht also nicht darin, die Inlandswirtschaft vor globalen Marktkräften zu schützen, sondern die Erträge aus der gestiegenen Rentabilität des Kapitals wieder zu den Verbrauchern zurückfließen zu lassen, die Einkommenseinbußen erlitten haben. In dem Maße, wie sie ihre Ersparnisse in Anlageformen investieren, die an dem neuen Ertragsfluss teilhaben, wird dies automatisch geschehen. Vor allem gilt dies für Menschen mit privater Rentenversicherung. Des Weiteren ließe sich dieses Ziel mit Hilfe von staatlichen und betrieblichen Sozialhilfeplänen erreichen, die aus Unternehmensgewinnen und Steuern finanziert werden – das »europäische Sozialmodell«. Diese Notwendigkeit kann aber auch ignoriert werden, was in den USA dazu führte, dass dort eine »Dritte-Welt-Wirtschaft« entstanden ist, wie der amerikanische Arbeitsminister Robert Reich dieses Phänomen bezeichnet hat.

Wir haben weiter oben bemerkt, dass in der letzten Phase des Jahrtausends die Konzeption einer globalisierten Wirtschaft entstand. Die Asienkrise und die Gefahr ihrer Ausweitung zu einer allgemeinen Vertrauenskrise machen deutlich, wie sehr die Volkswirtschaften weltweit bereits miteinander verknüpft sind. Sind die Wirtschafts- und Währungshüter der Welt in der Lage, so lautete die bange Frage, eine allgemeine Schrumpfung und eine weltweite Depression zu verhindern?

Die Depression blieb aus, und 1999 verzogen sich die Wolken so schnell, wie sie gekommen waren. Die von einem boomenden Aktienmarkt getragene US-Wirtschaft blieb die treibende Kraft einer Weltwirtschaft, die nicht inne hielt – trotz eines zehn Jahre währenden Einbruchs in Japan, einer Beinahe-Rezession in Europa, katastrophaler Entwicklungen in Südkorea und Thailand, fürchterlicher Verwerfungen in Lateinamerika und der schrecklichen Not in Russland. Im letzten Quartal des Jahres 1999 schienen sich all diese Regionen und sogar Russland wieder zu erholen, und der amerikanische Abschwung war noch immer nicht eingetreten.

Das Trauma von 1997 führte allerdings – und zwar nicht durch staatliche Verordnungen, sondern durch privatwirtschaftliche Absprachen – zur Wiedererrichtung der Schranken für Kapitalflüsse aus der Ersten Welt in aufstrebende Märkte, die ein grundlegendes Merkmal der Globalisierung Anfang der neunziger Jahre gewesen waren. Daher und aufgrund der Konjunkturbelebung in den Volkswirtschaften der alten Ersten Welt flauten sowohl die rational begründeten als auch die irrationalen Ängste vor der Globalisierung wieder ab. Die Gefahr schien wieder fern, obwohl sich an der mittelfristigen Gefahr für die Einkommen ungelernter Arbeiter in reichen Ländern nichts geändert hat.

Ist dies nun eine weitere falsche Verheißung oder doch, wie manche hoffen, zumindest der Anfang vom Ende der Suche nach einer globalen politischen Ökonomie, die den meisten Menschen Wohlstand bescheren und gleichzeitig Konflikte zwischen den Nationen verhindern wird? Ist der Kampf der Ideologien vorbei? Sind wir endlich auf eine solide Grundlage für eine neue Ära gestoßen, und dürfen wir uns in dieser Ära sicher fühlen vor den grausamen Heimsuchungen der ersten Hälfte des 20. Jahrhunderts, die unsere Suche nach besseren Lösungen ausgelöst haben? Viele Verheißungen haben sich als trügerisch erwiesen. Wird diese sich erfüllen? Die Antwort liegt in der Zukunft. Aus heutiger Sicht können wir darüber nur spekulieren.

Was nun?

Überblick

Die Geschichte ist erzählt. Die wichtigsten Etappen in der wirtschaftlichen Entwicklung der Menschheit seit der Zeit der Jäger und Sammler sind nachgezeichnet. Dieses Werk wurde von einem Laien für Laien geschrieben und erhebt nicht den Anspruch, akademisch zu sein, sondern nur den, bei den Lesern Aha-Erlebnisse auszulösen und sie zu unterhalten. Aber ein Autor müsste sich ausschließlich der Empirie verschrieben haben, wenn er das Buch an dieser Stelle beenden würde, weil die Zukunft angeblich nicht in seinen Bereich falle und Spekulation keine Geschichtsschreibung sei. Es widerstrebt dem menschlichen Verstand, Kenntnisse und Erfahrungen zu betrachten, ohne dabei nach Mustern Ausschau zu halten, die ein tieferes Verständnis ermöglichen. Wer die Ereignisse der Vergangenheit lediglich konstatiert und aufzeichnet, der erklärt sie nicht. Und wer diesen reinen Empirismus als wissenschaftliche Tugend preist, der ignoriert das menschliche Bedürfnis nach Aufklärung und nach einer befriedigenden Erklärung der Ereignisse.

Wenn man nur die Einzelereignisse betrachtet, kann man wiederkehrende Muster nicht erkennen, und ohne solche Muster kann man weder die Geschichte begreifen, noch Prognosen abgeben. Auch wenn wir noch so oft erleben, dass Verallgemeinerungen unzutreffend sind, brauchen wir sie, um zu verstehen. Der vorliegende Bericht über das Streben nach Wohlstand beinhaltet eine Theorie des Wirtschaftswandels, sofern man den Begriff Theorie auf einige allgemeine Betrachtungen über die Menschen – als Individuen und in der Gesellschaft – und über die materielle Welt, in der sie leben, anwenden will. Der erste Grundsatz dieser Theorie besagt, dass die Menschen, wenn sie nur irgend können, nach der Bewahrung und Verbesserung ihrer materiellen Lebensbedingungen streben.

Das ist im Grunde nichts anderes als die psychologische Prämisse von Adam Smiths These, menschliche Gesellschaften erlebten ein natürliches Wachstum des Wohlstands, wenn sie ungehindert von Ausbeutern und anderen ökologischen oder politischen Widrigkeiten ihre Neugier, ihren Einfallsreichtum und ihr Wettbewerbsstreben entfalten können. Diese natürliche Veranlagung umfasst nicht nur die Fähigkeit, praktische Fragen zu lösen, sondern auch die, sich einen Wohlstand vorzustellen und anzustreben, der weit jenseits des unmittelbaren Erfahrungshorizonts liegt.

Es bietet sich an, dies mit der Hypothese aus dem ersten Kapitel zu verbinden, dass sich vor dreißig- bis sechzigtausend Jahren ein fundamentaler Wandel in der Funktionsweise des menschlichen Gehirns vollzogen haben muss, der es zu abstraktem Denken befähigte und damit das Spektrum menschlichen Wissens und Handelns deutlich erweiterte. Als Schlussfolgerung daraus bietet sich die quasidarwinistische These an, dass sich Menschen mit solchen Fähigkeiten – und Gesellschaften, die diesen Menschen Entfaltungsmöglichkeiten gaben – im wirtschaftlichen Wettbewerb gegen andere durchgesetzt haben. Somit kann man auch als wahrscheinlich annehmen, dass sie eher als ihre Konkurrenten überlebt und Wohlstand errungen und damit im Lauf der Zeit einen wachsenden und schließlich dominierenden Anteil der Menschheit gebildet haben.

Ein zweiter Grundsatz der impliziten Theorie in diesem Buch lautet, dass die geschilderten menschlichen Neigungen mit günstigen Umweltbedingungen zusammentreffen müssen, von denen einige natürlich, andere vom Menschen geschaffen sind. Dieses Zusammentreffen kann die wirtschaftlichen Möglichkeiten vergrößern. Als Beispiele wären zu nennen: die Entwicklung der Landwirtschaft, die Verbreitung von dörflichen und städtischen Siedlungen, das Prägen von Münzen im ägäischen Raum, der römische Friede, die Zivilisationen der islamischen Welt, Indiens und Chinas, das feudale Europa, die Verbindung der eurasischen Welt mit den amerikanischen Landmassen, die Verknüpfung nahezu aller wirtschaftlichen Zentren in einem weltweiten Netz von Schifffahrtsstraßen und die Erfindungen und Investitionen, die zur industriellen Revolution führten. Solche Entwicklungen wecken natürlich sowohl innerhalb als auch außerhalb der Gesellschaften, die in den Genuss der neuen ökonomischen Möglichkeiten kommen, räuberische Begierden. Dieser Bedrohung müssen Regierung und Staat durch Legislative und Exekutive, durch militärisches Handeln sowie Politik und Diplomatie begegnen. Das lenkende Eingreifen der Regierung entscheidet letztlich darüber, inwieweit die neuen ökonomischen Möglichkeiten zu einem Anstieg des Lebensstandards (oder der Bevölkerung) führen und inwieweit sie durch Konflikte vergeudet werden. Damit wären wir wieder beim Dreierschritt des Walzertakts angelangt.

Ein dritter Grundsatz unserer Theorie lautet, kurz gesagt: Regierungssysteme sind wichtig. Bis zu einem gewissen Grad schließt dies schon der zweite Grundsatz ein, weil gesellschaftliche Fortschritte entscheidend davon abhängen, dass der wirtschaftliche Erfolg durch staatliches Lenken vor Angriffen von innen und außen geschützt wird. Selbstverständlich müssen erst einmal ökonomische Fortschritte erzielt werden, was nicht selten ohne Unterstützung der Regierung oder sogar gegen ihren aktiven Widerstand geschieht. Aber je größer der wirtschaftliche Erfolg, desto wahrscheinlicher werden Angriffe durch ausbeuterische Kräfte. Unter Umständen gehen diese von gewöhnlichen Bürgern aus, die sich von den Errungenschaften des neuesten Walzerschritts ausgeschlossen fühlen. Wenn dies dazu führt, dass der neue Reichtum durch politisches Handeln – ob unter Gewaltanwendung oder nicht, ob innerhalb oder zwischen Gesellschaften – umverteilt wird, dann ist staatliches Lenken von zentraler Bedeutung. Kann die Bedrohung so eingegrenzt werden, dass zumindest der größte Teil der neuen ökonomischen Möglichkeiten bewahrt wird?

Das staatliche Lenken muss das richtige Gleichgewicht zwischen der Bewahrung der ökonomischen Möglichkeiten und der Bewahrung der ökonomischen Ordnung finden. Die Geschichte des Strebens nach Wohlstand, wie sie von den meisten der achtzig Milliarden Menschen erlebt wurde, die bisher auf der Erde gelebt haben,[1] ist die Geschichte der Suche nach diesem Gleichgewicht.

Der vierte Grundsatz unserer Theorie besagt, dass die agrarische und die industrielle Revolution die materiellen Lebensbedingungen der Menschen grundlegend veränderten. Die Landwirtschaft revolutionierte die Produktivität des Bodens, und die Industrie revolutionierte die Produktivität der Arbeitskraft.

Nach John Maynard Keynes gab es vor der industriellen Revolution keine Grundlage für ein exponentielles Produktionswachstum. Der geringe Fortschritt bis 1700 beruhte »auf dem bemerkenswerten Fehlen technischer Verbesserungen und darauf, dass es nicht zur Ansammlung von Kapital kam ...«[2] Doch als diese Grundlage geschaffen war, führte das dank der Magie des Zinseszinses zu erstaunlichen Folgen. Keynes veranschaulicht seine These mit einer eindrucksvollen Beispielrechnung. Wenn die vierzigtausend Pfund, die Elisabeth I. aus Francis Drakes Raubzügen gegen die Spanier im Jahre 1580 als »Gewinn« erhielt, im Ausland angelegt worden wären und dabei 6,5 Prozent Zins erzielt hätten, wie sie mit britischen Überseeinvestitionen zwischen den beiden Weltkriegen zu erzielen waren, und wenn von den Zinserträgen nur die reinvestiert worden wären, wären sie zweihundertfünfzig Jahre später zu vier Milliarden Pfund angewachsen, was genau der Gesamtsumme der britischen Auslandsinvestitionen im Jahr 1930 entsprach. Keynes fährt fort: »Wenn das Kapital um etwa zwei Prozent im Jahr anwächst, wird sich die Kapitalausrüstung der Welt in zwanzig Jahren um die Hälfte vergrößert haben, und siebeneinhalb Mal in hundert Jahren. Man stelle sich dies in Form materieller Dinge vor, Häuser, Verkehrsmittel und Ähnliches.« Nach Keynes hatte sich das Wachstum zudem beschleunigt und musste sich bald von der Industrie auf die Landwirtschaft übertragen. Er antizipierte eine grüne Revolution durch »Verbesserungen in der Leistungsfähigkeit der Nahrungsmittelerzeugung, die so groß sein werden wie die, die bereits im Bergbau, im herstellenden Gewerbe und im Verkehrswesen stattgefunden haben«.[3]

So gelangt er zu der Vorhersage einer Steigerung des Lebensstandards in den entwickelten Ländern um das Achtfache, sofern Kriege und übermäßiges Bevölkerungswachstum ausbleiben: »Unter der Annahme, dass keine wichtigen Kriege und keine erhebliche Vermehrung der Bevölkerung stattfinden, komme ich zu dem Schluss, dass die Lösung des *wirtschaftlichen Problems* in hundert Jahren zum Mindesten in Sicht sein wird« und deshalb »nicht *die beständige Aufgabe der menschlichen Rasse* ist«.[4] Wenn wir uns das Pro-Kopf-BIP der Welt in den siebzig Jahren seit dem Erscheinen von Keynes' Aufsatz ansehen, stellen wir fest, dass sich der Durchschnitt schon jetzt je nach Berechnungsweise um das Vier- bis Sechsfache erhöht hat,[5] und dies nach den schlimmsten Kriegen der Weltgeschichte, nach einem weiteren halben Jahrhundert zerstörerischer Konflikte und nach einem dreifachen Anstieg der Weltbevölkerung. Ein ungebremstes Wachstum im gleichen Tempo würde eine sechs- bis zwölffache Zunahme bewirken und damit spielend Keynes' Vorhersage eines achtfachen Anstiegs oder sogar »noch viel rascheren Fortschritts« verwirklichen.[6]

Ehe wir mögliche Konsequenzen dieser Entwicklung ansprechen, sollten wir erwähnen, dass ein anderer englischer

Autor bereits hundert Jahre vor Keynes dessen optimistische Botschaft vorweggenommen hatte. Im Jahre 1830 schrieb Thomas Babington Macaulay, der große Whig-Parteigänger und Theoretiker der englischen Geschichte sowie Verfasser des über ein Jahrzehnt lang gültigen europäischen Lehrplans für die Ausbildung indischer Eliten:

»Wenn wir prophezeien würden, dass im Jahr 1930 eine Bevölkerung von fünfzig Millionen, besser genährt, gekleidet und behaust als die Engländer unserer Zeit, auf diesen Inseln leben werden, … dass es in jedem Haushalt Maschinen geben wird, die nach bislang unentdeckten Prinzipien gebaut sind, dass es keine Straßen mehr, sondern nur noch Eisenbahnen und kein Reisen als mit Dampf geben wird, dass unsere Schulden, so gewaltig sie uns anmuten, unseren Urenkeln nur wie eine geringfügige Last erscheinen werden, die sich leicht in ein oder zwei Jahren abzahlen lässt, würden uns viele Menschen für irrsinnig halten. Wir prophezeien nichts, aber dies sagen wir: Wenn irgendjemand dem Parlament erklärt hätte, welches nach dem Zusammenbruch von 1720 [dem Südseeschwindel] bestürzt und ratlos zusammentrat, dass im Jahr 1830 der Reichtum Englands seine kühnsten Träume übertreffen wird, dass das jährliche Staatseinkommen der Höhe der Schuld entsprechen wird, die die Abgeordneten für eine unerträgliche Last hielten, dass auf einen damals lebenden Mann mit einem Vermögen von zehntausend Pfund fünf Männer mit einem Vermögen von fünfzigtausend Pfund kommen werden, dass London zweimal so groß und zweimal so bevölkert sein wird und dass sich dennoch die Sterblichkeit gegenüber damals um die Hälfte verringert haben wird, … dass Menschen ohne Wind segeln und anfangen werden, ohne Pferde zu reiten, hätten unsere Vorfahren dieser Vorhersage ebenso wenig Glauben geschenkt wie Gullivers Reisen … Fast allen Menschen erscheinen die Verhältnisse, unter denen sie leben, als die notwendigen Verhältnisse … Und obgleich alle wissen, dass sich bis zu ihrer Zeit fortschreitende Verbesserungen vollzogen haben, scheint doch niemand mit Verbesserungen in der nächsten Generation zu rechnen. Wir können jene nicht eindeutig widerlegen, die uns sagen, dass die Gesellschaft einen Wendepunkt erreicht habe und dass die guten Zeiten für uns vorüber seien. Aber das haben alle gesagt, die vor uns kamen, und mit nicht weniger guten Gründen … Aber wenn wir nichts als Verbesserung hinter uns erkennen, mit welchem Grund erwarten wir dann vor uns nichts als Verschlechterung?«[7]

Dies ist die authentische Stimme eines der Optimisten im Großbritannien des 19. Jahrhunderts, die an den Fortschritt glaubten wie an ein unumstößliches Gesetz der Geschichte, zumindest der englischen Geschichte nach der Glorreichen Revolution von 1688. Mit einer selektiven anglozentrischen Wahrnehmung fiel es nicht schwer, die Entwicklung positiv zu sehen und auf die von Locke und Newton geschaffenen Währungsgrundlagen, die großen Fortschritte nach 1700, die geopolitische Ordnung von Pitt dem Älteren in der Mitte des Jahrhunderts, die liberalen Ideen David Humes und Adam Smiths und die Entstehung einer internationalen Wirtschaft ab 1850 zu verweisen. Die Wahrheit war nicht ganz so hehr, aber sowohl Macaulay als auch Keynes haben das Wirtschaftswachstum als treibende Kraft dieser Entwicklung erkannt.

Beide haben sich die Frage gestellt, die nun wir uns stellen: Was können wir für unsere Enkel und Urenkel erwarten? Weshalb sollten die nächsten hundert Jahre nicht das gleiche oder sogar ein noch größeres Wachstum verzeichnen als die beiden vergangenen Jahrhunderte? Wir leben in noch viel umfassenderem Maß als die Menschen von 1850 in einem Zeitalter der Globalisierung. Wie Macaulay 1830 blicken wir auf ein Jahrhundert der Kriege zurück und nähren die Hoffnung auf den Beginn eines langen Friedens. Was Keynes' zweite Prämisse angeht – kein bedeutendes Bevölkerungswachstum –, so ist nach dem vorherrschenden Konsens der UNO zum ersten Mal eine gleich bleibende Bevölkerungszahl möglich, allerdings nicht beim heutigen, sondern bei einem um rund fünfzig Prozent höheren Stand.

Nichts lässt sich schwerer voraussagen als Fortschritte in den Bereichen Wissen, Technologie und Management, die die Produktivität des Menschen und der Produktionsfaktoren Kapital und Land erhöhen. Vor dreißig Jahren hieß es, in Zukunft müsse mit einer Verlangsamung des Wachstums gerechnet werden. Inzwischen befinden wir uns mitten in der »digitalen Revolution«, und auch die Chemie und die so genannten *Life Sciences* wie die medizinische Forschung, die Gehirnforschung und die Genetik haben neue Möglichkeiten eröffnet.

Neben diesen Innovationen zeichnen sich mit der Entwicklung neuer Treibstoffe und der Nanotechnologie weitere Fortschritte ab. Nach Auffassung von Richard Lipsey summieren sich diese zu »Allzwecktechnologien«, die die ökonomischen, sozialen und politischen Strukturen ganzer Gesellschaften in ähnlicher Weise transformieren werden, wie es die agrarische Revolution und die Erfindungen der ersten und zweiten industriellen Revolution getan haben.[8] Dies ist eine ebenso kühne Behauptung wie die, dass demzufolge für die hauptsächlich betroffenen Volkswirtschaften und vor allem die USA weitere lange Wachstumsphasen mit ökonomischen, sozialen und politischen Konsequenzen zu erwarten sind, die ähnlich tief greifend sind wie die der industriellen Revolution.

Ohne die Bedeutung des Computers für die moderne Wirtschaft zu unterschätzen, sollten man doch ein wenig zögern, ehe wir ihm einen Platz in der Ruhmeshalle der großen Innovationen einräumen. Mit dem Computer können wir vieles, was wir schon lange machen, schneller (nicht immer), leichter, zuverlässiger, effizienter, sparsamer und in gewisser Hinsicht vielleicht auch demokratischer erledigen, je mehr Menschen Zugang zu dieser Technologie haben. Wenn eine Entwicklung solche Kreise zieht, mag dies letztlich zu etwas vollkommen Neuem führen. Darüber hinaus eröffnet uns der Computer Möglichkeiten, die uns vorher verschlossen waren, so etwa im Bereich komplexer mathematischer Modelle, die für langfristige Wetterprognosen genutzt werden, bei kurzfristigen Vorhersagen zum Verhalten von Orkanen, bei der medizinischen Diagnose mittels CAT-Bildern und bei der Steuerung des Luftverkehrs.[9]

Wir können nicht wissen, wie ein Wirtschaftshistoriker des Jahres 3000 die Bedeutung der heutigen technischen Fortschritte einschätzen wird. Aber aus heutiger Sicht spricht nichts dafür, dass das Wirtschaftswachstum im kommenden Jahrhundert stagnieren wird. Das menschliche Wissen ist nicht vergleichbar mit anderen wirtschaftlichen Ressourcen, deren Vorrat möglicherweise begrenzt ist. Wissen könnte nur erschöpft werden, wenn es endlich wäre.

Keynes' zweite Triebfeder des Wachstums ist das Kapital, das nichts weiter als Ersparnisse voraussetzt, und diese setzen nichts anderes voraus als Einkommen. Einkommen beziehen wir bereits. Sie sind im Schnitt höher als jemals zuvor und haben eine steigende Tendenz. Bisweilen mag es zu Kapitalengpässen kommen, aber selbst der Neuaufbau in Osteuropa und in der ehemaligen Sowjetunion sowie die Finanzierung eines raschen Wandels in Volkswirtschaften wie China und Indien sind kein unüberwindliches Problem. Wenn die Einkommen steigen, kann die Beschaffung von Investitionskapital kein dauerhaft unlösbares Problem darstellen.

Kann das Wirtschaftswachstum also ungebremst weitergehen? Und wird dann bis 2030 oder zu einem anderen Zeitpunkt »das wirtschaftliche Problem« gelöst sein? Abgesehen von Gefahren wie Seuchen, Asteroideneinschlägen oder genetischem Verfall gibt es mehrere Bedrohungen für die Menschheit oder zumindest ihre Mehrheit. Diesen zu entrinnen würde eine dauerhaften Befreiung vom Darwinschen Kampf um die Erhaltung unserer Gattung bedeuten. Ist das denkbar?

Die tröstliche Nachricht der Demographen, dass sich die Bevölkerungszahl wahrscheinlich stabilisieren wird, haben wir bereits erwähnt. Dies wird auf einem Stand geschehen, der sicherlich nicht an die Grenzen des bewohnbaren Raums oder der Möglichkeiten der Nahrungsversorgung stößt, auch wenn die Vorstellung einer fünfzigprozentigen Zunahme der Weltbevölkerung auf unserem scheinbar ohnehin bereits überfüllten Planeten erschreckt. Man muss sich jedoch darüber im Klaren sein, was es bedeutet, wenn die Weltbevölkerung auf unbegrenzte Zeit bei einem Stand von zum Beispiel neun Milliarden verharren wird. Wenn eine ganze Gattung, noch dazu eine in evolutionärer Hinsicht äußerst erfolgreiche, plötzlich aufhören würde, sich im bisherigen Tempo zu vermehren, wäre dies wahrhaft erstaunlich. Damit dies geschähe, nicht weil wie im Falle des Schwarzen Todes eine andere Lebensform vorübergehend über diese Gattung triumphiert hat oder weil sie sich selbst durch Kriege dezimiert hat, sondern einfach, weil einzelne Mitglieder dieser Gattung freiwillig beschlossen haben, sich nicht mehr fortzupflanzen, müsste wohl die natürlichen Ordnung außer Kraft gesetzt werden.

Selbstverständlich wäre dies einige Jahrzehnte oder sogar ein, zwei Jahrhunderte möglich. Es gibt genügend Beispiele aus der menschlichen Geschichte und der Zoologie, in denen eine Population nicht sogleich an ihre natürlichen Grenzen gestoßen ist. Und es hat noch nie eine Zeit gegeben, in der der Lebensstandard und der Bildungsstand so hoch, das Wissen und die Wahlfreiheit so groß gewesen wären wie jetzt, wenngleich heute mehr Menschen in absoluter Armut leben – wahrscheinlich zweihundert Mal so viele wie zu Beginn der agrarischen Revolution.

Aber auch kurzfristig ist nicht unbedingt zu erwarten, dass die Antwort auf einen Anstieg des Lebensstandards eine verstärkte Geburtenkontrolle sein wird. Es gibt bereits erste Anzeichen dafür, dass noch größerer Wohlstand und bessere Unterstützungssysteme für Mütter wieder Anreize für größere

Familien bieten. Darüber hinaus stellt sich die Frage, wie sich die kulturellen, sozialen, materiellen und ökonomischen Voraussetzungen für die Verlangsamung des Bevölkerungswachstums längerfristig auswirken. Werden die Gesellschaften auch weiterhin so aufgeklärt sein, dass Frauen die Möglichkeit haben, ihr Wissen und ihren Lebensstandard für freiere Entscheidungen zu nutzen?

Jenseits dieser eher kurzfristigen Erwägungen gibt es die grundlegenden Gesetzmäßigkeiten des Darwinschen und des Malthusschen Modells. Bei dem einen ist dies der evolutionäre Wettbewerb, bei dem anderen die Vermehrung der Bevölkerung in geometrischer Proportion, während die Zufuhr von Nahrungsmitteln und Rohstoffen entweder bloß in arithmetischem Verhältnis oder nur für kurze Zeit geometrisch zunimmt, ehe die natürlichen Gegebenheiten das Wachstum bremsen. Um Malthus' Argument zu verstehen, muss man sich vorstellen, dass ein angenommener Verbrauch von hundert Barrel Öl jährlich um fünf Prozent zunimmt. Dieser Verbrauch wird in weniger als einem Jahrhundert eine Versorgung mit hundert Barrel Öl, die jährlich um hundert Barrel zunimmt, übersteigen (und in hunderteinundzwanzig Jahren den gesamten akkumulierten Vorrat aufbrauchen).

Damit kommen wir zu der Malthusschen Frage, ob der Planet Erde einen geometrischen Anstieg der Versorgung erreichen und auf Dauer gewährleisten kann, um entweder den Bedarf einer exponentiell wachsenden Bevölkerung zu decken oder das Streben einer gleich bleibenden Bevölkerung nach einem exponentiell steigenden Lebensstandard zu erfüllen – oder eine Kombination von beidem. Unter einem rein ökonomischen Aspekt haben wir diese Frage bereits abgehandelt. Man kann davon ausgehen, dass Wissen und Investitionen für die Aufrechterhaltung eines exponentiellen Wachstums grenzenlos vorhanden sind.

Aber wie steht es mit der Umwelt? Können wir ihr unbegrenzt Rohstoffe entnehmen? Wir brauchen Energie, trinkbares Wasser, atembare Luft und Boden, den wir bebauen können. Wir brauchen wohl auch einige Grundstoffe (Holz, Papier, Metall), chemische Substanzen und Lebensformen (Biodiversität). Wir benötigen andere Gattungen, die an dem komplexen und manchmal instabilen Gleichgewicht teilhaben, das auch unseren Lebensraum trägt.

Wir können darauf hoffen, dass die Zukunft Antworten auf viele, wenn nicht alle offenen Fragen zur dauerhaften Versorgungssicherung geben wird. Schließlich haben sich auch in der Vergangenheit ungeahnte Möglichkeiten zur Ernährung einer wachsenden Bevölkerung aufgetan, als die Bestände großer jagdbarer Säugetiere zurückgingen. Aber es gibt ein Problem, das etwas genauer betrachtet werden muss, das Abfallproblem.

Eine globale Wirtschaft der jetzigen und künftigen Größenordnung erzeugt Abfallstoffe und Wärme. Nach den Gesetzen der Physik muss Abgasenergie irgendwohin entweichen, und nicht alles davon lässt sich wieder in ein stabiles Ökosystem zurückführen. Bis in jüngste Zeit schien die Größe des Planeten im Verhältnis zur Zahl seiner menschlichen Bewohner eine problemlose oder zumindest unbemerkte Aufnahme von Abfallstoffen zu gestatten. Vor allem die Ozeane schienen in dieser Hinsicht eine unerschöpfliche Kapazität zu besitzen.

Aber heute erscheint das Aufnahmevermögen des Planeten nicht mehr als unbegrenzt. Es ist wahrscheinlich, dass sich in der globalen Umwelt drastische Veränderungen vollziehen werden, und zwar in einem Zeitraum, der eher in Jahrzehnten als in Jahrhunderten zu messen ist, wenn die Menschheit weiterhin Emissionen im bisherigen Umfang in die Atmosphäre bläst. Diese Umweltbelastung geht mit dem Energieverbrauch in den entwickelten und solchen bevölkerungsreichen Volkswirtschaften wie Indien und China einher, die entschlossen sind, zum amerikanischen und europäischen Lebensstandard aufzuschließen.

Diese Bedrohung ist ein klassisches Beispiel für ein »außer-

425

wirtschaftliches Phänomen«, das heißt für eine Verhaltensweise, die für jeden und für die gesamte Gesellschaft schädlich ist, aber nicht durch eine korrigierende Reaktion von Marktkräften ausgeglichen wird. Der einzelne Mensch als Verbraucher und Teilnehmer am Wirtschaftsleben mag mit den Folgen seines Handelns konfrontiert werden, doch als Einzelner hat er keinen wirtschaftlichen Anreiz, sich Zurückhaltung aufzuerlegen. Es liegt vielmehr in seinem Interesse, dass sich alle anderen zurückhalten, während er den Planeten weiterhin als kostenlose Müllhalde missbraucht.

Dies ist nicht der Ort für eine eingehende Betrachtung der Ergebnisse diverser Gipfeltreffen und Klimakonferenzen in Rio oder Kyoto. Auch die Diskussion um die Schaffung eines Systems von Emissionstiteln muss hier nicht vertieft werden. Für uns genügt die Feststellung, dass Malthus' Hauptthese, der zufolge bei einem geometrischen Wachstum der Menschheit früher oder später irgendeine lebensnotwendige Ressource knapp wird und dies die Bevölkerungsentwicklung einschränkt, noch immer Furcht einflößen kann.

Die Zuwachsrate scheint sich derzeit zu stabilisieren, und die Bedrohung durch die Erwärmung der Erdatmosphäre ist eher auf die Zunahme des Energieverbrauchs zurückzuführen als auf das reine Bevölkerungswachstum. Dennoch stoßen wir zum ersten Mal an die physischen Grenzen der Absorptionsfähigkeit unseres Planeten. Das ist ein absolutes Novum in der Geschichte der Menschheit. Von den wenigen weit verstreut lebenden Millionen der Anfangszeit bis hin zu den heutigen Milliarden, die, abgesehen von Krankheitserregern, nur noch sich selbst fürchten müssen, hat die Menschheit in den zehn Jahrtausenden ihrer wirtschaftlichen Entwicklung noch nie vor einer solchen Situation gestanden.

Wenn dies stimmt, ist es eine Antwort auf Macaulays Frage, weshalb wir für die Zukunft keinen ungebremsten Fortschritt erwarten sollten. Implizit bedeutet es, dass die Menschen in der Vergangenheit, vor allem seit 1700, den vorhandenen

Spielraum für demographisches und ökonomisches Wachstum nahezu aufgebraucht haben. Es lässt sich nicht mit Sicherheit feststellen, ob diese Auffassung zutrifft. So bleibt uns nichts anderes, als darüber nachzudenken, welche Probleme eine solche Möglichkeit für das staatliche Lenken aufwirft.

Wie müsste man vorgehen, um all diese Entwicklung aufzuhalten, bevor der Schaden irreversibel geworden ist? Eine zentrale Befehlsstruktur auf globaler Ebene, eine wirkliche Weltregierung also, würde von den wenigsten toleriert werden und müsste sich demzufolge per Zwang durchsetzen. Das könnte theoretisch geschehen, wenn jene, die sich etwa in Asien und Afrika als Opfer sehen, sich gegen die Minderheit in Europa und Amerika wenden würden, weil sie deren Bewohner für ihre Leiden verantwortlich machen. Aber das wäre eine Anleitung zur vollkommenen Vernichtung der Menschheit, ein wahrhaft Malthusscher Ausgang der Geschichte.

Stattdessen gibt es heute laufende multilaterale Verhandlungen zwischen Nationalstaaten, an denen auch globale Organisationen beteiligt sind. Diese Bemühungen sind lobenswert und schlimmstenfalls vergeblich, weil sie an einer fatalen Schwäche leiden. Zumindest die bedeutenden Teilnehmer müssen Einstimmigkeit erzielen, und das erhöht die Wahrscheinlichkeit, dass zu wenig und zu spät gehandelt wird, sofern überhaupt etwas geschieht. Die Welt orientiert sich am starrsinnigsten Land und folgt der kurzsichtigsten öffentlichen Meinung. Als System, das das langfristige Überleben der Gattung sichern soll, scheint dieses Vorgehen ungeeignet zu sein, da es direkt in den Abgrund führt.

Die ernsthafte Suche nach einem Ausweg aus diesem Dilemma muss für all jene, die nicht einfach nur darauf hoffen, dass sich alles irgendwie zum Guten wenden wird, mit der Einsicht beginnen, dass die Politik, sei sie nun demokratisch oder nicht, diese Aufgabe kaum lösen wird. Der Staat unterliegt viel zu vielen unterschiedlichen Zwängen, als dass man sich darauf verlassen könnte, dass er wirklich geeignete Strate-

427

gien wählt und umsetzt. Unter Umständen müsste er zum Beispiel eine Veränderung des Konsumverhaltens durchsetzen, deren Notwendigkeit die Betroffenen noch nicht erkannt haben. In offenen Gesellschaften kann die Wahrheit zwar offen gesagt werden, aber sie wird leicht von Beschwichtigungen übertönt, die dem Bedürfnis der Menschen Rechnung tragen, die glauben wollen, dass alles in Ordnung sei. In geschlossenen Gesellschaften gibt es zwar das Problem der Konsensfindung nicht, aber der Fortbestand der Menschheit dürfte durch einen Saddam Hussein noch weniger gesichert sein als durch demokratische Staaten, deren unbeständige öffentliche Meinung von Interessengruppen manipuliert werden kann.

Besser wäre vielleicht eine Art des staatlichen Lenkens, die eine Veränderung des Konsumverhaltens nicht per Dekret befiehlt, sondern durch eine unsichtbare Hand eine Übereinstimmung von privaten und öffentlichen Interessen erreicht. »Nicht vom Wohlwollen des Metzgers, Brauers oder Bäckers erwarten wir das, was wir zum Essen brauchen, sondern davon, dass sie ihre eigenen Interessen wahrnehmen.«[10] Mit diesen Worten hat Adam Smith nicht nur eine überaus fruchtbare ökonomische Idee formuliert, sondern auch eine grundlegende Wahrheit über Staat und Regierung entdeckt: Beide funktionieren besser, wenn die Menschen nicht auf Anweisung das Richtige tun, sondern weil sie sich davon etwas versprechen.

Inwiefern dieser Mechanismus auf Bereiche übertragen werden kann und soll, die für Marktkräfte nicht ohne weiteres zugänglich sind, ist umstritten. Der Versuch, »außerwirtschaftliche Phänomene« in den gültigen Kostenrahmen ökonomischer Angelegenheiten einzubinden, stößt auf starken Widerstand, wenn dabei wie bei der Einhegung von Gemeindegrund im England des 18. und 19. Jahrhunderts ehedem öffentlicher Besitz in Privateigentum übergeht. Aber es ist eine banale Erkenntnis, dass das, was allen gehört, niemandem gehört, und dass das, was niemandem gehört, nicht in den Genuss von Schutz, Pflege und Investitionen kommt. Kühe und

Schweine, Schafe und Hühner, von Katzen und Hunden ganz zu schweigen, gedeihen und vermehren sich, während wild lebende Gattungen vom Aussterben bedroht sind. Vielleicht trifft dies auch für andere globale »Gemeingüter« zu wie die verfügbaren Räume zur Lagerung von Abfall.

Diese Mechanismen ließen sich mit anderen verknüpfen. Zu denken wäre hier an globale Maßnahmen wie etwa den Verkauf von Emissionsgenehmigungen sowie Abgaben auf Flugreisen und auf internationale Finanztransaktionen. Hierzu müssten globale Gremien mit besonderen globalen Managementaufgaben eingerichtet werden, die nicht nur gegenüber nationalen Regierungen rechenschaftspflichtig sind, sondern auch gegenüber einer breiteren Interessengemeinschaft von gemeinnützigen, parlamentarischen und betrieblichen Organisationen. Natürlich setzen solche Veränderungen globaler Steuerungsmechanismen voraus, dass die derzeitigen nationalen Regierungen und internationalen Institutionen den ersten Schritt tun. Aber wenn man diese für handlungsunfähig hält, wie kann man dann erwarten, dass sie ihre eigene teilweise Ablösung durch andere Organe und Einrichtungen in die Wege leiten? Eine Antwort liegt in dem Hinweis auf die Konsequenzen, wenn dieser Schritt ausbleibt. Eine andere liegt darin, dass es leichter ist, Regierungen zu einer einzigen großartigen und weitsichtigen Handlung zu bewegen, wie unmittelbar nach dem Zweiten Weltkrieg geschehen, als sie zu einem dauerhaften und adäquaten globalen Management anzuhalten.

Damit kommen wir zu der Malthusschen Frage, wie sicher wir sein können, dass die Erde ein geometrisches Wachstum der Produktion erreichen und aufrechterhalten kann, um entweder den Bedarf einer exponentiell wachsenden Bevölkerung zu decken oder das Streben einer nicht mehr größer werdenden Bevölkerung nach einem exponentiell steigenden Lebensstandard zu erfüllen. Das Wachstum des Wohlstands wird sich fortsetzen. Das Pro-Kopf-Einkommen und daher auch das

Bruttoinlandsprodukt werden steigen, ob nun um das Vier-, Acht- oder Zwölffache in hundert Jahren. Und wenn dies die systematische Umweltverschmutzung zur Voraussetzung hat, die wir als Klimaveränderung, Anstieg des Meeresspiegels, Ausdehnung von Wüstenflächen, Verschwinden der Wälder und als sich verschärfende Konflikte zwischen Nord und Süd zu spüren bekommen, dann wird ein wachsender Teil der Menschheit ums Überleben kämpfen müssen. Dieses Schicksal fürchtete Malthus für die Menschheit: Auch wenn sie dem Dilemma eine Zeit lang entrann, irgendwann würde der Punkt kommen, von dem an die Entbehrungen wieder zu einer Abnahme der Bevölkerungszahl führen mussten.

Solch eine Entwicklung wäre die Antithese zu Keynes' Vorhersage, dass es eine endgültige Lösung für das Problem des Überlebens in einer Welt des Mangels gebe. Keynes' Optimismus beruhte auf dem enormen Potential eines mit Zinseszins auflaufenden Wirtschaftswachstums, wie es die industrielle Revolution ausgelöst hatte. Vorbehalte äußerte er im Hinblick auf Bevölkerungszunahme und Kriege. Aber er konnte nicht ahnen, dass dieses Wachstum Auswirkungen auf die globale Umwelt haben könnte, die den Lebensraum des Menschen beeinträchtigen und dadurch selbst das Überleben einer gleich bleibenden Zahl von Menschen gefährden.

Doch auch ohne diese neue Gefahr dürfen wir sicher sein, dass wir 2030 nicht, wie Keynes meinte, einen Nervenzusammenbruch erleiden werden, weil uns der Lebenszweck abhanden gekommen ist, für den uns die Evolution vorbereitet und geprägt hat, nämlich der Kampf ums tägliche Brot. Keynes entstammt dem Cambridge von G. E. Moore und dem Bloomsbury von Lytton Strachey und Virginia Woolf. Nach seiner Überzeugung lag das höchste Glück nicht in großem Reichtum, sondern in der Betrachtung des Wahren, Schönen und Guten und in den Freuden der Freundschaft. Deshalb konnte er an einen begrenzten Wohlstand glauben, der deutlich über dem Existenzminimum liegen und der Menschheit die Freiheit geben würde, »zu einigen der sichersten und gewissesten Grundsätze der Religion und herkömmlichen Tugenden zurückzukehren: dass Geiz ein Laster ist, das Verlangen von Wucherzinsen ein Vergehen, die Liebe zum Geld verächtlich, und dass diejenigen, die sich am wenigsten um das Morgen sorgen, am wahrsten auf dem Pfad der Tugend und maßvoller Weisheit wandeln. Wir werden die Zwecke wieder höher werten als die Mittel und werden das Gute dem Nützlichen vorziehen.«[11]

Von einer solchen Welt können wir nur träumen. Wir mögen uns nach ihr sehnen, aber wir können nicht an sie glauben. Keynes hat die Rechnung ohne Darwin und auch ohne Adam Smith gemacht. Das Wachstum des Wohlstands hört nicht auf, wenn das Existenzminimum für die gesamte Bevölkerung gesichert ist. Wer sich für ein Leben der Muße und der erhabenen Gedanken und für den Lebensstandard im Cambridge der dreißiger Jahre entschiede, würde an Reichtum, Macht und Überlebenskraft bald von anderen übertroffen, so sehr Keynes diese Tendenz noch gegeißelt hat: »Wir werden uns von vielen der scheinsittlichen Grundsätze lossagen, die uns seit zweihundert Jahren wie ein Albdruck verfolgt haben, wobei wir einige der abstoßendsten menschlichen Eigenschaften in die Stellung höchster Tugenden emporgehoben haben. Die Liebe zum Geld als Besitz … wird … als eine jener halb verbrecherischen, halb krankhaften Neigungen [erkannt werden], die man mit Schaudern an die Fachleute für geistige Erkrankungen verweist. Wir werden dann endlich die Freiheit haben, alle Arten von gesellschaftlichen Gewohnheiten und wirtschaftlichen Kniffen von uns zu werfen, die die Verteilung des Reichtums, wirtschaftliche Belohnungen und Strafen betreffen, und die wir jetzt, so widerlich und ungerecht sie an sich sein mögen, mit allen Mitteln aufrechterhalten, weil sie ungeheuer nützlich sind für die Anhäufung von Kapital.«[12]

Keynes' Traum vom Wandel der bürgerlichen Welt infolge des Durchbruchs zu einem höheren Wohlstandsniveau, auf dem Gier, Sparsamkeit und Mühen überflüssig sind, ist unerreichbar, und zwar nicht, weil solch eine Anhäufung von Reichtum unmöglich wäre – sie wird noch eher Wirklichkeit werden, als Keynes vermutete –, sondern weil das Streben nach immer höheren Zielen für so viele Mitglieder der Menschheit bestimmend bleiben wird, dass sie, die Verfechter »zweckhafter Handlungen«, und nicht jene, die sich stattdessen für »wirtschaftliches Glück« und die »Kunst des Lebens« entscheiden, den weiteren Fortgang der Geschichte beherrschen werden.[13] In diesem Sinn behält Darwin am Ende immer die Oberhand.

Bevor wir uns von der Spekulation verabschieden, müssen wir noch eine andere Doktrin des »wirtschaftlichen Glücks« ansprechen. Gemeint ist die »New Economy« oder »Neue Wirtschaft«. Diese ist, grob gesagt, die optimistische Verkürzung einer Auffassung, die vor allem mit Washington (als Hauptstadt der USA, aber auch als Sitz des IWF und der Weltbank) verbunden wird. Die Geschichte, so der Tenor dieser Anschauung, als Kampf zwischen rivalisierenden Ideologien sei vorüber. Die »Guten« – in Gestalt von Demokraten und Wirtschaftsliberalen – hätten gewonnen. Eine solide Steuer- und Währungspolitik werde auf unbegrenzte Zeit makroökonomische Stabilität (niedrige Inflation, keine nennenswerten Konjunkturschwankungen) gewährleisten. Freihandel und freie Kapitalflüsse würden ein anhaltend starkes Wachstum erzeugen und den ärmeren Volkswirtschaften ein rasches Aufholen ermöglichen. Die technologische Dynamik biete eine gute Grundlage für einen langen Boom. Und die demokratische Regierungsform sorge für den stabilen politischen Rahmen, in dem sich dies alles abspielt. In jüngster Zeit hat dieses Denken auch in der OECD-Veröffentlichung *The Future of the Global Economy* seine Spuren hinterlassen.

Es ist ein eindrucksvolles Szenario, und offenbar glauben viele daran, nicht zuletzt jene, die auf den westlichen Aktienmärkten ungerührt Schwindel erregende Preise bezahlen.

Aber einem Wirtschaftshistoriker muss es schwer fallen, diese mechanistische und unhistorische Sichtweise zu akzeptieren. Sicherlich hat es in der Vergangenheit lange Boomzeiten gegeben, in jüngerer Zeit zum Beispiel von 1890 bis 1913 und von 1950 bis 1973. Und in der Antike, in der chinesischen Geschichte, in Europa nach 1815 und in Nordamerika nach dem Sezessionskrieg hat es lange Zeiten des Friedens und der Stabilität gegeben. Es ist also nicht unmöglich.

Aber die bisherige Geschichte hat uns gelehrt, dass zwischen Politik und Wirtschaft eine starke Abhängigkeit besteht. Was wir leisten und wie wir regiert werden, ist untrennbar miteinander verbunden. Wirtschaftlicher Erfolg führt tendenziell zu negativen Rückwirkungen in Form von ausbeuterischen Angriffen von innen und außen. Und die Staatskunst steht fortwährend vor der kaum zu bewältigenden Aufgabe, eine dauerhafte Balance zu schaffen zwischen der Eindämmung ausbeuterischer Angriffe und der Notwendigkeit, ausreichende Entfaltungsmöglichkeiten für Unternehmen, Innovationen und das allgemeine Wachstum des Wohlstands zu gewährleisten.

Das sind die Schatten über der Schwelle zum neuen Jahrtausend. Das antike Rom entschied sich für die Sicherheit innerhalb seiner natürlichen Grenzen, die Augustus als erster Kaiser festgelegt hatte. Rom konnte der Bedrohung durch die »Barbaren« erstaunlich lange standhalten. Aber zuletzt werden sich die Gier und die Kraft jener, denen der Zugang zu den saftigeren Weiden verwehrt ist, gegen jene durchsetzen, die den Genuss der schönen Seiten des Lebens dem Kampf vorziehen. Heutzutage verweigert die »New Economy« des Washingtoner Modells den Menschen die eine große Freiheit, die eine wirklich freie Weltwirtschaft bieten müsste: die Freiheit, dorthin zu ziehen und dort zu leben und zu arbeiten, wo sie wollen.

So blicken Europäische Union und Vereinigte Staaten nervös auf die ärmeren Menschen außerhalb ihres Herrschaftsbereichs, die danach trachten, hineinzugelangen oder sich auf andere Weise einen Teil des westlichen Reichtums anzueignen. In diesen geographischen Grenzen und den globalen Handelsvereinbarungen, in Umweltbelastungen und Währungsturbulenzen liegt ein enormes Konfliktpotential für das kommende Jahrhundert. Einige Krisen können vielleicht gemeistert werden. Aber gibt es ein stabiles Fundament von einvernehmlichen Regeln, allgemeiner Fairness und praktikablen Durchsetzungsmethoden, auf dem ein friedlicher Fortschritt aufbauen könnte?

Offensichtlich nicht, auch wenn sich die Vereinten Nationen und andere Weltorganisationen noch so sehr mit wenig ruhmreichen, aber nützlichen Missionen abmühen. Eine kurze Zeit nach dem Ende des Kalten Krieges schien sich so etwas wie eine neue Ordnung anzudeuten, in der die UNO Verantwortung abgab und die konkrete Durchsetzung der politischen Ziele von Koalitionen aus Mitgliedsstaaten übernommen wurde. So etwa verhielt es sich beim Golfkrieg. Aber im Lauf der Zeit wurde immer deutlicher, dass dies kein Garant globaler Gerechtigkeit und Stabilität ist, sondern wenig mehr als ein dünner Lack über der alten, von nationalen Interessen bestimmten Diplomatie. Auf humanitäre und sonstige Krisen in anderen Weltgegenden hat die UNO nicht in gleichem Maße reagiert, so dass fast an jedem Ort der Erde Schurken ungestört ihr Handwerk betreiben konnten.

Solche Turbulenzen stellen noch keine direkte Bedrohung für die globale Wirtschaft dar. Aber sie sollten uns ins Gedächtnis rufen, dass die Angelegenheiten und die Geschichte der Menschheit in den Händen von Menschen liegen. Menschen werden unter anderem von Gefühlen bewegt, die auf ihrer nationalen und ethnischen Identität gründen. Diese verbinden sich schnell zu einem ungeheuren Hass auf Fremde, Ausländer, Außenseiter und all jene, die die falschen Götter verehren oder einfach anders sind. Solche irrationalen Einstellungen können durch ökonomische Konflikte noch verschlimmert werden. Am Ende eines Jahrhunderts, in dem diese Verirrungen die bisher schlimmsten Auswüchse gezeitigt haben, wäre es unvernünftig zu glauben, dass wir am Beginn eines Zeitalters stehen, in dem solche Phänomene keine Rolle mehr spielen werden. Es wäre die umgekehrte Form des von Macaulay belächelten Trugschlusses, von der Zukunft das Gegenteil der Vergangenheit zu erwarten.

Welche Bilanz können wir also ziehen? Auf der Habenseite sind zu verbuchen: die lange Entwicklung der menschlichen Intelligenz; das erreichte Wachstum des Wohlstands; die Veränderungen durch agrarische und industrielle Revolution; die tausendfache Vermehrung der menschlichen Spezies; die zwölffache Steigerung des Lebensstandards überall dort, wo Kohle, Eisen, Dampfkraft und ihre Nachfolger zu Wirtschaftswachstum auf Basis des Zinseszinses geführt haben; die Aussicht auf ein Ende des Kampfs um die Lebensgrundlagen; neue Technologien, die eine neuerliche tiefgreifende Transformation der Gesellschaft verheißen; eine Bevölkerungsentwicklung, die sich in einem halben Jahrhundert auf einem Stand stabilisieren wird, der nur fünfzig Prozent über dem heutigen Niveau liegt; die Beendigung eines tiefen ideologischen Konflikts, der vierzig Jahre lang die Gefahr der Vernichtung der Menschheit in einem Krieg in sich barg; die verbreitete Akzeptanz eines Wirtschaftssystems, das bewiesen hat, dass es Veränderungen gewachsen ist und vielfältige ökonomische Aktivitäten regeln kann, ohne fehlbaren Regierungen zu große Bürden aufzuerlegen.

Auf der Sollseite sind zu nennen: der Zweifel, ob eine Gattung, die kontinuierlich ihre Zahl – oder zumindest die Beanspruchung der begrenzten Umweltreserven – erhöht, einem katastrophalen Ende entgehen kann; die politische Antithese zur ökonomischen These, das heißt, je größer und besser die wirtschaftlichen Chancen sind, desto stärker wird die Bedrohung durch diejenigen, die von der wirtschaftlichen Blüte ausgeschlossen sind; die Anfälligkeit des neuen Paradigmas für

Fehlentwicklungen wie eine inflationsfördernde Währungspolitik und monopolistische Tendenzen einer Laisser-faire-Welt, in der die »Großen« jeden kleineren oder neuen Wettbewerber verdrängen können; schließlich der fehlende Schlussstein, nämlich die Tatsache, dass niemand die Aufgabe, die Autorität und die Kapazität hat, dieses Wirtschaftssystem funktionstüchtig zu halten, seine Schwächen und Mängel zu beheben und für Abhilfe zu sorgen, wenn ein Versagen droht. Es gibt keine Hegemonialmacht.

Wir können nur erwarten, dass der Walzerschritt auch weiterhin bestimmend sein wird; dass sich die Menschheit von wirtschaftlichen Möglichkeiten begeistern lässt, wie es im Augenblick der Fall ist; dass sie diese Chancen nach Kräften nutzen wird; dass der erzeugte Wohlstand neidische Blicke und empörte Gegenansprüche hervorrufen wird; und dass die Politik national und international darum bemüht sein wird, zu schlichten und aufkeimende Streitigkeiten einzudämmen. Es wäre vermessen anzunehmen, dass im Verlauf eines ganzen Jahrhunderts keine einzige dieser Streitigkeiten außer Kontrolle geraten und zu einer scharfen Polarisierung und Verfeindung zwischen Völkern führen wird. Wir haben uns an die Vorstellung gewöhnt, dass die Nationalstaaten an Bedeutung verloren haben, dass ihre Haushalte schon vom Wert einzelner Wirtschaftsunternehmen übertroffen werden und dass sich die Finanz- und Informationsströme durch den Äther jeglicher staatlichen Kontrolle entziehen. Aber unter den oben geschilderten Voraussetzungen werden wir vielleicht bald zu der Einsicht gelangen, dass Regierungen, wenn schon kein Monopol, dann wenigstens die vorherrschende Macht innerhalb der eigenen Staatsgrenzen besitzen. Menschen sind im Unterschied zu digitalen Daten ortsgebunden, und Regierungen, die aufgebrachte Massen hinter sich haben, können sowohl wirtschaftlich als auch auf anderen Gebieten immer noch großes Unheil anrichten.

Eine Theorie, die den globalen Wirtschaftsoptimismus

überzeugend darlegt, müsste einen effektiven politischen Mechanismus beinhalten, mit dem die Zustimmung von Milliarden von Menschen zu den Spielregeln, nach denen sie spielen sollen, erreicht werden kann, auch wenn viele von ihnen in Armut und manche sogar im Elend leben müssen. Die Politik hat nicht ausgedient, nur weil es das neue Paradigma so will, und die Geschichte hört nicht auf, nur weil die »New Economy« es so sieht. Wenn es das Schicksal gut mit ihnen meint und sie am richtigen Ort wohnen, werden unsere Ur- und Ururenkel in hundert Jahren tatsächlich ein Leben in Wohlstand führen, der sich als hohes Maß an materiellem Komfort und/oder Freizeit definieren lässt. Die technischen und ökonomischen Voraussetzungen für solch eine Entwicklung sind vorhanden. Aber wenn unsere Nachkommen sich dieses Zustands auf Dauer erfreuen wollen, wie wir es ihnen natürlich wünschen, müssen sie sehr viel mehr Geschick als ihre Vorfahren dabei beweisen, die globale wie auch die nationale und lokale Politik zu gestalten. Wenn es ihnen an dieser Fähigkeit und am Glück mangelt oder wenn sie am falschen Ort wohnen, werden sie vielleicht sogar ums Überleben kämpfen müssen.

Anmerkungen

Einleitung

1 Siehe Fogel 1997, S. 7.
2 Mithen, S. 223–247; *Cassell Atlas of World History*, S. 1.01 f. und 1.19.
3 Brittan, Kap. 11.
4 In der Terminologie der Anthropologen Homo sapiens sapiens. Sein unmittelbarer Vorfahr war Homo sapiens, zu dem auch der Neandertaler gehört (Cassell, S. 1.01). Einige Autoritäten auf diesem Gebiet, zum Beispiel William H. McNeill in seinem demnächst erscheinenden Buch *A Very Short History of the Whole Wide World* (gemeinsam mit John R. McNeill), verwenden den Begriff des Homo sapiens jedoch im engeren Sinn des *Homo sapiens sapiens.*
5 Nach Cassell, S. 1.01, sind es möglicherweise 135 000 Jahre. McNeill erwähnt in *A Very Short History of the Whole Wide World* Funde von Homo sapiens, die vor zweihunderttausend Jahren in Afrika lebten, und behauptet, Homo sapiens habe den Neandertaler verdrängt.
6 Cassell, S. 1.19.
7 Livi-Bacci, S. 31.
8 Theya Molleson vom Natural History Museum Department of Paleontology London, E-Mail an den Autor, 22. Oktober 1998. Livi-Bacci, S. 31, geht von einer durchschnittlichen Lebenserwartung von lediglich zwanzig Jahren aus.
9 Hobbes, I, 13, S. 99.
10 Stavrianos, S. 26.
11 *The Guardian*, 13. Februar 1999.
12 Weltgesundheitsorganisation, *World Health Statistics Annual 1995*.
13 Darwin, 3. Kapitel.
14 Smith 1974, S. 371.

15 Marshall (deutsche Ausgabe), I. Buch, 4. Kapitel: »Die Entwicklung der Nationalökonomie als Wissenschaft«, S. 42 ff.
16 Marshall (englische Ausgabe), I. Buch, 1. Kap., S. 5, 10. Dieser
Absatz wie überhaupt der von Marshall später angefügte Anhang seines Werks fehlt in der deutschen Ausgabe.
17 Ebd., S. 723 f.
18 Kipling, vgl. etwa das »Wanderlied der Bandar-Log«, S. 65 f., sowie S. 40 und 44.
19 Marshall, S. 723.
20 Ebd. (deutsche Ausgabe), S. 269–273.
21 Darwin, Kap. 3.
22 Marshall (deutsche Ausgabe), S. 269 f.
23 Ebd., S. 271 f.
24 Ebd. (englische Ausgabe), S. 723.
25 Landes 1998.
26 Marshall (englische Ausgabe), S. 723.
27 Landes 1999, S. 31.
28 Marshall (englische Ausgabe), S. 723.
29 North 1988, S. 5.
30 Marshall (englische Ausgabe), S. 724.
31 Chang, S. 292–329.
32 Ebd., S. 623 f.
33 Smith 1974, S. 285.
34 Die folgenden Ausführungen stützen sich auf Vorlesungsnoti-
zen, die Alan Macfarlane am 8. Dezember 1998 bei einem von
Patrick O'Brian veranstalteten IHR-Seminar in der Universität
London verteilt hat.

Die Entdeckung des Werts

1 Livi-Bacci, S. 31.
2 McNeill und McNeill, S. 18 f.; R. Cameron 1991, S. 41.
3 McNeill und McNeill, S. 16; Stavrianos, S. 30–41.
4 R. Cameron 1991, S. 46 f.
5 Diamond 1998, S. 297–301.
6 McNeill und McNeill, S. 10–16.
7 *The Times History of the World* 1999, S. 34.
8 Wenn die Steinzeichnungen der Aborigines wirklich so alt sein

sollten, dann wären sie viele tausend Jahre älter als alle bekannten Malereien oder anderen künstlerischen Schöpfungen des Menschen in anderen Teilen der Welt. Doch das hier angewandte Datierungsverfahren auf der Grundlage der Thermolumineszenz ist relativ neu, und seine Ergebnisse sind unter Wissenschaftlern noch nicht allgemein anerkannt. Die Universität Sydney ist ein herausragendes Forschungszentrum auf diesem Gebiet.

9 Livi-Bacci, S. 31.

10 McEvedy und Jones.

11 Cassell, S. 1.05; McNeill und McNeill, S, 45f.; Livi-Bacci, S. 234; Vereinte Nationen 1999a, S. 3.

12 Cassell, S. 1.05.

13 Ebd.

14 Chase-Dunn und Willard.

15 Curtin 1984, S. 64–66.

16 Cassell, S. 1.07.

17 R. Cameron 1991, S. 53.

18 Cassell, S. 1.10, 12, 17f. und 27.

19 R. Cameron 1991, S. 50.

20 »Komplexe Lebensformen, die eine Fülle von Spuren in fossiler Form hinterlassen haben, wurden bislang in keinem Gestein gefunden, das älter ist als das des Kambriums, von dem wir vermuten können, dass es sich vor rund sechshundert Millionen Jahren abgelagert hat. Die im unteren Paläozoikum [vor 600–400 Jahrmillionen] bewahrten Überreste stammen ausschließlich von maritimen Organismen« *(Cambridge Ancient History,* 3. Aufl. 1970, Bd. 1, S. 1).

21 Cassell, S. 1.01.

22 Diamond 1998, S. 36.

23 Cassell, S. 1.01.

24 Mithen, S. 18; Barraclough, S. 36.

25 Cassell, S. 1.01.

26 Diamond 1998, S. 36f.

27 Cassell, S. 1.01.

28 Ebd., S. 1.02; Mithen, S. 20.

29 Mithen, S. 171.

30 McNeill und McNeill, S. 9.

31 Cassell, S. 1.02.

32 McNeill und McNeill, S. 7f.

33 Mithen, S. 171.
34 Diamond 1998, S. 40.
35 *The Cambridge Ancient History* (Anm. 21), S. 1.
36 McNeill und McNeill, S. 9f.
37 Diamond 1998, S. 40.
38 Mithen, S. 171–210.
39 Ebd., S. 21.
40 Ebd., S. 30.
41 Hobbes, I, 13, S. 99.
42 Stavrianos, S. 24.
43 *The Guardian*, Gesellschaftsbeilage, 10. Februar 1999; ein Bericht über die Arbeit von Dr. Larry Barham von der Universität Bristol in der Cheddar-Schlucht.
44 *The Times History of the World* 1999, S. 34.
45 McNeill und McNeill, S. 13–15.
46 »Der vermutlich ausschlaggebende Faktor dafür, dass sich die anfänglichen Auswirkungen menschlichen Lebens auf andere Lebewesen abgeschwächt haben, waren das einzigartige Ausmaß und die Komplexität afrikanischer Parasiten und Infektionskeime – ein komplexes System parasitärer Organismen, das sich gemeinsam mit dem Menschen selbst weiterentwickelte und mit zunehmender Vermehrung des Menschen verstärkte« (McNeill 1994, S. 30).
47 Diamond, S. 47.
48 Ebd., S. 68.
49 McNeill und McNeill, S. 21.
50 Cassell, S. 1.19; McNeill und McNeill, S. 23.
51 McNeill und McNeill, S. 25; Cassell, S. 1.08.
52 Sherratt 1997, S. 32 (Fußnote).
53 North 1988, S. 78, 81–83.
54 Livi-Bacci, S. 31.
55 Diamond, S. 158–174.
56 *The Times History of the World* 1999, S. 36.
57 Sahlins, S. 34, zit. in Stavrianos, S. 24.
58 Diamond, S. 110–112.
59 Cassell, S. 103.
60 Curtin 1984, S. 8.
61 McEveday und Jones, S. 149.
62 Crawford, S. 10.
63 Nissen, S. 5.

64 Crawford, S. 29–34.

65 Cassell, S. 1.09.

66 Crawford, S. 13.

67 Cassell, S. 1.09 und 1.10; Nissen, S. 5.

68 McEveday und Jones, S. 149.

69 Nissen, S. 73–75.

70 Crawford, S. 9.

71 *The Times History of the World* 1999, S. 52.

72 Cassell, S. 1.17 und 1.26–1.28.

73 Crawford, S. 14.

74 North 1988, S. 99.

75 Cassell, S. 1.11–1.12.

76 Curtin 1984, S. 63 f.

77 J. Williams, S. 16–19.

78 Crawford, S. 124.

79 J. Williams, S. 16–19.

80 McNeill 1994, S. 49.

81 Postgate, S. 109–113.

82 Crawford, S. 24 f.

83 Curtin 1984, S. 64 f.

84 Postgate, S. 225–232.

85 North 1988, S. 97.

86 McNeill 1994, S. 47.

87 Nissen S. 105.

88 Crawford, S. 16.

89 Curtin 1984, S. 66 f.

90 Runciman, S. 12.

91 Curtin 1984, S. 67 f.

92 Ebd., S. 68 f.

93 *The Times History of the World* 1999, S. 56.

94 Cassell S. 1.17.

95 Ebd.

96 *The Times History of the World* 1999, S. 56.

97 Ebd.; Cassell, S. 1.18.

98 Ebd.

99 Cassell, S. 1.12.

100 *The Times History of the World* 1999, S. 56; Cassell, S. 118.

Bürgerschaft und Bürgerrecht

1 Siehe das erste Kapitel sowie McEveday und Jones.
2 Cassell, S. 2.04, 3.02.
3 Livi-Bacci, S. 31.
4 Nach Alan Bowman sind alle Schätzungen der Bevölkerungs-
   größe in der Alten Welt spekulativ (persönliche Mitteilung an
   den Autor).
5 McNeill und McNeill, S. 80.
6 Garnsey, Hopkins und Whittaker, S. 118.
7 *The Times Atlas of Ancient Civilization*, Supplement 5, Rom,
   S. 2.
8 Chase-Dunn und Willard.
9 Finley 1985, S. 72.
10 P. A. Brunt, *Italian Manpower*, S. 124.
11 Garnsey, Hopkins und Whittaker, S. XIV–XXI; R. Cameron
   1991, S. 66.
12 Cassell, S. 1.13 und 1.23; R. Cameron 1991, S. 50.
13 *The Cambridge Ancient History*, Bd. 1, S. 693.
14 Cassell, S. 1.12; Austin und Vidal-Naquet, S. 36–40.
15 *The Oxford History of Greece and the Hellenic World*, 1991,
   S. 14–17.
16 Thukydides, *Geschichte des Peloponnesischen Krieges*, S. 23 (I.2).
17 Starr, S. 27 f.
18 McNeill und McNeill, S. 79; Starr, S. 31.
19 Cassell, S. 1.22; Starr, S. 25.
20 Starr, S. 34 ff.; Curtin 1984, S. 78; Cassell, S. 1.23 und 1.24.
21 Manville, S. 57 f.
22 Cartledge et al. 1998, S. 140.
23 Thukydides, *Der Peloponnesische Krieg*, S. 140 ff. (II.37 ff).
24 J. Williams, S. 32; Austin und Vidal-Naquet, S. 56–58;
   R. Cameron 1991, S. 60 f.; Finley 1985, S. 166 f.
25 J. Williams, S. 25.
26 Roberts 1980, S. 193.
27 Austin und Vidal Naquet, S. 147–150.
28 J. Williams, S. 34–38.
29 Gibbon, Bd. 1, S. 3.
30 Garnsey, Hopkins und Whittaker, S. XIX.
31 Ebd., S. XIV–XXI.

32 Garnsey und Saller, S. 51–55.

33 Runciman, S. 144.

34 North 1988, S. 113.

35 Gibbon, Bd. 1, S. 33.

36 R. Cameron 1991, S. 65.

37 Livi-Bacci, S. 31.

38 Duncan-Jones 1982, S. 260f., Fußnote.

39 Cassell, S. 2.14.

40 Livi-Bacci, S. 31; R. Cameron 1991, S. 65.

41 McNeill 1994, 114f.

42 Gibbon, Bd. 1, S. 61–66.

43 Finley 1985, S. 51.

44 J. Williams, S. 54.

45 Ebd.

46 R. Cameron 1991, S. 68.

47 Bücher, S. 226f.

48 Ich danke Alan Bowman für seine Kommentare zu dieser Periode.

49 Cassell, S. 2.16, 3.06.

50 Cassell, S. 3.05.

51 R. Cameron 1991, S. 69f.

Weitergabe der Fackel

1 Livi-Bacci, S. 31; McEvedy und Jones, S. 18–21, 123–128, 170–173, 182–185, 206–213, 226f., 270–272.

2 McEvedy und Jones, S. 19, 172.

3 Levathes, S. 20.

4 Fairbank und Goldman, S. 31f.

5 Cassell, S. 1.27.

6 Elvin, zit. in Deng, S. 129.

7 Deng, S. 252.

8 Ebd., passim.

9 McNeill und McNeill, S. 93f.

10 *The Times Atlas of Ancient Civilizations*, Part 4, S. 1.

11 McNeill und McNeill, S. 76.

12 Ebd., S. 94.

13 McNeill 1991, S. 362.

14 McEvedy und Jones, S. 18, 171, 182.
15 Cassell, S. 1.26, 2.22.
16 Ebd., S. 2.23.
17 Thapar, S. 148–150.
18 Hollingdale, S. 96.
19 Russell, S. 353 f.
20 Thapar, S. 155; *The Times Atlas of Ancient Civilizations*, Part 6, S. 10.
21 McNeill 1991, S. 374.
22 Chaudhuri 1990, S. 56.
23 Cassell, S. 3.19.
24 Thapar, S. 141 f.; Cassell, S. 2.23.
25 McNeill und McNeill, S. 97.
26 Mokyr 1992, S. 42.
27 Chaudhuri 1985, S. 49.
28 Mitchell Beazley, S. 43.
29 Levathes, S. 92.
30 Mokyr 1992, S. 47; Mitchell Beazley, S. 44.
31 R. Cameron 1991, S. 125; Abu-Lughod, S. 112.
32 Mitchell Beazley, S. 43; Cassell, S. 2.26.
33 Mokyr 1992, S. 41–43.
34 Conrad et al., S. 121.
35 Ebd., S. 116–122.
36 Abu-Lughod, S. 244.
37 Ebd., S. 221 f.
38 Al-Hassan, S. 360.
39 Conrad et al., S. 93.
40 Russell, S. 355 f.
41 Ebd., S. 357.
42 *The Cambridge Dictionary of Philosophy*, S. 18 f.
43 Abu-Lughod, S. 225.
44 Ebd., S. 227–230.
45 Ebd., S. 214 f.
46 Ebd., S. 230–244.
47 Ebd., S. 244.
48 Elvin, S. 54.
49 Ebd., S. 54 f.
50 Abu-Lughood, S. 238.
51 Cassell, S. 3.20.

52 Deng, S. 306f.

53 Merson, S. 23.

54 Ebd., S. 26; Deng, S. 302–308.

55 Merson, S. 32.

56 Cassell, S. 3.21.

57 Elvin, S. 85; McNeill 1982, S. 26f.; McNeill 1982, S. 26f.; Merson, S. 21.

58 Cassell, S. 3.21.

59 Elvin, S. 137.

60 Ebd., S. 161.

61 J. Williams, S. 149.

62 Elvin, S. 149, 159; Deng, S. 307.

63 J. Williams, S. 149.

64 Polo, *Die Reisen des Venezianers Marco Polo im 13. Jahrhundert*, S. 269.

65 Als Folge der Besetzung durch die Chin im Norden und der Verlegung des Herrschersitzes der Sung in den Süden wird die Sung-Zeit in eine nördliche (960–1127) und eine südliche (1127–1279) geteilt.

66 Deng, S. 311.

67 Ebd., S. 83–85; Welsh, S. 28.

68 Deng, S. 311–318.

69 McNeill 1994, S. 154.

70 Deng, S. 326.

71 Curtin 1984, S. 125.

72 Polo, *Die Reisen des Venezianers Marco Polo* (Anm. 73), S. 408f.

73 Curtin 1984, S. 125.

74 Ebd., passim.

75 Chaudhuri 1985, S. 61.

76 Levathes, S. 142.

77 Ebd., S. 20.

78 Ebd., S. 163f.

79 Chaudhuri 1985, S. 61.

80 Fairbank und Goldman, S. 139.

81 Cassell, S. 4.21; Chaudhuri 1985, S. 62.

Pluralismus

1 Livi-Bacci, S. 31; McEvedy und Jones, S. 18.
2 McEvedy und Jones, S. 23f.
3 Cassell, S. 3.11.
4 R. Cameron 1991, S. 70f.
5 Ebd., S. 73.
6 Mokyr 1992, S. 32; R. Cameron 1991, S. 81ff.
7 R. Cameron 1991, S. 84.
8 Jones 1987, S. 52f.; R. Cameron 1991, S. 101.
9 Mokyr 1992, S. 44–54.
10 Cassell, S. 1.10.
11 R. Cameron 1991, S. 95.
12 Cassell, S. 3.10; R. Cameron 1991, S. 113; Abu-Lughood, S. 237f.
13 R. Cameron 1991, S. 117.
14 Livi-Bacci, S. 48.
15 Moss, S. 156.
16 *The Cambridge Mediaeval History*, Bd. 1, S. 301f.; Moss, S. 225; Cassell, S. 3.06.
17 Cassel, S. 3.07.
18 *The Cambridge Mediaeval History*, Bd. 1, S. 438f.
19 Wickham 1994, S. 19–36.
20 R. Cameron 1991, S. 77f.
21 Randsborg, S. 18.
22 R. Cameron 1991, S. 79f.
23 Mokyr 1992, S. 33.
24 Ebd., S. 36f.
25 R. Cameron 1991, S. 86.
26 Mokyr 1992, S. 38.
27 Miller Und Hatcher 1995, S. 6f.
28 Mokyr 1992, S. 34 u. 38.
29 Britnell, S. 80–90.
30 Abu-Lughod, S. 45.
31 R. Cameron 1991, S. 90f.
32 N. Davies, S. 312.
33 Abu-Lughood, S. 45.
34 Ebd., S. 47; R. Cameron 1991, S. 94.
35 R. Cameron 1991, S. 95.

36 McNeill 1982, S. 66–68.

37 R. Cameron 1991, S. 94-106.

38 Abu-Lughood, S. 47.

39 Ebd., S. 58f.

40 Miller und Hatcher 1995, S. 397f.

41 Abu-Lughood, S. 59f.

42 N. Davies, S. 361.

43 Merson, S. 82–84.

44 N. Davies, S. 361, 1248.

45 Merson, S. 84f.

46 Mokyr 1992, S. 44–46.

47 Ebd., S. 54.

48 Ebd., S. 51f.

49 Smith 1976, zit. in Mokyr 1992, S. 51.

50 Mokyr 1992, S. 52–54.

51 Ebd., S. 41.

52 Ebd., S. 39, 54.

53 E. L. Jones, S. 55.

54 Landes 1999, S. 63-67; Mokyr 1992, S. 49–51.

55 R. Cameron 1991, S. 111.

56 Landes 1999, S. 66f.

57 Jones, S. 52f.

58 R. Cameron 1991, S. 101; Cassell, S. 3.11.

59 Mokyr 1992, S. 39.

60 Curtin 1984, S. 112f.; Abu-Lughod, S. 116f.

61 R. Cameron 1991, S. 103; Abu-Lughod, S. 116f.

62 Abu-Lughod, S. 69.

63 R. Cameron 1991, S. 104f.; Abu-Lughod, S. 92f.

64 J. Williams, S. 82.

65 R. Cameron 1991, S. 105.

66 J. Williams, S. 80. Nach Kulischer, *Allgemeine Wirtschaftsge-schichte des Mittelalters und der Neuzeit*, Bd. 1, S. 321, gab Genua das Goldstück bereits 1149 aus (Anm. d. Ü.).

67 R. Cameron 1991, S. 104.

68 Mokyr 1992, S. 74; N. Davies, S. 402.

69 Goody, S. 64.

70 Werner Sombart, *Der moderne Kapitalismus*, Bd. 2, S. 118.

71 Telefongespräch mit John Gunnell von der Firma Morley & Scott, 4. Mai 1999.

72 Abu-Lughod, S. 117f.; Rosenberg und Birdzell, S. 127.
73 Rosenberg und Birdzell, S. 127.
74 Hollingdale, S. 101.
75 Goody, S. 75.
76 Mokyr 1992, S. 74.
77 N. Davies, S. 443.
78 Buchan, S. 64.
79 Campbell und Overton, S. 97.
80 R. Cameron 1991, S. 111.
81 Malthus 1905, Bd. 1, S. 18–22.
82 Ebd., S. 18; Ricardo 1994.
83 Campbell und Overton, S. 98.
84 R. Cameron 1991, S. 113.
85 Ebd.; Livi-Bacci, S. 47.
86 Campbell und Overton, S. 99.
87 Vivian Nutton in Conrad et al., S. 191f.
88 Porter, S. 124.
89 *The Oxford Companion to British History*, S. 754.
90 McNeill 1994, S. 154; Herlihy 1998, S. 15f.
91 Herlihy 1998, S. 16.
92 Livi-Bacci, S. 52f.
93 N. Davies, S. 412.
94 McNeill 1994, S. 158.
95 *The Oxford Companion to British History*, S. 754.
96 Herlihy 1998, S. 40; R. Cameron 1991, S. 115; N. Davies, S. 412.
97 R. Cameron 1991, S. 116; Hatcher 1977, Wiederabdruck in Anderson, S. 15, 55.
98 R. Cameron 1991, S. 116.
99 Matteo Villani, *Cronica di Matteo Villani*, Bd. 1, S. 93, zit. in Herlihy 1998, S. 54f.
100 Jones, S. 60.
101 Mokyr 1992, S. 49.
102 Herlihy 1997, S. 86f.
103 Ebd., S. 88f.
104 Porter, S. 125f.
105 N. Davies, S. 412.
106 Platt, S. 192.
107 R. Cameron 1991, S. 145.
108 Hatcher 1977, Wiederabdruck in Anderson, S. 52f.

Globalisierung: Boote statt Bytes

1 Cassell 1997, S. 4.01–06.

2 McEvedy und Jones, S. 18 und 26 f.; Zahlen für Europa ohne Russland in Livi-Bacci, S. 31.

3 McEvedy und Jones, ebd.

4 Cassell, S. 4.15–4.16.

5 Livi-Bacci, S. 31. Nach Frank 1998, S. 170 (unter Verweis auf Clark 1977), stieg die Bevölkerung Asiens zwischen 1500 und 1750 von 231 auf 484 Millionen. Obwohl die im Text zitierten Zahlen von Livi-Bacci davon abweichen, bestätigen sie doch Franks allgemeine Aussage, dass die Bevölkerung Asiens in diesem Zeitraum ein größeres Wachstum aufwies als die Europas.

6 McEvedy und Jones, S. 182–184.

7 Keay, S. 9.

8 Cassell, S. 4.21 f.

9 McEvedy und Jones, S. 167 f., 170–173.

10 Cassell, S. 4.22.

11 Livi-Bacci, S. 31.

12 Nach Clark 1977, Tab. 3.1, zit. in Frank 1998, S. 170, blieb die Bevölkerung Afrikas von 1650 bis 1800 konstant bei hundert Millionen. Doch Frank verweist darauf, dass der Anteil der afrikanischen Bevölkerung an der gesamten Weltbevölkerung während dieser Zeit stetig abnahm.

13 Cassell, S. 4.18.

14 Livi-Bacci, S. 31.

15 Frank 1998, S. 52.

16 O'Brien in Pohl, S. 154–177.

17 Curtin 1984, S. 101.

18 Diamond 1998, S. 370 f.; Cassell, S. 1.02.

19 *Microsoft Encarta 97 World Atlas*; Diamond 1998, S. 370 f.; Cassell, S. 3.26.

20 Diamond 1998, S. 272 f.

21 Ebd., S. 67.

22 O'Brien in Pohl, S. 156 f.

23 Chaudhuri 1985, S. 52 f.

24 R. Cameron 1991, S. 119.

25 O'Brien 1982, S. 4.

26 Jones 1987, S. 75–79.

27 Russell in Fernández-Armesto 1995b, S. 104f., 111.

28 Fernández-Armesto 1987, S. 169.

29 Frank 1998, S. 58; Fernández-Armesto 1987, S. 251f.; Elliott in Pohl, S. 47.

30 Kurlansky, S. 24–29.

31 Morison 1971, S. 199.

32 Fernández-Armesto 1987, S. 111f.

33 Ebd., S. 152; R. Cameron 1991, S. 146.

34 Mokyr 1992, S. 46; Unger in Fernández-Armesto 1995b, S. 50.

35 Mokyr 1992, S. 46; Unger in Fernández-Armesto 1995b, S. 219.

36 Unger in Fernández-Armesto 1995b, S. 50.

37 Morison 1974, S. 45.

38 Unger in Fernández-Armesto 1995b, S. 52; Rosenberg und Birdzell, S. 81; Morison 1974, S. 44–48.

39 Morison 1974, S. 45.

40 Mokyr 1992, S. 47.

41 Hollingdale, S. 83.

42 Mokyr 1992, S. 47, 69.

43 Tibbetts, S. 314.

44 Morison 1974, S. 87f.

45 Fernández-Armesto 1987, S. 167, 278–300.

46 Morison 1974, S. 364, 380.

47 Rosenberg und Birdzell, S. 85.

48 McNeill 1982, S. 81.

49 Frank 1998, S. 58.

50 Kennedy 1989, S. 54–59.

51 Ebd., S. 57–62.

52 McNeill 1982, S. 79–116; Kennedy 1989, S. 48–57.

53 Kennedy 1989, S. 60f.

54 Morison 1974, S. 98; R. Cameron 1991, S. 150.

55 Landes 1999, S. 101.

56 Elliott in Pohl, S. 45f.

57 R. Cameron 1991, S. 154; Elliott in Pohl, S. 47.

58 Diamond 1998, S. 80f.

59 McNeill 1994, S. 192.

60 Diamond 1998, S. 77.

61 Livi-Bacci, S. 59.

62 N. Davies, S. 511.

63 Diamond 1998, S. 75, 77.

64 Livi-Bacci, S. 56, 58 f.

65 N. Davies, S. 512.

66 Diamond 1998, S. 78.

67 Elliott in Pohl, S. 48.

68 J. Williams, S. 165.

69 N. Davies, S. 513.

70 Cassell, S. 4.25.

71 Elliott in Pohl, S. 53 f.

72 Fernández-Armesto 1987, S. 200–202.

73 Elliott in Pohl, S. 48 f.

74 Blackburn, S. 163.

75 Schwartz in Drescher und Engermann, S. 100 f.

76 Diamond 1998, Kap. 11; McNeill 1994, Kap. 5.

77 Chaudhuri 1985, S. 66.

78 Curtin 1984, S. 142.

79 Chaudhuri 1985, S. 75.

80 Curtin 1984, S. 142–149; Chaudhuri 1985, S. 78 f.

81 Curtin 1984, S. 143.

82 N. Davies, S. 513.

83 O'Brien in Pohl, S. 156 f.

84 Nach Merson, S. 77, erbeutete Drake zwischen 1577 und 1580 von portugiesischen und spanischen Schiffen Schätze im Wert von 1,5 Millionen Pfund. Elisabeth I. ahndete diese Piraterie jedoch nicht, sondern schlug ihn zum Ritter und verwendete einen Teil seiner Beute zur Bezahlung von Auslandsschulden.

85 R. Cameron 1991, S. 180.

86 Ebd.; Keay 1993, S. 12 f.

87 R. Cameron 1991, S. 156 f.

88 Ebd., S. 155 f.

89 Frank 1998, S. 163 f.

90 Ebd., S. 158–164; Chaudhuri 1985, S. 218–220.

91 R. Cameron 1991, S. 199 f.; N. Davies, S. 529–534.

92 R. Cameron 1991, S. 224 f.

93 Ebd., S. 223–227; Wrigley 1988, S. 58, 113; de Vries und van der Woude, S. 693 f.

94 De Vries und van der Woude, S. 383.

95 Ebd., S, 357.

96 R. Cameron 1991, S. 172; Menard in Tracy 1991, S. 247; de Vries und van der Woude, S. 355–357.

97 De Vries und van der Woude, S. 355–357, 403.

98 Menard in Tracy 1991, S. 252.

99 De Vries und van der Woude, S. 403.

100 Bruijn in Tracy 1990, S. 175.

101 Menard in Tracy 1991, S. 252.

102 Bruijn in Tracy 1990, S. 175; Tracy 1991, S. 6f.

103 Hampe-Martinez in Pohl 1990, S. 244f.

104 Bruijn in Tracy 1990, S. 184.

105 De Vries und van der Woude, S. 384.

106 Ebd., S. 387.

107 Ebd.

108 Hampe-Martinez in Pohl 1990, S. 264; R. Cameron 1991, S. 185.

109 De Vries und van der Woude, S. 376f.

110 Hampe-Martinez in Pohl, S. 246f.

111 Milton, S. 360–364.

112 Hampe-Martinez in Pohl, S. 246f.

113 De Vries und van der Woude, S. 412.

114 Goody, S. 116.

115 R. Cameron 1991, S. 185f.

116 Ebd.; De Vries und van der Woude, S. 385.

117 Ebd.

118 Ebd., S. 131.

119 Ebd., S. 147.

120 Ebd., S. 149.

121 Ebd., S. 692.

122 Ebd., S. 150.

123 Ebd., S. 150f.

124 Ebd., S. 151.

125 Ebd., S. 693.

126 Chaudhuri 1985, S. 95.

127 De Vries und van der Woude, S. 143, 409f., 502f., 693f.

128 R. Cameron 1991, S. 196.

129 De Vries und van der Woude, S. 409.

130 Ebd., S. 457f.

131 Ebd., S. 458.

132 Ebd., S. 462–464.

133 Ebd., S. 463.

134 Ebd., S. 502.

135 Wrigley 1988, S. 57–60.

136 O'Brien 1996, S. 213–249.

137 Mit der Unionsakte von 1707 wurden England und Schottland vereinigt und bildeten das Königreich Großbritannien (*Oxford Companion to British History*, S. 944).

138 Cassell, S. 4.27.

139 *Oxford History of the British Empire*, Bd. 1, S. 482–505.

140 De Vries und van der Woude, S. 502 f.

141 O'Brien in *Oxford History of the British Empire*, Bd. 2, S. 52 f.

142 Ebd., S. 54.

143 Ebd., S. 53–77.

144 Ebd., S. 74 f.

145 Ebd., S. 60.

146 R. Cameron 1991, S. 229; *Oxford Companion to British History*, S. 373.

147 Jay 1985, S. 41.

148 O'Brien in *Oxford History of the British Empire*, Bd. 2, S. 65.

149 Jay 1985, S. 44–46.

150 Ebd., S. 47.

151 Brewer, S. 89, 91.

152 Kennedy, 1989, S. 138.

153 Ebd., S. 140 f.

154 Dickson, S. 457, zit. in Brewer, S. 119 f.

155 Brewer, S. 124 f.; Kennedy 1989, S. 140.

156 De Vries und van der Woude, S. 152.

157 Brewer, S. 125.

158 Antoin E. Murphy, »Flawed visionary who burst his own bubble«, in: *The Financial Times*, 1. Juni 1997.

159 Ebd.; Brewer, S. 125; R. Cameron 1991, S. 255 f.

160 Murphy, siehe Anm. 194; De Vries und van der Woude, S. 152; J. Williams, S. 182.

161 Murphy, siehe Anm. 158; J. Williams, S. 182.

162 De Vries und van der Woude, S. 152 f.

163 Brewer, S. 125.

164 De Vries und van der Woude, S. 153.

165 Murphy, siehe Anm. 158.

166 Brewer, S. 125.

167 Murphy, siehe Anm. 158.

168 Crafts in Floud und McCloskey, Bd. 1, S. 180 f.

169 Dickson 1967, S. 198, zit. in Brewer, S. 126.

170 De Vries und van der Woude, S. 153.
171 O'Brien in *Oxford History of the British Empire*, Bd. 2, S. 63.
172 Vgl. Larry Neal in Floud und McCloskey, Bd. 1, S. 180f.
173 Frank 1998, S. 258–320.
174 Cassell, S. 4.19.
175 Frank 1998, S. 269.
176 Zit. in Frank 1998, S. 269.
177 Frank 1998, S. 271.
178 Zit. in Frank 1998, S. 273.
179 Chaudhuri 1985, S. 97.

Erfindungen und Überschüsse

1 Livi-Bacci, S. 31.
2 Wrigley 1988, S. 47–50.
3 Ebd., S. 74f.
4 Ebd.
5 Ebd.
6 McEvedy und Jones, S. 29.
7 Wrigley 1988, S. 14.
8 Allen in Floud und McCloskey, Bd. 1, S. 96; Allen, S. 209–235; Wrigley 1988, S. 35.
9 Crafts in Floud und McCloskey, Bd. 1, S. 58.
10 Mokyr 1992, S. 82, zit. in Ashton, S. 42.
11 McEvedy und Jones, S. 171.
12 Ebd., S. 183; Livi-Bacci, S. 74f.
13 Livi-Bacci, S. 31.
14 Cassell, S. 4.28.
15 Frank 1998, S. 315.
16 Deng, S. 325.
17 R. Cameron 1992, S. 17.
18 Keynes 1956, S. 264–267.
19 McCloskey in Floud und McCloskey, Bd. 1, S. 242.
20 Crafts in Floud und McCloskey, Bd. 1, S. 45.
21 Zit. in N. Davies, S. 764.
22 Deane und Cole 1962, zit. in Crafts in Floud und McCloskey, Bd. 1, S. 47.
23 Crafts in Floud und McCloskey, Bd. 1, S. 45, zit. in Crafts und Harley 1992.

24 McCloskey in Floud und McCloskey, Bd. 1, S. 247.

25 Ebd., zit. in Mokyr 1985, S. 44, und Mokyr 1993.

26 McCloskey in Floud und McCloskey, Bd. 1, S. 242f.

27 Marshall (engl. Ausgabe), S. 751.

28 Ebd., S. 742.

29 Ebd., S. 740–747.

30 Ebd., S. 748.

31 Mokyr 1992, S. 81.

32 Nach der »Chronologie« von Wade E. Shilts in Floud und McCloskey, Bd. 1, S. 387–395; Mokyr 1992, S. 81–148; R. Cameron 1991, S. 256–267; Cannon (Hg.) 1997, S. 125, 509, 602, 912.

33 Keynes 1956, S. 265.

34 McCloskey in Floud und McCloskey, Bd. 1, S. 267.

35 Keynes 1956, S. 265.

36 Ebd., S. 271.

37 Crafts in Floud und McCloskey, Bd. 1, S. 44–59.

38 Wrigley und Schofield, S. 528–529, zit. in Crafts in Floud und McCloskey, Bd. 1, S. 55.

39 Crafts in Floud und McCloskey, Bd. 1, S. 56.

40 North 1992, S. 166.

41 Crafts in Floud und McCloskey, Bd. 1, S. 56.

42 Ebd., S. 58.

43 Ricardo 1994, S. 116.

44 Crafts in Floud und McCloskey, Bd. 1, S. 58f.

45 Francois Crouzet zit. in Crafts in Floud und McCloskey, Bd. 1, S. 54.

46 Crafts in Floud und McCloskey, Bd. 1, S. 54, 59.

47 McCloskey in Floud und McCloskey, Bd. 1, S. 243.

48 Macaulay, S. 267f.

49 Marshall (engl. Ausgabe), S. 747.

50 Crafts in Floud und McCloskey, Bd. 1, S. 54f.

51 McCloskey in Floud und McCloskey, Bd. 1, S. 267f., zit. in Kirzner 1989.

52 Ebd., S. 269f.

53 Pomeranz 1998 (vgl. Pomeranz 2000).

54 De Vries 1994, S. 249–270.

55 Wrigley 1988, S. 54f.

56 Pomeranz 1998, S. 36; vgl. Pomeranz 2000.

57 Landes 1998, S. 207; O'Brien in Pohl, S. 167.
58 Pomeranz 1998, S. 64, 68; vgl. Pomeranz 2000.
59 Richardson, S. 443.
60 Ebd., S. 458.
61 Ebd., S. 454, 441 f.
62 O'Brien in Pohl, S. 165.
63 Ebd.
64 E. Williams, S. 52, zit. in Crafts 1985, S. 125.
65 Richardson, S. 461.
66 Postlethwayte, zit. in Richardson, S. 461.
67 Floud und McCloskey, Bd. 1, S. 394.
68 Hicks, S. 2.
69 Floud und McCloskey, Bd. 1, S. 394.
70 Lindert in Floud und McCloskey, Bd. 1, S. 371.
71 Floud und McCloskey, Bd. 1, S. 394.
72 Trevelyan, S. 426–429.
73 N. Davies, S. 776.
74 Dickens, 1. Buch, Kapitel 5, S. 32 f.
75 Ebd., 1. Buch, Kapitel 10, S. 85.
76 Crafts 1997a, S. 628.
77 Lindert in Floud und McCloskey, Bd. 1, S. 385.
78 Szreter und Mooney 1998, S. 84–112.

Internationale Wirtschaft und wirtschaftlicher Nationalismus

1 R. Cameron 1992, S. 100.
2 Eichengreen 2000, S. 24.
3 Foreman-Peck 1995, S. 154, 173.
4 Ebd., S. 173.
5 R. Cameron 1991, S. 276. Nach Berechnungen auf der Grundlage der Zahlen von Cameron sowie McEvedy und Jones, S. 30 f., hat sich die Bevölkerung Europas von 1800 bis 1850 um 79 Millionen beziehungsweise 42,2 Prozent vermehrt; von 1850 bis 1900 um 135 Millionen (50,75 Prozent); und von 1850 bis 1914 um 184 Millionen (69,2 Prozent).
6 R. Cameron 1991, S. 277.
7 Ebd.

8 McEvedy und Jones, S. 30f.

9 Ebd.

10 Ebd.

11 Ebd.; R. Cameron 1991, S. 280.

12 Ebd., S. 15.

13 Berechnet nach Zahlen für den Zeitraum von 1850 bis 1900 in R. Cameron 1991, S. 277.

14 McEvedy und Jones, S. 279f.

15 Berechnet nach McEvedy und Jones, S. 280.

16 McEvedy und Jones, S. 206.

17 Ebd., S. 215f.

18 Cassell, S. 5.19.

19 Shepherd, S. 86.

20 Malthus 1896.

21 Chambers und Mingay, S. 122.

22 Trevelyan, S. 299.

23 Harley in Floud und McCloskey, Bd. 1, S. 312.

24 Chambers und Mingay, S. 158–210.

25 Harley in Floud und McCloskey, Bd. 1, S. 313; Floud und McCloskey, Bd. 1, S. 469.

26 Foreman-Peck 1995, S. 45.

27 Harley in Floud und McCloskey, Bd. 1, S. 313f.

28 Ebd., S. 315.

29 Foreman-Peck 1995, S. 1-3.

30 Kennedy 1989, S. 240–251.

31 Ebd., S. 246.

32 Michael Bailey, der frühere Präsident der Newcomen Society, im Gespräch mit dem Autor; vgl. Mechanics Magazine, Bd. 14, Nr. 372, 25. September 1830; Annual Register and Chronicle, Ende 1830 erschienen in Liverpool, Bd. LXXII, S. 145; Gore's General Advertiser, Liverpool, 16. September 1830, Bd. LXVI, Nr. 3379, S. 3; Liverpool Mercury, 17. September 1830, Bd. XX, S. 303f.; Manchester Guardian, 18. September 1830; The Times, 17. September 1830, S. 3; Blackwood's Edinburgh Magazine, 1830, Bd. XXVIII, S. 823–830.

33 R. Cameron 1991, S. 296.

34 *The Times History of the World* 1999, S. 220.

35 DeVoto.

36 Clapham, S. 280, zit. in Chandler 1990, S. 411.

37 Chandler 1990, S. 414.
38 R. Cameron 1991, S. 299.
39 Ebd., S. 300; Foreman-Peck 1995, S. 34.
40 Mokyr 1992, S. 129.
41 Ebd., S. 129f.
42 Foreman-Peck 1995, S. 35.
43 Mokyr 1992, S. 124.
44 Ebd., S. 123.
45 Ebd., S. 122f.
46 Landes 1983, S. 251.
47 Standage, S. 138.
48 Ebd., S. 58.
49 Ebd., S. 50.
50 Ebd., S. 60f.
51 Mokyr 1992, S. 123.
52 R. Cameron 1991, S. 301.
53 Mokyr 1992, S. 123.
54 Foreman-Peck 1995, S. 68.
55 Ebd., S. 68f.
56 Standage, S. 97.
57 R. Cameron 1991, S. 301; Mokyr 1992, S. 247.
58 Mokyr 1992, S. 144.
59 R. Cameron 1991, S. 301.
60 Mokyr 1992, S. 144.
61 Ebd., S. 124.
62 Foreman-Peck 1995, S. 67.
63 Ebd., S. 79.
64 Landes 1983, S. 192.
65 Ebd., S. 193.
66 Ebd., S. 190.
67 Ebd., S. 191.
68 Foreman-Peck 1995, S. 46f.
69 Ebd., S. 64.
70 Ebd., S. 120–139.
71 Ebd., S. 123–126.
72 Kennedy 1989, S. 247.
73 R. Cameron 1992, S. 103; *The Times History of the World* 1999, S. 255.
74 *The Times History of the World* 1999, S. 255.

75 Landes 1998, S. 366.

76 Eichengreen 2000, S. 28.

77 Ebd., S. 32–36.

78 Ebd., S. 36f.; R. Cameron 1992, S. 100f.

79 Foreman-Peck 1995, S. 173.

80 Ebd.

81 Ebd., S. 166–169.

82 Ebd., S. 85f.

83 Ebd., S. 85.

84 Ebd., S. 86.

85 Ebd., S. 88.

86 Kennedy 1989, S. 235, zit. in Landes 1983, S. 93f.

87 Zit. in ebd., S. 235.

88 McCloskey in Floud und McCloskey, Bd. 1, S. 242.

89 Kennedy 1989, S. 237, zit. in Bairoch 1982, S. 294, 296.

90 Zit. in Kennedy 1989, S. 250.

91 Landes 1983, S. 219.

92 Crafts 1998, S. 193–210.

93 R. Cameron 1992, S. 13.

94 R. Cameron 1991, S. 293.

95 Ebd., S. 290f.

96 Ebd., S. 285.

97 Chandler 1990, S. 89.

98 Foreman-Peck 1995, S. 169.

99 Kennedy 1989, S. 302.

100 Craig, S. 97f.

101 Kennedy 1989, S. 304.

102 Zit. in ebd.

103 Foreman-Peck 1995, S. 46.

104 Brogan, S. 441, 455, 469.

105 Zimmermann 2000.

106 Mahan 1890.

107 Mahan 1897, S. 52, zit. in Zimmermann 2000.

108 R. Cameron 1992, S. 19; Kennedy 1989, S. 306–311; Chandler
   1990, S. 4.

109 Chandler 1990, S. 52.

110 Brogan, S. 453.

111 Morris-Suzuki, S. 62.

112 Ebd., S. 72.

113 Kennedy 1989, S. 236, zit. in Bairoch 1982, S. 294, 296.
114 Morris-Suzuki, S. 63–65.
115 Waswo, S. 22f.
116 Ebd., S. 17.
117 Zit. in Morris-Suzuki, S. 73.
118 Morris-Suzuki, S. 72.
119 Ebd.; R. Cameron 1992, S. 83.
120 Morris-Suzuki, S. 72.
121 The Times History of the World 1999, S. 242f.
122 Kennedy 1989, S. 321.
123 Morris-Suzuki, S. 72.
124 Service 1998, S. 4.
125 Kennedy 1989, S. 308.
126 Nove, S. 4.
127 Ebd., S. 2f.
128 Service 1999, S. 9-21.
129 Deng, S. 323; Wong, S. 155.
130 Wong, S. 155.
131 Ebd., S. 156; Cassell, S. 5.19.
132 Kennedy 1989, S. 237.
133 Keynes 1956, S. 264.
134 Mani Shankar Aiyer in Palm & Pine, Teil 3 der BBC-Rundfunk-
    reihe Empire, ausgestrahlt am 26. Januar 1998.
135 *The Times History of the World* 1999, S. 234.
136 Kennedy 1989, S. 237.
137 Cassell, S. 5.16.
138 Ebd.
139 Edelstein in Floud und McCloskey, S. 214f.
140 Foreman-Peck 1995, S. 110–113.
141 Kennedy 1989, S. 238.

In der Sackgasse: 1910 bis 1945

1 Livi-Bacci, S. 31; Kremer, zit. in DeLong.
2 DeLong.
3 Ebd.
4 Ebd.
5 Bullock, S. 97.

6 Aldcroft 1978, S. 148; Eichengreen 2000, S. 71.

7 Aldcroft 1993, S. 10.

8 R. Cameron 1992, S. 193.

9 Kennedy 1989, S. 421 f.

10 Aldcroft 1978, S. 50.

11 Kennedy 1989, S. 422.

12 Aldcroft 1978, S. 62.

13 Feinstein u.a., S. 21–25; Aldcroft 1978, S. 46.

14 Service 1999, S. 33–39, 50 f.

15 Marx, S. 17.

16 Heilbroner, S. 175.

17 Ebd., S. 153.

18 Service 1999, S. 4-8.

19 Nove, S. S. 21 f.

20 Service 1999, S. 55–57.

21 Ebd., S. 58.

22 *The Times History of the World* 1999, S. 256; Bullock, S. 1253 f.

23 Service 1998, S. 124.

24 Kennedy 1989, S. 484.

25 Service 1998, S. 197.

26 Kennedy 1989, S. 485.

27 Ebd., S. 451.

28 Ebd., S. 487.

29 Aldcroft 1978, S. 36 f.

30 Keynes 1985, S. 26.

31 Kindleberger 1973, S. 17–29, 304–321; Kennedy 1989, S. 416 f.;
   Foreman-Peck 1995, S. 212.

32 R. Cameron 1992, S. 198.

33 Ebd., S. 202.

34 Kindleberger 1973, S. 33.

35 Foreman-Peck 1995, S. 216.

36 R. Cameron 1992, S. 202.

37 Foreman-Peck 1995, S. 216.

38 Ebd.

39 R. Cameron 1992, S. 202.

40 Ebd., S. 203.

41 Kindleberger 1973, S. 35.

42 R. Cameron 1992, S. 203.

43 Aldcroft 1978, S. 103.

44 J. Williams, S. 237; R. Cameron 1992, S. 203.

45 R. Cameron 1992, S. 204; Aldcroft 1978, S. 37.

46 Kindleberger 1973, S. 36.

47 Foreman-Peck 1995, S. 209.

48 Kindleberger 1973, S. 31.

49 R. Cameron 1992, S. 203; Kenwood und Lougheed, S. 191; Aldcroft 1984, S. 124.

50 Foreman-Peck 1995, S. 209.

51 Kindleberger 1973, S. 31–33; Aldcroft 1978, S. 84–88.

52 Kenwood und Lougheed, S. 181.

53 Ebd., S. 183 f.

54 Kindleberger 1973, S. 42.

55 Kenwood und Lougheed, S. 182 f.

56 Feinstein u. a., S. 46; Eichengreen 2000, S. 72 f.

57 Hume, »Über die Handelsbilanz«, in Hume, zit. in Eichengreen 2000, S. 45.

58 Oxford Dictionary of Quotations, S. 98; Brogan, S. 444 f.

59 Jay, S. 47; Keynes 1956, S. 227.

60 Kindleberger 1973, S. 31 f.

61 Keynes 1956, S. 227.

62 Eichengreen 2000, S. 76, 125.

63 Ebd., S. 76.

64 Kindleberger 1973, S. 48; Feinstein u. a., S. 48; Eichengreen 2000, S. 89.

65 Keynes 1956, S. 219.

66 Feinstein u. a., S. 63 f.; Kindleberger 1973, S. 58.

67 Kindleberger 1973, S. 60 f.

68 Dow, S. 161 f.

69 Ebd., S. 165.

70 Ebd.

71 Kindleberger 1973, S. 111.

72 Dow Jones Internet-Website (http://averages.dowjones.com/cgi-bin/) August 1999.

73 Dow, S. 180.

74 Ebd., S. 160–181.

75 Interview in Parkin und King, S. 90.

76 Kenwood und Lougheed, S. 228.

77 Ebd., S. 227.

78 Dow, S. 180; Kenwood und Lougheed, S. 228.

79 Kindleberger 1973, S. 133.
80 Ebd., S. 147.
81 Ebd., S. 146.
82 Dow, S. 173.
83 Galbraith 1963, passim.
84 Dow, S. 157–159; Eichengreen 2000, S. 106.
85 Dow, S. 159.
86 Ebd., S. 137.
87 Ebd., S. 137, 159.
88 Ebd., S. 136.
89 Floud und McCloskey, Bd. 2, S. 322 f.
90 Economic Trends, August 1999, Series BCJE, Gesamtforderungsberechnung, Großbritannien.
91 Kindleberger 1973, S. 179.
92 Dow, S. 163.
93 Ebd., S. 169; *The Times History of the World* 1999, S. 265.
94 Zit. in Brogan, S. 536 f.
95 Zit. in Bullock, S. 412.
96 Kindleberger 1973, S. 241.
97 Dow, S. 137, 182 f.
98 Ebd., S. 181 f.
99 Feinstein u.a., S. 104.
100 Bairoch 1993, S. 9.
101 Feinstein u.a., S. 123.
102 Ebd., S. 174.
103 Ebd., S. 175.

Falsche Verheißungen? 1945 bis 1999

1 Bevölkerungsstatistik der Vereinten Nationen, 1994.
2 Ebd., zit. im *Guardian*, 23. September 1999.
3 Ebd.
4 Vereinte Nationen, »Long Range World Population Projections«, auf http://www.popin.org/longrange/exesummary.htm (11. Oktober 1999).
5 Livi-Bacci, S. 31.
6 Vereinte Nationen 1999a.
7 Ebd.

8 Livi-Bacci, S. 31.
9 Vereinte Nationen 1999a.
10 Ebd., S. 2, 3, 15.
11 Krugman 1999b, 4. Kapitel; Yergin und Stanislaw, S. 223.
12 Vereinte Nationen 1999a.
13 Vereinte Nationen 1999b.
14 Livi-Bacci, S. 159–163; Vereinte Nationen 1999a, S. 2f., 15.
15 Winston Churchill am Westminster College, Fulton, Missouri, 5. März 1946.
16 Churchill, Bd. 2.1, S. 16.
17 Gardner 1969, S. 43.
18 Floud und McCloskey, Bd. 2, S. 405.
19 The Harper Dictionary of Modern Thought 1977, S. 175.
20 Gardner 1969, S. 40.
21 Ebd., S. 54–62.
22 Van der Wee, S. 484–489.
23 Kenwood und Lougheed, S. 241.
24 Van der Wee, S. 501–505.
25 Van der Wee, S. 328.
26 Ebd., S. 336.
27 Ebd., S. 79; Toniolo, S. 252.
28 Van der Wee, S. 58–79.
29 OECD, historische Statistiken 1960–1995.
30 Dow, S. 273–316.
31 Ebd., S. 2.
32 Ebd., S. 32f.
33 Sudoplatow, S. 266/67.
34 Van der Wee, S. 400.
35 N. Davies, S. 1092.
36 Kennedy 1989, S. 638.
37 Service 1998, S. 356.
38 Shanks, S. 15.
39 Ebd., S. 14–16.
40 Kennedy 1989, S. 541.
41 Service 1998, S. 361, zit. aus: Dwadzatj wtoroi sjesd Kommunis-titscheskoi Partii Sowjetskogo Sojusa, 17–31 oktjabrja 1961. Stenografitscheski otschet, Moskau 1962.
42 Ebd., S. 408.
43 Ebd., S. 467.

44 Aldcroft 1993, S. 170f.
45 Ebd., S. 173.
46 *Financial Times*, »World Economy and Finance Survey«, 24. September 1999, S. XXVIII.
47 Lipton und Ravallion, S. 2554.
48 *The Times History of the World* 1999, S. 232f.; Fairbank und Goldman, S. 250–341.
49 Fairbank und Goldman, S. 348f.
50 Ebd., S. 359.
51 Ebd., S. 369f.
52 Morison 1974, S. 42.
53 Fairbank und Goldman, S. 371.
54 Chang, S. 265; Fairbank und Goldman, S. 370f.
55 Fairbank und Goldman, S. 368–374.
56 Ebd., S. 383–389.
57 Ebd., S. 389–405.
58 Weltbank 1993, S. 59.
59 Ebd.
60 Fairbank und Goldman, S. 406.
61 Nove, S. 419.
62 Sen 1995b, S. 5.
63 Lipton und Ravallion, S. 2563.
64 Weltbank 1993, S. 2-4.
65 Ebd., S. 2.
66 Lipton und Ravallion, S. 2562.
67 Weltbank 1993, S. 347–368.
68 Ebd., S. 350f.

Was nun?

1 Livi-Bacci, S. 32.
2 Keynes 1956, S. 268.
3 Ebd., S. 266.
4 Ebd., S. 267f.
5 DeLong und eigene Berechnungen.
6 Keynes 1956, S. 267.
7 Macaulay, S. 267f.
8 OECD.

9 Korrespondenz mit Professor J. C. R. Hunt vom Department of Space and Climate Physics am University College, London. Vgl. J. C. R. Hunt in Physica D 1999, S. 27–295.

10 Smith 1974, 1. Buch, 2. Kapitel, S. 17.

11 Keynes 1984, S. 330f.

12 Keynes 1956, S. 270.

13 Ebd., S. 272.

14 OECD.

Bibliographie

Abramowitz, M.: »Catching up, Forging ahead and Falling behind«, in: *Journal of Economic History*, 46 (1986), S. 385–406

Abulafia, David: *Commerce and Conquest in the Mediterranean, 1100–1500*, Aldershot 1993

–: *The Western Mediterranean Kingdoms, 1200–1500*, London 1997

Abu-Lughod, Janet: *Before European Hegemony – the World System AD 1250–1350*, Oxford 1989

Adas, Michael (Hg.): *Islamic and European Expansion. The Forging of a Global Order*, Philadelphia 1993

Aldcroft, Derek H.: *Die Zwanziger Jahre. Von Versailles zur Wall Street*, Bd. 3 der *Geschichte der Weltwirtschaft im 20. Jahrhundert*, hg. von Wolfram Fischer, München 1978

–: *The European Economy 1914–1990*, London ³1993

Aldcroft, Derek H./Morewood, Steven: *Economic Change in Eastern Europe since 1918*, Aldershot 1995

Al-Hassan, Ahmad Y.: »Factors behind the Decline of Islamic Science after the Sixteenth Century«, Sonderdruck des Vortrags auf der Konferenz *Islam and the Challenge of Modernity. Historical and Contemporary Contexts* des International Institute of Islamic Thought and Civilization, Kuala Lumpur 1994

Allen, Robert C.: »Tracking the Agricultural Revolution in England«, in: *Economic History Review*, 52 (1999), H. 2, S. 209–235

Anderson, Michael (Hg.): *British Population History*, Cambridge 1996

Andrews, Kenneth R.: *Trade, Plunder and Settlement. Maritime Enterprise and the Genesis of the British Empire. 1480–1630*, Cambridge 1984

Angell, Norman: *The Great Illusion*, London 1910

Appleby, John C.: »War, Politics and Colonization, 1558–1625«, in: *The Oxford History of the British Empire*, Bd. 1, S. 55–78, Oxford 1998

468

Ark, Bart van: *Economic Growth in the Long-Run. A History of the Empirical Evidence*, 3 Bde., Cheltenham 1997

Ashton, T. S.: *The Industrial Revolution*, Oxford 1968

Asian Development Bank: *Emerging Asia. Changes and Challenges*, Manila 1997

Astill, Grenville/Grant, Annie: *The Countryside of Medieval England*, Oxford 1988

Astill, Grenville/Langdon, John: *Medieval Farming and Technology. The Impact of Agricultural Change in North-west Europe*, Leiden 1997

Atack, Jeremy/Passell, Peter: *A New Economic View of American History*, 2. Aufl., London/New York 1994

Auerbach, Jeffrey A.: *The Great Exhibition of 1851*, New Haven 1999

Austin, M. M./Vidal-Naquet, P.: *Gesellschaft und Wirtschaft im alten Griechenland*, München 1984

Aylmer, G.E.: »Navy, State, Trade, and Empire«, in: *The Oxford History of the British Empire*, Bd. 1, S. 445–466, Oxford 1998

Bairoch, Paul: *The Economic Development of the Third World since 1900*, Berkeley 1976

–: »Europe's Gross National Product: 1800–1975«, in: *Journal of European Economic History*, 5 (1976)

–: »International Industrialisation Levels from 1750 to 1980«, in: *Journal of European Economic History*, 11 (1982), H. 4, S. 269–334

–: *Cities and Economic Development*, London 1988

–: *Economics and World History. Myths and Paradoxes*, Hemel Hempstead 1993

–/Levy-Leboyer, Maurice (Hg.): *Disparities in Economic Development since the Industrial Revolution*, London 1981

Barraclough, Geoffrey (Hg.): *The Times Atlas of World History*, London 1978

Behrman, Jere/Srinivasan, T. N. (Hg.): *Handbook of Development Economics*, Amsterdam 1995

Berg, Maxine/Hudson, Pat: »Rehabilitating the Industrial Revolution«, in: *Economic History Review*, 45 (1992), S. 24–50

Bermingham, Ann/Brewer, John: *The Consumption of Culture, 1600–1800*, London 1995

Bisson, T. N.: »The ›Feudal Revolution‹«, in: *Past and Present*, H. 142 (1994), S. 6-42

469

-: »The ›Feudal Revolution‹, Reply«, in: *Past and Present*, H. 155 (1997), S. 208–225

Blackburn, Robin: *The Making of New World Slavery. From the Baroque to the Creole, 1492–1800*, London 1997

Bloom, David/Sachs, Jeffrey: *Geography, Demography and Economic Growth in Africa*, Brookings Papers on Economic Activity, H. 2, Washington DC., 1998

Boardman, John/Griffin, Jasper/Murray, Oswyn: *The Oxford History of Greece and the Hellenic World*, Oxford 1991

Boserup, E.: *The Conditions of Agricultural Growth*, London 1965

Braudel, Fernand: *Die Geschichte der Zivilisation. 15. bis 18. Jahrhundert*, München 1971

-: *Das Mittelalter und die mediterrane Welt in der Epoche Philipps II.*, Frankfurt am Main 1990

Braund, David: »The Luxuries of Athenian Democracy«, in: *Greece and Rome*, 41, H. 1 (April 1994), S. 41–48

Brewer, John: *The Sinews of Power. War, Money and the English State, 1688–1783*, London 1989

Brewer, John/McKenrick, N./Plumb, J. H. (Hg.): *The Birth of a Consumer Society. The Commercialization of Eighteenth Century England*, London 1990

Brewer, John/Porter, Roy (Hg.): *Consumption and the World of Goods*, London 1993

Britnell, R. H.: *The Commercialisation of English Society, 1000–1500*, Cambridge 1993

Brittan, Samuel: *Essays: Moral, Political and Economic*, Hume Papers on Public Policy, Bd. 6, H. 4, Edinburgh 1998

Broadberry, S. N.: *The Productivity Race. British Manufacturing in International Perspective 1850–1990*, New York 1997

-: »The Long-run Growth and Productivity Performance of the UK«, in: *Scottish Journal of Political Economy*, 44 (1997), S. 403–424

-/Crafts, N.: »British Economic Policy and Performance in Early Post-War Britain«, in: *Business History*, 38 (1996), S. 65–91

Brogan, Hugh: *Longman History of the United States of America*, London 1985

Bronk, Richard: *Progress and the Invisible Hand. The Philosophy and Economics of Human Advance*, London 1998

Brunt, Peter A.: *Italian Manpower*, London 1971

Buchan, James: *Unsere Gefrorenen Begierden. Was das Geld will*, Köln 1999

Bücher, Karl: »Die diokletianische Taxordnung vom Jahre 301«, in: *Beiträge zur Wirtschaftsgeschichte*, Tübingen 1922, S. 226f.

Bullock, Alan: *Hitler und Stalin. Parallele Leben*, Berlin 1991

The Cambridge Ancient History, 14 Bde., Cambridge

The Cambridge Dictionary of Philosophy, Cambridge 1995

The Cambridge Economic History of India, 2 Bde., Cambridge

The Cambridge Economic History of Europe, 8 Bde., Cambridge

The Cambridge History of China, 15 Bde., Cambridge

The Cambridge Illustrated History of Ancient Greece, Cambridge 1998

The Cambridge Medieval History of Europe, 7 Bde., Cambridge

The Cambridge New Modern History of Europe, 14 Bde., Cambridge

Cameron, David Kerr: *The English Fair*, Stroud 1998

Cameron, Rondo: *Geschichte der Weltwirtschaft*, Bd. 1, *Vom Paläolithikum bis zur Industrialisierung*, Stuttgart 1991; Bd. 2: *Von der Industrialisierung bis zur Gegenwart*, Stuttgart 1992

A Concise Economic History of the World from Paleolithic Times to the Present, 3. Aufl., Oxford 1997

Campbell, Bruce/Overton, Mark: »A New Perspective on Medieval and Early Modern Agriculture: Six Centuries of Norfolk Farming, c. 1250-c. 1850«, in: *Past and Present*, 141 (1993), S. 38–105

Cartledge, Paul/Millett, Paul/Todd, Stephen (Hg.): *Nomos, Essays in Athenian Law, Politics and Society*, Cambridge 1990

Cartledge, Paul/Millett, Paul/von Reden, Sitta (Hg.): *Kosmos. Essays in Order, Conflict and Community in Classical Athens*, Cambridge 1998

Cassell Atlas of World History, London 1997

Chambers, J. D./Mingay, G. E.: *The Agricultural Revolution. 1750–1880*, London 1966

Chandler, Alfred: *Scale and Scope. The Dynamics of Industrial Capitalism*, Cambridge, Mass., 1990

– u. a. (Hg.): *Big Business and the Wealth of Nations*, Cambridge 1997

Chang, Jung: *Wilde Schwäne*, München 1993

Chase-Dunn, Christopher/Willard, Alice: »Systems of Cities and World-Systems: Settlement Size Hierarchies and Cycles of Political Centralization, 2000 BC – 1988 AD«, Vortrag vor der International Studies Association, Acapulco 1993

Chaudhuri, K. N.: *Trade and Civilisation in the Indian Ocean.*

An Economic History from the Rise of Islam to 1750, Cambridge 1985

–: *Asia Before Europe. Economy and Civilisation of the Indian Ocean from the Rise of Islam to 1750*, Cambridge 1990

Chown, John F.: *A History of Money from AD 800*, London 1994

Churchill, Winston S.: *Der Zweite Weltkrieg*, 6 Bde., Frankfurt am Main/Berlin/Wien 1985

Cipolla, Carlo M.: *Guns and Sails in the Early Phase of the Europe Expansion, 1400–1700*, London 1965

–: *Before the Industrial Revolution. European Society and Economy, 1000–1700*, London 1976

–: *Fontana Economic History of Europe*, 6 Bde., London 1976–1977

–: *Wirtschaftsgeschichte und Weltbevölkerung*, München 1972

Clapham, J. H.: *The Economic Development of France and Germany, 1815–1914*, 4. Aufl., Cambridge 1955

Clark, Colin, *Population Growth and Land Use*, London 1977

Clayre, Alasdair (Hg.): *Nature and Industrialization*, Oxford 1977

–: *The Heart of the Dragon*, London 1984

Coats, A. W.: *The Classical Economists and Economic Policy*, London 1971

Cohen, Joel E.: *How Many People Can the Earth Support?*, New York 1995

Colclough, Christopher/Manor, James: *States and Markets*, Oxford 1991

Conquest, Robert: *Ernte des Todes. Stalins Holocaust in der Ukraine 1929–1933*, München 1988

–: *Der Große Terror. Sowjetunion 1934–1938*, München 1992

Conrad, Lawrence I., u.a.: *The Western Medical Tradition. 800 BC–AD 1800*, Cambridge 1995

Cotterell, Arthur: *The Encyclopaedia of Ancient Civilizations*, Leicester 1980

Crafts, Nicholas F. R.: »British Economic Growth, 1700–1831: a Review of the Evidence«, in: *Economic History Review*, 36 (1983), S. 177–199

–: *British Economic Growth during the Industrial Revolution*, Oxford 1985

–: »Output Growth and the British Industrial Revolution: a Restatement of the Crafts-Harley View«, in: *Economic History Review*, 45 (1992), S. 703–730

–: »The Golden Age of Economic Growth in Western Europe, 1950–73«, in: *Economic History Review*, 48 (1995), S. 429–447

–: »Macro-inventions, Economic Growth, and ›Industrial Revolution‹ in Britain and France«, in: *Economic History Review*, 48 (1995), S. 591–598

–: »Some Dimensions of the ›Quality of Life‹ during the British Industrial Revolution«, in: *Economic History Review*, 50 (1997), S. 617–639

–: »The Human Development Index and changes in the Standards of Living: Some Historical Comparisons«, in: *European Review of Economic History*, 1 (1997), S. 299–322

–: »Forging ahead and Falling behind: the Rise and Relative Decline of the First Industrial Nation«, in: *Journal of Economic Perspectives*, 12 (1998), S. 193–210

–: *The Conservative Government's Economic Record. An End of Term Report*, IEA for the Wincott Foundation, London 1998

Crafts, Nicholas F. R./Leybourne, S. J./Mills, T. C.: »Britain«, in R. Sylla/G. Toniolo (Hg.), *Patterns of European Industrialization. The Nineteenth Century*, London 1991, S. 109–152

Crafts, Nicholas F. R./Mills, T. C.: »The Industrial Revolution as a Macro-economic Epoch: an Alternative View«, in: *Economic History Review*, 47 (1994), S. 769–775

–: »Endogenous Innovation, Trend Growth, and the British Industrial Revolution: Reply to Greasley and Oxley«, in: *Journal of Economic History*, 57 (1997), S. 950–956

Crafts, Nicholas F. R./Toniolo, G. (Hg.): *Economic Growth in Europe since 1945*, Cambridge 1996

Crafts, Nicholas F. R./van Ark, B. (Hg.): *Quantitative Aspects of Europe's Post-war Growth*, Cambridge 1997

Crafts, Nicholas F. R./Woodward, N. W. C. (Hg.): *The British Economy since 1945*, Oxford 1991

Craig, Gordon A.: *Deutschland 1866–1945*, München 1982

Crawford, Hamet: *Sumer and the Sumerians*, Cambridge 1991

Cunliffe, Barry: *Greeks, Romans and Barbarians. Spheres of Interaction*, London 1988

Curtin, Philip D.: *The Atlantic Slave Trade. A Census*, Wisconsin 1969

–: *Cross-Cultural Trade in World History*, Cambridge 1984

Darwin, Charles: *Über die Entstehung der Arten durch natürliche Zuchtwahl*, Stuttgart 1963

473

Dasgupta, P.: *An Inquiry into Well-being and Destitution*, Oxford 1993

Davies, Glyn: *A History of Money*, Cardiff 1996

Davies, John K.: *Wealth and the Power of Wealth in Classical Athens*, Salem, Massachusetts, 1984

Davies, Norman: *Europe. A History*, London 1997

Dean, Trevor/Wickham, Chris: *City and Countryside in Late Medieval and Renaissance Italy*, London 1990

Deane, Phyllis: *The First Industrial Revolution*, 2. Aufl., Cambridge 1979

Deane, P./Cole, W. A.: *British Economic Growth, 1688–1959*, Cambridge 1962

DeLong, J. Bradford: »Estimating World GDP, One Million BC-Present«, Aufsatz im Internet, Berkeley, Kalifornien, 1998

Deng, Gang: *The Pre-modern Chinese Economy*, London 1999

DeVoto, Bernard: *The Journals of Lewis and Clark*, London 1954

Diamond, Jared M.: *The Rise and Fall of the Third Chimpanzee*, London 1991

–: *Guns, Germs and Steel. A Short History of Everybody for the Last 13 000 Years*, London 1998

Dickens, Charles: *Schwere Zeiten*, Stuttgart 1989

Dickson, P. G. M.: *The Financial Revolution in England. A Study of the Development of Public Credit, 1688–1756*, London 1967

Dimbleby, David/Reynolds, David: *An Ocean Apart*, London 1988

Dow, Christopher: *Major Recessions. Britain and the World, 1920–95*, Oxford 1998

Drescher, Seymour/Engerman, Stanley L. (Hg.): *A Historical Guide to World Slavery*, New York 1998

Duncan-Jones, R. P.: *The Economy of the Roman Empire*, 2. Aufl., Cambridge 1982

–: *Structure and Scale in the Roman Economy*, Cambridge 1990

–: *Money and Government in the Roman Empire*, Cambridge 1994

Dyer, Christopher: *Standards of Living in the Later Middle Ages. Social Change in England, c. 1200–1500*, Cambridge 1989

–: »The Consumer and the Market in the Middle Ages«, in: *Economic History Review*, 42 (1989), S. 305–326

–: *Everyday Life in Medieval England*, London 1994

Dyos, H. J./Aldcroft, D. H.: *British Transport*, Leicester 1969

Eichengreen, Barry: »The Origins and Nature of the Great Slump Revisited«, in: *Economic History Review*, 45 (1992), S. 213–339

–: *Vom Goldstandard zum Euro. Die Geschichte des internationalen Währungssystems*, Berlin 2000

Elvin, Mark: *The Pattern of the Chinese Past*, London 1973

Engels, Friedrich: *Die Lage der arbeitenden Klasse in England. Nach eigner Anschauung und authentischen Quellen*, in Karl Marx und Friedrich Engels, *Werke*, Bd. 2, Berlin 1957

Engerman, Stanley/Solow, Barbara: *British Capitalism and Caribbean Slavery. The Legacy of Eric Williams*, Cambridge 1989

Englund, Bob/Nissen, Hans J.: *Archaic Bookkeeping*, Chicago 1993

Epstein, S. R.: »Cities, Regions and the Late Medieval Crisis: Sicily and Tuscany Compared«, in: *Past and Present*, 130 (1991), S. 3-50

Esteban, Javier Cuenca: »British Textile Prices, 1770–1831: are British Growth Rates Worth Revising again?«, in: *Economic History Review*, 48 (1995), S. 66–105

–: »Further Evidence of Falling Prices of Cotton Cloth, 1768–1816«, in: *Economic History Review*, 48 (1995), S. 145–150

Fairbank, J. K./Goldman, Merle: *China. A New History*, Cambridge, Mass., 1998

Faith, Nicholas: *The World the Railways Made*, London 1990

Feinstein, Charles H./Temin, Peter/Toniolo, Gianni: *The European Economy Between the Wars*, Oxford 1997

Ferguson, Niall: *Paper and Iron. Hamburg Business and German Politics in the Era of Inflation, 1897–1927*, Cambridge 1995

–: *The World's Banker. A History of the House of Rothschild*, London 1998

–: *Der falsche Krieg*, Stuttgart 1999

Fernández-Armesto, Felipe: *Before Columbus. Exploration and Colonisation from the Mediterranean to the Atlantic, 1229–1492*, Basingstoke 1987

– (Hg.): *The Global Opportunity*, Brookfield, Vermont, 1995a

– (Hg.): *The European Opportunity*, Brookfield, Vermont, 1995b

Figes, Orlando: *Die Tragödie eines Volkes. Die Epoche der Russischen Revolution 1891 bis 1924*, Berlin 1998

Finley, Moses (Hg.): *Slavery in Classical Antiquity Views and Controversies*, Cambridge 1968

–: *Economy and Society in Ancient Greece*, London 1981

–: *Ancient History. Evidence and Models*, London 1985

-: *The Ancient Economy*, London 1985

- (Hg.): *Classical Slavery*, London 1987

Fitzgibbons, Athol: *Adam Smith's System of Liberty, Wealth and Virtue*, Oxford 1995

Fleming, Robin: »Rural Elites and Urban Communities on Late-Saxon England«, in: *Past and Present*, 141 (1993), S. 3-37

Flinn, Michael W.: *The European Demographic System, 1500-1820*, Baltimore 1981

Floud, Roderick/McCloskey, Donald: *The Economic History of Britain since 1700*, 3 Bde., Cambridge 1994

Fogel, Robert: »Economic Growth, Population Theory, and Physiology: the Bearing of Long-Term Processes on the Making of Economic Policy«, in: *American Economic Review*, 84 (1994), S. 369-395

-: »When Will Humanity Finally Escape from Chronic Malnutrition?«, *The 1997 Nestle Lecture on the Developing World*, o. O. 1997

-/Engerman, Stanley L.: *Time on the Cross. The Economics of American Negro Slavery*, New York 1989

Foreman-Peck, James: *New Perspectives on the late Victorian Economy*, Cambridge 1991

-: *A History of the World Economy. International Economic Relations since 1850*, New York 1995

Franck, Irene/Brownstone, David M.: *The Silk Road. A History*, Oxford 1986

Frank, André Gunder: ReORIENT: *Global Economy in the Asian Age*, London 1998

-/Gills, Barry: *The World System. 500 Years or 5000?*, London 1996

Frederiksen, M. W.: »Theory, Evidence and the Ancient Economy«, in: *The Journal of Roman Studies*, 65 (1975), S. 164-171

French, A.: »Economic Conditions in Fourth-Century Athens«, in: *Greece and Rome*, 38 (April 1991), S. 24-40

Friedman, Milton/Schwartz, Anna: *A Monetary History of the US, 1867-1960*,

Friedman, Thomas: *The Lexus and the Olive Tree*, London 1999

Galbraith, John Kenneth: *Der große Krach 1929*, Stuttgart 1963

-: *Mächte, Märkte und Moneten*, München 1980

-: *A History of Economics*, London 1987

Gall, Lothar: *Bismarck. Der weiße Revolutionär*, Frankfurt am Main 1980

Garnsey, Peter: *Famine and Food Supply in the Greco-Roman World*, Cambridge 1988

–: *Ideas of Slavery from Aristotle to Augustine*, Cambridge 1996

Garnsey, Peter/Hopkins, Keith/Whittaker, C. R.: *Trade in the Ancient Economy*, London 1983

Garnsey, Peter/Saller, Richard: *Das römische Kaiserreich. Wirtschaft, Gesellschaft, Kultur*, Reinbek 1989

Gibbon, Edward: *Geschichte des Verfalles und Unterganges des römischen Weltreiches*, hg. von Johann Sporschil, Leipzig 1843 (zuerst in England 1776–1788)

Goody, Jack: *The East in the West*, Cambridge 1996

Gray, John: *Die falsche Verheißung. Der globale Kapitalismus und seine Folgen*, Berlin 1999

Greasley, David/Oxley, Les: »Rehabilitation Sustained: the Industrial Revolution as a Macro-economic Epoch«, in: *Economic History Review*, 47 (1994), S. 760–768

–: »Endogenous Innovation, Trend Growth, and the British Industrial Revolution«, in: *Journal of Economic History*, 57 (1997), S. 935–949 und S. 957–960

Greene, Kevin: *The Archaeology of the Roman Economy*, London 1986

Haber, S. H.: *How Latin America Fell Behind*, Stanford, Kalifornien, 1997

Hardach, Gerd: *The First World War 1914–1918*, London 1977

Harley, C. K.: »Cotton Textile Prices and the Industrial Revolution«, in: *Economic History Review*, 51 (1998), S. 49–83

–/Crafts, N. F. R.: »Cotton Textiles and Industrial Output Growth during the Industrial Revolution«, in: *Economic History Review*, 48 (1995), S. 134–144

Harris, D. R. (Hg.): *The Origins and Spread of Agriculture and Pastoralism in Eurasia*, London 1996

Hartwell, R. M.: *The Causes of the Industrial Revolution*, London 1967

–: *The Industrial Revolution in England*, London 1972

Hatcher, John: »Mortality in the Fifteenth Century: Some New Evidence«, in: *Economic History Review*, 39 (1986), S. 19–32

–: »Plague, Population and the English Economy, 1348–1530«, in Michael Anderson (Hg.), *British Population History*, Cambridge 1996

Heilbroner, Robert: *Wirtschaft und Wissen*, Köln 1960

Held, David, u.a.: *Global Transformations. Politics, Economics and Culture*, Cambridge 1999

Herlihy, David (Hg.): *The History of Feudalism*, London 1971

–: *Der Schwarze Tod und die Verwandlung Europas*, hg. von Samuel K. Cohn jr., Berlin 1998

Hicks, J.: *A Contribution to the Theory of the Trade Cycle*, Oxford 1950

Hilton, Boyd: *Corn, Cash and Commerce. The Economic Policies of the Tory Governments. 1815–30*, Oxford 1977

Hirsch, Fred: *Die sozialen Grenzen des Wachstums. Eine ökonomische Analyse der Wachstumskrise*, Reinbek 1980

Hobbes, Thomas: *Leviathan oder Wesen, Form und Gewalt des kirchlichen und bürgerlichen Staates*, hg. von Peter Cornelius Mayer-Tasch, Reinbek 1965

Hobsbawm, Eric J.: *Industrie und Empire. Britische Wirtschaftsgeschichte seit 1750*, 2 Bde., Frankfurt am Main 1969

Hodges, R.: *Dark Age Economics. The Origins of Towns and Trade, AD 600–1000*, London 1982

Hodges, R./Hobley, Brian (Hg.): *The Rebirth of the Towns in the West, AD 700–1050*, London 1988

Hoffman, Philip T.: *Growth in a Traditional Society. The French Countryside, 1450–1815*, Princeton 1997

Hollingdale, Stuart: *Makers of Mathematics*, Harmondsworth 1989

Hopkins, K.: *Conquerors and Slaves*, Cambridge 1978

–: »Taxes and Trade in the Roman Empire, 200 BC–AD 400«, in: *The Journal of Roman Studies*, 70 (1980)

–: *Death and Renewal*, Cambridge 1983

Hopper, Robert J.: *Handel, Gewerbe und Industrie im klassischen Griechenland*, München 1982

Hosking, Geoffrey: *Russland. Nation und Imperium – 1551–1917*, Berlin 2000

Hourani, Albert Habib: *Die Geschichte der arabischen Völker*, Frankfurt am Main 1997

Houston, R. A.: »The Population of Britain and Ireland, 1500–1750« in: Michael Anderson (Hg.), *British Population History*, Cambridge 1996

Howgego, Christopher: »The Supply and Use of Money in the Roman World, 200 BC - AD 300«, in: *The Journal of Roman Studies*, 82 (1992), S. 1-31

Hume, David, *Politische und ökonomische Essays*, Hamburg 1988.

Humphreys, S. C.: *Anthropology and the Greeks*, London 1978

Hyam, R.: *Britain's Imperial Century, 1815-1914*, London 1976

Inkori, Joseph E./Engerman, Stanley L.: *The Atlantic Slave Trade Effects on Economies, Societies, and Peoples in Africa, the Americas and Europe*, Durham 1992

Jackson, R. V.: »Rates of industrial growth during the industrial revolution«, in: *Economic History Review*, 45 (1992), S. 1-23

James, J./Thomas, M. (Hg.): *Capitalism in Context. Essays In Honour of R.M. Hartwell*, Chicago/London 1994

Jay, Douglas: *Sterling. A Plea for Moderation*, London 1985

Jones, A. H. M.: *The Roman Economy*, Oxford 1974

Jones, Eric L.: *The European Miracle. Environments, Economics and Geopolitics in the History of Europe and Asia*, Cambridge 1987

-: *Growth Recurring. Economic Change in World History*, Oxford 1988

Keay, John: *The Honourable Company*, London 1991

Kennedy, Paul: *Aufstieg und Fall der großen Mächte. Ökonomischer Wandel und militärischer Konflikt von 1500 bis 2000*, Frankfurt am Main 1989

-: *In Vorbereitung auf das 21. Jahrhundert*, Frankfurt am Main 1993

Kenwood, A. G./Longheed, A. L.: *The Growth of the International Economy, 1820-2000*, London 1999

Keynes, John Maynard: *Allgemeine Theorie der Beschäftigung, des Zinses und des Geldes*, Berlin 1974

-: *Politik und Wirtschaft*, Tübingen 1956

-: *Essays in Persuasion*, London 1984

-: *Essays in Biography*, London 1985

Killick, Tony: *A Reaction Too Far*, London 1989

Kindleberger, Charles P.: *Die Weltwirtschaftskrise 1929-1939*, Bd. 4 der *Geschichte der Weltwirtschaft im 20. Jahrhundert*, hg. von Wolfram Fischer, München 1973

-: *Manias, Panics, and Crashes. A History of Financial Crises*, New York 1996

Kipling, Rudyard: *Das Dschungelbuch*, Zürich 1987

Kirzner, Israel: *Discovery, Capitalism and Distributive Justice*, Oxford 1989

Korten, David: *When Corporations Rule the World*, London 1995

Kremer, Michael: »Population Growth and Technical Change, One Million BC to 1990«, in: *Quarterly Journal of Economics*, 108 (1993), S. 681–716

Krugman, Paul: »Toward a Counter-revolution on Development Economics«, in: *Proceedings of the World Bank Annual Conference on Development Economics*, Washington 1992

–: *Der Mythos vom globalen Wirtschaftskrieg*, Frankfurt am Main/ New York 1999

–: *Die große Rezession*, Frankfurt am Main/New York 1999

–: *Schmalspur-Ökonomie*, Frankfurt am Main/New York 2000

Kurlansky, Mark: *Kabeljau*, München 1999

Kuznets, Simon: *Modern Economic Growth*, New Haven, Conn. 1966

–: *Economic Growth of Nations*, Cambridge, Mass. 1971

Kynaston, David: *Illusions of Gold. The City of London*, Bd. 3, 1914–1945, London 1999

Lal, Deepak: *The Poverty of Development Economics*, London 1997

–: *Unintended Consequences*, Cambridge, Mass. 1998

–/Myint, H.: *The Political Economy of Poverty, Equity and Growth. A Comparative Study*, Oxford 1996

Lamb, Ursula (Hg.): *The Globe Encircled and the World Revealed*, Brookfield, Vt. 1995

Landes, David S.: *Der entfesselte Prometheus. Technologischer Wandel und industrielle Entwicklung in Westeuropa von 1750 bis zur Gegenwart*, Köln 1973

–: »Some Further Thoughts on Accident in History: a Reply to Professor Crafts«, in: *Economic History Review*, 48 (1995), S. 599–601

–: *Wohlstand und Armut der Nationen*, Berlin 1999

Lane, Frederick C.: *Venice. A Maritime Republic*, Baltimore 1973

Lawrence, Alan: *China Under Communism*, London 1998

Leadbeater, Charles: *Living on Thin Air. The New Economy*, London 1999

Levathes, Louise: *When China Rules the Seas*, New York 1997

Lipton, Michael: *Why Poor People Stay Poor*, London 1977

–: *Successes in Anti-Poverty*, Genf 1998

Lipton, Michael/Longhurst, Richard: *New Seeds and Poor People*, London 1989

Lipton, Michael/Ravallion, Martin: *Poverty and Policy*, Washington 1993

Little, Lester K./Rosenwein, Barbara H. (Hg.): *Debating the Middle Ages. Issues and Readings*, Oxford 1998

Livi-Bacci, Massimo: *A Concise History of World Population*, Oxford 1997

Luttwak, Edward: *Turbo-Kapitalismus. Gewinner und Verlierer der Globalisierung*, Hamburg 1999

Lynch, Michael: *The People's Republic of China since 1949*, London 1998

Macaulay, T.B.: *Critical and Historical Essays*, 3 Bde., London 1843

Macfarlane, Alan: *The Riddle of the Modern World*, London 2000

Maddison, Angus: *Dynamic Forces in Capitalist Development. A Long-run Comparative View*, Oxford 1991

–: *Explaining the Economic Performance of Nations*, Aldershot 1995a

–: *Monitoring the World Economy, 1820–1992*, Paris 1995b

–: *Chinese Economic Performance in the Long Run*, Paris 1998

Maier, Charles: *In Search of Stability. Explorations in Historical Political Economy*, Cambridge 1987

Malthus, Thomas Robert: *The Works of Thomas Robert Malthus*, hg. von E. A. Wrigley und David Souden, London 1986

–: *Drei Schriften über Getreidezölle aus den Jahren 1814 und 1815*, Leipzig 1896

–: *Grundsätze der politischen Ökonomie*, Berlin 1910

–: *Eine Abhandlung über das Bevölkerungsgesetz*, 2 Bde., Jena 1905

Manville, Philip Brook: *The Origins of Citizenship in Ancient Athens*, Princeton 1990

Marshall, Alfred: *Principles of Economics*, London ⁶1910; deutsche Ausgabe: *Handbuch der Volkswirtschaftslehre*, Bd. 1 (alles Erschienen), Stuttgart/Berlin 1905

Marx, Karl: »Kritik des Gothaer Programms«, in Karl Marx und Friedrich Engels, *Werke*, Bd. 19, Berlin 1962

–/Engels, Friedrich: *Manifest der Kommunistischen Partei*, in ebd., Bd. 4, Berlin 1959

Mathias, Peter: *The First Industrial Revolution. An Economic History of Britain, 1700–1914*, London 1969

McEvedy, Colin/Jones, Richard: *Atlas of World Population History*, London 1978

481

McKendrick, N.: »Commercialization and the Economy«, in J. Brewer/N. McKendrick/J. H. Plumb (Hg.), *The Birth of Consumer Society. The Commercialization of Eighteenth Century Britain*, London 1982

McLellan, David (Hg.): *Marxism after Marx*, London 1979

–: *The Thought of Karl Marx*, London 1980

McNeill, William H.: *The Pursuit of Power. Technology, Armed Force and Society since AD 1000*, Chicago 1982

–: *The Rise of the West. A History of the Human Community, with a Retrospective Essay*, Chicago 1991

–: *The Global Condition. Conquerors, Catastrophes and Community*, New Jersey 1992

–: *Plagues and Peoples*, Harmondsworth 1994

McNeill, William H./McNeill, John R.: *A Very Short History of the Whole World*, (im Druck)

Meikle, Scott: »Aristotle on Business«, in: *Classical Quarterly*, 46 (1996), S. 138–151

Merson, John: *Straßen nach Xanadu. China und Europa und die Entstehung der modernen Welt*, Hamburg 1989

Middleton, Roger: *Charlatans or Saviours?*, Cheltenham 1998

Mill, John Stuart: *Grundsätze der politischen Ökonomie mit einigen ihrer Anwendungen auf die Sozialphilosophie*, 2 Bde., Jena 1913/1921

Miller, Edward/Hatcher, John: *Medieval England. Rural Society and Economic Change. 1086–1348*, London 1978

–: *Medieval England. Towns, Commerce and Crafts, 1086–1348*, London 1995

Millett, Paul: *Lending and Borrowing in Ancient Athens*, Cambridge 1991

Milton, Giles: *Nathaniel's Nutmeg*, London 1999

Milward, Alan S.: *Der Zweite Weltkrieg. Krieg, Wirtschaft und Gesellschaft 1939–1945*, Bd. 5 der *Geschichte der Weltwirtschaft im 20. Jahrhundert*, hg. von Wolfram Fischer, München 1977

–: *The European Rescue of the Nation State*, London 1992

Milward, Alan S./Saul, S. B.: *The Economic Development of Continental Europe 1780–1870*, London 1973

–: *The Development of the Economies of Continental Europe 1850–1914*, London 1977

Mitchell Beazley Atlas of the Oceans, London 1977

Mithen, Steven: *The Prehistory of the Mind. A Search for the Origins of Art, Religion and Science*, London 1996

Mokyr, J.: *The Economics of the Industrial Revolution*, New Jersey 1985

–: *The Lever of Riches. Technological Creativity and Economic Progress*, Oxford 1992

– (Hg.): *The British Industrial Revolution. An Economic Perspective*, Oxford 1993

Morison, Samuel Eliot: *The European Discovery of America. The Northern Voyages, AD 500–1600*, New York 1971

–: *The European Discovery of America. The Southern Voyages, AD 1492–1616*, New York 1974

Morris-Suzuki, Tessa: *The Technological Transformation of Japan. From the Seventeenth Century to the Twenty-first Century*, Cambridge 1994

Moss, H. St. L. B.: *The Birth of the Middle Ages, 395–814*, Oxford 1950

Murphy, Antoin E.: *John Law. Economic Theorist and Policymaker*, Oxford 1997

Nash, R. C.: »The Balance of Payments and Foreign Capital Flows in Eighteenth-Century England: a Comment«, in: *Economic History Review*, 50 (1997), S. 110–128

Needham, Joseph: *Science and Civilization in China*, 6 Bde., Cambridge 1954–1984; gekürzte deutsche Fassung: *Wissenschaft und Zivilisation in China*, Frankfurt am Main 1984

Nissen, Hans J.: *Grundzüge einer Geschichte des Vorderen Orients*, Darmstadt 1983

North, Douglass C.: *Theorie des institutionellen Wandels*, Tübingen 1988

–: *Institutionen, institutioneller Wandel und Wirtschaftsleistung*, Tübingen 1992

–/Thomas, Robert Paul: *The Rise of the Western World*, Cambridge 1973

Nove, Alec: *An Economic History of the USSR*, Harmondsworth 1992

O'Brien, Patrick Karl: »European Economic Development: the Contribution by the Periphery«, in: *Economic History Review*, 35 (1982), S. 1-18

–: »European Industrialization: from the Voyages of Discovery to the Industrial Revolution«, in Hans Pohl (Hg.), *The European Discovery of the World and its Economic Effects on Pre-industrial Society*

–: »Path Dependency, or Why Britain Became an Industrialized and Urbanized Economy Long before France«, in: *Economic History Review*, 49 (1996), H. 2, S. 213–49

–: »Intercontinental Trade and the Development of the Third World since the Industrial Revolution«, in: *Journal of World History*, 8 (1997), H. 1, S. 75–134

–: »Inseparable Connections: Trade, Economy, Fiscal State, and the Expansion of Empire, 1688–1815«, in P. J. Marshall (Hg.), *The Oxford History of the British Empire*, Bd. 2, 1998, S. 53–77

–/Keyder, Çaglar: *Economic Growth in Britain and France, 1780–1914. Two Paths to the Twentieth Century*, London 1978

–/Quinault, Roland (Hg.): *The Industrial Revolution and British Society*, Cambridge 1993.

OECD: *The Future of the Global Economy. Towards a Long Boom?*, Paris 1999

Olson, Mancur: *Aufstieg und Niedergang von Nationen*, Tübingen 1991

–: »Big Bills Left on the Sidewalk – Why Some Nations Are Rich and Others Are Not«, in: *Journal of Economic Perspectives*, Frühjahr 1996

–/Kahkohnen, Satu: *A Not-So-Dismal Science. A Broader View of Economics and Societies*, Oxford (in Vorbereitung)

Ormerod, Paul: *Butterfly Economics*, London 1999

Ormrod, Mark/Lindley, Philip: *The Black Death in England*, Stanford, Kalifornien, 1996

O'Rourke, Kevin H./Williamson, Jeffery G.: *Globalization and History. The Evolution of a Nineteenth-century Atlantic Economy*, Cambridge, Massachusetts, 1999

Osborne, Robin: *Demos. The Discovery of Classical Attika*, Cambridge 1985

–: *Greece in the Making, 1200–479 BC*, London 1996

Overy, Richard: *Russia's War*, London 1999

The Oxford Companion to British History, hg. von John Cannon, Oxford 1997

The Oxford History of the British Empire, hg. von Roger Louis, Bd. 1: *The Origins of Empire. British Overseas Enterprise at the Close of the Seventeenth Century*, hg. von Nicholas Canny, Oxford 1998; Bd. 2: *The Eighteenth Century*, hg. von P. J. Marshall, Oxford 1998

Parkin, Michael/King, David: *Economics*, Wokingham 1992

Parkins, Helen/Smith, Christopher: *Trade, Traders and the Ancient City*, London 1998

Penso de la Vega, Joseph: *Die Verwirrung der Verwirrungen. Vier Dialoge über die Börse in Amsterdam*, Kulmbach 1994 (Nachdruck der Ausgabe Breslau 1919)

Platt, Colin: *King Death. The Black Death and its Aftermath*, London 1997

Pohl, Hans: *The European Discovery of the World and its Economic Effects on Pre-industrial Society, 1500–1800*, Stuttgart 1990

Polo, Marco: *Die Reisen des Venezianers Marco Polo im 13. Jahrhundert*, hg. von Hans Lemke, Hamburg 1907

Pomeranz, Ken: »East Asia, Europe, and the Industrial Revolution«, Konferenzreferat, Department of History, University of California, Irvine, Kalifornien, 1998

–: *The Great Divergence. China, Europe and the Making of the Modern World Economy*, Princeton, New Jersey 2000

–/Topik, Steven: *The World that Trade Created*, London 1998

Porter, Roy: *Die Kunst des Heilens*, Heidelberg/Berlin 2000

Postan, M. M.: *The Medieval Economy and Society*, Bd. 5: *The Pelican Economic History of Britain*, London 1972

Postgate, J. N.: *Early Mesopotamia*, London 1994

Postlethwayt, Malachy: *The Universal Dictionary of Trade and Commerce*, 1774 (Nachdruck 1971)

Price, B. B. (Hg.): *Ancient Economic Thought*, Bde. 1 and 2, London 1997

Price, Jacob M.: »The Imperial Economy, 1700–76«, in: *The Oxford History of the British Empire*, Bd. 2, S. 78–104

Randsborg, Klavs: *The First Millennium AD in Europe and the Mediterranean*, Cambridge 1991

Raphael, David D.: *Adam Smith*, Frankfurt am Main 1991

Rawski, T. G./Li, L. M.: *Chinese History in Economic Perspective*, Berkeley, Kalifornien, 1992

Ricardo, David: *Grundsätze der politischen Ökonomie*, Marburg 1994

Richards, John F.: »Early modern India and world history«, in: *Journal of World History*, 8 (1997), H. 2, S. 197–209

Richardson, David: »The British Empire and the Atlantic Slave Trade, 1660–1807«, in: *The Oxford History of the British Empire,* Bd. 2, S. 440–464

Riesman, David A.: *Adam Smith's Sociological Economics,* New York 1976

Roaf, Michael: *Mesopotamien,* aus dem mehrbändigen *Weltatlas der alten Kulturen,* München 1991

Roberts, J. M.: *The Pelican History of the World,* Harmondsworth 1976

Rodger, N. A. M.: *The Safeguard of the Sea. A Naval History of Britain,* Bd. 1, S. 660–1649, London 1997

–: »Guns and Sail in the First Phase of English Colonization, 1500–1650«, in: *The Oxford History of the British Empire,* Bd. 1, S. 79–98 (1998a)

–: »Sea Power and Empire, 1688–1793«, in ebd., Bd. 2, S. 169–183, 1998b

Rojas, Mauricio: *Millennium Doom,* London 1999

Roll, Eric: *A History of Economic Thought,* London ⁵1992

Ronan, Colin: *The Shorter Science and Civilization in China, an Abridgement,* Bde. 1–4, Cambridge 1978–1994

Rosenberg, Nathan/Birdzell, L. E.: *How the West Grew Rich – the Economic Transformation of the Industrial World,* New York 1986

Runciman, W. G.: *The Social Animal,* London 1998

Russell, Bertrand: *Philosophie des Abendlandes. Ihr Zusammenhang mit der politischen und sozialen Entwicklung,* Frankfurt am Main 1950

Sahlins, Marshall: *Stone Age Economics,* Chicago 1972

Scammell, G. V. (Hg.): *The First Imperial Age. European Overseas Expansion. c. 1400–1715,* London 1989

Seeley, J. R.: *Die Ausbreitung Englands,* Frankfurt am Main 1954

Sen, Amartya: *Poverty and Famines,* Oxford 1981

–: »Development: Which Way Now?«, in: *The Economic Journal,* 93, Dezember 1983, S. 745–760

–: *Markets and Freedoms,* London 1991a

–: *War and Famines. On Divisions and Incentives,* London 1991b

–: *Population Policy, Authoritarianism versus Cooperation,* London 1995a

–: *Economic Development and Social Change. India and China in Comparative Perspective,* London 1995b

–: *Development Thinking at the Beginning of the 21st Century*, London 1997a

–: *What's the Point of a Development Strategy?*, London 1997b

Service, Robert: *A History of Twentieth-Century Russia*, London 1998

–: *The Russian Revolution 1900–27*, London ³1999

Shanks, Michael: *The Stagnant Society. A Warning*, Harmondsworth 1961

Shaw, A. G. L. (Hg.): *Great Britain and the Colonies 1815–1865*, London 1970

Shepherd, Robert: *The Power Brokers*, London 1991

Sherratt, Andrew: »Reviving the grand narrative – archaeology and long-term change«, in: *Journal of European Archaeology*, 3.1 (1995), S. 1-32.

–: *Economy and Society in Pre-historic Europe. Changing Perspectives*, Edinburgh 1997

Smith, Adam: *Der Wohlstand der Nationen*, München 1974

–: *Lectures on Jurisprudence, 1762–63*, Oxford 1978

–: *Essays on Philosophical Subjects*, Oxford 1980

–: *Lectures of Rhetoric and Belles Lettres*, Oxford 1983

–: *Correspondence of Adam Smith*, Oxford 1987

–: *Theorie der ethischen Gefühle*, Hamburg 1994

Solow, Barbara L.: *Slavery and the Rise of the Atlantic System*, Cambridge 1991

Sombart, Werner: *Der moderne Kapitalismus*, Bd. 2: *Das europäische Wirtschaftsleben im Zeitalter des Frühkapitalismus*, München/ Leipzig 1917

Soros, George: *Die Krise des globalen Kapitalismus*, Berlin 1998

Speake, Graham (Hg.): *Dictionary of Ancient History*, Oxford 1994

Standage, Tom: *The Victorian Internet. The Remarkable Story of the Telegraph and the 19th Century's Online Pioneers*, London 1998

Starr, Chester G.: *The Economic and Social Growth of Early Greece*, New York 1977

Stavrianos, L. S.: *Lifelines From Our Past – a New World History*, New York 1989

Steams, Peter N.: *The Industrial Revolution in World History*, Oxford 1998

Story, Jonathan: *The Frontiers of Fortune*, London 1999

Sudoplatow, Pawel A./Sudoplatow, Anatoli: *Der Handlanger der Macht. Enthüllungen eines KGB-Generals*, Düsseldorf/Wien/New York/Moskau 1994

Sylla, Richard/Toniolo, Gianni (Hg.): *Patterns of European Industrialization. The Nineteenth Century*, London 1991

Szreter, Simon/Mooney, Graham: »Urbanization, mortality, and the standard of living debate: new estimates of the expectation of life at birth in nineteenth-century British cities«, in: *Economic History Review*, 51 (1998), H. 1, S. 84–112

Tawney, Richard H.: *Religion und Frühkapitalismus*, Bern 1946

Teich, Mikulas/Porter, Roy (Hg.): *The Industrial Revolution in National Context. Europe and the USA*, Cambridge 1996

Temin, Peter: »Two views of the British industrial revolution«, in: *Journal of Economic History*, 52 (1997), S. 63–82

Thapar, Romila: *Indien. Von den Anfängen bis zum Kolonialismus*, Essen 1975

The Times Atlas of Ancient Civilizations, London o. J.

The Times Atlas of Medieval Civilizations, London o. J.

The Times Atlas of World History, hg. von Geoffrey Barraclough, London 1978

The Times History of the World, hg. von Geoffrey Barraclough und Richard Overy, London 1999

Thompson, I. A. A./Yun-Casalilla, B. (Hg.): *The Castilian Crisis of the Seventeenth Century*, Cambridge 1994

Thukydides, *Geschichte des Peloponnesischen Krieges*, München 1991

Thurow, Lester: *Die Zukunft des Kapitalismus*, Düsseldorf 1996

Tibbetts, G. R.: *Arab Navigation in the Indian Ocean Before the Coming of the Portuguese*, London 1971

Toniolo, Gianni: »Europe's Golden Age, 1950–1973. Speculations from a Long-run Perspective«, in: *Economic History Review*, 51 (1998), H. 2, S. 252–267

Toynbee sen., Arnold: *Lectures on the Industrial Revolution of the Eighteenth Century in England*, London 1884

Toynbee, Arnold: *Der Gang der Weltgeschichte*, 2 Bde., Zürich/Stuttgart/Wien ⁵1961

Tracy, J. D. (Hg.): *The Rise of the Merchant Empires. Long Distance Trade in the Early Modern World, 1350–1750*, Cambridge 1990

- (Hg.): *The Political Economy of the Merchant Empires,* Cambridge 1991

Trevelyan, G. M.: *Der Aufstieg des britischen Weltreichs im 19. und 20. Jahrhundert. Politik, Wirtschaft und Kultur,* Brünn 1938

Tudge, Colin: *Neanderthals, Bandits and Farmers. How Agriculture Really Began,* London 1999

Vereinte Nationen: *World Investment Report,* New York 1998

-: *Global Environment Outlook 2000,* London 1999a

-: *Human Development Report,* New York 199b

-: *World Population Prospects. The 1998 Revision,* 3 Bde., New York 1999c

Vries, Jan de: *The Economy of Europe in an Age of Crisis, 1600–1750,* Cambridge 1976

-: »The Industrial Revolution and the Industrious Revolution«, in: *Journal of Economic History,* 54 (1994), S. 249–270

-/Woude, Ad van der: *The First Modern Economy. Success, Failure, and Perseverance of the Dutch Economy, 1500–1815,* Cambridge 1997

Waldrop, M. Mitchell: *Inseln im Chaos. Die Erforschung komplexer Systeme,* Reinbek 1993

Wallerstein, Immanuel: *Der historische Kapitalismus,* Berlin 1984

-: *Das moderne Weltsystem,* Frankfurt am Main 1986

-: The Capitalist World-economy, Cambridge 1995

Ward, J. R.: »The industrial revolution and British imperialism, 1750–1850«, in: *Economic History Review,* 2. Serie, XLVII, 1994, S. 44–65

-: »The British West Indies in the Age of Abolition, 1748–1815«, in: *The Oxford History of the British Empire,* Bd. 2, S. 415–439, 1998

Waswo, Ann: *Modern Japanese Society, 1868–1994,* Oxford 1996

Wayland Barber, Elizabeth: *The Mummies of Urumchi,* London 1999

Weber, Max: *Die protestantische Ethik und der Geist des Kapitalismus,* Weinheim 1996

Wee, Herman van der: *Der gebremste Wohlstand. Wiederaufbau, Wachstum und Strukturwandel der Weltwirtschaft seit 1945,* München 1984

Weizsäcker, Ernst Ulrich von/Lovins, Amory B./Lovins, Hunter L.: *Faktor Vier. Doppelter Wohlstand – halbierter Naturverbrauch,* München 1995

Welsh, Frank: *A History of Hong Kong,* London 1997

Weltbank: *Proceedings of the World Bank Annual Conference on Development Economics,* Washington 1992

–: *The East Asian Miracle,* Washington 1993

–: *The State in a Changing World. World Development Report,* New York 1997

–: *Assessing Aid. What Works and What Doesn't, and Why,* New York 1998a

–: *Global Economic Prospects and the Developing Countries,* Washington 1998b

Wickham, Chris: »The Other Transition: From the Ancient World to Feudalism«, in: *Past and Present,* H. 103 (1984), S. 3-36

–: *Land and Power. Studies in Italian and European Social History, 400–1200,* London 1994

–: »The ›Feudal Revolution‹«, in: *Past and Present,* H. 155 (1997), S. 196–208

Williams, Eric: *Capitalism and Slavery,* Chapel Hill, North Carolina, 1944

Williams, Glyndwr: »The Pacific: Exploration and Exploitation«, in: *The Oxford History of the British Empire,* Bd. 2, S. 552–575, 1998

Williams, Jonathan: *Money. A History,* London 1997

Williamson, Jeffrey G.: »Inequality and Modern Economic Growth – What Does History Tell Us?«, Diskussionspapier, Harvard Institute for Economic Research, Cambridge, Massachusetts, 1989

–: *Industrialisation, Inequality and Economic Growth,* Cheltenham 1997

–: »Globalization, labour markets and policy backlash in the past«, in: *Journal of Economic Perspectives,* 12 (1998), H. 4, S. 51–72

Wilson, Edward O.: *Consilience. The Unity of Knowledge,* London 1998

Wink, André: *Al-Hind. The Making of the Indo-Islamic World,* Leiden 1990

Wong, R. B.: *China Transformed, Historical Change and the Limits of European Experience,* Ithaca und London 1997

Woods, R. I.: »The population of Britain in the nineteenth century«, in: *British Population History,* hg. von Michael Anderson, Cambridge 1996

World Development Report, Washington 1999

Weltgesundheitsorganisation: *World Health Statistics Annual 1995,* Genf 1996

Wrigley, E. A.: *People, Cities and Wealth. The Transformation of Traditional Society*, Oxford 1987

–: *Continuity, Chance and Change. The Character of the Industrial Revolution in England*, Cambridge 1988

–: »Explaining the Rise in Marital Fertility in England in the ›Long Eighteenth Century‹«, in: *Economic History Review*, 51 (1998), H. 3, S. 435–464

–/Schofield, R. S.: *The Population History of England 1541–1871*, London 1981

–/Souden, David (Hg.): *The Works of Thomas Robert Malthus*, London 1986

–/Davies, R. S./Oeppen, J. E./Schofield, R. S.: *English Population History from Family Reconstruction*, Cambridge 1997

Yergin, Daniel/Stanislaw, Joseph: *Staat oder Macht. Die Schlüsselfrage unseres Jahrhunderts*, Frankfurt am Main/New York 1999

Yun-Casalilla, Bartoleme: »The American Empire and the Spanish Economy. An institutional and regional perspective«, Vortrag beim 12. Internationalen Kongress zur Wirtschaftsgeschichte, Sevilla 1998

Zahadieh, Nuala: »London and the colonial consumer in the late seventeenth century«, in: *Economic History Review*, 47 (1994), S. 239–261

–: »Overseas expansion and trade in the seventeenth century«, in: *The Oxford History of the British Empire*, Bd. 1, S. 398–422, 1998

Zimmermann, Warren: »Jingoes, Goo-goos, and the Rise of America's Empire«, in: *Wilson Quarterly*, Frühjahr 1998, Washington

–: [noch nicht betiteltes Werk über die Ursprünge des amerikanischen Imperialismus], New York 2000

Zimmern, A. E.: *The Greek Commonwealth*, Oxford 1924

Zuckerman, Larry: *The Potato*, London 1999

PERSONENREGISTER